인간의 품격과 제왕의 길

맹자의 철학사상

강 봉 수 지음

강현출판사

머리말

이 책은 일반시민 대상의 ‘교학놀이’(教學: 가르침과 배움)를 위해 집필한 강의교재를 깁고 보태어 펴낸 것이다. **“인간의 품격과 제왕의 길 - 맹자의 철학사상”**이라는 제하의 교학놀이는 2017년 4월 11일부터 5월 30일까지 7주에 걸쳐 매주 화요일 저녁에 ‘문화공간 남문’에서 열렸다. 이 교학놀이는 내가 몸담고 있는 (사)제주대안연구공동체 부설 탐라학당이 계절마다 개설하는 인문학 교육과정의 일환이었고, 남문서점이 후원해 주었다.

강의교재를 준비하고 교학놀이를 하는 동안에 한국사회에서는 전례 없던 정치적 사건이 벌어졌다. 무지하고 무능하고 염치없는 대통령이 탄핵되었다. 사실 내가 『맹자』라는 고전을 가지고 시민대상의 강좌를 개설한 배경도 이와 무관하지 않았다. 수백 명의 아이들을 수장해버린 세월호 참사(2014. 4. 16)를 겪으면서 나는 대통령과 국가의 존재이유가 무엇인지 깊은 회의감에 빠져들었다. 대통령의 무능과 무치는 여기서 그치지 않았다. 나라의 경제는 수렁으로 빠져들고 이른바 '삼포세대'니 '오포세대'니 '헬(Hel)l조선'이니 하는 자조 섞인 신조어들이 등장하였다. 국정 역사교과서 도입을 강행하고 남북관계를 절단 내고 민주적 절차를 무시하는 정책들이 난무하였다. 급기야 박근혜-최순실 게이트가 터졌고, 촛불을 든 시민들이 대통령의 하야를 외치기 시작했다. 결국 그는 탄핵되었고 역성혁명이 일어났다.

좀 더 길게 돌이켜보면 부끄러운 ‘이명박근혜’ 9년 세월이었다. 대통령부터 국가를 명분으로 자기이익을 추구하고, 청와대의 비서실과 장차관들은 대통령에게 맹목적으로 충성하면서 자기이익을 챙기고, 국회의원들도 대통령의 호위무사를 자처하거나 당리당략에 빠져 백성들의 안위를 돌볼 줄 몰랐다. 대기업의 회장을 비롯한 사회지도층의 인사들도 서로 이익의 이전투구에서 벗어나지 못했다.

결국 고통을 당한 악에 처한 자들은 서민들이고 청년들이고 사회적 약자들이었다. 그들 또한 생존을 위한 사투를 벌일 수밖에 없었다. "위아래가 서로 이익을 다투면 나라가 위태롭다"는 맹자의 경고가 그대로 들어맞는 형국이었다.

내가 지지하지는 않았지만 최초의 여성대통령은 다르기를 바랐다. 그런 마음으로 2015년에는 묵자를 강의한 적이 있다.[1] 이익의 이전투구가 아니라 서로 이익을 나누는 사회가 되기를 희망했고, 어머니가 모든 자식을 똑같이 사랑하듯이 세월호 참사에도 불구하고 여성성과 모성의 회복을 기대했다. 그러나 이러한 나의 희망과 기대는 무참히 무너졌다. 세월호 참사이후에도 가습기 살균제 참사, 구의역 참사, 삼성 백혈병 사태 등 인간의 존엄성이 한낱 돈벌이의 도구로 전락하는 참혹함이 이어졌다. 그야말로 우리는 '차마하지 못하는 마음'을 잃어버리고 '차마하지 못하는 정치'가 실종된 사회를 살아야만 했다. 인간의 품격과 제왕의 길을 다시 묻지 않을 수 없었다. 『맹자』라는 서물(書物)로 세상보기를 시도한 배경이 이것이었다.

맹자철학이 우리에게 던지는 화두는 '인간이란 무엇인가?'라는 물음이다. 그것은 최소한의 '인간됨'의 품격에 관한 것이다. 맹자가 살았던 전국시대는 바로 인간의 품격을 저버린 시대였다. 전쟁의 시대에 인간은 파리 목숨과도 같은 존재였다. 국가의 이익이란 늘 왕과 제후의 사적인 이익으로 미끄러질 수밖에 없었다. 경대부들도 나를 위한다는 명분으로 자기가문의 봉토를 늘이기 위해 이기심을 추구하였다. 왕과 제후를 비롯한 지배계급들이 모두 자기이익에 혈안이 되어 있는데 백성들이라고 가만히 있을 수 있겠는가? 차라리 백성들의 이기심은 생존을 위한 수단이었다. 맹자는 이러한 이익의 이전투구시대에 인간됨의 품격을 회복할 것을 역설하였다.

인간은 누구나 '차마하지 못하는 마음'(不忍之心)을 가지고 있다. 네 가지 도덕감정인 측은해 하는 마음(惻隱之心), 부끄러워하는 마음(羞惡之心), 사양하는 마

---

1) "밥을 나눈 사랑 - 묵자의 철학사상"이라는 제하의 교학놀이는 2015년 1월 6일부터 2월 17일까지 7주에 걸쳐 매우 화요일 저녁에 제주치과의사회 부설 불기(不器)도서관에서 열렸다. 이 강의 결과도 단행본으로 출간하였다. 강봉수, 『밥을 나눈 사랑 - 묵자의 철학사상』 (서울: 강현출판사, 2016).

음(辭讓之心), 옳고 그름을 분별하는 마음(是非之心)이 그것이다. 이것이 없으면 인간이 아니다. 그것이 인간됨의 최소한의 품격이다. 성왕들의 정치도 이러한 '차마하지 못하는 마음'으로 '차마하지 못하는 정치'(不忍之政)을 펼쳤고, '차마하는 마음'으로 '차마하는 정치'까지 나아갔다. '차마하지 못하는 마음'과 '차마하지 못하는 정치'가 '어려운 처지에 놓인 사람을 가엾게 여기고 부끄러운 짓을 하지 말라'는 소극적 의무이고 그러한 의무를 실현하는 정치를 의미한다면, '차마하는 마음'과 '차마하는 정치'는 '남을 돕고 선행을 실천하라'는 적극적 의무이고 정의로운 사회를 위해 헌신하는 정치를 뜻한다. 이것이 맹자가 사회지도층인 노심자(勞心者)들에게 요구했던 도덕이성이고, 위정자들에게 요구했던 왕도정치의 이상이었다.

그러나 불행이도 맹자의 주장과 실천적 노력은 자기시대에 시대적 한계를 극복하지 못하고 실패하였다. 오히려 맹자철학은 민주공화국인 오늘날에 더욱 주목되는 사상이라고 여겨진다. 맹자의 도덕이성은 오늘날 시민들이 갖추어야할 능력이다. 시민들의 도덕이성이 촛불로 대통령을 탄핵하여 정권을 바꾸는 역성혁명에 성공하고 새로운 대통령을 뽑았다. 그러나 여기서 멈춰서는 안 된다. 대통령이 바뀌고 정권이 교체되었다고 끝난 것이 아니다. 그간의 적패를 청산해야 한다. 제왕적 대통령제가 타당한지 역할 도덕성을 따져봐야 한다. 경제민주화와 노동인권의 보장, 복지제도 등 불공정한 사회구조를 혁신하는 데 나서야 한다. 국민들의 권리를 확장하고 인간됨의 품격을 높이는 길에 나서야 한다. 오늘날 맹자철학이 우리에게 주는 의미이다.

철학적 사유의 시원을 열었던 기축시대의 고전(古典)들이 대체로 그러하듯이 『맹자』역시 철학적 체계를 갖추어 수미일관하게 정돈된 책이 아니다. 그래서 나는 철학적 체계와 주제에 따라 『맹자』의 각 편을 재편성하는 작업을 시도하였고, 보편성을 획득한 맹자철학으로 오늘날의 한국사회를 돌아보는 '리통기국'(理通氣局)의 관점에서 철학적 읽기와 해석을 시도하였다.

부끄럽지만 이 책을 더 넓은 세상으로 내놓는다. 독자제현의 질정을 바라며, 몇 분에게 고마움을 전하고자 한다. 누구보다 먼저 얼치기 학자인 나의 강의를 들어준 시민 수강생들에게 감사함을 전한다. 그들이 없었다면 이 책은 저술되지 못했을 것이다. 집밖생활의 버팀목인 사랑하는 안해님과 두 아들에게 늘 미안하고 고맙다. (사)제주대안연구공동체 고병수 이사장님, 강호진 연구지원실장과 실무진들에게 감사드린다. 탐라학당 강좌 때마다 궂은일을 마다하지 않는 양창연 팀장에게 특별히 고마움을 전한다. 다양한 인문강좌 프로그램을 운영하고 나에게도 쾌적한 강의실을 제공하고 후원해준 남문서점 사장님과 부설 문화공간 남문 대표님께 감사드린다. 끝으로 어려운 여건 속에서도 이 책의 출판을 기꺼이 맡아주신 강현출판사 오동석 사장님, 맵시 있게 책을 꾸며준 편집진 여러분께 감사드린다.

2017년 12월 31일
세밑 날 저녁에
일리 강봉수

차 례

[표 및 그림 목차]

제 1 장

『맹자』를 읽어야 할 이유

제1장 『맹자』를 읽어야 할 이유

「맹꽁이서당」을 아는가? 아마도 1980년대에 학창시절을 보낸 사람들은 『보물섬』이라는 만화잡지에 실린 이 코믹한 만화를 읽은 적이 있을 것이다. 이 만화는 만화가 윤승운(1943~)[1] 화백이 그린 창작 역사명랑만화이다. 주로 조선시대를 배경으로 그렸고, 당시 초급 교육기관인 서당(書堂)을 배경으로 훈장과 학동들의 이야기를 코믹하고 재밌게 그려냈다. 동시에 훈장이 들려주는 이야기를 통해 조선왕조 500년 정사(正史) 및 야사(野史)에 대한 내용을 볼 수 있어, 조선시대 서당 학동들의 일상과 조선왕조 500년 역사를 한 작품에 그려낸 것이 특징이다.[2]

---

1) 한국의 대표적인 명랑만화가다. 1943년 8월 25일 함경북도 종성군에서 태어나 서울에서 성장했다. 고등학교 때부터 만화가를 꿈꿔 다양한 매체에 투고하나 1961년『아리랑』의 신인 만화 공모전에 당선하며 데뷔했다. 1968년『만화왕국』에 연재해 첫 단행본으로 출판한 <꼴찌와 한심이>로 독자들에게 큰 사랑을 받은 뒤, 말썽꾸러기들이 등장하는 명랑만화인 <두심이 표류기>, <요철발명왕>, <금봉이> 등을 발표한다. 1982년부터 역사이야기와 명랑만화를 접목시킨 <맹꽁이 서당>을 발표하며 명랑만화를 에듀테인먼트 콘텐츠로 확장한다. (사)한국만화가협회 부회장, 순천대 교수 등을 역임했으며, 2015년에 '고바우 만화상'을 수상했다.
「만화가백과」http://100.daum.net/encyclopedia/view/64XXXXXXX262 에서 가져와 전재했다.

2) 「위키백과」https://ko.wikipedia.org/wiki 참조,

하필 서당이름이 개구리 과의 양서류 동물인 '맹꽁이'인가? 꼿꼿한 선비인 맹 훈장(원래 강 훈장이지만)께서 서당이름을 그렇게 지었을 리는 만무하다. 눈 밝은 독자는 짐작하겠지만, 원래 서당이름은 중국의 고대철학자인 공자(孔子, BC 551~BC 479)와 맹자(孟子, BC 372~BC 289)의 성을 따서 지은 '공맹서당'(孔孟書堂)이었다. 그런데 서당의 개구쟁이 학동들이 짓궂은 장난으로 '맹꽁이서당'이라 부르기 시작했다. 이에 맹 훈장은 "맹꽁이서당이라 부르면 혼난다."고 경고장을 붙여놓았는데, 학동들은 경고장의 문장에다가 '안'자를 넣어 "맹꽁이서당이라 안 부르면 혼난다."고 고쳐버렸다. 한바탕 난리가 났지만, 결국 서당이름은 '맹꽁이 서당'으로 되었고, 강 훈장이었던 훈장의 호칭도 '맹 훈장'으로 불리게 되어버렸다. (ㅎㅎㅎ).

만화 「맹꽁이서당」은 1982년부터 『만화보물섬』에 연재되기 시작하였는데, 나는 이 때 대학새내기였다. 대학생이었던 나도 이 만화를 배꼽 잡으며 읽었던 추억이 있다. 그러나 2016년, 한국사회가 처한 시대적•사회적 상황에서 『맹자』를 다시 읽는 나의 마음은 한마디로 착잡하다. 『맹자』로 인하여 「맹꽁이서당」을 읽었던 행복한 추억을 다시 떠올렸지만, '헬(Hell)조선'이라는 작금의 한국현실이 나로 하여금 『맹자』를 다시 읽어야 하는 이유를 제공하였다. 2016년, 갈길 잃은 한국사회의 현실을 진단하고 대안을 모색하는 길잡이로 나는 『맹자』라는 철학고전을 선택하였다. 「맹꽁이서당」의 추억처럼 즐거운 마음으로 『맹자』를 읽어야 하는데 그렇지 못하는 것이 못내 아쉽다. 그러나 이것이 또한 철학하는 사람에게 주어진 천명(天命)일지 모른다. 맹자가 가르치듯, 거스를 수 없는 하늘의 명령이라면 명령을 알고[知命] 명령을 따를[順命] 수밖에 다른 도리가 없다.

나는 늘 철학이란 시대적 아픔의 산물이라고 여겨왔다. 철학사에 등재된 선철들은 누구보다 시대적 아픔에 예민했고 병든 사회와 자기 삶의 문제를 치유하기 위해 치열한 철학적 사유를 전개했던 사람들이다. 그러한 사유체계가 시공을 넘어 보편성을 획득하여 독립된 철학으로 등록되었고, 사유의 집적물인 철학고전들을 인류의 유산으로 남겼다. 그러나 모든 철학이 '기국리통'(氣局理通)한 사유의 결과는 아니다. 이미 보편성을 확보한 선철들의 사유를 바탕으로 자기시대의 병을 치유하기 위해 '리통기국'(理通氣局)하는 철학도 얼마든지 독립된 철학으로 등록될 수 있다.[3)] 내가 혹은 우리가 선철이 남긴『맹자』라는 고전을 통하여 작금의 한국사회가 닥친 아픔을 진단하고 대안을 모색하는 깊은 사유를 전개한다면, 이것도 일종의 '리통기국'하는 철학을 사유하는 셈이다. 이러한 철학적 사유의 길을 같이 가보자.

본격적으로 맹자철학을 음미하고 사유하기 전에, 서론장인 여기서는 왜 『맹자』를 다시 읽을 필요가 있는지 한국사회의 아픈 현실에 비추어 생각해 보기로 한다. 철학은 시대적 아픔의 산물이고, 철학자는 자기시대의 아픈 현실에 가장 민감한 사람이라 하였다. 맹자를 비롯한 제자백가의 철학 또한 그들이 실존적 삶을 살았던 춘추전국시대의 아픈 현실과 무관하여 탄생하지 않았다. 그들은 자기시대의 병을 진단하고 치유하는 대안을 치열하게 철학적으로 사유하였다. 오늘날 한국사회의 아픈 현실을 진단하고 치유하는 대안도 다양하게 접근할 수 있을 것이다. 그런데 나는 유독 『맹자』를 가지고 '리통기국'(理通氣局)하는 철학적 대안을 사유하려하는가? 전국시대의 병에 대한 맹자적 처방은 실패하였다. 그의 처방전이 오늘의 아픈 한국사회의 현실에는 의미를 가질 수 있을까? 이것이 이 글의 궁극적 과제이다.

1. 맹자와 『맹자』에 대하여

맹자의 생애와 『맹자』라는 서물(書物)에 대해 간략히 돌아보는 데서 출발한다. 사마천(司馬遷, BC 145?~BC 86?)의 『사기史記』「맹자순경열전孟子荀卿列傳」에서는 맹자에 대해 아래처럼 말한다.[4)]

---

3) 철학사상사를 돌아볼 때, 철학적 사유의 길은 두 가지인 것 같다. 하나는 기국리통(氣局理通)의 길이고, 다른 하나는 리통기국(理通氣局)의 길이다. '리통'과 '기국'의 용어는 율곡(栗谷)에서 빌려온 것이지만, 여기서는 그의 철학적 개념과 무관하다. '기국'이 시공간적 특수성을 의미한다면, '리통'은 시공을 뛰어넘은 보편성이라 생각하면 된다. 그러니까 '기국리통'의 철학은 실존적 삶을 살아가는 시공간적 맥락에서 탐구한 특정 사상가의 사유체계가 시공을 넘어 보편성을 획득한 철학을 말한다. 반면, '리통기국'의 철학은 이미 보편성을 획득한 사상을 철학적 사유의 질료로 삼고 자기 삶의 시공적 맥락 속에서 당면한 악을 해결하고 병을 치유하기 위해 사유하는 철학을 말한다. 강봉수, 『노자에게 길을 묻다』(제주: 도서출판 누리, 2014), 8~9쪽.

> 맹가(孟軻)는 추(鄒)나라 사람이다. 학업을 자사(子思)의 문인에게 전수받았다. 도(道)에 통달한 다음, 제(齊)나라의 선왕(宣王)에게 가서 섬기려 하였으나 선왕은 등용하지 않았다. 양(梁)나라에 갔으나 양 혜왕(惠王)도 맹자가 주장하는 바를 실천하지 않고 오히려 그를 물정에 어둡고 현실감각이 없는 우원한 자라고 여겼다. 당시에 진(秦)나라는 상앙(商君; 商鞅)을 등용하여 나라를 부유하게 하고 군대를 강력하게 하였으며, 초(楚)나라와 위(魏)나라는 오기(吳起)를 등용하여 약한 제후국을 전쟁으로 제압했다. 제(齊)나라의 위왕(威王)과 선왕(宣王)은 손자(孫子; 손자라고 불리는 사람은 손무孫武와 그의 5대손인 손빈孫臏이 있다. 여기는 손빈을 말한다.)와 전기(田忌)의 무리를 채용하여 제후들을 굴복시키고 패제후(覇諸侯)가 되어 제나라에 조회(朝會)오게 하였다. 천하의 제후국들은 바야흐로 서로 합종(合從)과 연횡(連衡)에 힘쓰면서 공격과 정벌전쟁을 능사로 여기고 있었다. 그런데 맹자는 오히려 당우(唐虞; 堯•舜)와 삼대(夏殷周; 禹•湯•文•武 등) 시대에 성왕들의 덕(德)에 의한 정치를 주장하였다. 그런 까닭에 어디를 가나 그의 학설은 임금들의 마음에 부합하지 않았다. 결국 물러나와 만장(萬章) 등의 제자들과 함께 『시경詩經』『서경書經』을 재해석[序]하고, 공자의 사상을 계승[述]하여, 『맹자』7편을 지었다[作].

맹자는 공자를 계승하여 유학의 정통사상을 수립한 철학자로 인식되고 있지만, 흥미롭게도 그의 생애에 대해서는 공자에 비해 알려진 바가 별로 없다. 생애를 비롯하여 맹자에 대해 확증할 수 있는 기록은 그가 남긴 유일한 저서인 『맹자』뿐이라 하여도 과언이 아니다. 인용한 사마천의 '맹자열전'의 기록도 대체로 『맹자』에 근거하여 서술한 것으로 보인다.

맹자의 성은 맹(孟)이고 이름은 가(軻)이다. 자는 자여(子輿), 자거(子車), 자거(子居) 등이 거명되는데 어느 것도 신빙성이 없다. 사마천은 맹자의 생몰연대를 기록하지 않았는데, 그만큼 그의 생졸년은 명쾌하지 않다. 맹자의 향년(享年)은

4) 성백효 역주, 『맹자집주』(서울: 전통문화연구회, 1991), 11쪽에서 가져왔다. 그러나 번역은 조금 다듬었다.

74세설, 84세설, 심지어 94세설도 있지만, 대체로 84세설을 타당한 것으로 보고, 생몰연대는 BC 372~BC 289년(주열왕周烈王 4년~난왕赧王 26년)으로 여겨지고 있다.[5] 그는 추(鄒)나라 출신으로 여겨지고 있지만, 노(魯)나라의 공족인 삼환(三桓) 중 맹손씨(孟孫氏)의 후손이라는 설, 그리고 『맹자』에서도 제나라에서 객경(客卿)으로 있을 때 모친이 돌아가자 노나라로 가서 삼년상을 치르고 돌아왔다는 기록을 들어 노나라 출신이라는 설도 있다.

맹자의 부모에 대해서도 알려진 바가 없다. 다만 어머니와 관련된 고사(故事)가 전한다. 맹모삼천지교(孟母三遷之教)와 맹모단기지교(孟母斷機之教)가 그것이다. '맹모삼천'은 어머니가 맹자를 가르치기 위하여 세 번이나 이사를 했다는 고사이고, '맹모단기'는 맹자가 공부가 재미없다며 중도에 그만두려 하자 어머니가 짜고 있던 베를 잘라 버리며 공부를 중단하면 그때까지 짜고 있던 베를 자른 것처럼 쓸모없게 된다고 훈계하는 내용이다. 그러나 두 고사는 맹자 사후 300여 년이 지난 전한(前漢) 시대에 유향((劉向, BC 80~BC 6)이 썼다고 알려진 『열녀전烈女傳』에 기록된 것으로, 그 정확한 진위를 알 수 없다. 다만 『맹자』의 곳곳을 살펴보면 그가 어려서 어머니의 영향을 많이 받았고, 또 젊은 시절에 집안이 가난했던 것은 사실인 듯하다. 성인이 되어 맹자는 전씨(田氏)를 아내로 맞아 아들을 낳았고, 심지어 심술궂은 아내를 쫓아냈다는 기록도 있으나 믿을 수 없다.[6]

맹자가 공자의 손자인 자사(子思, BC 483?~BC 402?)에게 배웠다는 설도 있으나 서로 생몰연대를 비추어보면 가능성이 전혀 없고, 사마천의 기록처럼 자사의 문인에게 배웠다고 보는 것이 타당해 보인다. 맹자가 '성인 공자께서 사시던 곳이 이처럼 가깝다'(近聖人之居, 若此其甚也.「盡心下: 38」)고 언표하였듯, 추나라와 노나라는 매우 가까웠기에 어디에서 태어났든 그가 공자의 후학들에게 배울 기회가 있었을 것이다. 맹자 스스로도 공자의 도를 사숙(私淑)할 수밖에 없었다고 고백하고 있다. 사숙했다는 것은 문하에서 직접 배우지 못하고 다른 사람에게 사사로이 혹은 간접적으로 배웠다는 것이다.

---

5) 원(元)나라 유학자인 정복심(程復心)의 「孟子年譜」 및 청나라 고증학자인 적자기(狄子奇)의 「孟子編年」의 관점이 대표적이다.

6) 순자(荀子)도 "맹자는 아내가 예를 파괴함을 미워하여 쫓아냈다"(孟子惡敗而出妻)고 언급하고 있으나 별 의미도 없고 사실인지도 모르겠다.『荀子』「解蔽」.

【離婁 下 22】孟子曰 君子之澤五世而斬, 小人之澤五世而斬。予未得為孔子徒也, 予私淑諸人也。

맹자가 말했다: "군자의 은택도 5세면 끊어지고, 소인의 은택도 5세면 끊어지는데, 나는 공자의 문도가 될 수 없었다. 나는 남에게서 사사로이 배워서 선해졌다."

*斬(참): 베다, 끊어지다.

맹자는 사숙하였지만, 40세에 어떤 유혹에도 흔들리지 않는 부동심(不動心)의 경지에 도달할 정도로 자기수양에 철저하였고, 변론과 유세에 뛰어났던 것 같다. 공자를 따라 배우기를 좋아하지만 성인(聖人)을 자처하지는 않았다. 관련 인용을 보자.

【公孫丑 上 2-1】公孫丑問曰 夫子加齊之卿相, 得行道焉, 雖由此霸王不異矣。如此, 則動心否乎。孟子曰 否。我四十不動心。曰 若是, 則夫子過孟賁遠矣。曰 是不難, 告子先我不動心。曰 不動心有道乎。曰 有。

공손추가 물었다: "선생님께서 제나라의 재상 자리에 올라서 도를 행할 수 있다면, 비록 이를 통해서 패도를 하든 왕도를 하든 이상할 것이 없겠습니다. 이와 같으면 마음이 동요되시겠습니까, 그렇지 않습니까?" 맹자가 대답했다: "아니다. 나는 40세에 마음이 동요되지 않았다(不動心)." 공손추가 말했다: "이와 같다면 선생님께서 맹분(孟賁)을 넘어섬이 오래입니다." 맹자가 대답했다: "이것은 어렵지 않다. 고자(告子)도 나보다 먼저 부동심(不動心)하였다." 공손추가 물었다: "마음이 동요되지 않는 데에 방법이 있습니까?" 맹자가 대답했다: "있다."

*四十不動心(사십부동심): 40세에 부동심의 경지를 얻었다. 공자는 四十而不惑(사십이불혹)이라 했는데, 이에 대한 맹자적 표현이다. *孟賁(맹분): 혈기가 넘치고 담력이 뛰어난 용사. *告子(고자): 이름은 不害(불해)이고, 뒤에서 보겠지만 맹자와 인성론 논쟁을 펼친다.

【滕文公 下 9-1】公都子曰 外人皆稱夫子好辯，敢問何也。孟子曰 予豈好辯哉。予不得已也。

> 공도자가 말했다: "외부사람들이 모두 선생님께서 변론을 좋아한다고 말하는 데, 감히 그 까닭을 묻습니다." 맹자가 대답했다: "내가 어찌 변론을 좋아했겠는가? 내 부득이해서이다."

【公孫丑 上 2-8】宰我、子貢善為說辭，冉牛、閔子、顔淵善言德行。孔子兼之，曰 '我於辭命則不能也'。然則夫子既聖矣乎。曰 惡 是何言也。昔者子貢問於孔子曰 '夫子聖矣乎'。孔子曰 '聖則吾不能，我學不厭而教不倦也'。子貢曰 '學不厭，智也。教不倦，仁也。仁且智，夫子既聖矣'。夫聖，孔子不居，是何言也。

> (맹자가 말했다) "재아와 자공은 논리적인 말을 잘하였고, 염유와 민자와 안연은 덕행을 잘 말했다. 공자는 이 둘을 겸하였지만, 말하기를 '나는 논리적인 말에는 능하지 않다.'고 하였다." (공손추가 말했다) "그렇다면 선생님은 이미 성인이겠습니다." 맹자가 말했다: "아~, 이 무슨 말인가? 옛날에 자공이 공자에게 묻기를 '선생님은 성인입니다.'하자, 공자께서 말하기를 '성인이라면 나는 가능하지 않다. 나는 배우기를 싫어하지 않고 가르치기를 게을리 하지 않는다.'고 하였다. 자공이 말하기를 '배우기를 싫증내지 않으니 지혜로운 것이요, 가르침을 게을리 하지 않으니 어진 것이다. 어질고 지혜로우니, 선생님은 이미 성인입니다.'하였다. 무릇 성인은 공자께서도 자처하지 않았는데, 이 무슨 말인가?"

일본의 어떤 학자는 공자와 성품을 비교하여, "공자에게서 원만하고 온후한 인격을 볼 수 있다면, 맹자에게는 늠름한 기상을 엿볼 수 있다. 공자가 봄바람처럼 화사하였다면, 맹자는 가을 서리 혹은 강렬하게 내리쬐는 햇볕과도 같았다."고 평하였다.[7] (ㅎㅎ) 『맹자』를 읽어보면 실제 맹자의 이러한 인품을 엿볼 수 있는 것 같다. 또한 그는 당시 제가(諸家)의 학설들에 대해 사상적 논쟁과 대결을 벌이면서 자기철학을 구축해 갔음을 알 수 있다.[8] 전쟁을 부추기며 합종연횡의 외교술을 주장하는 소진(蘇秦)과 장의(張儀)를 물리쳐야 했으며, 관중(管仲)과 자산(子産)으로 대표되는 힘에 의한 정치 혹은 패도적 법술의 정치를 반대하고자 하였다. 당시대의 사람들을 사상적 타락으로 이끌고 있는 양자(楊子)와 묵자(墨子)의 무리들을 배척하고자 하였으며, 고자(告子)와는 인성론을 주제로 철학적 논쟁도 불사했다. 또한 맹자는 제(齊)나라, 양(梁)나라, 송(宋)나라, 추(鄒)나라, 노(魯)나라, 등(滕)나라 등 여러 나라를 편력하며 제후들에게 유세를 펼쳤다는 것을 알 수 있다. 양나라 혜왕(惠王)과 제나라 선왕(宣王)을 설득하였으나 등용되지 못했고,[9] 유일하게 등나라 문공(文公)이 그를 신임하여 등용해줌으로써 왕도정치를 실험할 기회를 얻었으나 불행히도 등문공은 일찍 죽고 말았다. 나라들을 돌아다닌 선후의 순서에 대해서는 논란이 있다. 여하튼 주유천하하면서 제후들에게 인의(仁義)와 왕도(王道)를 유세하다가 실패하자 만년에는 고향으로 돌아와 제자를 가르치는 한편, 자신의 일생을 회고하는 책을 집필하다가 죽었다.[10]

물론 맹자가 남긴 유일한 책인『맹자』를 자신이 직접 쓴 것인지는 이견(異見)이 있다. 크게 보면 맹자 자신이 직접 쓴 것이라는 설, 맹자 사후 제자들이 정리한 것이라는 설, 그리고 맹자가 제자들과 더불어 썼다는 설로 나눌 수 있다. 이에 대해서 역대 많은 학자들이 고증에 나섰고 서로 다른 견해가 있지만, 여러 정황을 놓고 볼 때 맹자 자신이 쓴 것이라는 설이 조금 더 설득력이 있다는 점만 밝혀 두고자 한다. 그러니까 맹자는 추나라로 돌아온 생애 말년의 20여 년 동안 만장, 공손추 등의 제자들과 함께『시경詩經』『서경書經』을 재해석[序]하고, 공자의 사상을 계승[述]하여,『맹자』7편을 지었다[作]고 할 수 있다.

---

7) 미우라 도우사꾸(강봉수 외 옮김),『중국윤리사상사』(서울: 원미사, 2007 개정판), 100쪽.

8) 이러한 측면에서, 맹자의 자기철학 구축 과정을 다룬 글은 강봉수, "맹자의 사상적 대결과 유학의 정통성 확립",『윤리교육연구』제42집(한국윤리교육학회, 2016. 10), 223~250쪽 참조.

9) 잠시 제선왕의 객경(客卿)으로 머문 적은 있다. 그러나 정식으로 등용되진 못한 것 같다.

10) 청(淸)나라 학자인 적자기(狄子奇)의「맹자편년孟子編年」에 정리된 맹자연보를 옮겨오면 아래와 같다. 여기서는 성백효 역주,『맹자집주』(서울: 전통문화연구회, 1991), 448쪽에서 가져왔다.

『맹자』 7편이 저술된 이후 장구한 세월을 경과하는 동안에 원문이나 편제 등에 많은 수정과 교정의 과정이 있었을 것이다. 특히 『맹자』는 본래 7편으로 되었었는데, 후한(後漢) 말년의 학자인 조기(趙岐)가 장구(章句)를 만들면서 각 편을 상하로 나눠서 『맹자장구孟子章句』14편으로 만들었다. 이후부터 오늘날까지 이 14편의 구분을 그대로 따르고 있다. 『맹자』7편(상하 14편)의 개략적인 내용을 정리하면 다음의 <표 1>과 같다.[11]

BC 372년 4월 2일	추鄒나라(지금의 산동성山東省 근처 추현鄒縣)에서 태어나다.
358년(15세)	노魯나라에서 배우다.
332년(41세)	처음으로 추鄒나라 목공穆公을 만나다.
331년(42세)	제齊나라 평육平陸에 머무르다.
330년(43세)	추鄒나라에서 임任나라로 가다.
329년(44세)	제나라 평육에서 제나라 서울로 가다.
328년(45세)	제나라에서 빈사賓師가 되다.
326년(47세)	제나라를 떠나 송宋나라로 가다.
325년(48세)	송나라에서 추나라로 돌아오다.
324년(49세)	추나라에서 등滕나라로 가다.
322년(51세)	등나라를 떠나 추나라로 돌아오다.
320년(53세)	양梁나라 혜왕惠王의 초빙을 받고 양나라로 가다.
319년(54세)	양나라 왕 영罃이 죽자, 양나라를 떠나 제나라로 가다.
318년(55세)	제나라에서 객경客卿이 되다.
317년(56세)	모친이 상을 당하여 제나라에서 노魯나라로 돌아와 삼년상을 모시다.
315년(58세)	노나라에서 제나라로 돌아오다.
314년(59세)	제나라가 연燕나라를 정벌하여 횡포하자, 제나라를 떠나 송나라로 가다.
313년(60세)	송경宋牼을 석구石丘에서 만나 인의仁義로 진秦과 초楚의 왕을 설득할 것을 권하다.
312년(61세)	송나라에서 설薛나라로 가다.
311년(62세)	설나라에서 노나라로 갔다가 뜻을 이루지 못하고 다시 추나라로 돌아오다.
289년(84세)	1월 15일, 세상을 떠나다.

11) 서울대학교 철학사상연구소, 『맹자』(2004)의 <해제>에서 가져왔다.

〈표 1〉『맹자』 7편의 주요 내용

제1편 「양혜왕」 상·하	이 편은 맹자가 편력한 지방을 보여주기 위해 편집되었다고 보는 학자도 있다. 양의 혜왕에서 제의 선왕으로, 제에서 추의 목공에게로 옮겨가는 대화의 순서가 사실 그대로 맹자가 여행한 순서였다는 것이다. 각 나라의 제후들을 상대로 맹자가 주장한 것은, 첫 번째 얘기가 보여주듯이, 공리주의를 배격하고 인의를 기본으로 하는 도덕정치의 실시였다.
제2편 「공손추」 상·하	이 편은 제자인 공손추의 질문과 이에 대한 맹자의 답변으로 시작하고, 마지막도 공손추의 질문과 답변으로 마무리 된다. 스승과 제자 사이에 갖가지 논의가 전개된다. 유명한 '호연지기'에 대한 것도 여기에 실려 있으며 '성선설'과 관련된 '사단의 마음' 역시 여기에서 논의된다.
제3편 「등문공」 상·하	등문공 상편은 등나라와 관련된 이야기들이다. 여기에 농지정리와 조세개혁의 내용을 담고 있는 정전제에 관한 것이 실려 있으며, 농가학파와의 논쟁이나 묵가학파와의 논쟁도 실려 있다. 등문공 하편은 통일된 주제가 없이 잡박하다. 권력자를 상대하는 맹자의 자존심 등에 관한 이야기 속에서 세상과 싸우는 맹자의 고고한 모습이 보인다. "변론하기를 좋아한다"는 세상의 평가에 대한 맹자의 해명도 여기에 실려 있다.
제4편 「이루」 상·하	이 편은 대화형식이 아니라, 주로 맹자의 말을 기록한 것으로 구성되어 있으므로, 앞의 세 편과 형식이 다르다. 하편의 첫 부분은 제7편인 「진심」처럼 짧은 격언이 많다. 내용상으로는 『중용』이나 『대학』 등에서 볼 수 있는 것과 비슷한 내용의 철학적 사고가 많이 보인다. 그 점에서 후대 유가전통이 된 사상적 요소가 많이 담겨있는 부분이다.
제5편 「만장」 상·하	이 편은 제자인 만장과의 문답이 주가 되어 있다. 만장은 전해져 내려오는 성왕들의 사적에 관심이 많았던 듯, 만장과의 문답은 주로 옛 성현들에 관한 것이다. 이 편을 통해 맹자에게는 최초의 제왕(帝王)이자 최초의 성인인 요·순을 비롯한 전설상의 인물들이, 맹자에 의해 유가의 이상적인 인물로서 정립되고 있음을 볼 수 있다.
제6편 「고자」 상·하	이 편을 통해 성선설에 대해 자세히 알 수 있다. 인간의 본성에 관해 맹자와 격론을 펼쳤던 고자와의 논쟁이 이 편에서 전개된다.
제7편 「진심」 상·하	이 편은 단문이 많다는 것이 하나의 특색이다. 내용상으로는 인간의 마음과 본성, 천명에 관한 깊은 사유가 실려 있으며, 교육에 관한 것도 많은데, 이는 노년의 맹자의 말이 중심이 되어 있는 것을 암시하는 것이라고 생각된다. 이 편의 마지막이자 『맹자』의 마지막에서 성인인 요·순에서부터 맹자 자신에 이르기까지의 도의 전통을 서술하고 있는 것은 대단히 의미심장하다.

전한(前漢) 문제(文帝) 때에 『논어論語』 『효경孝經』 『이아爾雅』와 함께 『맹자』는 학관(學官)으로 세워져 사박사(四博士)에 든 이래 부동의 경서(經書)로 추앙받아 왔고, 많은 주석서가 연구되었다. 조기의 『맹자장구』는 송나라 때에 주자(朱子)의 『맹자집주孟子集註』가 나오기 전까지 가장 권위 있는 주석서로 인정되었다. 청대(淸代)에 와서 『십삼경주소十三經注疏』에 포함되어 대표적인 『맹자』 주석이 정리되었다. 특히, 주자는 『맹자』를 사서(四書) 중의 하나로 집주(集註)했고, 그의 주석이 우리나라 조선의 선비들에게 가장 권위 있는 견해로 받아들여졌다. 물론 그의 『맹자집주』도 조기의 『맹자장구』를 바탕으로 하여 보완한 것이지만, 아무래도 주자의 리기철학(理氣哲學)적 사유로 재해석한 측면이 많다. 나도 주자의 집주를 바탕으로 하여 『맹자』를 읽지만, 가능하면 그의 리기론적 사유를 덜어내고 『맹자』원문에 충실하여 맹자철학을 사유하고자 한다.

2. 춘추전국시대와 '헬'(Hell) 조선시대

거듭 말하지만, 철학은 시대적 아픔의 산물이다. 이처럼 어떠한 철학사상도 시공간적•사상사적 맥락과 무관한 백지상태에서 솟아나는 것이 아니라면, 철학자가 살았던 당시대의 시공간적 배경에 유의하면서 주변 사상과의 논쟁과 대결에 주목할 때 특정 사상가의 문제의식과 철학을 더 잘 이해할 수 있을 것이다. 본론에서 나는 맹자가 펼쳤던 제가와의 사상적 논쟁과 대결에 관심을 두면서 맹자철학을 탐색해 갈 것이다. 그러나 우선, 여기서는 시대적 배경으로 춘추전국시대를 잠시 돌아보고, 다음 절에서는 사상적 배경으로 공자철학과의 연관성을 검토하고 넘어가고자 한다.

맹자는 중국의 역사에서 가장 아픈 전국시대를 살았다. 역사가들은 기원전 770년을 기점으로 이전을 서주(西周, BC 1046?~BC 770년), 이후를 동주(東周, BC 771~BC 221)라 부른다. 동주시대는 다시 춘추시대(BC 771~BC 403)와 전국시대(BC 403~ BC 221)로 나뉜다. 서주시대는 인문적 문화가 꽃핀 시대였다. 이른바 종법(宗法)제도에 바탕을 둔 주나라 특유의 봉건국가체제가 그것이다. 주나라를 건국한 무왕(武王)은 그의 시대에 이미 15형제와 그의 씨족인 희(姬)의 인척들 중 40명을 제후로 봉했고, 71개의 제후국 중 55개가 무왕의 인척에 의해 통치되었다. 여기서 천자국의 왕은 제후와 경대부들에게 대종(大宗)의 장(長)이었으며, 반면에 제후와 경대부들은 천자에 대해서 소종(小宗)의 장(長)이 되었다. 다른 한편, 제후국에서 제후들은 경대부에게는 대종의 장이 되고, 경대부들은 소종의 장이 되었다. 결국 이러한 종법제도에 의해, 모든 지배계급들은 천자를 전체 조상의 장으로 숭배하는 사상을 낳게 된다. 이를테면, 왕과 제후간의 관계는 사적으로 보면 부자(父子) 관계이고, 공적으로 보면 군신(君臣) 관계가 된다. 이로부터 자연스런 효치(孝治)가 이루어지고(충효일치忠孝一致!!), 여기서 예(禮)사상도 나올 수 있었다고 하겠다. 맹자는 주나라의 작위와 녹봉제도의 특징을 아래와 같이 말하고 있다.

【萬章 下 2-1】北宮錡問曰 周室班爵祿也，如之何。孟子曰 其詳不可得聞也。諸侯惡其害己也，而皆去其籍。然而軻也，嘗聞其略也。天子一位，公一位，侯一位，伯一位，子、男同一位，凡五等也。君一位，卿一位，大夫一位，上士一位，中士一位，下士一位，凡六等。天子之制，地方千里，公侯皆方百里，伯七十里，子、男五十里，凡四等。不能五十里，不達於天子，附於諸侯，曰附庸。天子之卿受地視侯，大夫受地視伯，元士受地視子、男。

> 북궁기가 물었다: “주왕실의 작위와 녹봉을 구분하면 어떻습니까?” 맹자가 대답했다: “그 상세한 것을 듣지는 못했다. 제후들은 그것이 자기를 해칠 것을 싫어하여 모두 그 전적을 없애버렸다. 그러나 내가 일찍이 그 대략을 들었다. 천자가 한 직위이고, 공이 한 직위이고, 후가 한 직위이고, 백이 한 직위이고, 자와 남이 같은 한 직위이다. 무릇 다섯 차등으로 나뉜다. 임금이 한 직위이고, 경이 한 직위이고, 대부가 한 직위이고, 상사가 한 직위이고, 중사가 한 직위이고, 하사가 한 직위이다. 무릇 여섯 등급으로 나뉜다. 천자의 제도는 땅이 사방 1,000리이고, 공후는 모두 사방 100리이고, 백은 70리

이고, 자와 남은 50리이다. 무릇 네 등급으로 나뉜다. 50리가 되지 않은 나라는 천자에게 도달하지 못하고 제후에 부속되어 부용국이라 부른다. 천자의 경이 받는 땅은 후로 대우하고, 대부가 받는 땅은 백으로 대우하며, 원사가 받는 땅은 자와 남으로 대우한다."

*北宮錡(북궁기): 북궁(北宮)은 성이고 기(錡)는 이름으로, 위나라 사람. *元士=上士

【萬章 下 2-2】大國地方百里，君十卿祿，卿祿四大夫，大夫倍上士，上士倍中士，中士倍下士，下士與庶人在官者同祿，祿足以代其耕也。次國地方七十里，君十卿祿，卿祿三大夫，大夫倍上士，上士倍中士，中士倍下士，下士與庶人在官者同祿，祿足以代其耕也。小國地方五十里，君十卿祿，卿祿二大夫，大夫倍上士，上士倍中士，中士倍下士，下士與庶人在官者同祿，祿足以代其耕也。耕者之所獲，一夫百畝。百畝之糞，上農夫食九人，上次食八人，中食七人，中次食六人，下食五人。庶人在官者，其祿以是為差。

(맹자가 말했다) "대국의 땅은 사방 100리이고, 임금은 경 녹봉의 10배이고, 경의 녹봉은 대부의 4배이고, 대부는 상사의 배이고, 상사는 중사의 배이고, 중사는 하사의 배이며, 하사와 서인으로 관직에 있는 자는 녹봉이 같다. 녹봉은 밭으로 대신할 수 있다. 차국의 땅은 사방 70리이고, 임금은 경 녹봉의 10배이고, 경의 녹봉은 대부의 3배이고, 대부는 상사의 배이고, 상사는 중사의 배이고, 중사는 하사의 배이며, 하사와 서인으로 관직에 있는 자는 녹봉이 같다. 녹봉은 밭으로 대신할 수 있다. 소국의 땅은 사방 50리이고, 임금은 경 녹봉의 10배이고, 경의 녹봉은 대부의 2배이고, 대부는 상사의 배이고, 상사는 중사의 배이고, 중사는 하사의 배이며, 하사와 서인으로 관직에 있는 자는 녹봉이 같다. 녹봉은 밭으로 대신할 수 있다. 밭가는 자의 소득은 한 농부의 가장이 백무이다. 백무씩의 경작함에 상농부는 9인을 먹일 수 있고, 상농부의 다음은 8인을 먹일 수 있고, 중농부는 7인을 먹일 수 있고, 중농부의 다음은 6인을 먹일 수 있고, 하농부는 5인을 먹일 수 있다. 서인으로 관직에 있는 자는 그 녹을 이것으로 차등을 둔다."

맹자의 언표를 참고하면서 주나라의 신분과 봉건제도를 정리해보면 아래의 <표 2>와 같다.

〈표 2〉 주나라 봉건제도 작위와 관직 및 봉토

<table>
<tr><th rowspan="2"></th><th rowspan="2">작위명</th><th rowspan="2">봉토명</th><th rowspan="2">봉토 크기</th><th colspan="5">예하 관직과 봉토</th><th rowspan="2">비고</th></tr>
<tr><th colspan="2">관직명</th><th>봉토명</th><th colspan="2">관직수</th></tr>
<tr><td rowspan="6">천자
(天子)</td><td rowspan="6">왕(王)</td><td rowspan="6">왕기
(王畿)</td><td rowspan="6">사방
1000리</td><td colspan="2">공(公)</td><td>국(國)</td><td colspan="2" rowspan="6">3공
9경
27대부
81원사</td><td rowspan="17">*왕·후·경·대부직은 상속됨
*각 봉토의 아래에는 邑, 鄕, 里 등으로 나누어 邑宰, 鄕長, 里長을 두었음
*대국과 차국의 2경은 천자가 임명하고, 1경은 국군이 임명. 소국의 2경은 국군이 임명</td></tr>
<tr><td colspan="2">상대부경(卿)</td><td>채(采)</td></tr>
<tr><td colspan="2">하대부(大夫)</td><td>가(家)</td></tr>
<tr><td rowspan="3">원사
(士)</td><td>상사</td><td rowspan="3">(없음)</td></tr>
<tr><td>중사</td></tr>
<tr><td>하사</td></tr>
<tr><td rowspan="11">제후
(諸侯)</td><td>공(公)</td><td rowspan="11">국(國)</td><td rowspan="3">사방
100리</td><td colspan="2" rowspan="2">상대부경(卿)</td><td rowspan="2">채(采)</td><td rowspan="3">대국</td><td rowspan="3">3경
5대부
27원사</td></tr>
<tr><td rowspan="2">후(侯)</td></tr>
<tr><td colspan="2" rowspan="3">하대부(大夫)</td><td rowspan="3">가(家)</td></tr>
<tr><td>백(伯)</td><td>사방
70리</td><td rowspan="4">차국</td><td rowspan="4">3경
5대부
27원사</td></tr>
<tr><td rowspan="2">자(子)</td><td rowspan="5">사방
50리</td></tr>
<tr><td rowspan="6">원사
(士)</td><td rowspan="3">상사</td><td rowspan="6">(없음)</td></tr>
<tr><td rowspan="3">남(南)</td></tr>
<tr><td rowspan="4">소국</td><td rowspan="4">2경
5대부
27원사</td></tr>
<tr><td rowspan="2">중사</td></tr>
<tr><td rowspan="2">(부용
附庸)</td><td rowspan="2">사방
50리
미만</td></tr>
<tr><td>하사</td></tr>
</table>

예(禮)는 본래 원시적 씨족공동체의 시대부터 습속과 관례로써 전승되어온 행위규범이라 할 것이다. 그러나 예가 본격적인 규범으로 등장하기 시작한 것은 국가적 수준의 지배체제가 수립된 하(夏)나라 때부터일 것이다. 은(상)나라 때까지 예는 여전히 종교적이고 의례적인 성격이 강한 것이었다. 그러나 주나라에 와서 예는 상제례 중심의 의례적 성격을 넘어 보다 보편적인 규범으로 정립된다. 주나라의 예악형정을 정립하는 데 주도적인 역할을 한 이가 바로 주공(周公)이라는

사람이다. 주공은 무왕의 동생으로 원래 노(魯)나라의 제후로 봉해졌지만, 이제 막 건국된 주나라의 기틀을 놓기 위해, 노나라는 자신의 아들에게 넘기고, 그는 무왕과 그의 아들인 성왕(成王)을 도우며 주나라의 예악형정을 정립하였던 것이다.[12] 주공에 의해 예악형정이 정비됨으로써, 이때부터 예(禮)는 계급과 계층간, 귀천과 상하간의 차등화 된 신분적 의례와 제도를 의미하는 것이 되었다.[13] 천자와 제후에 걸맞는 예가 있고, 경대부에 걸맞는 예가 있었다. 이들 외에 계급으로 사(士)와 서인(庶人)이 있었고, 그들에게 걸맞는 예가 있었다고 하겠다.

동주의 춘추전국시대는 이러한 서주의 예제문화가 무너지면서 왔다. 춘추(春秋)시대(BC. 770~BC.403 ; 367년간)가 주나라 왕실이 약화된 틈을 타 세력을 확장한 제후들이 서로 존왕양이(尊王攘夷; 천자국을 보호하고 오랑캐를 무찌름)의 명분아래 천하를 호령하는 시기였다면, 전국(戰國)시대(BC. 403~BC. 221 ; 182년간)는 주왕실의 권위는 땅에 떨어지고 약육강식이 점차 심해져, 유력한 제후국인 7웅(七雄; 진秦 · 초楚 · 연燕 · 제齊 · 한韓 · 위魏 · 조趙)이 서로 왕을 참칭(僭稱)하며 천하를 통일하려고 서로 다투었던 시기였다.

춘추시대에 접어들어 주왕실을 정점으로 하는 봉건질서가 붕괴하게 되면서, 왕권의 약화와 제후 간 혈연적 연대의 쇠퇴, 그리고 사회 경제적 기초의 변화에 따른 제후국 간의 멸국겸병(滅國兼兵)으로 예(禮)가 붕괴되는 상황에 직면하게 된다. 공자가 천하에 도가 사라지고 예악이 붕괴되었다고 진단한 것은 바로 이러한 주나라의 예악형정이 무너졌다는 뜻이다. 공실(公室; 왕과 제후)은 쇠퇴하고 사가(私家; 경대부)가 대두하였으며, 신하가 군주를 시해하고 세자가 권력을 찬탈하는 무도한 행위가 일어났다. 춘추시기 동안 36명의 군주가 신하에게 피살되었으며, 이러한 혼란을 틈타 수많은 국인(國人)의 폭동과 역인(役人)의 반란이 일어났다.

---

12) 주공에 의해 정립된 예가 이른바 주례(周禮)라고 하는 것이다. 크게 다섯 가지 유형의 예(오례五禮)로 구성되었다. ① 길례(吉禮) : 나라의 제신(諸神; 천신天神, 지신地神, 인신人神)들에 대한 의례로써 국가의 안녕을 기원하는 의례(원구사圓丘祀, 방택제方澤祭, 사직제社稷祭, 종묘제宗廟祭 등). ② 가례(嘉禮) : 왕실에서 서민에 이르기까지 광범위한 사회계층을 포함하는 만민의 지키도록 하는 의례(통과 의례적 성격의 의례들). ③ 빈례(賓禮) : 나라와 나라사이, 왕과 지방관 사이의 친화(親和)를 위한 의례. ④ 군례(軍禮) : 국가를 유지하고 안전하게 하는 군대의례. ⑤ 흉례(凶禮) : 국가의 재화(災禍), 기근(饑饉), 질병(疾病), 사망(死亡) 등의 슬픔을 위로하고 극복하는 의례 등이다.

13) "禮, 國之幹也." "禮, 王之大經也.", "禮, 政之輿也."(『좌전』)

전국시대에 이르면 '천하무도'적 양상은 더욱 심화된다. 전국시대는 농업혁명이 일어난 시기였다. 철제 농기구와 소가 끄는 쟁기가 등장하고, 대규모의 관개(灌漑)와 여러 종류의 치수(治水)사업, 운하의 건설 등이 추진되었다. 대규모의 황무지 개간과 단위면적당 생산력이 급격히 증가하였을 뿐만 아니라, 토지 사유제가 촉진되고 상업의 발달과 화폐가 유통되기 시작했다. 이로 인해 경제적 부에 토대한 신흥귀족계급이 등장하였고 빈부격차가 심화되어 이농민의 발생을 가져오기도 하였다. 이러한 생산양식의 변화와 더불어 사회구성체도 재편성되는 바, 원시공동체적 '읍제국가'에서 중앙집권적인 '영토국가'가 등장하였다.

맹자의 전국시대는 이러한 사회경제적 변동과 무관하지 않다. 제후국간의 패권다툼과 맞물려 '전국(戰國)'이라는 미증유의 혼란 상태를 야기하게 되었다. 이 점은 제후국의 숫자 변화로도 알 수 있다. 서주 초기 71개국이었고, 춘추 초기에는 170여 개 국으로 늘었던 제후국이, 전국 초기에 오면 20개 국, 전국 중기 이후에는 7개국(七雄)으로 압축되었다. 이후로는 그야말로 7웅이 천하를 차지하기 위해 먹고 먹히는 난타전이 시작된다. 교전의 횟수와 전술 측면에서도 춘추시대보다 더욱 격화되는 양상을 보인다. 전술 측면에서 전차전(춘추)에서 보병전으로 바뀌고, 군사력은 10배 내지 30배까지 증가하였다. 참전병사의 수와 사상자의 수도 비례하여 늘어날 수밖에 없는데, 예컨대 기원전 293년에 진나라는 한•위 연합군을 대파하여 24만 명을 참수하였고, 기원전 260년에는 진나라가 조나라의 항졸 40만 명을 갱살(坑殺: 땅에 파묻음)하였다고 전한다. 풍몽룡이 쓴 역사소설 『동주열국지』에 나타난 춘추와 전국시대의 전쟁 상황을 비교한 언표를 보자.[14)]

> "옛날에는 날짜를 정하고 진영을 펼쳤으며 모두 진영을 펼친 다음 전투를 벌였습니다. 정벌을 할 때도 일정한 법도가 있었고, 무기를 쓸 때도 중상을 입히려 하지 않았으며 죄를 성토한 후에 땅을 병합하지도 않았습니다. 비록 무기를 들고 싸울 때라도 예법에 맞게 양보하는 마음을 보였습니다. 이 때문에 제왕이 군사를 쓸 때는 절대로 많은 군사를 동원하지 않

14) 훗날 진시황제(秦始皇帝)가 된 진왕 정(政)이 노장군인 왕전에게 초나라 정벌을 요구하자 60만 대군이 아니면 정벌할 수 없다고 하면서 왕전이 아뢴 말이다. 풍몽룡 지음, 채원방 정리, 김영문 옮김, 『동주 열국지』권5 (서울: 글항아리, 2015), 573쪽.

았습니다. 제 환공이 국내에서 정치를 행할 때는 군사가 불과 3만에 불과했고, 그것도 번갈아가면서 군사를 동원했습니다. 그러나 지금은 열국 모두 군사를 동원해 전쟁을 하고 있는 상황입니다. 강한 나라가 약한 나라를 능멸하고, 많은 군사로 적은 군사를 짓밟고 있습니다. 적을 만나면 바로 죽이고, 땅을 만나면 바로 공격에 나서는 형편입니다 적의 수급(首級)을 보고할 때면 한 번에 수만 명을 헤아리는 것이 예사이고, 적의 성을 포위할 때도 몇 년씩 지속하는 것이 흔한 일이 되었습니다. 이러한 까닭에 농부도 모두 창칼을 들고 싸움터에 나서게 되었고, 어린아이들까지 모두 병적(兵籍)에 올라 있는 형편입니다. 지금 천하의 대세가 이렇게 되었으니 비록 군사를 동원하려고 해도 그렇게 할 수 없는 시대가 되었습니다."

전쟁으로 인한 참상과 사회혼란, 그리고 민중의 고통은 말할 필요가 없다. 전야(田野)와 성(城)은 황폐화되고 피로 물들었으며, 전쟁터와 피정복국의 민중은 학살되거나 노예로 전락했으며, 그나마 살아남은 민중들도 빈번한 징발과 과다한 부세로 파탄지경에 이를 수밖에 없었다. 국제정세가 이러하니 국내정치 또한 안정될 리가 없는 노릇이다. 이러한 정황에 대한 맹자의 진단을 보자.

【離婁 上 14】孟子曰 求也為季氏宰, 無能改於其德, 而賦粟倍他日。孔子曰 '求非我徒也, 小子鳴鼓而攻之可也'。由此觀之, 君不行仁政而富之, 皆棄於孔子者也。況於為之強戰, 爭地以戰, 殺人盈野。爭城以戰, 殺人盈城。此所謂率土地而食人肉, 罪不容於死。故善戰者服上刑, 連諸侯者次之, 辟草萊、任土地者次之。

맹자가 말했다: "염구가 계씨의 가신이 되어 그의 덕을 고칠 수가 없어 세금을 걷어 곡식이 다른 날보다 배가 되었다. 공자가 말하길 '염구는 나의 무리가 아니다. 제자들아 북을 울려서 그를 공격해도 좋다.'하였다. 이로 보건대, 군자가 인정을 베풀지 않으면서 부유해진다면 모두 공자에게 버림받을 자이다. 하물며 임금을 위해 억지로 전쟁을 벌여, 전쟁으로 땅을 다투어 죽은 사람이 들에 가득하고, 전쟁으로 성을 다투어 죽은 사람이 성에 가득하다면,

이것은 이른바 토지를 따라 사람고기를 먹는 것이라 할 수 있느니, 죄가 죽음에 이르더라도 용납되지 않을 것이다. 그러므로 전쟁을 잘하는 자는 극형을 받아야 하고, 제후를 합종하고 연횡하는 자가 다음의 형을 받아야 하고, 풀밭과 쑥밭을 개간하여 토지를 맡기는 자가 다음 형을 받아야 할 것이다.

*善戰者(선전자): 병술에 능한 자(손빈, 오기 등). *連諸侯者(연제후자): 제후국간에 合縱連橫(합종연횡)하는 외교를 잘 하는 자(소진, 장의 등). *辟草萊、任土地者(벽초래, 임토지자): 거친 밭을 개간하여 백성에게 맡기며 부국을 주장하는 자(이리, 상앙 등).

【梁惠王 上 4】梁惠王曰 寡人願安承教。孟子對曰 殺人以梃與刃, 有以異乎。曰 無以異也。以刃與政, 有以異乎。曰 無以異也。曰 庖有肥肉, 廄有肥馬, 民有飢色, 野有餓莩, 此率獸而食人也。獸相食, 且人惡之。為民父母, 行政不免於率獸而食人。惡在其為民父母也。仲尼曰 '始作俑者, 其無後乎 '為其象人而用之也。如之何其使斯民飢而死也。

양혜왕이 이르길 "과인이 편안히 가르침을 받들고자 합니다." 맹자가 대답하여 물었다: "사람을 죽임에 몽둥이로 죽이는 것과 칼로 죽이는 것에 차이가 있습니까?" 대답했다: "차이가 없습니다." 다시 물었다: "칼로 죽이는 것과 정치로 죽이는 것에 차이가 있습니까?" 대답했다: "없습니다." 다시 말했다: "부엌에는 살찐 고기가 있고 마구간에는 살찐 말이 있는데도, 백성들에게 굶주린 기색이 있고 들에는 굶어죽은 시체가 있다면, 이것은 짐승을 몰아와서 사람을 잡아먹게 하는 것이다. 짐승끼리도 서로 잡아먹는 것을 사람들은 싫어합니다. 백성의 부모가 되어 정치를 행함에 짐승을 몰아와 사람을 잡아먹게 함을 면치 못한다면, 어찌 그를 백성의 부모가 되었다고 하겠습니까? 중니(공자)께서 말하길 '처음에 허수아비를 제작한 자에겐 후손이 없을 것이다,' 했는데, 그는 사람을 형상하여 장례에 사용하였기 때문입니다. 어찌 임금이 자기 백성을 굶주려 죽도록 할 수가 있겠습니까?"

*梃(정): 몽둥이. *庖(포): 부엌. *廄(구): 마구간. **莩(표)[부]: 굶어죽은 시체. *俑(용): 장례에서 호위용으로 쓰기 위해 나무로 만든 허수아비 사람. 옛날에는 풀단을 엮어 사람을 대략 형상할 뿐이었는데, 후대에 와서 나무로 사람과 너무 비슷하게 허수아비를 제작하여 사용하였다. 공자는 허수아비가 너무 사람과 비슷하게 형상한 것을 불인(不仁)하다고 여겨 미워했다는 것이다(주자주朱子註).

전국시대는 그야말로 중국사, 동양사 아니 세계사적으로도 악(惡)이 가장 횡행했던 시기라 할 수 있다. 전쟁, 질병, 죽음, 가난, 고통, 증오, 질투, 중상모략 등이 이 시대를 일컫는 대명사가 아닐까 한다. 한마디로, '지옥'(Hell)이 따로 없는 시대라 할 수 있다. 이러한 전국시대의 상황을 오늘날 한국사회와 대비시키면 지나친 것일까? 물론 단순 대비는 지나친 처사일 것이다. 어떻게 고대의 봉건왕조체제에서 벌어진 상황을 현대 한국민주사회에 견줄 수 있겠는가?

그러나 한국의 정치현실과 민중들의 삶의 상황만을 놓고 돌이켜본다면 전국시대에 대한 맹자의 진단이 오늘날에도 들어맞는 부분이 없지 않다. 당장 사람을 죽이는 전쟁은 없어도 버금가는 무기싸움은 있고, 정치로 사람을 죽이는 일들이 비일비재하게 일어나고 있다. 세월호 참사에서 보여준 국가의 태도, 계층간•계급간의 갈등과 격차의 심화, 비정규직의 양산, 미래 없는 청년들의 삶, 경쟁만능의 교육, 비선실세의 국정농단 등 그야말로 '헬(Hell)조선'시대라는 자조 섞인 탄식들이 쏟아지고 있다. 어떤 트위터리안은 TV뉴스 화면을 캡쳐하여 우리사회가 '헬조선'인 이유 60가지를 트윗하기도 하였다.[15] 트위터리안의 노고도 대단하지만, 60

15) 샤우트(@187centi). '헬조선'인 60가지 이유는 (1) 한국인 행복지수 OECD 최하위 수준, (2) 美 CIA '한국 출산율 세계 최하위권, (3) 한국, 노인복지 낙제점...소득 '최하위', (4) 전란 국가만 못한 '삶 만족도', (5) 한국 고용 안정성 OECD 국가 중 가장 낮아, (6) 국민의료비 공공부담 OECD 중 최하위, (7) 후진국병 결핵, 한국 OECD 국가 중 1위, (8) 빚 진 60대 이상 고령층 '세계 최고', (9) 한국, '기업신뢰도' 꼴찌, '정부신뢰도' 바닥, (10) 한국, 아시아 선진국 중 최악 부패국가, (11) 등록금 부담, OECD '최고 수준', (12) 한국 아동들, 학업스트레스 세계 최고, (13) 한국 1인당 세금 증가율 OECD 4번째, (14) 한국 노동의욕 세계 최하위, 인재유출 심각, (15) 은퇴 후 생활 자신감 '최하위', (16) 한국아동 학업스트레스...세계 최고 수준, (17) 한국 여성 사회 참여 OECD 꼴찌, (18) 한국 일자리 포기한 청년비중 OECD 중 3위, (19) 韓 수도권 주거 행복 바닥...33개국 중 24위, (20) 한국 언론자유 2년 연속...60위, (21) '아빠와 함께' 하루 6분, OECD 꼴찌, (22) 한국 대기 질 178개국 중 166위, (23) 한국 GDP 대비 가계부채 비율 신흥국 최고, (24) 최저 임금 이하 OECD 최다, (25) 한국 웰빙지수 117위로 추락, (26) 공교육비 민간부담 ...OECD 3배, (27) 한국, 휴대전화 단말기 가격 '세계 최고', (28) 아이 키우기 힘든 나라...출산율 최하위권, (29) 한국 국회의원 경쟁력 OECD 꼴찌 수준, (30) '일한 만큼 못 번다'...한국 최하위권, (31) 저출산 악순환?...기혼자 혜택 하위권, (32) 사회보장 비중 OECD 최하, (33) OECD "韓 10명 중 7명 정부 신뢰 안해', (34) 한국 자살률, OECD 국가 중 '최고', (35) 한국 사법제도 신뢰도 42개국 중 39위, (36) 朴 정부 낙하산 인사...5명 가운데 1명꼴, (37) 한국 아동 '삶의 만족도 OECD 꼴찌, (38) 한국 복지지출...OECD 꼴찌, (39) 한국 어린이, 청소년 삶의 만족도 OECD 국가중 꼴찌, (40) 사기사건 하루 600건, '사기공화국', (41) 한국, 의료비 증가율 OECD 최고, (42) 전체 가구 20%, 월세 살아...생활비 5분의 1, (43) 韓 전체 취업자 평균 근로시간 OECD 2위, (44) OECD 2위, 한국만 유독 물가상승 높은 이유는, (45) 韓 GDP 대비 복지비 비율, OECD 최하위, (46) 아이들 '삶의 질' 꼴찌, (47) 직장인 유급 휴

가지 이유를 하나하나 보면 슬프고 뼈아픈 우리현실이 아닐 수 없다. 특히 '헬조선'이라는 신조어의 등장배경을 생각하면 우리 청년들의 자조 섞인 목소리가 들리는 것 같아 마음이 무척 아프다. 과연 누구의 책임인가? 기성세대인 우리 모두의 책임이고 사회구조적 모순을 해결하지 못하는 정치가를 비롯한 사회지도층들의 책임이 아니겠는가?

3. 『맹자』를 다시 읽어야 할 이유

악의 시대에는 그것을 아픔으로 느끼고 인식하는 철학자들의 등장을 요구한다. 춘추전국시대에 제자백가(諸子百家)의 철학적 사유가 전개된 것도 그러한 사정과 무관하지 않다. 춘추시대의 사상가로 제(齊)나라에는 관자(管子; ? ~BC. 645), 노(魯)나라에는 공자(孔子(BC. 552~BC.479), 송(宋)나라에는 묵자(墨子; BC. 501?~BC. 416?), 초(楚)나라(?)에는 양자(楊子; BC. ? ~ ?) 등이 각각 출생하여 병든 자기 시대를 고쳐 보려고 사유하고 꿈꾸고 행동하다가 시간의 법칙에 밀려 나갔다. 전국시대의 대표적인 사상가로는 노자(老子; BC ? ~ ?, 초楚나라 출신), 장자(莊子; BC. 399? ~ ?, 宋蒙나라 출신), 맹자(孟子; BC. 372?~BC. 289?, 추鄒나라 출신), 순자(荀子; BC. 298?~BC. 235?, 조趙나라 출신) 등이 활약하였고, 이외에 법가(法家), 명가(名家) 등 제자백가의 사상들이 출현하여 전국시대의 무도(無道)함을 광정하고자 하였다. 나는 춘추전국시대에 이처럼 다양한 백가의 학설이 대두하였지만, 철학적 사유구조의 유형에 따라 요약하면 세 가지 패러다임이 주류를 이루었던 것이 아닌가 한다. 그 시원에 공자철학이 있다.

공자철학과 『논어』에 대한 기존의 해석은 대체로 당위철학(當爲哲學)적 관점이었다. 인본주의적 휴머니즘에 바탕을 두고 당위윤리와 도덕정치를 주장한 것이

가, 한국이 '꼴찌', (48) 한국 아동복지지출 OECD 최하위, (49) 성 평등 순위 136개국 중 111위, (50) 빈부 격차 최대...한국 노인 빈곤율 1위, (51) 어려울 때 의지할 사람 없어, 韓 OECD중 꼴찌, (52) 한국 정규직, OECD 평균보다 해고 쉬워, (53) 남녀 임금격차 OECD 3배, (54) 한국 사회자본지수, OECD 최하위권, (55) 교사 만족도, OECD 국가 중 꼴찌, (56) 아동 성범죄 절반 집행유예, (57) 서울 생활비 '껑충'...도쿄 제치고 8위, (58) 최저임금...두 자녀,빈곤탈출에 주 62시간 노동, (59) 한국 '유리천장' 지수 OECD 최하위 등이다.

공자사상의 핵심이라는 것이다. 이러한 기존의 관점은 틀리지 않다. 실제 공자는 현실정치의 마당에서 도덕정치가 구현되는 사회를 건설하고자 분투했던 실천적 사상가로 평가되기 때문이다. 그러나 공자철학을 기존의 상식처럼 당위철학으로만 규정해서는 안 된다. 『논어』를 주의 깊게 읽다보면 어록(語錄)의 사례에서 혹은 어록의 행간에서 얼마든지 당위철학과는 결이 다른 사유의 흔적들을 만날 수 있기 때문이다. 그것은 다름 아닌 유위철학(有爲哲學)과 무위철학(無爲哲學)적 사유들이다.

당위철학이 이타심의 도덕이성에 바탕을 두고 구축된 반이기적 도덕철학이라면, 유위철학은 인간의 이기적 본능에 토대하는 현실적 기술철학이다. 유위철학이 이기적 자아의 본능에 축을 두는 경제과학적・실용적 사유라면, 당위철학은 보편적 자아의 이성에 바탕을 두는 형이상학적・도덕적 사유이다. 그러나 무위철학은, 당위철학과 유위철학처럼, 인간중심의 사회철학이 아니라 자연철학이다. 자연철학인 무위철학은 인간의 자의식(自意識)을 버리고 우주적 자연과의 일체적 공감에 이르는 친자연적이고 현실적 해탈과 초탈의 철학이다. 공자의 철학에는 바로 이러한 당위철학, 유위철학, 무위철학의 측면이 모두 들어있다고 여긴다. 따라서 공자철학의 본질은 그 중 어느 하나를 진리로 단정하지 않는 '시중적'(時中的)이고 '미제적'(未濟的)인 세상보기의 도(道)로 요약할 수 있다.[16)]

물론 공자이전에 철학적 사유의 흔적이 없었던 것은 아니다. 공자가 기존의 철학적 사유의 흔적들을 종합하여 처음으로 체계적인 철학적 사유를 형성하였던 것으로 볼 수 있다. 철학적 사유의 계보를 대략 정리하면, 무위철학의 패러다임은 당우(요•순)시대의 무위이치(無爲而治) 사상 → 공자 → 증석, 안연→ 양자 → 노자 → 장자로 이어졌다. 당위철학의 패러다임은 삼대(하•은•주)시대의 예치(禮治) 사상 → 공자→ 증자 → 자사 → 맹자로 흘러왔다고 여긴다. 유위철학의 패러다임은 관중, 자산 → 공자 → 자하, 자유, 자장 → 묵자 → 순자 → 한비자 등으로 이어져왔다고 볼 수 있다. 이들 계보 상에 있는 사상가들이 반드시 서로 사제관계로

16) 김형효, 『철학적 사유와 진리에 대하여, 1』(서울: 청계, 2004), 49~79쪽. 이러한 관점에서 공자철학과 『논어』를 연구한 대표적인 것으로 강봉수, 『논어와 세상보기의 도』(서울: 원미사, 2012) 참조.

맺어졌던 것은 아니다. 사제 관계에 있었던 자들도 있지만, 이 보다는 철학적 사유구조의 유형에 따른 개략적인 계보일 뿐이다. 중요한 사실은 모든 철학적 패러다임이 공자에서 종합된 다음에 다시 도통(道統)이 분화되고 발전하게 되었다는 점이다.

『맹자』의 마지막 편 마지막 장(盡心 下; 38)은 맹자가 일생동안 하고자 했던 학문적 과제가 무엇이었는지를 명확히 알려주고 있다. 인용을 보자.

【盡心 下 38】孟子曰 由堯舜至於湯，五百有餘歲，若禹、皋陶則見而知之，若湯則聞而知之。由湯至於文王，五百有餘歲，若伊尹、萊朱則見而知之，若文王則聞而知之。由文王至於孔子，五百有餘歲，若太公望、散宜生則見而知之， 若孔子則聞而知之。由孔子而來至於今，百有餘歲，去聖人之世，若此其未遠也。近聖人之居，若此其甚也，然而無有乎爾，則亦無有乎爾。

맹자가 말했다: "요순으로부터 탕임금에 이르기까지 500여년 세월이다. 우임금과 고도라면 직접 보아서 알았고, 탕임금이라면 들어서 알았다. 탕임금으로부터 문왕에 이르기까지 500여년 세월이다. 이윤과 래주라면 직접 보고 알았고, 문왕이라면 들어서 알았다. 문왕에서 공자에 이르기까지 500여년 세월이다. 태공망과 산의생이라면 직접 보고 알았고, 공자라면 들어서 알았다. 공자에서 지금에 이르기까지 100여년 세월이다. 성인의 세대와의 거리가 이처럼 멀지 않고, 성인이 거처한 곳과 가까움이 이처럼 심하다. 그러나 있음이 없도다, 그런즉 또한 있음이 없을 것인저!"

*散宜生(산의생): 산은 성이고 의생은 이름으로, 문왕의 어진 신하.

요순으로부터 공자에 이르기까지의 세월이 1000여년이지만 성현들이 직접 배우거나 간접적으로 들으면서 요순의 도가 전해져왔다. 그러나 공자이후로 자신에 이르기까지 세월은 고작 100여년에 불과하지만 요순과 공자의 도가 이어지지 못하고 있다고 한탄한다. 자신도 공자의 도를 사숙(私淑)할 수밖에 없었지만, 그의 학문적 과제는 요순으로부터 공자로 이어져온 유학의 정통(正統)을 수립하는 것이었음을 짐작할 수 있다. 정통의 순결성은 이단(異端)의 유입을 막고 배척함으로써 지켜낼 수 있다. 그래서 맹자는 제가의 학설들에 대하여 논쟁과 대결을 치열하게 벌일 수밖에 없었다.

그런데 『맹자』에서 보면, 맹자가 논쟁의 대상으로 삼았던 사상가들은 대체로 무위철학과 유위철학을 주장하는 학자들이다. 『맹자』에 나오는 무위철학 계열의 사상가로는 양자(楊子)와 허행(許行) 등을 들 수 있고, 유위철학 계열의 사상가로는 관중(管仲)과 고자(告子)와 묵자(墨子) 등을 들 수 있다. 그렇다면 맹자가 수립하고자 했던 정통유학은 당위유학이라 볼 수 있다. 그러니까 그는 요순의 도(道)도 당위철학적 사유의 흔적으로 읽은 셈이고, 그러한 요순의 도가 공자로 이어져 왔는데, 자신의 시대에 와서 이단의 사상들에 의해 정통성의 위기를 맞았다고 여겼던 것이다. 따라서 그는 이단의 학설들과 치열한 논쟁과 대결을 벌이면서 당위유학의 정통을 다시 수립하는 것을 일생의 학문적 목표로 삼았다고 할 수 있다. 우리는 본론에서 이러한 맹자의 학문적 수고를 여실히 보게 될 것이다.

여기서 문제는 왜 맹자가 당위유학적 정통을 수립하려고 했을까 하는 점이다. 이는 그가 실존적 삶을 살아내야 했던 전국시대의 병과 악의 근본원인에 대한 진단과 무관하지 않을 것이다. 이 점에서, 『맹자』의 마지막장이 의미가 있었듯, 첫 편의 첫 장(梁惠王 上; 1)을 주목하지 않을 수 없다. 인용을 보자.

【梁惠王 上 1】孟子見梁惠王。王曰 叟不遠千里而來, 亦將有以利吾國乎。孟子對曰 王何必曰利 亦有仁義而已矣。王曰‘何以利吾國’ 大夫曰‘何以利吾家’ 士庶人曰‘何以利吾身’ 上下交征利而國危矣。萬乘之國弑其君者, 必千乘之家, 千乘之國弑其君者, 必百乘之家。萬取千焉, 千取百焉, 不為不多矣。苟為後義而先利, 不奪不饜。未有仁而遺其親者也, 未有義而後其君者也。王亦曰仁義而已矣, 何必曰利。

맹자가 양혜왕을 알현하였다. 왕이 말했다: “늙은이가 천리를 멀다하지 않고 내방해주시니, 또한 우리나라를 이롭게 함이 있겠습니까?” 맹자가 대답하였

다: "왕께서는 하필 '이로움'(利)을 말하십니까? 또한 인의(仁義)가 있을 뿐입니다. 왕께서 어떻게 우리나라를 이롭게 할까 하시면, 대부들은 어떻게 우리가문을 이롭게 할까 말할 것이고, 사서인들은 어떻게 나의 몸을 이롭게 할까 말할 것입니다. 위아래가 서로 이익을 다투면 나라가 위태롭습니다. 만승의 나라에서 자기 임금을 죽이는 자는 반드시 천승의 가문이고, 천승의 나라에서 자기 임금을 죽이는 자는 반드시 백승의 가문일 것입니다. 만승 중에서 천승을 취하고, 천승 중에서 백승을 취한 것이 많지 않은 것이 아닙니다. 그러나 구차하게 의로움을 뒤로하고 이로움을 앞세운다면 빼앗지 아니하면 만족하지 않을 것입니다. 어질면서 자기 부모를 버리는 자는 있지 않았고, 의로우면서 자기 임금을 뒤로 하는 자는 있지 않았습니다. 왕께서도 또한 인의(仁義)를 말할 따름이지, 하필 이로움(利)을 말하십니까?"

*梁惠王(양혜왕): 위(魏)나라 제후인 영(罃)을 일컬음. 그는 대양(大梁)땅에 도읍을 정하고 왕이라 참칭(僭稱)하고 시호를 혜(惠)라 하였음. 『사기史記』에 "혜왕 35년에 예를 갖추고 현자를 초청하자 맹가(孟軻; 맹자)가 양 땅에 왔다."고 기록하고 있음. *萬乘之國(만승지국): 만 개의 수레를 갖출 수 있는 나라. 즉 천자의 땅(기내畿內)은 사방 천리여서 수레 만승을 소유할 수 있다는 것을 비유한 것임. *千乘之家(천승지가): 천자의 공경대부(公卿大夫)들에게 봉해진 땅은 사방 백리여서 수레 천승을 소유할 수 있는 가문을 비유한 것임. *千乘之國(천승지국): 제후국. *百乘之家(백승지가): 제후국의 대부가문. *弑(시): 아랫사람이 윗사람을 죽이는 것. *饜(염): 만족.

그렇다. 이기심(利己心)이 모든 문제의 근원이다. 특히 무위철학이든 유위철학이든 이것을 주장하는 사상가들은 이기심의 본질과 그것의 폐해를 잘 모르고 있다는 것이 맹자의 관점인 듯하다. 무위철학은 사회현실로부터 해탈과 초탈을 주장하기에 마치 이기심과 무관하다고 여기지만, 맹자적 관점에서 그것은 공동체적 인륜을 저버리고 자기만의 고고한 삶을 추구하는 것에 불과하다. 그것은 해탈을 가장한 이기심의 다른 표현일 뿐이다. 또한 이미 현실의 욕망에 길들여진 사람들이 모든 것을 버리고 자연을 벗 삼으며 현실 초탈적 삶을 살라는 요구 또한 실현 불가능한 일이다. 한편, 유위철학을 주장하는 사상가들은 이기심을 다른 사람과 공유할 것을 주장한다. 그러나 이기심의 공유를 개인적 의사에 맡기면 실현되기 어렵기에 국가가 나서서 강제하여 그것을 실현하는 길을 권유한다. 부국강병(富國强兵)을 추구하는 패도정치는 그래서 출현한 것이다.

실제 춘추전국시대에 가장 신임을 받았던 이들은 실용적 기술정치와 패도적 법술과 병법을 소중히 여기는 사상가들이었다. 당시의 제후와 위정자들에게 초미의 관심사는 천하를 쟁취하고 나라와 집안을 다스리고 살찌우는데 있었기 때문이다. 그리하여 등용된 자들이 춘추시대에는 제환공(齊桓公)의 관중(管仲), 제경공(齊景公)의 안영(晏嬰), 정간공(鄭簡公)의 자산(子産) 등이었고, 전국시대에는 위문후(魏文候)의 이리(李悝), 진효공(秦孝公)의 상앙(商鞅), 한소후(韓昭候)의 신불해(申不害), 초도왕(楚悼王)의 오기(吳起) 등이 대표적인 패도의 기술정치로 부국강병을 추구하고 실현하였던 자들이라 하겠다. 그러나 맹자는 이들을 비판한다. 패도적 법술의 정치라도 그것을 하지 않는 것보다는 나을지 모르지만 동물적 이기심을 법술의 강제력으로 통제하는 것에 불과하다. 그리고 부국은 강병을 통하여 이웃나라를 정벌함으로써 실현되는 것이었기에 이기심을 국가수준으로 확대한 것일 뿐이다. 그래서 모든 나라가 전쟁에 나서는 전국시대가 도래했던 것이다.

전쟁은 국가 간의 전쟁만이 전쟁이 아니고, 병장기를 들고 싸우는 것만이 전쟁인 것은 아니다. 왕은 국가의 이익을 위해서 전쟁을 벌이고, 경대부는 가문의 이익을 위해서 전쟁을 벌이고, 사서인은 자기의 이익을 위해서 전쟁을 벌인다. 모두가 동물적 야수처럼 이익의 이전투구에 나서고 있다는 것이 맹자의 진단이다. 이러한 상황에서 무위철학적 진단과 처방도 유위철학적 진단과 처방도 틀렸다. 현실 초탈적 이기심이든 경험적 공리주의든 결국 인간을 이기심의 노예에서 벗어나지 못하도록 할 뿐이다. 이것은 인간의 존재론적 위상을 근본적으로 자연과 동물의 수준으로 떨어뜨리는 처사이다. 맹자는 이들의 철학에서 인간의 존엄성이 위협받고 있다고 여겼다. 인간도 자연의 아들이지만 자연의 통제를 벗어난 존재이고, 동물적 야수성만을 간직한 존재는 더욱 아니다. 인간은 인간된 품격을 가진 존재이다. 인간이 그것을 잊거나 버릴 때 더 이상 그는 인간이 아니다. 이것이 맹자의 관점이고 당위철학을 정립하려고 했던 근본 이유이다.

맹자철학이 우리에게 던지는 화두는 "인간이란 무엇인가?"라는 물음인 것 같다. 그것은 '인간됨의 품격'에 관한 것이다. 전국시대는 바로 인간의 품격을 저버린 시대였다. 전쟁의 시대인 전국시대에서 인간은 파리 목숨과도 같은 존재였다. 그만큼 인간의 존엄성에 대한 인식이나 인권의식이 미약한 시대였다. 타인의 인권보다 자기의 이익이 더 중요했다. “짐이 곧 국가”였던 봉건왕조체제에서 국가의 이익이란 늘 왕의 사적인 이익으로 미끄러질 수밖에 없었다. 경대부들도 나라를 위한다는 명분으로 자기가문의 봉토를 늘이기 위해 이기심을 추구할 수밖에 없었다. 왕을 비롯한 지배계급들이 모두 자기이익에 혈안이 되어 있는데 백성들이라고 가만히 있을 수 있겠는가? 차라리 백성들의 이기심은 생존을 위한 수단이었다. 여하튼 이처럼 “위아래가 서로 이익을 다투면 나라가 위태롭다.”고 맹자는 경고한다. 인간됨의 품격을 회복해야 한다고 주장한다. 그것은 이익이 아니라 인의(仁義)에 따르는 삶이다. 맹자는 말한다. 인용을 보자.

【公孫丑 上 6-1】孟子曰 人皆有不忍人之心。先王有不忍人之心，斯有不忍人之政矣。以不忍人之心，行不忍人之政，治天下可運之掌上。所以謂人皆有不忍人之心者，今人乍見孺子將入於井，皆有怵惕惻隱之心。非所以內交於孺子之父母也，非所以要譽於鄉黨朋友也，非惡其聲而然也。由是觀之，無惻隱之心，非人也。無羞惡之心，非人也。無辭讓之心，非人也。無是非之心，非人也。

맹자가 말했다: “사람은 모두 차마하지 못하는 마음을 가지고 있다. 선왕들도 차마하지 못하는 마음을 가지고 차마하지 못하는 정치를 행하였다. 차마하지 못하는 마음으로 차마하지 못하는 정치를 행하면 천하를 다스리는 것은 손바닥 위에서 움직일 수 있을 것이다. 사람이 차마하지 못하는 마음을 가졌다고 하는 까닭은 지금 사람이 불현 듯 어린아이가 우물로 들어가려는 것을 보고 모두 놀라면서 측은해하는 마음을 가지기 때문이다. 그것은 어린아이의 부모와 친하게 사귀려는 까닭이 아니요, 이웃과 친구들에게 명예를 얻기 위한 까닭도 아니요, 비난하는 소리를 싫어해서 그러한 것도 아니다. 이로부터 보건대, 측은한 마음이 없으면 사람이 아니요, 부끄러워하는 마음이 없으면 사람이 아니요, 사양하는 마음이 없으면 사람이 아니요, 옳고 그름을 아는 마음이 없으면 사람이 아닌 것이다.

*乍(사): 갑자기, 불현 듯. *怵惕(출척): 두려워하다, 놀라다.

인간은 누구나 '차마하지 못하는 마음'(不忍之心)을 가지고 있다. 네 가지 도덕적 감정인 측은해 하는 마음(측은지심惻隱之心), 부끄러워하는 마음(수오지심羞惡之心), 사양하는 마음(사양지심辭讓之心), 옳고 그름을 분별하는 마음(시비지심是非之心)이 그것이다. 이것이 없으면 인간이 아니다. 이것이 인간됨의 최소한의 품격이다. 모든 성왕들의 정치도 이러한 '차마하지 못하는 마음'(不忍之心)을 바탕으로 '차마하지 못하는 정치'(不忍之政)를 펼쳤다. '헬조선'시대를 사는 우리들도 이러한 인간의 품격을 잊거나 잃어버린 것이 아닌가? '헬조선'의 한국정치와 사회현실이 저 전국시대와 닮지는 않았는가? 대통령부터 국가를 명분으로 자기이익을 추구하고, 청와대의 비서실과 장차관들은 대통령에게 맹목적으로 충성하면서 자기이익을 챙기고, 국회위원들도 대통령의 호위무사를 자처하거나 당리당략에 빠져 백성들의 안위를 돌볼 줄 모른다. 대기업의 회장을 비롯한 사회지도층의 인사들도 서로 이익의 이전투구에서 벗어나지 못하고 있다. 결국 고통을 당한 악에 처하는 자들은 서민들이고 청년들이고 사회적 약자들이다. 그들 또한 생존을 위해 사투를 벌이고 있다.

모든 대한민국의 구성원들이 자본과 이익의 경쟁에 매몰되어 인간됨의 품격을 잃어버리고 있다. '차마하지 못하는 마음'을 잊어버리고 '차마하지 못하는 정치'가 실종되었다. 무지하고 무능하고 염치없는 대통령이 온 나라를 멍들게 하였다. 급기야 '차마하지 못하는 마음'을 간직한 뜻 있는 시민들이 떨쳐 일어나 촛불혁명을 일으켜 대통령을 탄핵하였다. 촛불혁명이 미완의 혁명으로 끝나지 않게 하려면 '차마하지 못하는 정치'를 회복하고 적극적 정의를 세우는 '차마하는 정치'에까지 나아가야 한다. 『맹자』를 다시 읽어야 할 이유가 여기에 있다.

철학적 사유의 시원을 열었던 기축시대의 고전(古典)들이 대체로 그러하듯이 『맹자』역시 철학적 체계를 갖추어 수미일관하게 정돈된 책이 아니다. 그래서 나는 철학적 체계와 주제에 따라 『맹자』의 각 편을 재편성하는 작업을 시도하였고, '리통기국'(理通氣局)의 관점에서 철학적 읽기와 해석을 시도하였다.

제2장

천명과 천성에 대하여

제2장 천명과 천성에 대하여

세계의 기원은 무엇인가? 어떻게 생성하게 되었나? 신 혹은 위대한 설계자가 있어 창조되고 질서가 부여된 것인가? 혼돈 속에서 우연히 자생한 것인가? 세계는 왜 이렇게 존재하게 되었는가? 세계는 처음부터 결정론적 인과법칙의 사슬로 짜여 진 것인가? 이 세계의 운동을 이끌어 가는 법칙이나 원리는 무엇인가? 우리는 누구인가? 대체 우리는 어디로부터 와서 어디로 가는가? 인간에게 자유의지란 존재하는가? 세계의 본질과 인간의 운명에 관한 이러한 영원한 물음은 아득한 인류의 역사와 함께 지속되어 왔다. 동아시아 문명 역시 예외가 아니었다.

그래서 철학사에서 세계의 기원 및 실재(實在, reality)에 대한 물음과 함께 운명(運命, destiny), 필연(必然, necessity), 우연(偶然, accident) 그리고 자유 등의 주제는 중요한 탐구의 과제였다.[1] 실재와 실체(實體, substance)와 본질(本質, essence)에 관한 물음이 변화무쌍한 현실세계를 넘어 '참으로 존재하는 것'(참 존재)을 묻는 존재론적 물음이라면, 운명과 필연과 우연은 실재로부터 부여된(혹은 생성된) 현실세계의 존재방식이나 운동법칙과 관련된 주제들이다. 참 존재인 실재의 '실체'를 질료(質料, hypokeimenon)로 볼 것인가, 형상(形相, ousia, idea)으로 볼 것인가에 따라 형상철학(idealism)과 유물론철학(materialism)으로 분류되고, 참 존재인 실재의 '본질'은 그것의 유일한 본성과 의미를 다루는 것이다.

운명과 필연과 우연도 일종의 존재양식이기에 존재론적 물음이기도 하지만, 인과론적 물음이기도 하다. 내가 철학박사학위를 받았을 때, 같은 시골출신으로 시내에서 철학관을 운영하시던 어른이 당신도 철학을 한다며 축하해주셨다. 내가 동양철학을 한다니까 어떤 분은 자기 사주를 봐달라고 하였다. 이처럼 운명철학

---

1) 이에 대한 개념적 설명을 잘 정리한 책은 이정우, 『개념 - 뿌리들(1)』(서울: 철학아카데미, 2004) 참조

(運命哲學)이란 것이 있다. 계획한 일마다 마음먹은 대로 안 될 때 팔자타령을 하고, 예기치 못한 불행이나 고통에 직면할 때에는 종종 '운'이 없었다거나 '재수'가 나빴다고 말하기도 한다. 전자의 팔자타령은 운명과 관련되고, 후자의 '운'과 '재수'는 우연과 관련된다.

운명은 결정론적인 인과법칙과도 같은 것이어서 신들조차도 따르지 않을 수 없는 숙명(宿命)적인 것이다. 신들조차도 그러한데, 그의 부산물들의 운명이야 어쩌겠는가? 사람은 누구나 태어나서 죽는다. 도저히 납득할 수 없는데 어쩔 수 없이 어떤 길을 가야만 하는 것도 운명이지만, 결정론적 관점에서 볼 때 '운'과 '재수'조차도 우연이 아니라 운명이다. 이러한 운명론적 관점에서 세상을 보면 인간의 자유의지는 존재하지 않는다. 운명은 결정론적 인과법칙이기에 필연의 뜻을 담고 있다. 그러나 운명이 인간의 의지나 감정을 담고 있는 개념이라면, 필연은 그러한 인간적인 것이 배제된 법칙을 뜻하는 점에서 운명과 다르다. 예컨대, 오늘날 자연과학에서 말하는 인과법칙이 필연이다.[2)]

그러나 고대 철학자들에게 필연은 자연과학적 법칙만을 뜻하지 않았다. 그것은 세계의 섭리(攝理)이고 이치(理致)로서 자연과학적 법칙 이상의 존재법칙이었다. 필연을 운명과 엄격히 구분되지 않은 미분화된 상태로 이해하였다. 나아가 법칙적 필연성은 존재의 법칙이기도 하였지만 당위(當爲)의 법칙으로 이해되기도 하였다. 그러니까 존재법칙은 마치 사명(使命)과도 같이 인간이 마땅히 따라야만 하는 도덕률이다. 이것은 존재론과 윤리학이 일치인데, 동양철학에서 천인합일론(天人合一論)은 그러한 예의 대표적인 것이다. 이처럼 이 세계에 법칙적 필연성이 존재한다면 인간의 자유의지는 있는 것인가? 우연이란 것도 있는 것이 아닐까?

형상철학자들은 용납할 수 없겠지만 데모크리토스나 노자 같은 철학자들은 우연히 원자의 일탈과 기(氣)들의 이합집산으로 세상이 자발적으로 생성하였고, 법칙적 필연성도 그렇게 만들어진 것으로 여긴다. 진화론자들도 긴 세월동안 우주의 진화과정에서 세상의 법칙들이 만들어져왔다고 본다. 이들의 관점에서 법칙

---

2) 사실 자연과학에서 발견한 이론들도 보편적인 인과법칙은 아니다. 자연과학이론들도 세계를 보는 하나의 개념이고 도식일 뿐이다. 인식의 방법론만큼이나 과학법칙이 있다고 할 수 있다. 그래서 과학적 이론들은 대체로 서로 통약불가능((incommensurability)하다. R. J. 앤더슨 외(양성만 역), 『철학과 인문과학』(서울: 문예출판사, 1988), 314~370쪽 참조.

적 필연성이란 것도 우연일 뿐이다. 그러니까 도대체 우주가 하필이면 왜 그런 식으로 존재하는지, 그리고 내가 왜 그런 우주의 흐름에서 하필이면 이런 존재로 태어났는지, 그것 자체는 과학적으로 설명할 수가 없다. 그냥 우연일 뿐이다. 그러나 사실 이 경우는 엄격히 말해 '우연'이 아니라 '우발성'(contingency)이라 부른다.

우발성은 과학이 아니라 형이상학적이고 존재론적 개념이다. 엄격한 의미의 우연이란 인과론적 메카니즘을 찾아내지 못할 때 성립하는 개념이다. 예컨대, 주사위를 던져 어떤 수가 나올지는 우연이다. 결정론에 치우친 과학자들은 여기조차도 인과론적 메카니즘이 있으며 그 변수를 다 고려하지 못한 탓으로 돌릴 것이다. 그들에겐 우연이란 없고 필연만이 존재한다. 이렇게 보면 운명도 필연도 우연도 그렇게 대립적인 개념이 아닐 수 있다. 운명론과 결정론과 숙명론에 치우칠수록 인간의 자유의지는 들어설 공간이 없다. 그러나 인간들은 그런 필연에 저항하고 자유를 찾는 존재이다. 근대로 올수록 그러한 자유의 영역을 확대해온 것도 사실이다. 물론 그것이 착각일지도 모르겠다. 필연과 자유 사이의 어느 지점에 인간은 위치하고 있을까?[3)]

맹자는 이러한 질문에 어떤 대답을 줄 수 있을까? 선진시대의 동양철학에서 세계의 기원과 실재, 그리고 세계의 운동법칙을 다루는 철학의 영역을 본체론, 우주론, 천도론이라 불렀는데, 이 때 주목되는 개념이 자연•세계•우주 등의 의미를 포괄하는 '하늘'(天)이다. 그래서 '천'(天)은 중국철학의 중심 주제 중 하나였다. 그리고 이 '천' 개념은 인간의 삶과 연관되어 그 의미가 부여되었기 때문에 인간과 천의 관계를 지칭하는 '천인지제'(天人之際)에 대한 논의는 인간과 자연, 인간과 우주라는 포괄적 주제로 그 범위가 확대되어 왔다.

천인관계의 유형은 크게 천인합일론(天人合一論)과 천인분리론(天人分離論)으로 대별할 수 있다. 천인합일론은 천도(天道)와 인도(人道), 물리(物理)와 도리(道理)가 연속적이며, 천도는 인도의 존재론적 근거이다. 천인합일론에서 천(天)은 그

---

3) 여기서 '자유' 혹은 '자유의지'는 사회적 혹은 정치적인 관념인 해방(liberty)이 아니라, 도덕적인 결단을 하거나 도덕적인 행위를 취함에 있어 가능한 여러 가지 선택 사항들 가운데 어떤 것(들)을 선택할 수 있는 행위자의 능력을 의미한다. 안건훈, 『자유의지와 결정론』(서울: 집문당, 2006), 273쪽.

성격에 있어서 단순한 물리적 자연현상 이상의 형이상학적 의미를 진하게 지닌다. 이에 비해서, 천인분리론(天人分離論)에서 천은 무목적(無目的)·무의지적(無意志的)인 자연으로써 인간사회의 치란(治亂)과는 관계없이 일정한 법칙에 의해서 운행되는 것이며 인간의 이용 대상으로 인식된다.[4] 결국 천인관계의 본질은 '천' 개념을 어떻게 볼 것이냐에 달렸다.

중국철학사에서 '천'의 의미는 다양한 함의를 가져왔는데, 대략 8가지 정도로 요약할 수 있다. ① 푸른창공을 뜻하는 창창유형(蒼蒼有形)의 천(天), ② 의지를 지닌 인격신을 뜻하는 상제천(上帝天), ③ 인간의 힘으로 어쩔 수 없는 불가항력적 힘으로써 명(命) 혹은 천명(天命), ④ 무위무불위(無爲無不爲)의 포괄적 자연계를 뜻하는 자연천(自然天), ⑤ 도덕법칙의 근거로서의 의리천(義理天), ⑥ 궁극적인 형이상학적 법칙을 뜻하는 이법천(理法天), ⑦ 자연과학적 대상으로서의 천, ⑧ 서양의 기독교 문명이 들어온 이후의 종교적 유일신으로서의 천 등이 그것이다.[5]

---

4) 장승구, 「퇴계의 향내적 철학과 다산의 향외적 철학 비교」(한국정신문화연구원 한국학대학원 박사학위 논문, 1995), 11쪽.

5) 이 천 개념들을 간략히 설명해 두기로 하면 다음과 같다. 첫째, 푸른 창공을 뜻하는 창창유형(蒼蒼有形)의 천이다. 이 (天)은 단순히 자연 현상의 하나인 하늘을 뜻하는 것이다. 예컨대, 주역의 기본 괘를 상징하는 하늘(天), 땅(地), 물(水), 불(火), 산(山), 못(澤), 우레(雷), 바람(風)의 여덟 가지는 고대 중국인들이 가장 주목했던 자연 현상들이었다. 둘째, 의지를 지닌 인격신을 뜻하는 상제천(上帝天)이다. 위의 여덟 가지 자연현상만이 아니라 모든 사물에는 신성(神聖)이 깃들어 있다. 애니미즘과 다신론적 사유가 그것이다. 그러나 점차 이들 중에서 하늘의 역할이 특별히 주목되었다. 그것은 더 이상 자연현상이고 여러 신성 중의 하나가 아니라, 그들 위에서 존재들의 생사고락을 주관하는 유일의 '절대적 신'(天帝)의 개념으로 관념화된다. 이것이 상제천(上帝天)이고 주재천(主宰天)으로서의 천 개념이다. 이러한 천 개념은 주로 고대(古代)의 시가(詩歌)나 은주(殷周)의 종교적 문화에서 자주 발견된다. 셋째, 인간의 힘으로 어쩔 수 없는 불가항력적 힘이 있다. 명(命) 혹은 천명(天命)이 그것이다. 상제천은 인간의 길흉화복을 주재하지만, 천명은 객관적 필연성으로 인간에게 다가온다. 인간은 상제천에게 화를 줄이고 복을 달라고 빌 수도 있지만, 이 불가항력적인 운명은 빌었다고 바뀔 수가 있는 것도 아니다. 천명은 상제도 어쩔 수 없는 힘이다. 천명은 인간에게 사명(使命)을 내리기도 하지만, 그것은 바꿀 수 없는 명령이기에 준명(俊命: 명령을 기다림)하거나 지명(知命; 명령을 인식함)하여 순명(順命; 명령을 따름)하거나 입명(立命: 명령에 순응하여 안정을 얻음)할 수 있을 뿐이다. 넷째, 무위무불위(無爲無不爲)의 포괄적 자연계를 뜻하는 자연천(自然天)이다. 자연의 존재원리와 운행법칙은 상제와 상관없다. 자연(自然)은 말 뜻 그대로 '스스로 그러함'이다. 인위적 개입이 없어도 자연은 자기 스스로 존재하고 운동 변화한다. 자연에는 그 안에 존재와 운동변화의 법칙을 함장하고 있다. 인간도 자연의 일부이기에, 그러한 자연법칙을 따라야 한다. 이른바 노장(老莊)이나 도가철학에서 보는 천 개념이 이것이다. 다섯째, 도덕법칙의 근거로서의 의리천(義理天)이다. 인간은 단순히 자연의 일부이기만 한 존재가 아니다. 그들은 도덕적 존재이다. 자연은 도덕성이 없기에 물리적으로 주어진 자연법칙에 따라 살아갈 뿐이다. 그러나 인간은 도덕적 존재이기에 따라야할

이러한 천(天) 개념들 중에 『맹자』에서 보이는 맹자의 관점은 어떤 것이었을까? 그동안 맹자의 천 개념은 의리천이라 여겨왔다. 그러나 사실 그의 천 개념은 복잡하고 명쾌하지 않다. 단지 의리천 개념이 그로부터 부각되었다는 의미일 뿐이다. 『맹자』에서 쓰이는 용례를 따라 그의 천 개념을 정리해 보자.

1. 상제천(上帝天)의 흔적

『맹자』에서 상제천 개념의 흔적으로는 5사례 정도이다.

【梁惠王 下 10】齊人伐燕，勝之。宣王問曰 或謂寡人勿取，或謂寡人取之。以萬乘之國伐萬乘之國，五旬而舉之，人力不至於此。不取，必有天殃。取之，何如。孟子對曰 取之而燕民悅，則取之。古之人有行之者，武王是也。取之而燕民不悅，則勿取。古之人有行之者，文王是也。以萬乘之國伐萬乘之國，簞食壺漿，以迎王師。豈有他哉。避水火也。如水益深，如火益熱，亦運而已矣。

제나라 사람이 연나라를 정벌하여 승리하였다. 제선왕이 물었다: "어떤 이는 과인에게 취하지 말라 하고, 어떤 이는 과인에게 취하라고 합니다. 만승의 나라가 만승의 나라를 정벌하여 50일 만에 함락시켰으니, **사람의 힘으로 여**

도덕법칙이 따로 있다. 자연과 달리 인간에게 특별성을 부여한 것은 하늘이다(천명지위성 天命之謂性; 『중용中庸』). 하늘은 인간이 따라야할 도덕법칙의 근거이다. 자사(子思)와 맹자(孟子)의 천(天) 개념은 여기에 있다. 여섯째, 궁극적인 형이상학적 법칙을 뜻하는 이법천(理法天)이다. 천(天)은 존재의 법칙(所以然)인 동시에 당위의 법칙(所當然)이다. 자연법칙(天道)과 도덕법칙(人道)이 별개의 것이 아니다. 따라서 도덕법칙은 자연법칙으로부터 추론될 수 있다. 이것은 성리학이 정립한 천 개념으로, 성리학자들은 천(天)이라는 용어를 리(理)와 태극(太極)이라는 용어로 대체하기도 하였다. 그들의 관점은 자연학과 인간학을 포괄적으로 설명하려는 거대 패러다임이다. 일곱째, 자연과학적 대상으로서의 천이다. 천은 종교적 의미와 형이상학적 의미로부터 탈각되었다. 자연은 물리적 대상일 뿐이고 인간에 의해 이용되어야할 수단에 불과하다. 청대(淸代)이후의 실학적(實學的) 관점의 천 개념이다. 여덟째, 서양의 기독교 문명이 들어오면서 천은 다시 종교적 유일신의 의미로 재해석되기도 하였다. 강봉수, 『주제별 키워드로 읽는 논어와 세상보기의 도』(서울: 원미사, 2012), 110~111쪽.

기에 이른 것이 아닙니다. 취하지 않는다면 반드시 하늘의 재앙이 있을 것입니다. 그러니 취하는 것이 어떻습니까?" 맹자가 대답했다: "취함에 연나라 백성들이 기뻐하면 취하십시오. 옛 사람 중에도 그렇게 행동한 자가 있으니 무왕이 그입니다. 취함에 연나라 백성들이 기뻐하지 않으면 취하지 마십시오. 옛 사람 중에도 그렇게 행동한 자가 있으니 문왕이 그입니다. 만승의 나라로 만승의 나라를 정벌하였는데 바구니에 밥을 담고 병에 장물을 담아 왕의 군사를 환영한 것에 어찌 다른 뜻이 있겠습니까? 물과 불을 피하고자 함입니다. 만약 물이 더욱 깊어지고 불이 더욱 뜨거워지면 또한 다른 곳으로 옮길 뿐입니다."

*旬(순): 열흘. *簞食壺漿(단식호장): 바구니에 담긴 밥과 병에 담긴 장물.

【公孫丑 上 4】孟子曰 仁則榮, 不仁則辱。今惡辱而居不仁, 是猶惡溼而居下也。如惡之, 莫如貴德而尊士, 賢者在位, 能者在職。國家閒暇, 及是時明其政刑。雖大國, 必畏之矣。詩云'迨天之未陰雨, 徹彼桑土, 綢繆牖戶。今此下民, 或敢侮予'。孔子曰 '為此詩者, 其知道乎。能治其國家, 誰敢侮之'。今國家閒暇, 及是時般樂怠敖, 是自求禍也。禍福無不自己求之者。詩云 '永言配命, 自求多福'。太甲曰 '天作孽, 猶可違, 自作孽, 不可活'。此之謂也。

맹자가 말했다: "인(仁)하면 영화롭고, 불인(不仁)하면 굴욕하게 된다. 오늘날 어찌 굴욕을 당하면서 불인에 안주하는가? 이것은 마치 습한 곳을 싫어하면서 물에 거주하는 것과 같다. 굴욕을 싫어한다면 덕을 높이고 선비를 존중하는 것만 같지 못하다. 현명한 자가 지위에 있고 유능한 자가 직책을 맡아서 국가가 한가한 이때에 미쳐 정령과 형벌을 밝힌다면, 비록 대국이라도 반드시 두려워할 것이다. 『시』에 이르길 '하늘에서 아직 거센 비가 내리지 않을 때에 저 뽕나무 뿌리를 거두어다가 창과 문을 엮는다면, 지금 여기 아래 백성들이 혹시라도 감히 나를 업신여기겠는가?'하였다. 공자께서 말하길 '이 시를 지은 자는 도를 알 것이다. 자기 국가를 능히 다스림에 누가 감히 업신여기겠는가?'하였다. 지금 국가가 한가한 이때에 미쳐 음악을 즐기며 태만하고 오만하게 군다면 이것은 스스로 화를 구하는 것이다. 화와 복

은 자기로부터 구하지 않은 것이 없다. **『시』에 이르길 '길이 천명에 짝하려는 것이 스스로 많은 복을 구하는 것'이라 했고, 『태갑』에 이르길 '하늘이 지은 재앙은 오히려 피할 수 있지만 스스로 지은 재앙은 살아남을 수 없다.'고 했는데,** 이를 두고 한 말이다."

*溼(습): 축축하다. *迨(태): 미치다, 이르다. *綢繆(주무): 얽다, 엮다. *孽(얼): 첩의 자식, 재앙.

【告子 下 15】孟子曰 舜發於畎畝之中, 傅說擧於版築之間, 膠鬲擧於魚鹽之中, 管夷吾擧於士, 孫叔敖擧於海, 百里奚擧於市。故天將降大任於是人也, 必先苦其心志, 勞其筋骨, 餓其體膚, 空乏其身, 行拂亂其所為, 所以動心忍性, 曾益其所不能。人恒過, 然後能改。困於心, 衡於慮, 而後作。徵於色, 發於聲, 而後喻。入則無法家拂士, 出則無敵國外患者, 國恒亡。然後知生於憂患而死於安樂也。

맹자가 말했다: "순임금은 밭도랑에서 발탁되었고, 부열은 성을 쌓은 무리 속에서 천거되었고, 교격은 어물과 소금을 파는 곳에서 천거되었고, 관이오는 사옥 중에서 천거되었고, 손숙오는 바다에서 천거되었고, 백리해는 시장통에서 천거되었다. 그러니까 **하늘이 이 사람들에게 큰 책무를 내리고자 한 까닭에 먼저 그들의 마음과 정신을 아프게 하고, 근육과 뼈를 수고롭게 하고, 피부를 굶주리게 하고, 몸을 궁핍하게 하면서, 행동함에 그 하는 바를 분란시키니, 마음을 분발시키고 본성을 감내하게 하여 그 능하지 못한 바를 증액해 주고자 하는 방법인 것이다.** 사람은 항상 과실이 있은 연후에 고치니, 마음에는 괴롭고 생각에 혼란스럽고 한 뒤에야 분발하게 된다. 얼굴색으로 징험되고 목소리로 나타난 뒤에야 깨닫게 된다. 들어가서는 법도 있는 집안과 보필하는 선비가 없고, 나와서는 적국과 외환이 없는 자는 나라가 항상 망한다. 그런 뒤에야 우환에서 삶을 알고 안락에서 죽음을 알게 된다."

*畎畝(견무): 밭도랑과 이랑. *版築(판축): 제방을 쌓다. *喻(유): 깨우치다. *法家(법가): 법도 있는 가문. *拂士(불사): 보필(輔弼)하는 선비. *傅說(부열): 은나라 고종의 재상. *膠鬲(교격): 은나라 주문왕의 신하. *管夷吾(관이오): 관중의 이름이고 제환공의 재상. *孫叔敖(손숙오): 위오(손숙)이라고도 하며 초장왕의 영윤. *百里奚(백리해): 오고대부라 불렸고 진(秦)목공의 우서장.

【離婁 上 8】孟子曰 不仁者可與言哉。安其危而利其菑，樂其所以亡者。不仁而可與言，則何亡國敗家之有。有孺子歌曰 ‘滄浪之水清兮，可以濯我纓 滄浪之水濁兮，可以濯我足’。孔子曰 ‘小子聽之，清斯濯纓，濁斯濯足矣，自取之也。’夫人必自侮，然後人侮之 家必自毁，而後人毁之 國必自伐，而後人伐之。太甲曰 ‘天作孽，猶可違，自作孽，不可活’。此之謂也。

맹자가 말했다: “불인한 자와 더불어 말할 수 있겠는가? 위태로움을 편안히 여기고 재앙을 이롭게 여기며 망하게 되는 것을 즐기는 자이다. 불인한 자와 더불어 말할 수 있다면 어찌 나라가 망하고 가문이 패하게 되는 일이 있겠는가? 어떤 어린아이가 노래하기를 ‘창랑의 물이 맑으면 나의 갓끈을 씻을 수 있고, 창랑의 물이 탁하면 나의 발을 씻을 수 있다.’고 하였다. 공자께서 말하길 ‘아이들아 듣거라. 맑으면 갓끈을 씻고, 탁하면 발을 씻는다고 하니, 스스로 취한 것이다.’고 하였다. 무릇 사람은 반드시 스스로를 업신여긴 연후에 남들이 그를 업신여기고, 가문은 반드시 스스로 훼손된 이후에 남들이 그 가문을 훼손하며, 나라가 반드시 스스로 정벌된 이후에 남들이 그 나라를 정벌한다. **『태갑』에 이르길 ‘하늘이 내린 재앙은 피할 수 있지만 스스로 지은 재앙에는 살아날 수 없다.’고 했는데,** 이를 두고 한 말이다.”

*菑(치): 묵정한 밭, 개간한 첫 해의 밭. 여기서는 ‘재앙’의 뜻. *孽(얼): 첩의 자식. 여기서는 ‘재앙’의 뜻.

【離婁 下 25】孟子曰 西子蒙不潔，則人皆掩鼻而過之。雖有惡人，齊戒沐浴，則可以祀上帝。

맹자가 말했다: “서자가 불결한 것을 뒤집어쓰고 있으면 사람들이 모두 코를 막고 지나갔다. **비록 악한 사람이라도 목욕재계하면 상제에게 제사지낼 수 있다.**”

*西子(서자): 아름다운 미녀 서시(西施). 그녀는 원래 저장 성[浙江省] 주지[諸暨] 저뤄 산[苧蘿山]의 서쪽에 살며 땔나무를 팔아 생계를 이었다. 오나라에 패한 월왕 구천은 회계의 치욕을 씻으

려고 대부 종의 책략을 이용하여, 두 미녀 서시와 정단(鄭旦)을 데려와 아름다운 옷을 입히고 여러 가지 기예를 가르친 뒤 재상 범려(范蠡)를 사신으로 보내 오왕 부차에게 바쳤다. 오왕은 서시의 미모에 사로잡혀 정사를 게을리 하여 마침내 월에 패했다. 서시에 관한 이야기와 전설은 매우 많은데, 오나라가 망한 뒤 범려를 따라 오호에서 놀았다고도 전해지며, 일설에는 오나라 사람이 분노하여 서시를 붙잡아 강에 빠뜨려 죽였다고도 한다.

인격신으로서 상제천은 화복을 주재한다. 천명에 따르면 복을 내리고, 거역하면 재앙을 내린다. 미리 화복을 내려 인간에게 바른 길을 인도하기도 한다. 인간은 상제에게 기원하여 화복을 피하거나 구할 수도 있다. 위 5사례를 정리해보면, 이러한 점이 드러난다.

(가) 제선왕이 말하길, '만승의 나라'(제)가 '만승의 나라'(연)를 50일 만에 정벌한 것은 사람의 힘이 아니라 하늘의 뜻이기에 취하지 않으면 하늘의 재앙이 있을 것이다.【梁惠王 下 10】

(나) 「시」에 이르길 '길이 천명에 짝하려는 것이 스스로 많은 복을 구하는 것'이라 했고, 「태갑」에 이르길 '하늘의 지은 재앙은 오히려 피할 수 있지만, 스스로 지은 재앙은 살아남을 수 없다.【公孫丑 上 4】

(다) 하늘이 이 사람들에게 큰 책무를 내리고자한 까닭에 먼저 그들을 아프고 수고롭게 한다. (중략). 마음을 분발시키고 본성을 감내하게 하여 그 능하지 못한 바를 증액해 주고자 하는 방법인 것이다.【告子 下 15】

(라) 「태갑」에 이르길 '하늘의 지은 재앙은 오히려 피할 수 있지만, 스스로 지은 재앙은 살아남을 수 없다.【離婁 上 8】

(마) 비록 악인이라도 목욕재계하면 상제에게 제사지낼 수 있다.【離婁 下 25】

(가)와 (다)는 화복을 미리 내려 바른 길을 인도하는 경우이고, (나)와 (라)는 천명을 따르면 복을 내리고 거역하면 재앙을 내린다는 경우이다. (마)는 인간이 상제에게 복을 기원할 수 있다는 경우이다. 맹자는 이처럼 분명 상제천의 개념을 가지고 있었다. 그러나 좀 더 자세히 들여다보면, (가)는 맹자가 아니라 제선왕의 주장이다. 오히려 맹자는 다른 나라를 정벌하거나 땅을 취할 것인지는 백성들의

민심에 따르거나 '천명을 받은 관리'(天吏)만이 할 수 있다고 주장한다. 다음의 인용을 하나 더 보자.

【公孫丑 下 8-2】齊人伐燕。或問曰 勸齊伐燕, 有諸。曰 未也。沈同問 '燕可伐與' 吾應之曰 '可', 彼然而伐之也。彼如曰 '孰可以伐之' 則將應之曰 '為天吏, 則可以伐之'。今有殺人者, 或問之曰 '人可殺與' 則將應之曰 '可'。彼如曰'孰可以殺之' 則將應之曰 '為士師, 則可以殺之'。今以燕伐燕, 何為勸之哉。

> 제나라 사람이 연나라를 정벌하였다. 혹자가 물었다: "제나라 사람에게 연나라를 정벌하라고 권면한 일이 있습니까?" 맹자가 대답했다: "없습니다. 심동이 묻기를 '연나라를 정벌할 수 있습니까?'라고 하자 나는 '가능하다'라고 대답하였는데, 저렇게 정벌을 했습니다. 저 사람이 만일 '누가 정벌할 수 있습니까?'라고 물었다면, 응답하기를 **'하늘의 관리라면 정벌할 수 있다.'고 했을 것입니다.** 지금 사람을 죽이는 자가 있어 혹자가 묻기를 '사람을 죽일 수 있습니까?'하면 응답하기를 '가능하다.'고 할 것입니다. 저 사람이 만일 '누가 죽일 수 있습니까?' 물었다면 응답하기를 '사사가 된 자라면 죽일 수 있다.' 고 했을 것입니다. 지금 연나라로써 연나라를 정벌한 것이니, 어찌 권면하였겠습니까?"

*以燕伐燕(이연벌연): 제나라의 무도(無道)함이 연나라에 못지않기에 이렇게 표현한 것이라고 함.

다른 나라를 정벌하거나 사람을 죽이는 것은 사사로이 할 수 없는 것이다. 정벌과 사형집행의 정당한 권능을 부여받은 자만이 할 수 있다. 그가 천리(天吏)이고 사사(士師)이다. 이러한 맹자의 관점은 상제천의 개념이기보다는 합리적인 사유를 보여주는 것이라 하겠다. (나)와 (라)의 경우도 상제천 개념의 흔적이지만, "하늘이 내린 재앙은 피할 수 있으나, 스스로 지은 재앙은 살아남을 수 없다."는 「태갑」의 글을 인용하고 있는 점도 화복의 근원을 자기원인으로 돌리는 합리성을 보여주고 있다.

2. 불가항력적인 운명으로서의 천명(天命)

맹자의 천명사상은 신비적 사유에서 합리적 사유로 전환하고 있다. 그러나 그는 세계에는 신의성으로도 합리성으로도 설명 불가능하고 '불가지'(不可知; 알 수 없는)한 영역이 있다고 보는 것 같다. 그것은 불가항력적인 운명일 수도 있고, '운'이나 '우연'일 수도 있다. 사례를 보자.

【梁惠王 下 14】滕文公問曰 齊人將築薛，吾甚恐。如之何則可。孟子對曰 昔者大王居邠，狄人侵之，去之岐山之下居焉。非擇而取之，不得已也。苟為善，後世子孫必有王者矣。君子創業垂統，為可繼也。若夫成功，則天也。君如彼何哉 彊為善而已矣。

> 등문공이 물었다: "제나라 사람들이 설 땅에 축성을 하고자 하니 나는 심히 두려운데 어떡하면 좋겠습니까?" 맹자가 대답했다: "옛날에 태왕께서 빈 땅에 기거할 때 북방오랑캐가 침입해 오자 기산 아래에 가서 기거하였습니다. 선택하여 그곳을 취한 것이 아니라 부득이해서였습니다. 진실로 선정을 베푼다면 후세 자존 중에 반드시 왕 노릇하는 자가 있을 것입니다. 군자는 사업을 창건하고 전통을 드리워서 계속할 수 있도록 합니다. **무릇 성공할 것인지는 하늘에 달린 것입니다.** 군주께서 저들을 어찌하시겠습니까? 선정을 베푸는 데에 힘쓸 뿐입니다."

*邠(빈): 나라 땅이름.

【梁惠王 下 16-3】樂正子見孟子，曰 克告於君，君為來見也。嬖人有臧倉者沮君，君是以不果來也。 曰 行或使之，止或尼之。行止，非人所能也。吾之不遇魯侯，天也。臧氏之子焉能使予不遇哉

> 악정자가 맹자를 뵙고 말했다: "제(克)가 군주에게 아뢰니 군주께서 만나러 오려했는데, 가까이 모시는 창회라는 자가 군주의 발걸음을 저지했습니다. 그래서 군주께서 결국 만나러 오지 않았습니다." 대답했다: "가는 것은 혹

시켜서이고, 멈추는 것은 혹 저지해서 이겠는가? 떠나감과 멈춤은 사람이 할 수 있는 것이 아니다. **내가 노나라 제후를 만나지 못한 것은 하늘의 뜻이다.** 장씨의 후예가 어찌 나로 하여금 만나지 못하도록 할 수 있겠는가?"

*嬖(폐): 사랑하다. 귀인에게 사랑받는 비천한 사람. *尼(니): 비구니. 여기서는 저지(沮止)의 뜻.

【公孫丑 下 13】孟子去齊。充虞路問曰 夫子若有不豫色然。前日虞聞諸夫子曰 '君子不怨天, 不尤人'。 曰 彼一時, 此一時也。五百年必有王者興, 其間必有名世者。由周而來, 七百有餘歲矣。以其數則過矣, 以其時考之則可矣。夫天, 未欲平治天下也。如欲平治天下, 當今之世, 舍我其誰也。吾何為不豫哉。

맹자가 제나라를 떠날 때, 윤오가 길에서 물었다: "선생님께서 얼굴빛이 기뻐 보이지 않습니다. 전일에 제가 선생님께 듣기를 **'군자는 하늘을 원망하지 않고 사람을 탓하지 않는다.'**고 하였습니다." 맹자가 대답했다: "저도 한 때이고 이도 한 때입니다. 500년 마다 반드시 왕자가 나오니, 그 사이에 반드시 유명한 자가 있는 법입니다. 주나라 이래로 700여년입니다. 그 년 수로써 하면 이미 지났고, 그 시세로써 고찰하면 가능한 때입니다. **무릇 하늘이 천하를 평안히 다스려지길 바라지 않는 것입니다. 만일 하늘이 천하를 평안히 다스려지길 바란다면 지금의 세상을 당하여 나를 버리고 그 누구이겠습니까?** 내가 어찌 기뻐할 수 있겠습니까?"

【萬章 上 8】萬章問曰 或謂孔子於衛主癰疽, 於齊主侍人瘠環, 有諸乎。孟子曰 否, 不然也。好事者為之也。於衛主顏讎由。彌子之妻與子路之妻, 兄弟也。彌子謂子路曰 '孔子主我, 衛卿可得也。'子路以告。孔子曰'有命'。孔子進以禮, 退以義, 得之不得曰'有命'。而主癰疽與侍人瘠環, 是無義無命也。孔子不悅於魯衛, 遭宋桓司馬將要而殺之, 微服而過宋。是時孔子當阨, 主司城貞子, 為陳侯周臣。吾聞觀近臣, 以其所為主 觀遠臣, 以其所主。若孔子主癰疽與侍人瘠環, 何以為孔子。

만장이 물었다: "혹자가 말하길 '공자께서 위나라에서 옹저를 주인삼고, 제나라에서는 내시 척환을 주인삼았다.'고 했는데 그렇습니까?" 맹자가 대답했다: "아니다. 그렇지 않다. 일을 꾸미기 좋아하는 자들이 한 말이다. 위나라에서 안수유를 주인 삼았다. 미자의 아내는 자로의 아내와 자매였는데, 미자가 자로에게 말하길 '공자께서 나를 주인 삼는다면 위나라 경의 지위를 얻을 수 있다.'고 하였다. 자로가 공자에게 아뢰자. 공자가 말하길 '천명에 달린 일이다.'고 하였다. **공자께서는 예로써 나아가고 의로움으로써 물어났을 뿐, 자리를 얻고 얻지 못함은 '천명에 달린 것'이라 말했다.** 옹저와 내시 척환을 주인 삼았다면 이것은 의리도 없고 천명도 없는 것이다. 공자께서 노나라와 위나라를 떠나서 송나라 환사마가 공자를 강요하고 죽이려는 일을 당하자, 미복을 입고 송나라를 지나갔다. 이때에 공자께서 액운을 당하여 사성정자를 주인 삼았고, 진나라 주임금의 신하되었다. 내가 듣건대 가까운 신하를 관찰할 때에는 주인된 바로써 하고, 먼 신하를 관찰할 때에는 주인 삼은 바로써 하라고 했다. 만약 공자께서 옹저와 내시 척환을 주인삼았다면 어찌 공자가 될 수 있겠는가?"

*癰疽(옹저): 종기를 치료하는 의원. *瘠環(척환): 제나라 사람. *顔讎由(안수유): 위나라의 어진 대부. *彌子(미자): 위영공의 총신(미자하彌子瑕)

【萬章 上 1-1】萬章問曰 舜往于田，號泣于旻天，何為其號泣也。孟子曰 怨慕也。萬章曰 父母愛之，喜而不忘， 父母惡之，勞而不怨。然則舜怨乎。曰 長息問於公明高曰 '舜往于田，則吾既得聞命矣，號泣于旻天，于父母，則吾不知也'。公明高曰 '是非爾所知也'。夫公明高以孝子之心，為不若是恝，我竭力耕田，共為子職而已矣，父母之不我愛，於我何哉。

만장이 물었다: **"순임금께서 밭에 가서 하늘을 부르며 울었는데** 어찌하여 부르며 울었습니까?" 맹자가 대답했다: "원망하고 사모하신 것이다." 만장이 말했다: "부모가 사랑하면 기뻐하며 잊지 않고, 부모가 미워하면 수고로워도 원망하지 않는다고 했는데, 그러면 순임금은 원망한 것입니까?" 맹자가 대답했다: "장식이 공명고에게 묻기를 '순임금이 밭에 간 것이라면 내가 이미 하명을 들었지만, **하늘과 부모를 부르며 운 것이라면 내가 알지 못하겠습니다.'** 하자, 공명고가 대답하길 '이것은 네가 알 바가 아니다.'하였다. 무릇 공명고

는 효자의 마음은 이처럼 무관심할 수 없고, 나의 힘을 다하여 밭을 갈고 오로지 자식된 직분을 다할 뿐이며 부모가 나를 사랑하지 않더라도 내가 어찌 것인가? 라 하는 것으로 여긴 것이다."

*旻(민): 하늘. *恝(괄, 개): 걱정없다, 무관심하다, 소홀히 하다.

【盡心 上 3】孟子曰 求則得之, 舍則失之, 是求有益於得也, 求在我者也。求之有道, 得之有命, 是求無益於得也, 求在外者也。

맹자가 말했다: "구하면 얻게 되고, 버리면 잃게 된다. 이 구함은 얻음에 유익함이 있는데, 자신에게서 구하기 때문이다. 구함에 도가 있고, **얻음에 명이 있다.** 이 구함은 얻음에 유익함이 없는데, 밖에서 구하기 때문이다.

이상의 6사례를 다시 정리해 보자.

(가) 군자는 사업을 창건하고 전통을 드리우는데 힘쓸 뿐, 일의 성사여부는 하늘에 달렸다.【梁惠王 下 14】

(나) 떠나감과 머무름, 즉 제후를 만나서 등용될지 여부는 하늘의 뜻이다. 【梁惠王 下 16-3】

(다) 군자는 하늘을 원망하지 않고 사람을 탓하지 않는다. 세상이 다스려질지 여부는 하늘의 뜻에 달렸다.【公孫丑 下 13】

(라) 예의를 다할 뿐 자리를 얻고 못 얻음은 천명에 달렸다.【萬章 上 8】

(마) 순임금은 하늘과 부모를 부르며 울었다지만 원망한 것은 아니다.【萬章 上 1-1】

(바) 자기에게 구하면 얻음이 있지만 밖으로부터 구함은 운(명)에 달렸다. 【盡心 上 3】

(가)와 (다)는 세상이 다스려지고 일의 성사여부는 천명에 달렸지 자유의지와 상관없다는 경우이고, (나)와 (라)는 내가 세상에 등용될지 여부는 천명에 달렸지 자유의지와 상관없다는 경우이다. (마)는 부모에게 효도를 다했지만 부모의 뜻을 얻고 못 얻고는 천명이지 자유의지와 상관없다는 것이다. (바)는 자기수양은 자유의지의 영역이지만, 부귀영화를 얻을 수 있을 지는 운(명)의 영역이라는 것이다.

이처럼 세상에는 자유의지와 자기노력으로 해결할 수 없는 불가항력적 운명이거나 우연의 영역이 존재한다. 그것은 신도 어쩔 수 없다. 따라서 상제에게 기원해도 하늘을 원망해도 의미가 없다. 그렇다고 사람을 탓할 수도 없는 노릇이다. 그저 진인사대천명(盡人事待天命)의 자세로 주어진 자기역할을 다할 뿐이다.

한편, 불가항력적인 운명이면서도 자유의지가 작동할 수 있는 것처럼 여기는 영역이 '천자(天子)의 자리'(왕위계승)이다. 관련 인용을 보자.

【萬章 上 5-1】萬章曰 堯以天下與舜, 有諸。孟子曰 否。天子不能以天下與人。然則舜有天下也, 孰與之。曰 天與之。天與之者, 諄諄然命之乎。曰 否。天不言, 以行與事示之而已矣。曰 以行與事示之者如之何。曰 天子能薦人於天, 不能使天與之天下, 諸侯能薦人於天子, 不能使天子與之諸侯, 大夫能薦人於諸侯, 不能使諸侯與之大夫。昔者堯薦舜於天而天受之, 暴之於民而民受之, 故曰 天不言, 以行與事示之而已矣。

만장이 말했다: "요임금께서 천하를 순에게 넘겼다는데 그런 일이 있습니까?" 맹자가 대답했다: "아니다. 천자는 천하를 다른 사람에게 줄 수 없는 것이다." (만장이 물었다) "그렇다면 순이 천하를 가지게 된 것은 누가 준 것입니까?" 맹자다 대답했다: "하늘이 준 것이다." 만장이 물었다: "하늘이 주었다는 것은 상세한 말로 그에게 명령한 것입니까?" 맹자가 대답했다: "아니다. 하늘은 말이 없다. 행동과 일로써 보여줄 뿐이다." 만장이 물었다: "행동과 일로써 보여준다는 것은 무엇입니까?" 맹자가 대답했다: "천자가 하늘에게 다른 사람을 천거할 수 있지만 하늘로 하여금 그에게 천하를 주도록 할 수는 없다. 제후가 천자에게 사람을 천거할 수는 있지만 천자로 하여금 그것을 제후에게 주도록 할 수는 없다. 대부가 제후에게 사람을 천거할 수는 있지만, 제후로 하여금 그것을 대부에게 주도록 할 수는 없다. 옛날에 요임금은 순을 하늘에 천거하자 하늘이 수용하였고, 백성들에게 그를 드러냄에 백성들이 그를 수용하였다. 그러므로 말하길 '하늘은 말이 없다. 행동과 일로써 보여줄 뿐'이라 한 것이다."

*諄諄然(순순연): 상세히 말하는 모양. *暴(폭): 햇빛쪼이다, 드러내다.

【萬章 上 5-2】曰 敢問薦之於天而天受之，暴之於民而民受之，如何。曰 使之主祭而百神享之，是天受之 使之主事而事治，百姓安之，是民受之也。天與之，人與之，故曰 天子不能以天下與人。舜相堯二十有八載，非人之所能為也，天也。堯崩，三年之喪畢，舜避堯之子於南河之南。天下諸侯朝覲者，不之堯之子而之舜，訟獄者，不之堯之子而之舜，謳歌者，不謳歌堯之子而謳歌舜，故曰天也。夫然後之中國，踐天子位焉。而居堯之宮，逼堯之子，是簒也，非天與也。太誓曰 '天視自我民視，天聽自我民聽'，此之謂也。

만장이 말했다: "감히 묻건대 하늘에 그를 천거하자 하늘이 수용하고, 백성들에게 그를 드러내자 백성들이 수용했다는 것은 무슨 뜻입니까?" 맹자가 대답했다: "그로 하여금 제사를 주재하자 백신이 흠향했는데, 이는 하늘이 수용한 것이고, 그에게 일을 주관하게 하자 일이 다스려져 백성들이 편안하게 되었는데 이는 백성들이 수용한 것이다. 하늘이 수용해주고 백성들이 수용해주었다. 그래서 말하길 '천자가 천하를 다른 사람에게 줄 수 없다.'고 한 것이다. 순이 요임금을 돕기를 28년이나 했는데 사람이 능히 할 수 있는 것이 아니라 하늘이 그리한 것이다. 요임금이 붕어하시자 3년 상을 마치고 순은 요의 자식을 피해 남하의 남쪽으로 떠났다. 천하의 제후들이 조회하여 뵙기를 요임금의 자식에게 가지 않고 순에게 갔다. 옥사가 있는 자들이 요임금의 자식에게 가지 않고 순에게 갔다. 덕을 노래하는 자들이 요임금의 자식을 노래하지 않고 순을 노래했다. 그러므로 하늘이 한 것이라 말하는 것이다. 무릇 그런 연후에 나라 가운데에 가서 천자의 지위에 올랐다. 요임금의 궁궐에 기거하면서 요임금의 자식을 핍박했다면 이것은 찬탈이지 하늘이 준 것이 아니다. 『태서』에서 말하길 '하늘의 봄은 우리 백성들로부터 보며, 하늘의 들음은 우리 백성들의 들음으로부터 듣는다.'고 했는데, 이를 두고 한 말이다."

*覲(근): 뵈다.

【萬章 上 6-1】萬章問曰 人有言 '至於禹而德衰，不傳於賢而傳於子'。有諸。孟子曰 否，不然也。天與賢則與賢， 天與子則與子。昔者舜薦禹於天, 十有七年, 舜崩。三年之喪畢, 禹避舜之子於陽城。天下之民從之, 若堯崩之後, 不從堯之子而從舜也。禹薦益於天, 七年, 禹崩。三年之喪畢, 益避禹之子於箕山之陰。朝覲訟獄者不之益而之啟, 曰 '吾君之子也'。謳歌者不謳歌益而謳歌啟, 曰 '吾君之子也'。

만장이 물었다: "사람들이 평하기를 '우임금에 이르러 덕이 쇠해져서 어진 사람에게 왕위가 전해지지 않고 자식에게 전해졌다.'고 하는데, 그렇습니까?" 맹자가 대답했다: "아니다. 그렇지 않다. 하늘이 어진 사람에게 주려면 어진 사람에게 주고, 하늘이 자식에게 주려면 자식에게 주는 것이다. 옛날에 순임금은 우를 하늘에 천거하여 17년 만에 순임금이 붕어하자, 3년 상을 마치고, 우는 순임금의 자식을 피해 양성으로 가버렸다. 천하의 백성들이 그를 좇아감이 마치 요임금의 붕어한 이후에 요임금의 자식을 좇지 않고 순을 좇아간 것과 같았다. 우임금이 익을 하늘에 천거하여 7년 만에 우임금이 붕어하자, 3년 상을 마치고 익은 우임금의 자식을 피해 기산의 북쪽으로 가버렸다. 조회에 입회하는 자와 송사가 있는 자들이 익에게 가지 않고 계에게 가면서 말하길 '우리 임금의 자식이다.'고 하였다. 노래 부르는 자들이 익을 찬양하지 않고 계를 찬양하면서 노래하길 '우리 임금의 자식이다.'고 하였다."

【萬章 上 6-2】丹朱之不肖, 舜之子亦不肖。舜之相堯, 禹之相舜也, 歷年多, 施澤於民久。啟賢, 能敬承繼禹之道。益之相禹也, 歷年少, 施澤於民未久。舜、禹、益相去久遠, 其子之賢不肖, 皆天也, 非人之所能為也。莫之為而為者, 天也, 莫之致而至者, 命也。匹夫而有天下者, 德必若舜禹, 而又有天子薦之者, 故仲尼不有天下。

(맹자가 말했다) "단주가 불초하고, 순임금의 자식 또한 불초하여, 순이 요임금을 도왔고 우가 순임금을 도왔다. 년 수가 많아짐에 따라 백성들에게 은택이 베풀어짐도 오래였다. 개가 어질어 우임금의 도를 존경하고 계승하였다. 익이 우임금을 도운 년 수가 적어 백성들에게 베풀어진 은택도 오래지 않았다. 순, 우, 익이 서로 도운 것이 오래고 멂, 그의 자식들이 어질고

> 불초함은 모두 하늘에 달린 것이지 사람이 할 수 있는 것이 아니다. 하려하지 않았는데도 하게 되는 것은 하늘의 일이요, 이르지 않으려는 데도 이르게 되는 것은 명운이다. 필부이면서 천하를 소유한 자는 덕이 반드시 순과 우와 같아야 하고, 천자가 그를 천거해 줌이 있어야 한다. 그러므로 중니께서는 천하를 소유할 수 없었다."

【萬章 上 6-3】繼世以有天下, 天之所廢, 必若桀紂者也, 故益、伊尹、周公不有天下。伊尹相湯以王於天下。湯崩, 太丁未立, 外丙二年, 仲壬四年。太甲顛覆湯之典刑, 伊尹放之於桐。三年, 太甲悔過, 自怨自艾, 於桐處仁遷義 三年, 以聽伊尹之訓己也, 復歸于亳。周公之不有天下, 猶益之於夏, 伊尹之於殷也。孔子曰 '唐虞禪, 夏后、殷、周繼, 其義一也'。

> (맹자가 말했다) "대를 이어서 천하를 소유함으로써 하늘이 폐지시킨 것이 반드시 걸과 주 같은 자이다. 그러므로 익, 이윤, 주공은 천하를 소유하지 못했다. 이윤은 탕임금을 도와 천하에 왕 노릇하게 하였고, 탕임금이 붕어하자 태정은 즉위하지 못하였고, 외병은 2년, 중임은 4년 동안 재임하였다. 태갑이 탕의 법전을 전복시키자 이윤이 그를 동 땅에 추방하였다. 3년이 되자 태갑이 과오를 뉘우치고 스스로 원망하고 다스리며 동 땅에서 인의의 마음을 가지게 되었다. 3년이 되자 이윤이 자기에게 한 훈계를 듣고 박 땅으로 돌아왔다. 주공이 천하를 소유하지 못한 것은 익이 하나라에서, 이윤이 은나라에서 그러한 것과 같다. 공자께서 말하길 '당우(요순)는 선양했고, 하•은•주는 대를 이었지만 그 뜻은 하나이다.'고 하였다.

*太丁(태정)•外丙(외병)•仲壬(중임)은 모두 탕의 아들이고, 太甲(태갑)은 태정의 아들.

당우(요순)시대에는 왕위를 선양(禪讓)했고 삼대(하•은•주)시대에는 자식에게 대를 이었지만, 공자는 왕위를 계승한 '뜻'은 모두 같다고 하였다. 그 '뜻'이 무엇인가? '하늘의 명령'(天命)이다. 겉으로는 선왕이 후왕에게 왕위를 물려주는 것이지만, 천자의 자리란 선왕이 자의적으로 후왕에게 넘겨줄 수 있는 것이 아니다. 오직 하늘만이 줄 수 있는 자리이다. 선왕이 후왕의 후보자를 하늘에 천거할 수는 있다. 그러나 그의 천거를 용납할지는 하늘이 결정한다. 하늘이 어진 사람에게 주고 싶으면 어진 사람에게 주고, 하늘이 자식에게 주고 싶으면 자식에게 준다. 요임금은 아들(단주)대신 순을 천거하자 하늘이 수용했고, 순임금 또한 아들대신 우를 천거했는데 하늘이 수용했다. 그러나 우임금도 아들대신 익(益)을 천거했지만 하늘은 그를 용납하지 않고 자식인 계(啓)를 수용하였다. 요가 순을, 순이 우를 천거한 것은 오래도록 지근거리에서 선한 정치를 도왔기 때문이고, 그들이 아들을 천거하지 않은 것은 불초했기 때문이었다. 지근거리에서 선한 정치를 도울 기회와 자식의 현불초(賢不肖; 어질고 불초함)는 모두 하늘에 달린 것이지 사람이 할 수 있는 것이 아니다. 이처럼 인위적으로 하려하지 않았는데도 하게 되는 것은 하늘의 일이고, 이르지 않으려는 데도 이르게 하는 것은 하늘의 명령이다.

그런데 하늘은 말이 없다. 오직 행동과 일로써 보여줄 뿐이다. 말이 없는 하늘의 행동과 일이란 무엇인가? 백성들의 민심이다. 백성들이 선왕이 천거한 후왕의 후보를 용납하면 하늘도 수용하고, 백성들이 따르지 않으면 하늘도 용납하지 않는다. 결국 민심(民心)이 곧 천심(天心)이라는 것이다. 그렇다면 민심을 얻는 자가 천자의 자리를 계승한다. 따라서 후왕의 후보는 민심을 얻을 수 있도록 행동과 일을 해야 한다. 후왕이 민심을 얻도록 정치를 할 것인가 말 것인가는 자유의지에 달렸다. 요임금이 순을, 순임금이 우를 천거하자 하늘이 용납한 것은 순과 우가 지근거리에서 선왕을 도우며 백성들에게 민심을 얻는 선한 정치를 했기 때문이었다. 우임금이 익(益)을 천거했지만 자식인 계(啓)에게 민심이 돌아갔기 때문에 하늘이 익을 거부하고 계를 수용한 것이었다. 걸(桀)과 주(紂)는 민심을 잃는 정치를 하였기 때문에 천자의 자리에 올랐다가도 하늘이 그들을 폐위시켰다. 이처럼 천자의 자리를 얻는 데는 자유의지의 영역이 존재한다.

그러나 민심은 천자의 자리를 얻는 필요조건이지 충분조건은 아닌 것 같다. 민심을 얻은 자라고 모두 천자가 될 수 있는 것이 아니기 때문이다. 익은 우임금을 도왔고, 이윤은 탕임금을 보좌했고, 주공은 무왕을 도와 선한 정치를 펼치며 민심을 얻었지만 천자가 될 수 없었다. 공자 또한 노나라 정공을 도와 선한 정치를 펼치고 민심을 얻었지만 천하를 소유할 수 없었다. 이들에게는 천명(天命)이 따르지 않았기 때문이다. 천명은 불가항력적인 운명의 영역이다.

3. 필연성으로서의 천명(天命)과 도덕성으로서의 천성(天性)

세상에는 신비스럽고 불가지한 영역만 있는 것이 아니다. 제한된 인간의 지적능력으로도 알 수 있는 세계가 있다. 맹자적인 뜻에서 필연성으로서의 천명(天命)과 도덕성으로서의 천성(天性)이 그것이다. 먼저, 2사례를 보자.

【離婁 下 26】孟子曰 天下之言性也，則故而已矣。故者以利為本。所惡於智者，為其鑿也。如智者若禹之行水也，則無惡於智矣。禹之行水也，行其所無事也。如智者亦行其所無事，則智亦大矣。天之高也，星辰之遠也，苟求其故，千歲之日至，可坐而致也。

> 맹자가 말했다: **"천하에 본성을 말한다면 '근본원리'(故)가 있을 뿐이다.** 근본원리는 이로움을 근본으로 삼는다. 지혜로움을 미워하는 까닭은 그것에 천착하기 때문이다. 만약 지혜로움이 우임금께서 물을 다스린 것과 같다면 지혜로움을 미워함이 없을 것이다. 우임금이 물을 다스림에는 일없는 바를 실행하였다. 만약 지혜로움이 또한 일없는 바를 실행하는 것이라면 지혜로움은 또한 크다. 하늘은 높고 별은 멀리 있다. 진실로 그 근본원리를 구한다면 1000년 이후의 동짓날도 앉아서 알 수가 있을 것이다.

*日至(일지): 하루 시간이 가장 긴 날(冬至)

【盡心 上 1】孟子曰 盡其心者，知其性也。知其性，則知天矣。存其心，養其性，所以事天也。殀壽不貳，修身以俟之，所以立命也。

> 맹자가 말했다: **"그 마음을 다하는 자는 그 본성을 알고, 그 본성을 알면 하늘을 안다.** 그 마음을 보존하고 그 본성을 양성하는 것이 하늘을 섬기는 방법이다. 요절과 장수의 두 마음을 먹지 말고 몸을 수양하고 천명을 기다리는 것이 명을 세우는 방법이다.

【이루離婁 下 26】은 자연법칙과도 같은 '객관적 필연성'(故)이 세상에 존재함을 알려주고 있다. 자연법칙은 무위의 법칙이고 세상을 이롭게 하는 것을 본성으로 삼는다. 우리의 지적 능력은 이러한 법칙을 발견하는데 힘써야 한다. 그러면 천년 후의 동짓날도 앉아서 알 수가 있다. 이러한 법칙을 알아야, 우임금이 무위의 법칙을 어기지 않고 물길을 다스렸듯이, 이로움을 낳을 수 있다.

【진심盡心 上 1】은 인간의 '도덕적 본성'(性)이 하늘로부터 부여받은 것임을 알려주고 있다. 마음을 돌이켜보면 이성의 빛과 같은 양심이 마음속에 내재함을 알 수 있고, 그것을 알게 되면 도덕적 본성의 내원이 하늘임을 알 수 있다는 것이다. 반면에, 요절과 장수 같은 것은 운명일 뿐이다. 운명에 대해서는 수양하며 기다릴 수밖에 없는 일이고, 도덕적 본성은 양성하여 기르고 마음에 보존해야 한다. 그것이 천명을 세우는 길이고 하늘을 섬기는 길이다.

지적 능력이 훨씬 더 성장한 오늘날 인간은 '객관적 필연'의 법칙을 무수히 발견(혹은 구성)해 내었고, 요절과 장수 같은 운명의 영역도 대폭 축소시키고 자유의지의 영역을 개척해 내었다. 그러나 맹자가 주장하듯 인간의 도덕성이 하늘로부터 부여된 선험적인 것인지는 여전히 의문이다. 성선설(性善說)의 의미와 정당화 가능성에 대해서는 다음 장에서 좀 더 논구하기로 하고, 여기서는 우리의 주제에 좀 더 천착해보자. 필연성도 도덕성도 하늘이 부여한 것이라면, 둘 간의 관계는 무엇인가? 필연성이 존재법칙이라면 도덕성은 당위법칙이다. 맹자는 존재로부터 당위를 이끌어내려 하는가? 아니면 두 법칙은 별개의 영역인가? 필연성으로서의 천명과 도덕성으로서의 천성의 차이가 무엇일까? 이러한 의문이 우리의 관심사이다. 다음의 인용은 마치 존재법칙으로부터 당위법칙을 유추해내는 듯하다.

【盡心 下 24】孟子曰 口之於味也, 目之於色也, 耳之於聲也, 鼻之於臭也, 四肢之於安佚也, 性也, 有命焉, 君子不謂性也。仁之於父子也, 義之於君臣也, 禮之於賓主也, 智之於賢者也, 聖人之於天道也, 命也, 有性焉, 君子不謂命也。

맹자가 말했다: ① 입이 맛있는 음식을 찾고, 눈이 색(色)을 밝히며, 귀가 아

름다운 음악을 듣고, 코가 향기로운 냄새를 맡으려 하며, 사지(四肢)가 편안한 것을 좋아하는 것 등은 인간의 본성[性]이다. 그러나 여기에는 명(命)적인 것이 있으므로 군자(君子)는 그런 것을 본성이라 부르지 않는다. ② 인(仁)이 부자(父子)간에 베풀어지고, 의(義)가 군신(君臣)간에 유지되며, 예(禮)가 손님과 주인 간에 지켜지고, 지(知)가 현자(賢者)에게서 밝혀지며, 성인(聖人)이 천도(天道)에 따라 행하는 것 등은 인간의 명(命)이다. 그러나 여기에는 본성적인 것이 있으므로 군자는 그런 것을 명(命)이라고 부르지 않는다.

【진심盡心 下 24】의 인용은 인간의 몸에 사체(四體)가 있듯이 마음에 사덕(四德)이 있는 것처럼 유비적으로 설명하고 있다. 인용의 번역에서 ①은 동물성과 공유하는 인간의 식색지성(食色之性)이고, ②는 동물성과 구별되는 인간만의 도의지성(道義之性)이라 볼 수 있다. 이처럼 크게 보면 식색지성과 도의지성이 모두 인간 본성의 한 축을 이룬다. 그런데 ①의 식색지성이나 ②의 도의지성이 모두 명(命)인 동시에 성(性)이고 성(性)인 동시에 명(命)이지만, 식색지성은 성(性)이라기보다는 명(命)에 가깝고 도의지성은 명(命)이라기보다는 성(性)에 더 가깝다고 맹자는 말하고 있다. 이를 어떻게 읽어야 할 것인가. 명(命)이란 인간이 통제할 수 없기 때문에 어쩔 수 없이 받아들여야 되는 필연의 존재법칙을 말하고, 성(性)은 인간이 닦고 키워야 할 부분을 지칭하는 당위의 도덕법칙으로 보아야 한다.[6] 그러니까 전자는 천명의 필연성이고 후자는 천성의 도덕성이며, 두 법칙은 별개의 영역인 것이다.

천명의 필연성은 다른 존재들에도 부여되지만, 천성의 도덕성은 인간에게만 부여된 하늘의 명령인 셈이다. 이러한 관점은 자사(子思)를 이은 것이지만[7] 맹자에 의해서 비로소 명확해졌다. 다음의 인용들을 보자.

【盡心 上 38】孟子曰 形色, 天性也。惟聖人, 然後可以踐形。

맹자가 말했다: "타고난 형상과 모습은 하늘로부터 부여받은 본성이다. 오직 성인이라야 타고난 형상과 모습을 실현할 수 있다."

6) 「盡心下; 24」에 대한 朱子註를 참조. 김승혜, 『원시유교』(서울: 민음사, 1990), 169쪽.
7) 『中庸』(子思). "天命之謂性."

【告子 上 7-1】孟子曰 富歲, 子弟多賴, 凶歲, 子弟多暴, 非天之降才爾殊也, 其所以陷溺其心者然也。今夫麰麥, 播種而耰之, 其地同, 樹之時又同, 浡然而生, 至於日至之時, 皆熟矣。雖有不同, 則地有肥磽, 雨露之養, 人事之不齊也。故凡同類者, 擧相似也, 何獨至於人而疑之。聖人與我同類者。故龍子曰 '不知足而為屨, 我知其不為蕢也'。屨之相似, 天下之足同也。

맹자가 말했다: **"풍년에는 자제들이 의뢰함이 많고, 흉년에는 자제들이 포악함이 많은 것은 하늘이 재질을 내림이 이처럼 다른 것이 아니라, 그 마음을 함정에 빠뜨린 까닭으로 그러한 것이다.** 지금 보리씨를 파종하여 덮음에, 그 땅이 같고 심는 시기도 같으면 성기게 자라나 날이 지극한 때에 이르러 모두 숙성한다. 비록 같지 아니함이 있다면 땅에 비옥함과 메마름이 있고, 비와 이슬의 양육함과 사람의 일이 가지런하지 않음이 있는 것이다. 그러므로 무릇 같은 종류라면 거의 서로 비슷하다. 어찌 유독 사람에 대해서만 의심하겠는가? 성인과 나는 같은 종류이다. 그러므로 용자가 말하길 '발을 알지 못하고 신을 삼더라도 나는 그것이 삼태기가 되지 않을 것을 안다.'고 하였다. 신이 서로 비슷한 것은 천하의 발은 동류인 것이기 때문이다.

*麰麥(모맥): 보리. *耰(우): 씨를 덮다. *磽(교): 메마른 땅. *屨(구): 신. *蕢(궤): 삼태기.

【盡心 下 33】孟子曰 堯舜, 性者也。湯武, 反之也。動容周旋中禮者, 盛德之至也。哭死而哀, 非為生者也。經德不回, 非以干祿也。言語必信, 非以正行也。君子行法, 以俟命而已矣。

맹자가 말했다: **"요와 순임금은 본성대로 살았고, 탕과 무임금은 본성을 회복하였다.** 행동과 용모 등의 행동거지가 예에 적중한 자는 덕을 이룸이 지극한 것이다. 죽은 자에 곡하며 슬퍼하는 것은 산 자를 위한 것이 아니다. 떳떳한 덕을 지키며 굽히지 않는 것은 녹을 구하기 때문이 아니다. 말을 함에 반드시 신뢰가 있는 것은 행동을 바르게 하기 위함이 아니다. **군자가 법을 실천하고서 명을 기다릴 뿐인 것이다."**

인용을 정리해보자.

(가) 타고난 형상과 모습은 하늘이 부여한 본성이다.【盡心 上 38】
(나) (같은 종류이면) 하늘이 부여한 '재질'(才)은 비슷하다. 보리씨는 보리로 자라고, 성인과 나는 같은 종류이다.【告子 上 7-1】
(다) 성인이라야 타고난 형상과 재질을 실현할 수 있다. 요와 순임금은 본성대로 살았다. 【盡心 下 33】,【盡心 上 38】
(라) 탕과 무임금은 본성을 회복하였다. 군자가 법을 실천하고서 명(命)을 기다릴 뿐이다. 【盡心 下 33】

세상의 모든 존재들은 자기만의 형상과 모습을 가지고 태어난다. 말은 말의 형상으로, 보리는 보리의 형상으로, 인간은 인간의 형상으로, 인간의 손발은 인간의 손발의 모습으로, 나는 나의 형상을 가지고 태어났다. 이것이 천명의 필연성이다. 또한 각각의 형상과 모습에 걸맞게 '재질'(才)도 부여되었다. 그것은 존재들의 감각이나 지각 능력일 수도 있고, 지적인 능력일 수도 있고, 도덕적 능력일 수도 있겠다. 물론 인간만이 도덕성을 가지고 태어났다. 같은 형상과 모습을 가진 존재라면 원래의 재질은 비슷하다. 그러나 태어난 이후 보리는 똑같은 싹을 틔우지 않고, 말은 준마와 둔마로 나뉘고, 인간도 성인과 군자와 소인으로 나뉠 수 있다. 태어난 이후의 이러한 차이는 환경의 영향과 자기수양의 정도에 달렸다. 원래 성인과 나는 형상이 조금 다르지만 재질은 비슷했다. 성인은 자기수양의 큰 수고 없이도 부여된 원래의 재질(본성)을 그대로 실현할 수 있다. 성인이 아닌 자는 자기수양을 통해서 본성을 회복할 수 있다. 자기수양이 없으면 환경의 영향을 받아 재질이 가려진다. 풍년에는 사람들이 착하게 협동적으로 살지만, 흉년에는 포악한 이가 많아지는 것이 그런 예이다. 군자는 환경에 휘둘리지 않고 자기수양과 도덕률에 따라 살면서 하늘이 부여한 본성의 회복에 힘쓴다.

인간에게 부여된 도덕적 재질의 본질이 무엇인지는 천명론(天命論)에서 드러나지 않는다. 다만, 추정컨대 도덕적 재질에 기초하여 발현된 도덕적 덕은,【진심

盡心 下 24】의 인용에서 보았듯이, 인의예지(仁義禮智) 등이다. 다음의 인용들도 보자.

【離婁 上 7-1】孟子曰 天下有道, 小德役大德, 小賢役大賢。天下無道, 小役大, 弱役強。斯二者天也。順天者存, 逆天者亡。齊景公曰 '既不能令, 又不受命, 是絕物也'。涕出而女於吳。

> 맹자가 말했다: **"천하에 도가 있으면 작은 덕이 큰 덕에 사역당하고 작은 현자가 큰 현자에게 사역 당한다. 천하에 도가 없으면 작은 자가 큰 자에게 사역당하고 약자가 강자에게 사역 당한다. 이 두 가지는 하늘의 이치이다.** 하늘을 따르는 자는 존재하고, 하늘을 어기는 자는 망한다." 제경공이 말하길 '이미 명령할 수도 없고 명령을 받을 수도 없다면 이것은 남과 관계를 끊는 것이다.' 하고는 눈물을 흘리면서 딸을 오나라에 시집보냈다.

*涕(체): 눈물 흘리다.

【告子 上 16】孟子曰 有天爵者, 有人爵者。仁義忠信, 樂善不倦, 此天爵也　公卿大夫, 此人爵也。古之人修其天爵, 而人爵從之。今之人修其天爵, 以要人爵 既得人爵, 而棄其天爵, 則惑之甚者也, 終亦必亡而已矣。

> 맹자가 말했다: **"하늘이 내린 작위가 있고 사람이 내린 작위가 있다. 인의와 충신을 행하고 선을 즐겨 게으르지 않으면 이것이 하늘이 내린 작위이다. 공경대부는 사람이 내린 작위이다.** 옛날 사람들은 그 하늘이 내린 작위를 수양함에, 사람이 내린 작위가 따랐다. 오늘날 사람들은 하늘이 내린 작위를 수양하여 사람이 내린 작위를 요구하고, 사람이 내린 작위를 이미 얻으면 하늘이 내린 작위를 버린다. 그런즉 미혹됨이 깊은 것이니, 끝내 또한 잃게 될 뿐이다."

【公孫丑 上 7】孟子曰 矢人豈不仁於函人哉 矢人唯恐不傷人, 函人唯恐傷人。巫匠亦然, 故術不可不慎也。孔子曰 '里仁為美。擇不處仁, 焉得智'。

夫仁，天之尊爵也，人之安宅也。莫之禦而不仁，是不智也。不仁、不智、無禮、無義，人役也。人役而恥為役，由(猶)弓人而恥為弓，矢人而恥為矢也。如恥之，莫如為仁。仁者如射，射者正己而後發。發而不中，不怨勝己者，反求諸己而已矣。

> 맹자가 말했다: "화살을 만드는 사람이 어찌 갑옷을 만드는 사람보다 인하지 않겠는가? 화살을 만드는 사람은 오직 사람을 해치지 못할까 걱정하고, 갑옷을 만드는 사람은 오직 사람을 해칠까 걱정한다. 무당과 장인 또한 그렇다. 그러므로 기술은 진실하지 않으면 안 되는 것이다. 공자가 말하길 '인이 넘치는 마을은 아름답다. 택하여 인에 거처하지 않는다면 어찌 지혜롭다고 하리오?'했는데, **무릇 인이란 하늘의 높은 벼슬이요, 사람의 편안한 집이다.** 이것을 제어하는 이가 없는데도 인하지 않다면 이것은 지혜롭지 못한 것이다. 인하지 못하고 지혜롭지 못하며 예가 없고 의로움도 없다면 남의 부역꾼이다. 남의 부역꾼이면서 부역하는 것을 부끄러워한다면, 활을 만드는 사람이 활을 만드는 것을 부끄러워하고 화살을 만드는 사람이 화살을 만드는 것을 부끄러워하는 것과 같다. 그것이 부끄럽다면 인을 하는 것만 같지 않다. 인이란 활을 쏘는 것과 같다. 활을 쏘는 자는 자신을 바르게 한 후에 발사하고, 발사하여 적중하지 못하면 자기를 이긴 자를 원망하지 않고 도리어 자신의 잘못을 돌아볼 뿐이다."

【梁惠王 下 3-1】齊宣王問曰 交鄰國有道乎。孟子對曰 有。惟仁者為能以大事小，是故湯事葛，文王事昆夷 惟智者為能以小事大，故大王事獯鬻，句踐事吳。以大事小者，樂天者也 以小事大者，畏天者也。樂天者保天下，畏天者保其國。詩云'畏天之威，于時保之。'

> 제선왕이 물었다: **"이웃나라와 사귀는 도리가 있습니까?"** 맹자가 대답했다: **"있습니다. 오직 인자(仁者)라야 대국으로 소국을 섬길 수가 있습니다. 그러므로 탕왕이 갈왕을 섬기고, 문왕이 곤이를 섬겼습니다. 오직 지자(智者)라야 소국으로 대국을 섬길 수 있습니다. 그러므로 태왕이 훈육을 섬기고, 월왕 구천이 오왕을 섬겼습니다.** 대국으로 소국을 섬기는 자는 하늘을 즐기는 자이고, 소국으로 대국

을 섬기는 자는 하늘을 두려워하는 자입니다. 하늘을 즐기는 자는 천하를 보존하고, 하늘을 두려워하는 자는 자기 나라를 보존할 수 있습니다. 『시』에 이르길 '하늘의 위엄을 두려워하니, 이에 보존한다.'하였습니다."

*獯鬻(훈육): 狄人(적인: 북쪽 오랑캐) 나라의 제후 이름.

인용을 정리해보자.

(가) 천하에 도가 있으면 작은 덕이 큰 덕에 사역당하고 작은 현자가 큰 현자에게 사역 당한다. 천하에 도가 없으면 작은 자가 큰 자에게 사역당하고 약자가 강자에게 사역 당한다. 이 두 가지는 하늘의 이치이다.【離婁 上 7-1】

(나) 하늘이 내린 작위가 있고 사람이 내린 작위가 있다. 인의(仁義)와 충신(忠信)을 행하고 선을 즐겨 게으르지 않으면 이것이 하늘이 내린 작위이다. 공경대부는 사람이 내린 작위이다.【告子 上 16】; 무릇 인이란 하늘의 높은 벼슬이요, 사람의 편안한 집이다.【公孫丑 上 7】

(다) 오직 인자(仁者)라야 대국으로 소국을 섬길 수가 있다. 오직 지자(智者)라야 소국으로 대국을 섬길 수 있다. 대국으로 소국을 섬기는 자는 하늘을 즐기는 자이고, 소국으로 대국을 섬기는 자는 하늘을 두려워하는 자이다.【梁惠王 下 3-1】

천하에 도가 수립되면 작은 덕이 큰 덕에 사역당하고, 작은 현자가 큰 현자에게 사역 당한다. 천하에 도가 수립되려면 어떡해야 하는가? 하늘이 내린 작위와 벼슬에 따라 세상을 경영해야 한다. 바로 인의와 충신의 덕은 하늘이 내린 작위이고 벼슬이다. 인자(仁者)라야 대국으로 소국을 섬길 수 있고, 지자(知者)라야 소국으로 대국을 섬길 수 있는 법이다. 이 모든 것이 하늘의 이치이다.

4. 천명과 천성을 대하는 인간의 자세

이상에서 정리한 바처럼, 맹자의 천(天) 개념에는 의지를 가진 인격신으로서의 상제천, 불가항력적인 운명으로서의 천명, 필연성으로서의 천명, 도덕성의 내원으로서의 천성 등이 복합적으로 드러나고 있다. 이처럼 천 개념의 복잡성 때문에 천명과 천성을 대하는 인간의 태도나 자세도 다각적일 수밖에 없다. 이를 보여주는 대표적인 언표가 다음의 인용이다.

【盡心 上 2】孟子曰 莫非命也，順受其正。是故知命者，不立乎巖牆之下。盡其道而死者，正命也。桎梏死者，非正命也。

맹자가 말했다: "명 아닌 것이 없으나 그것의 바름을 순순히 받아야 한다. 그러므로 명을 아는 자는 위험한 담장 아래에 서지 않는다. 그 도를 다하고 죽는 것은 정명이요, 질곡에 얽매어서 죽는 것은 정명이 아니다."

*巖(암): 큰 바위. *桎梏(질곡): 족쇄와 수갑.

세상에 하늘의 명령이 아닌 것이 없다. 따라서 인간은 하늘의 명령에 순순히 따라 살아야 한다. 그런데 문제는 하늘의 명령을 모두 알 수 있고 그것을 실천할 수 있느냐에 있다. 알 수 있는 명령이 있고, 알 수 없는 명령도 있다. 알 수 있는 명령이라 하더라도 그것을 인간의 의지대로 탈바꿈할 수 있는 명령도 있고, 질곡에 빠진 것처럼 인간의 의지대로 할 수 없는 명령도 있다. 인간의 의지대로 탈바꿈할 수 있는 명령이라도 실제 행동으로 옮길 수 있는 명령도 있고, 행동으로 옮길 수 없는 명령도 있을 수 있다. 결국, 천명을 대하는 인간의 자세에는 피동적 객체성으로 머물 수밖에 없는 영역이 있고, 능동적 주체성으로 맞설 수 있는 영역이 있다고 할 수 있다. 앞에서 보았던 인용들에서 천명과 천성을 대하는 인간의 자세와 관련된 맹자의 주장들을 모아서 정리해 보자.

(가) 비록 악인이라도 목욕재계하면 상제에게 제사지낼 수 있다.**【離婁 下 25】**

(나) 군자는 사업을 창건하고 전통을 드리우는데 힘쓸 뿐, 일의 성사여부는 하늘에 달렸다.【梁惠王 下 14】; 예의를 다할 뿐 자리를 얻고 못 얻음은 천명에 달렸다.【萬章 上 8】

(다) (천자의 자리는) 하늘이 수용해주고 백성들이 수용해주었다.【萬章 上 5-2】

(라) 천하에 본성을 말한다면 '근본원리'(故)가 있을 뿐이다. 진실로 그 근본원리를 구한다면 1000년 이후의 동짓날도 앉아서 알 수가 있을 것이다.【離婁 下 26】

(마) 그 마음을 다하는 자는 그 본성을 알고, 그 본성을 알면 하늘을 안다. 그 마음을 보존하고 그 본성을 양성하는 것이 하늘을 섬기는 방법이다. 요절과 장수의 두 마음을 먹지 말고 몸을 수양하고 천명을 기다리는 것이 명을 세우는 방법이다.【盡心 上 1】

(바) 탕과 무임금은 본성을 회복하였다. 군자는 법을 실천하고서 명(命)을 기다릴 뿐이다. 【盡心 下 33】

(사) 하늘을 따르는 자는 존재하고, 하늘을 어기는 자는 망한다.【離婁 上 7-1】

(아) 대국으로 소국을 섬기는 자는 하늘을 즐기는 자이고, 소국으로 대국을 섬기는 자는 하늘을 두려워하는 자이다. 하늘을 즐기는 자는 천하를 보존하고, 하늘을 두려워하는 자는 자기나라를 보존할 수 있다.【梁惠王 下 3-1】

(자) 명을 아는 자는 위험한 담장 아래에 서지 않는다. 그 도를 다하고 죽는 것은 정명이요, 질곡에 얽매어서 죽는 것은 정명이 아니다.【盡心 上 2】

인용에 유의하여 천명과 천성에 대한 인간의 자세를 요약해보면, ① 신의한 우연이나 운에 대해서는 상제에게 기원함, ② 불가지(不可知)하고 불가항력적 운명에 대해서는 맡은 바의 일에 최선을 다하면서 천명을 기다림(盡人事待天命), ③ 알 수 있는 객관적 필연의 법칙에 대해서는 알아내고자 노력함(知命), ④ 하늘이 부여한 도덕적 본성을 알고(知性), 그것을 양성함(養性), ⑤ 도덕적 본성에 기초하여 수립된 덕이나 원리들에 대해 실천의지로 탈바꿈시키기 위하여 올바로 숙고함(正命), ⑥ 인지하고 숙고한 덕이나 원리들을 실제 행동으로 옮김(立命), ⑦ 모든 천명이나 천성에 대하여 따르고자 하고(順命) 어기지(逆天) 않음, ⑧ 더 나아가 천명을 기꺼이 즐기려 하되(樂天) 두려워할 줄 알아야함(畏天) 등이다.

이상에서 ③→②→①의 방향은 신과 운명과 필연의 영역으로 인간을 피동적 객체성의 존재로 머물 수밖에 없게 한다면, ③→④→⑤→⑥의 방향은 인간이 능동적 주체성을 가지고 자유의지를 발휘할 수 있는 인지 가능하고 실천 가능한 영역이다. 전자를 천명(天命)의 방향이라 한다면, 후자는 천성(天性)의 방향이라 할 수 있다. ⑦과 ⑧은 두 가지 영역 모두에 임하는 인간의 자세여야 한다. 결국, 인간은 필연과 자유 사이의 다양한 스펙트럼선상의 어느 지점에서 가능한 태도와 자세를 견지할 수밖에 없는 존재인 것 같다. 맹자가 그렇게 여긴다. 이러한 맹자의 관점을 김형효는 아래의 <도표 1>과 같이 정리하고 있다.[8)]

〈도표 1〉 천명과 천성을 대하는 인간의 자세

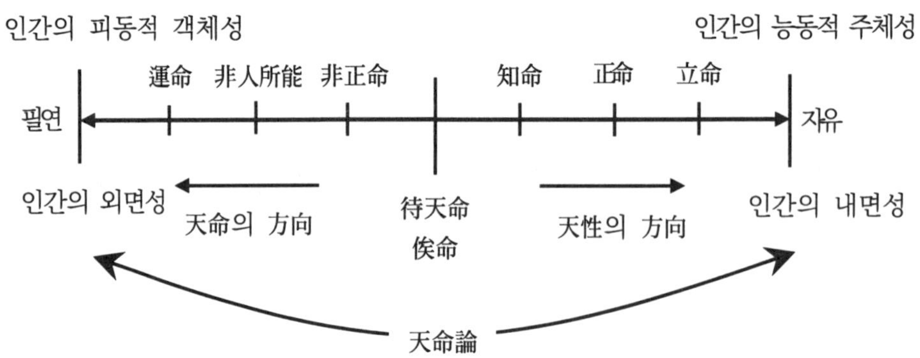

8) 김형효, 『맹자와 순자의 철학사상; 철학적 사유의 두 원천』(서울: 삼지원, 1990), 27쪽.

제3장

인간의 본성과 품격에 대하여

제3장 인간의 본성과 품격에 대하여

철학이란 진리에 대해 사유(思惟)하는 학문이다. 사유를 통해 진리가 구성된다. 인간적 삶의 이상과 원리, 정의로운 공동체의 이상과 실현방안 등을 탐색해야 한다. 이를 실천철학이라 부른다. 그러나 사실 이것들의 탐색에 앞서 전제되어야 할 것은 세계의 본질과 인간의 본성에 대한 철학적 가정이다. 이것이 이론철학이다. 세계는 어떻게 탄생하였고, 세계를 움직이는 실재(reality)는 무엇인가? 인간의 본성은 무엇이고 세계에서 차지하는 위상은 무엇인가? 이러한 질문들에 대한 철학적 가정이 먼저 사유되지 않고서는 인간적 삶의 이상과 정의로운 사회가 무엇인가에 관한 실천철학적 진리 또한 구성할 수가 없다. 그래서 고대 철학적 사유의 체계는 대체로 세계관(형이상학적 실재론), 인간관, 윤리관, 정치경제관, 교육관의 순서로 배치되어 있는 것이다. 이것이 사변철학의 체계이다.

앞의 2장에서 맹자의 세계관인 천명(天命)과 천성(天性)에 대하여 고찰하였다. 이제 우리는 이론철학에서 또 하나의 철학적 가정인 인간관에 대하여 탐색해 보아야 한다. 사유의 체계성을 갖춘 철학이라면 세계관은 인간관을 설명하기 위한 이론적 전제이다. 맹자는 세계를 탄생시키고 운동 변화시키는 실재를 '하늘'(天)이라 보았다. 세계에는 우연과 운명과 필연의 법칙으로 작동하는 영역도 있지만, 인간의 노력으로 인식 가능하고 실천 가능한 자유화의 영역도 존재한다. 전자가 인간을 피동적 객체성으로 머물게 하는 천명(天命)의 세계라면, 후자는 인간이 주체적 능동성을 발휘하여 개척할 수 있는 천성(天性)의 세계이다. 그러나 맹자는 전자의 세계가 인간의 능력으로 어쩔 수 없는 영역이라고 해서 말 그대로 피동적인 자세나 태도를 취하라고 주장하지 않는다. '최선을 다해 일에 임하고 천명을 기다리라'(盡人事待天命)고 주문한다. 특히, 후자의 천성은 하늘이 인간에게 부여한 본성이다. 따라서 인간은 본성을 알고(知命 혹은 知性), 실천의지로 탈바꿈시키고(正命), 행동으로 실현하는(立命) 자유화의 길을 모색해야 한다. 이것이 맹자가 천명론을 입론한 핵심요지라고 여긴다.

이 장에서는 하늘이 인간에게 부여한 본성에 대하여 탐구해보기로 한다. 정명(正命)과 입명(立命)은 수양과 교육론의 과제이다. 이에 대해서는 장을 달리하여 뒤에서 다루고, 지명(知命) 혹은 지성(知性)의 과제에 주목한다. 인간의 본성은 무엇인가? 인간 본성에 관한 단 하나의 정의는 있을 수 없다. 그동안 철학사 속에서 철학자 수만큼이나 그것을 사유하였기 때문이다. 그러나 인간본성을 보는 관점이 무한히 다양하게 펼쳐지기보다는 일정한 범주소(範疇素)들이 구조적으로 재생 반복되어 나오는 주기율과 유사하다고 여긴다. 겉으로 보면 철학자 수만큼이나 인간을 보는 관점이 있을 수 있겠지만, 구조적으로 통찰해보면 몇 가지의 범주로 모인다고 할 수 있다. 한 철학자는 서양철학사에 나타나는 인간본성론을 10가지 관점으로 정리하였다.[1)] 중국철학사에서도 대략 7가지 관점이 있었다. 성선설(性善說), 성악설(性惡說), 성유선유악설(性有善有惡說), 성선악혼설(性善惡混說) 혹은 성유탐인설(性有貪仁說), 성삼품설(性三品說), 본연기질성설(本然氣質性說), 성무선무악설(性無善無惡說) 혹은 심무선무악설(心無善無惡說) 등이 그것이다.[2)] 나는 인간

---

1) Roger Trigg 지음(최용철 옮김), 『인간 본성에 관한 10가지 철학적 성찰』(서울: 자작나무, 1997). 여기서 정리하고 있는 10가지 인간본성에 관한 철학적 성찰은 ① 인간은 타인의 결함을 보고 웃는 존재다(홉즈), ② 이성보다 감정에 지배되는 인간(흄), ③ 생존경쟁 속에서 우연히 살아남은 호모 사피엔스(다윈), ④ 인간은 동물과 초인 사이에 놓인 밧줄이다(니체), ⑤ 사회에 의해 만들어지는 인간(마르크스), ⑥ 아버지를 죽이고 어머니와 결혼한 오이디푸스의 후예(프로이트), ⑦ 어둠 속에서 빛을 추구하는 인간(플라톤), ⑧ 인간은 이성적 동물이다(아리스토텔레스), ⑨ 죄를 지을수록 더 많은 죄를 짓게 되는 인간(아퀴나스), ⑩ 언어에 의해 창조되는 인간(비트겐슈타인) 등이다.

2) 첫째, 성선설(性善說)을 대표하는 이가 맹자이다. 이에 대해서는 본문에서 자세히 다룬다. 둘째, 성악설(性惡說)이다. 인간의 본성은 도덕적으로 악한 이기심이다. 이 관점을 대표하는 이가 순자(荀子)이다. 그는 인간이 태어나면서부터 이익을 좋아하게 되어 있다고 말한다. 그래서 쟁탈이 일어나고 사양함이 없는 것이라 여긴다. 악한 본성이 선해지는 것은 어디까지나 후천적인 인위(人爲)적 노력의 결과라고 주장한다. 상앙, 한비자 등 법가류의 사상가들도 여기에 속한다. 셋째, 성유선유악설(性有善有惡說)이다. 이것은 인간 일반의 본성을 선하다(맹자; 성선설) 혹은 악하다(순자; 성악설)고 보는 것이 아니라, 사람마다 타고나는 본성이 달라 선한 본성의 소유자가 있고, 악한 본성의 소유자가 있다는 관점이다. 후한(後漢)시대 왕충(王充, 27~96?)의 관점이 대표적이다. 『맹자孟子』「고자告子」편에도 '혹자(或者)'가 이러한 주장(성유선유불선性有善有不善)을 했다는 기록이 나오는데, 이 '혹자'가 주나라의 세석(世碩)인지는 모르겠지만, 왕충은 그에 의탁하여 이 관점을 주장했다. 넷째, 성

본성에 대한 관점은 결국 크게 세 가지 범주로 정리될 수 있는 것이 아닌가 한다.

그것은 인간이 자연적 존재이자 사회적 존재라는 사실에서 비롯된다. 이러한 인간의 존재론적 특징이 우선 사회적 존재로서의 인간본성론과 자연적 존재로서의 인간본성론을 잉태하였다. 사회적 존재로서의 인간본성론은 인간만이 생존을 위하여 사회를 구성할 수 있다는 인간학적 관점에서 인간본성을 규정한다. 여기에는 두 가지 관점이 있을 수 있다. 인간을 이타심의 이성적 존재로 보는 관점과 이기심의 감정적 존재로 보는 관점이다. 자연적 존재로서의 인간본성론은 인간도 자연의 아들이라는 점에서 다른 생명체가 가진 본능이 곧 본성과 다르지 않다는 관점이다. 자연생명들은 생명의 유지를 본능이자 본성으로 가진다. 그것은 사회

선악혼설(性善惡混說) 혹은 성유탐인설(性有貪仁說)이다. 이것은 사람마다 타고나는 본성이 다른 것이 아니라, 원래 선과 악을 동시에 가지고 태어난다고 보는 관점이다. 한(漢)나라 양웅(揚雄, BC 88~18)이 대표적이다. 양웅보다 앞서 동중서(董仲舒, BC 179~104)는 성유탐인설을 주장했다. 즉, 그는 성(性)을 벼에, 선(善)을 쌀에 비유하여 '쌀은 벼에서 나오지만 벼가 모두 쌀이 될 수 없다. 이처럼 선은 성에서 나오지만 성이 모두 선이 될 수 없다.' 하고, '사람의 성에 탐(貪; 탐욕, 이기심)이 있고 인(仁; 도덕성)이 있다.'고 하였다. 다섯째, 성삼품설(性三品說)이다. 이것은 성유선악설과 성선악혼설을 합하여 주장한 관점으로, 사람마다 타고나는 본성이 다른데 세 가지 유형이 있다는 것이다. 본성이 선한자(생지자生知者), 선악혼합자(학지자學知者), 악한자(곤지자困知者)가 그것이다. 유향(劉向, BC. 80~9), 순열(荀悅, 148~209)이 선구를 이루고, 당(唐)나라 유학자인 한유(韓愈, 768~824)가 대표적이다. 생지(生知), 학지(學知), 곤지(困知)라는 표현은 『논어論語』「계씨季氏」편에 나오는데, 이를 성삼품설로 해석한 것이다. 여섯째, 본연기질성설(本然氣質性說)이다. 이것은 성(性)에는 본연지성(本然之性)과 기질지성(氣質之性)이 있다고 보는 관점으로, 근세 성리학에 와서 정립된 관점이다. 본연지성은 선(善) 그자체로 인간일반의 본성이다. 맹자의 관점을 이은 것이다. 그러나 사람마다 타고나는 기질의 차이에 따라 본연지성의 자각과 실현정도는 다를 수 있다. 그것이 기질지성이다. 그래서 기질지성은 선할 수도 악할 수도 있다. 장횡거(張橫渠,1020~1077), 정이천(程伊川,1033~1107)을 이어 주자(朱子,1130~1200)의 관점이 대표적이다. 그러나 이 관점은 주자학자들에 따라 조금씩 편차가 있다. 일곱째, 성무선무악설(性無善無惡說) 혹은 심무선무악설(心無善無惡說)이다. 이것은 '본성은 선도 아니고 악도 아니다' 혹은 '마음은 선도 아니고 악도 아니다'라는 관점이다. 뒤에 보겠지만, 맹자와 인성론 논쟁을 벌인 고자(告子)가 성무선무악설을 주장했다. 그러나 그의 관점은 인간의 본성은 백지이고 도덕성은 후천적으로 터득된다는 것이다. 노자나 장자는 인성론을 명확히 언급하지 않았지만 성무선무악설에 가깝다. 그들의 관점에서 도덕적으로 선이니 악이니 하는 것은 모두 후천적이고 인간중심적 관점이다. 원래 인간의 마음이나 본성은 도덕적으로 백지이지만, 그렇다고 본성이 이기심이고 욕망이라는 것도 아니다. 그것은 생명보전을 위해 필요를 넘어서지 않은 자리심(自利心)으로, 생의 욕구추구가 곧 타자에게도 선이 되는 것이다(自利卽利他). 자연생명의 세계가 그렇다. 심무선무악설을 주장한 왕양명(王陽明, 1472~1528)의 관점도 여기에 가깝다. 배종호, "동양 인성론의 의의," 『동양철학의 본체론과 인성론』(연세대학교 출판부, 1996), 343~367쪽; 강봉수, 『주제별 키워드로 읽는 논어와 세상보기의 도』(서울: 원미사, 2012), 138~139쪽 참조.

적 존재로서 인간이 가질 수 있는 이타심이나 이기심의 선악(善惡) 개념이 아니다. 그리고 자연생명의 지각능력은 인간만이 가진다는 선험적 이성이나 경험적 지성이 아니라 생명의 보존과 위협에 즉각적으로 대처하는 본능적 직관을 가질 뿐이다.

아직까지 이 세 가지 관점 중에 어느 것이 진리라고 단정할 수 없다. 철학자들의 인간본성에 대한 관점도 이후의 실천철학적 사유체계를 수립하기 위한 철학적 가정에 해당하기 때문이다. 그리고 인간은 처음부터 가지고 태어난 본성대로만 세상을 사는 것도 아니다. 인간은 본성을 토대로 환경과 상호작용하면서 구성되어 가는 존재이다. 그래서 오늘날도 심리학적으로 유전과 환경 중에 어느 것이 더 많은 영향을 미치는지를 놓고 논쟁중이다. 진화론자들은 유전조차도 긴 세월 동안 진화과정 중에 바뀌어온 것으로 해석하겠지만, 앞장에서 보았듯이 맹자적 관점에서 인간은 하늘로부터 도덕적 본성을 부여받은 존재이다. 맹자는 왜 성선설(性善說)을 주장하는가? 그가 성선설을 정립하게 된 사상적 맥락을 돌아보고, 그것의 정당화 가능성과 철학적 의미를 음미해볼 필요가 있다. 그래야 이후의 실천철학을 심도 있게 이해하는 길잡이가 될 것이기 때문이다.

1. 욕구와 선(善)의 일치에서 분리로

공자를 사숙(私淑)했다는 맹자의 가장 큰 철학적 공헌은 인간본성의 선(善)함을 주장하는 성선설을 확립했다는 점일 것이다. '사숙'했다는 것은 공자문하에서 직접 수학하지 못하고, 공자의 도를 이어온 선배들에게 배웠다는 것이다. 공자의 도는 직전제자인 증자(曾子)에서 공자의 손자인 자사(子思)를 거쳐 맹자로 이어졌다고 여긴다.[3] 그런데 맹자가 사숙을 통해서 성선설을 배웠는지, '스스로 터득'(自得)했는지는 의문이다. 다음의 인용들을 보자.

3) 『孟子集註』「離婁下; 22」의 註 참조.

【盡心 上 30】孟子曰 堯舜，性之也。湯武，身之也。五霸，假之也。久假而不歸，惡知其非有也。

맹자가 말했다: "요와 순임금은 본성대로 하였고, 탕과 무임금은 수신하였고, 오패는 가짜로 빌렸다. 오래도록 빌리고 돌아가지 않았으니, 어찌 그가 소유하지 않은 것임을 알리오?"

【盡心 下 33】孟子曰 堯舜，性者也。湯武，反之也。動容周旋中禮者，盛德之至也。哭死而哀，非為生者也。經德不回，非以干祿也。言語必信，非以正行也。君子行法，以俟命而已矣。

맹자가 말했다: "요와 순임금은 본성대로 살았고, 탕과 무임금은 본성을 회복하였다. 행동과 용모 등의 행동거지가 예에 적중한 자는 덕을 이룸이 지극한 것이다. 죽은 자에 곡하며 슬퍼하는 것은 산 자를 위한 것이 아니다. 떳떳한 덕을 지키며 굽히지 않는 것은 녹을 구하기 때문이 아니다. 말을 함에 반드시 신뢰가 있는 것은 행동을 바르게 하기 위함이 아니다. 군자가 법을 실천하는 것은 명을 기다릴 뿐인 것이다."

【離婁 下 22】孟子曰 君子之澤五世而斬，小人之澤五世而斬。予未得為孔子徒也，予私淑諸人也。

맹자가 말했다: "군자의 은택도 5세면 끊어지고, 소인의 은택도 5세면 끊어지는데, 나는 공자의 문도가 될 수 없었다. 나는 남에게서 사사로이 선(善)해졌다."

*淑(숙): 善也(선하다, 착하다).(*集註).

인용을 요약하면, ① 요와 순임금은 타고난 본성대로 살았고, ② 탕과 무임금은 수양을 통해서 본성을 회복하였고, ③ 군자들도 그렇고 맹자 자신도 사숙하여 선(善)해졌고, ④ 오패(五覇)의 제후들은 가짜로 빌렸을 뿐 본성을 회복하지도 않았다는 것이다. 맹자의 관점에서야 이들이 본성대로 살았든, 본성을 회복하였든, 본성회복의 수양공부도 하지 않았든, 사람의 본성은 선(善)하다는 것이겠다. 그러나 여기서 맹자 자신을 제외하면, 인간본성을 선하다고 여기거나 그것을 주장했는지는 알 수 없다. 『논어』의 기록에 따르면 적어도 요와 순임금은 무위적(無爲的)으로 세상을 살았던 사람들이기에[4] 맹자처럼 본성대로 하였다는 관점이 타당할 수 있다. 그러나 그것이 반드시 선한 본성대로 살았다는 것을 단정할 수는 없다. 선도 악도 아닌 자연성이 본성이고 자연적 본성대로 살았던 것이라 볼 수도 있기 때문이다. 정작 요순의 도를 이었다는 공자는 인간의 본성에 대해 원래 선도 악도 아닌, 즉 성무선무악설(性無善無惡說)을 주장한 것으로 보인다.[5] 그러니까 공자도 인간은 원래 자연적 본성을 타고났다고 여기는 것이다.

사람이든 동식물이든 생명가진 자들의 자연적 본성은 생명유지를 위한 몸의 필요(necessity) 수준에서 욕구를 추구한다. 필요이상도 필요이하도 생명을 죽일 뿐이다. 그러니까 생명유지의 필요수준에서 추구되는 욕구는 선도 악도 아닌 자연성이다. 그러나 자기생명의 유지를 위해 필요수준에서 추구하는 욕구는 궁극적으로 타자에게는 선(善)을 베푸는 것이 된다. 따라서 자연적 본성에 따른 삶은 나의 욕구추구가 곧 타자에게 선(善)이 되는, 즉 욕구와 선의 일치를 지향한다. 자리가 곧 이타이다(自利卽利他). 이것이 요순으로부터 공자로 이어진 성무선무악설의 핵심요지라고 여긴다. 그러나 공자는 이러한 무위적 관점을 끝까지 고수하지 못하고, 2차적 본성으로 성선설을 요청하는 당위적(當爲的) 사유로 전환하였던 것이 아닌가 한다.[6] 아마도 춘추라는 이전투구의 시대가 사유의 전환을 이끌었다고 여긴다. 현실정치의 마당에서 도덕정치의 구현을 위해 공자가 보여준 실천적 삶에서 그것을 엿볼 수 있다.

자연적 본성에 따르는 무위적 삶은 요순시대에나 가능했다. 탕과 무가 다스

---

4) 『論語』「衛靈公; 4」, 「爲政: 1」, 「泰伯: 19」등을 참조.

5) 배종호, "동양 인성론의 의의", 앞의 책, 375쪽. 이에 대한 보다 자세한 언급은 강봉수, 『주제별 키워드로 읽는 논어와 세상보기의 도』, 앞의 책, 140~141쪽 참조.

6) 그래서 『논어』에서 읽히는 공자의 인성론은 명확하지 못하고 두 가지 관점이 겹쳐서 나타난다. 이에 대한 자세한 고찰은 강봉수, 앞의 책, 141~145쪽 참조.

렸던 삼대(三代; 하•은•주)시대이후부터 이미 무위적 삶은 불가능한 사회구조로 되었던 것이라 여길 수 있다. 우리와 적의 구분이 생기면서 사람들은 필요이상의 욕망(desire)을 추구하는 삶을 살 수밖에 없었다. 자연적 본성이 식색(食色)의 본능으로 작동하면서 사람들은 이전투구의 길로 들어섰다. 이로부터 예(禮)와 규범이 생겨났다. 이전투구의 삶이 극대화되기 시작한 것이 춘추시대라 하겠다. 춘추시대는 예와 규범도 무너진 시대였다. 더 이상 타율적 규범만으로는 치유가 불가능한 상황이라고 공자는 판단했다. 그래서 그는 2차적 본성으로써 성선설을 요청하고 인(仁)에 토대한 자율적 규범의 입법과 실천만이 궁극적 치유책이라 여긴 것이 아닐까 한다.

맹자는 바로 이러한 공자의 도를 잇고자했고, 이것을 유학의 정통사상으로 수립하고자 했던 것으로 볼 수 있다. 사실 맹자도 잠시나마 성무선무악설을 고민했던 것 같다. 다음의 인용에서 보듯, 맹자는 단적으로 "욕구하고자 하는 것을 일러 선(善)"이라 언표하였기 때문이다.

【盡心 下 25】浩生不害問曰 樂正子, 何人也。孟子曰 善人也, 信人也。何謂善, 何謂信。曰 可欲之謂善, 有諸己之謂信。充實之謂美, 充實而有光輝之謂大, 大而化之之謂聖, 聖而不可知之之謂神。樂正子, 二之中, 四之下也。

> 호생불해가 말했다: "악정자는 어떤 사람입니까?" 맹자가 말했다: "선한 사람이고 신뢰로운 사람이다." (호생불해가 물었다) "무엇을 선이라 이르고 무엇을 신뢰롭다고 이릅니까?" 맹자가 말했다: "**욕구할만한 것을 선이라 일컫고,** 자기에게 선을 소유하는 것을 신뢰롭다고 일컫고, 선에 충실한 것을 아름답다고 일컫고, 충실하여 광채남을 크다고 일컫고, 크면서 저절로 변화됨을 성스러움이라 일컫고, 성스러우면서 알 수 없는 경지를 신이라 일컫는다. 악정자는 두 가지의 중간이고, 네 가지의 아래이다."

***浩生不害**(호생불해): 호생은 성이고, 불해는 이름.

그러나 맹자는 공자를 사숙(私淑)하면서 공자가 왜 성선설을 요청할 수밖에 없었는지를 직감했다. 특히 그가 살았던 전국시대는 춘추시대보다 더욱 아프고 병든 시대였다. 사람들은 동물적 야수성을 드러내고 이익의 이전투구를 벌이면서 존재의 나락으로 빠져들었다. 사람들을 존재의 나락으로부터 구원하는 궁극적인 방법은 제도가 아니라 인간의 위상을 재정립하고 인간성의 회복을 실현하는 길밖에 없다고 진단했다. 그래서 그는 인간이 다른 생물처럼 식색지성(食色之性)을 가지지만 한편으로 그들과는 달리 도의지성(道義之性)을 가진 존재라고 규정하였다. 다음의 인용을 보자.

【盡心 下 24】孟子曰 口之於味也，目之於色也，耳之於聲也，鼻之於臭也，四肢之於安佚也，性也，有命焉，君子不謂性也。仁之於父子也，義之於君臣也，禮之於賓主也，智之於賢者也，聖人之於天道也，命也，有性焉，君子不謂命也。

맹자가 말했다: "① 입이 맛있는 음식을 찾고, 눈이 색(色)을 밝히며, 귀가 아름다운 음악을 듣고, 코가 향기로운 냄새를 맡으려 하며, 사지(四肢)가 편안한 것을 좋아하는 것 등은 인간의 본성[性]이다. 그러나 여기에는 명(命)적인 것이 있으므로 군자(君子)는 그런 것을 본성이라 부르지 않는다. ② 인(仁)이 부자(父子)간에 베풀어지고, 의(義)가 군신(君臣)간에 유지되며, 예(禮)가 손님과 주인 간에 지켜지고, 지(智)가 현자(賢者)에게서 밝혀지며, 성인(聖人)이 천도(天道)에 따라 행하는 것 등은 인간의 명(命)이다. 그러나 여기에는 본성적인 것이 있으므로 군자는 그런 것을 명(命)이라고 부르지 않는다."

인용에서 ①은 동물성과 공유하는 인간의 식색지성(食色之性)이고, ②는 동물성과 구별되는 인간만의 도의지성(道義之性)이라 볼 수 있다. 이처럼 크게 보면 식색지성과 도의지성이 모두 인간 본성의 한 축을 이룬다. 그런데 ①의 식색지성이나 ②의 도의지성이 모두 명(命)인 동시에 성(性)이고 성(性)인 동시에 명(命)이지만, 식색지성은 성(性)이라기보다는 명(命)에 가깝고 도의지성은 명(命)이라기보다는 성(性)에 더 가깝다고 맹자는 말하고 있다. 이를 어떻게 읽어야 할 것인가?

앞장의 천명론에서 보았듯이, 명(命)이란 인간이 통제할 수 없기 때문에 어쩔 수 없이 받아들여야 되는 측면을 말하고, 성(性)은 인간이 닦고 키워야 할 부분을 지칭하는 것으로 보아야 한다.7) 그렇다면 이제 전자는 본능이라 보아야 하고, 후자는 본성으로 읽어야 할 것이다.

맹자적인 뜻에서, 원래 인간에게는 식색지성도 욕구이고 선(善)이며, 도의지성도 욕구이고 선(善)이었다. 식색지성과 도의지성을 동시에 추구해도 욕구가 실현되고 선이 실현될 수 있었다. 그리고 식색지성과 도의지성은 모두가 본성[性]이며 본능[命]이기에 그것은 '배우지 않아도 실현할 수 있는' 양지양능(良知良能)의 능력이었다. 인간은 처음부터 욕구와 선의 일치를 담보할 수 있는 존재였다. '욕구와 선의 일치'(自利卽利他)가 인간의 본능이고 본성이었다. 맹자가 말하는 '적자지심'(赤子之心; 어린아이의 마음)도 이것이 아닌가 한다.

【盡心 上 15】孟子曰 人之所不學而能者，其良能也。所不慮而知者，其良知也。孩提之童，無不知愛其親者。及其長也，無不知敬其兄也。親親，仁也。敬長，義也。無他，達之天下也。

> 맹자가 말했다: "사람이 배우지 않고도 능한 것이 양능이고, 생각하지 않아도 아는 것이 양지이다. 어려서 손을 잡고 가는 아동은 자기 부모 사랑하기를 알지 못하는 이가 없다. 그가 장성함에 자기 형을 공경하기를 알지 못하는 이가 없다. 부모를 친애하는 것이 인이요, 형을 공경하는 것이 의이니, 다른 게 아니라 천하에 통달하기 때문이다."

*提(제): 끌다, 손을 잡고 가다.

【離婁 下 12】孟子曰 大人者，不失其赤子之心者也。

> 맹자가 말했다: "대인은 적자(어린아이)의 마음을 잃지 않는 자이다.

7) 「盡心下; 24」에 대한 朱子註를 참조. 김승혜, 『원시유교』(서울: 민음사, 1990), 169쪽.

주자의 『논어집주』(論語集注)에서, 정자(程子)는 양지양능(良知良能)에 대해 "모두 말미암은 바가 없는 것이니, 바로 천연(天然)에서 나온 것이고 인위(人爲)에 매어 있는 것이 아니다."고 하였고, 주자는 적자지심(赤子之心)에 대해 "순일무위(純一無爲)한 본연(本然)의 마음"이라 해석하였다.[8] 가장 꾸밈없이 자발적으로 자기 자신을 표현하는 존재가 인간에게 있어서 어린아이다. 어린아이는 외부의 조그만 영향이나 촉발에 대해서도 놀라움, 감탄, 그리고 경이를 표현한다. 어린아이가 너무 따지기를 좋아하고 어른 흉내를 내면서 객관적으로 판단하기를 좋아하면, 그 어린아이는 그 만큼 매력을 상실하고 만다. 정확하지 못함에 어린아이의 매력이 있다. 어린아이가 판단하듯이 사물을 쪼개기 좋아하면, 그는 주위에 순진함을 잃은 서글픔을 주고 만다. 이처럼 어린아이는 무장되어 있지 않고, 자기 자신을 주위에 그대로 노출시키고 있다. 어린아이는 순진하고 순수함(purity)의 원본이다.[9] 어린아이의 순수함이란 도덕성(morality)과도 아무런 관계가 없다. 그것은 오직 세상에 오염되지 않은 무위적 마음의 상태이다.[10] 그래서 어린아이는 아직 세상의 부정과 저항을 잘 모른다. 세상을 인위적으로 장악하거나 맞서려는 욕망(desire)이 없기 때문이다.

그러나 어린아이의 자발성의 신화가 깨어지는 순간에 어른의 세계로 진입하게 되고, 그와 동시에 역사와 사회현실의 복잡함과 어려움 앞에서 그의 의식이 안으로 분열된다. 그 분열은 주객분리를 가져오고, 주객분리는 판단을 잉태하며, 판단과 함께 천진한 자발성은 숨어버리고 간접적 표현과 수식이 그 자리를 대신한다. 누구든지 어른이 되면 운명적으로 천진난만한 자발성을 상실하고 이욕의 때가 묻기 마련이고, 하늘로부터 부여받은 본성이 가려지기 마련이다. 어른은 본성의 '양지양능'에 때가 끼기에 더 이상 세상을 있는 그대로 보질 못한다. 그래서 생명의 자연성을 넘어서는 욕심을 부리고, 사심으로 세상을 재단하려 한다. 세상에 재앙을 몰고 오는 이유가 바로 여기에 있다.

역사현실에 적용하여 요순시대가 어린아이의 적자지심을 잃지 않았던 시대

---

8) 「盡心上; 15」에 대한 程子註 및 「離婁下; 12」에 대한 朱子註 참조,
9) 이상의 어린아이의 심성에 대한 고찰과 표현은 김형효에서 빌렸다. 김형효, 『맹자와 순자의 철학사상』(서울: 삼지원, 1990), 117~122쪽.
10) B. S. 라즈니쉬(변지현 옮김), 『죽음의 예술』(서울: 청하, 1985), 43쪽.

라면, 삼대(하•은•주)시대 이후는 어린아이의 자발성의 신화가 더 이상 발휘될 수 없는 어른의 세계이다. 요순시대에 인간은 욕구와 선의 일치를 담보할 수 있는 존재였다. 그러나 요순시대를 지나면서 어린아이의 순수성은 말 그대로 어린 시절에 잠깐 동안 경험할 뿐이지 더 이상 욕구와 선의 일치를 겨냥할 수 없게 되었다. 이제 인간은 필요수준의 자연적 욕구충족을 넘어 욕망하는 존재가 되었고, 대인(大人)처럼 반성적 능력으로 적자지심을 회복해야 하는 존재로 되었다. 맹자가 처음의 관점을 끝까지 고수하지 못한 이유가 여기에 있다. 그래서 그는 식색지성과 도의지성이라는 두 욕구가 갈등할 경우에는 도의지성을 더 바람직한 선(善)으로 규정했고, 더 나아가 식색지성을 악으로 도의지성만을 도덕적 선으로 규정하고 말았던 것이다. 그래서 결국 맹자는 욕구와 선의 일치를 포기하고, 도의지성을 도덕적 옳음(보편적 이성)으로 해석해야만 했다.[11] 이것이 맹자가 성선설을 정립했던 맥락이라 여긴다.

2. 고자(告子)와의 인성론 논쟁

원래 공자와 맹자가 잠시 고민했던 관점을 들고 나와 성무선무악설을 주장하는 이가 있었다. 그가 바로 고자(告子)이다. 그러나 이미 성선설을 자기관점으로 정립한 맹자는 고자의 관점을 용납할 수 없었다. 그 이유를 논하기 전에 두 사람간의 논쟁의 맥락을 보자. 두 사람의 관점을 인용한다.

【告子 上 1】告子曰 性，猶杞柳也，義，猶桮棬也。以人性為仁義，猶以杞柳為桮棬。孟子曰　子能順杞柳之性而以為桮棬乎。將戕賊杞柳而後以為桮棬也。如將戕賊杞柳而以為桮棬，則亦將戕賊人以為仁義與。率天下之人而禍仁義者，必子之言夫。

---

11) 김형효, 『철학적 사유와 진리에 대하여 1』(서울: 청계, 2004), 23~79쪽; 이주행, 『무위유학: 왕기의 양명학』(서울: 소나무, 2005), pp. 71~128쪽 참조.

고자가 말했다: "본성이란 버드나무와 같고, 의로움이란 나무를 휘어서 만든 그릇과 같다. 사람의 본성을 인의라고 하는 것은 버드나무를 휘어서 그릇을 만드는 것과 같다." 맹자가 말했다: "당신은 버드나무의 본성을 따라서 그릇을 만들었는가? 버드나무의 본성을 해쳐서 그릇을 만들었는가? 만약 버드나무의 본성을 해쳐서 그릇을 만들었다면 또한 사람의 본성을 해쳐서 인의롭게 만들었다는 것인가? 천하의 사람을 끌어다가 인의를 해치는 것은 반드시 자네의 말일 것이다."

*桮棬(배권): 나무를 휘어서 만든 그릇. *戕賊(장적): 죽이다, 해치다.

【告子　上　2】告子曰　性猶湍水也，決諸東方則東流，決諸西方則西流。人性之無分於善不善也，猶水之無分於東西也。孟子曰　水信無分於東西。無分於上下乎。人性之善也，猶水之就下也。人無有不善，水無有不下。今夫水，搏而躍之，可使過顙，激而行之，可使在山。是豈水之性哉，其勢則然也。人之可使為不善，其性亦猶是也。

고자가 말했다: "본성은 흐르는 물과 같다. 동쪽 방향으로 길을 내면 동쪽으로 흐르고, 서쪽 방향으로 길을 내면 서쪽으로 흐른다. 사람의 본성이 선하지도 불선하지도 않는 것은 물길이 동이나 서로 방향이 정해지지 않은 것과 같다." 맹자가 말했다: "물길이 진실로 동과 서로 정해지지 않았다고, 위와 아래의 구분도 없겠는가? 인간본성의 선함은 물이 아래로 흘러가는 것과 같다. 사람의 본성에 불선함이 없는 것은 물이 아래로 흐르지 않음이 없는 것과 같다. 지금 무릇 물을 쳐서 튀어 오르게 하면 이마를 지나가게 할 수 있고 격하도록 흐르게 하면 산에까지 오르게 할 수 있다. 이것이 어찌 물의 본성이겠는가? 인위적인 힘이 그렇게 만든 것이다. 인간을 불선하게 만들 수 있는 것도 그 물의 본성을 해치는 것과 같다.

*決(결): 물길을 트다. *顙(상): 이마, 꼭대기.

【告子 上 3】告子曰 生之謂性。孟子曰 生之謂性也，猶白之謂白與。曰 然。白羽之白也，猶白雪之白，白雪之白，猶白玉之白與。曰 然。然則犬之性，猶牛之性 牛之性，猶人之性與。

고자가 말했다: "삶의 본능을 본성이라 부른다." 맹자가 말했다: "삶의 본능을 본성이라 하는 것은 흰색을 흰색이라 부르는 것과 같은 것인가?" 고자가 말했다: "그렇다." 맹자가 말했다: "흰 깃털의 흰색은 흰 눈의 흰색과 같고, 흰 눈의 흰색은 흰 옥의 흰색과 같은 것인가?" 고자가 말했다: "그렇다." 맹자가 말했다: "그렇다면 개의 본성은 소의 본성과 같고, 소의 본성은 사람의 본성과 같다는 것인가?"

【告子 上 4】告子曰 食色，性也。仁，內也，非外也 義，外也，非內也。孟子曰 何以謂仁內義外也。曰 彼長而我長之，非有長於我也 猶彼白而我白之，從其白於外也，故謂之外也。曰 異於白馬之白也，無以異於白人之白也。不識長馬之長也，無以異於長人之長與。且謂長者義乎， 長之者義乎。曰 吾弟則愛之，秦人之弟則不愛也，是以我為悅者也，故謂之內。長楚人之長，亦長吾之長，是以長為悅者也，故謂之外也。曰 耆秦人之炙，無以異於耆吾炙。夫物則亦有然者也，然則耆炙亦有外與。

고자가 말했다: "식색이 본성이다. 인은 내재하여 밖에 있지 않고, 의로움은 밖으로부터 주어진 것이며 내재하지 않는다." 맹자가 말했다: "무슨 까닭으로 인은 내재하고 의는 외재한다고 말하는가?" 고자가 말했다: "저가 어른이니 내가 그를 어른으로 대접하는 것이지, 나에게 어른으로 대접하는 마음이 있는 것이 아니다. 마치 저가 흰색이니 내가 그것을 흰색으로 여기는 것인바, 밖으로부터 주어진 그 흰색을 따르는 것과 같다. 그러므로 밖에 있다고 말한 것이다." 맹자가 말했다: "흰 말의 흰색이 흰 사람의 흰색과 다름이 없다고 한다면, 알지 못하겠지만 나이든 말을 나이든 말로 대접하는 것이 어른을 어른으로 대접하는 것과 다름이 없다는 것인가? 또한 어른이라는 사실이 의로움인가? 어른으로 대접하는 것이 의로움인가?" 고자가 말했다: "나의 동생이면 그를 사랑하고, 진나라사람의 동생이면 사랑하지 않는다. 이

것은 나를 기쁘게 하는 것이다. 그러므로 내재한다고 말한다. 초나라사람의 어른도 어른으로 대접하고, 나의 어른도 어른으로 대접한다. 이것은 어른을 기쁘게 하는 것이다. 그러므로 밖에 외재한다고 말한다." 맹자가 말했다: "진나라 사람의 불고기를 좋아함이 나의 불고기를 좋아함과 다름이 없다. 무릇 물건이라면 또한 그러함이 있다. 그렇다면 불고기를 좋아함도 밖에 외재하는 것인가?"

*耆(기): 늙은이, 즐기다. *炙(자): 구운 고기, 불고기.

인용을 요약하여 두 사람의 관점을 대비시켜 보면 아래의 <표 3>과 같다.

〈표 3〉 고자와 맹자의 인성론 논쟁

	고자	맹자
성기류설 (性杞柳說)	성(性)은 버드나무와 같고, 의(義)는 그것을 구부려 만든 그릇과 같다. 인성이 인의(仁義)라 함은 버드나무로 그릇을 만드는 것과 같다.	당신은 버드나무의 본성을 따라서 그릇을 만들었는가? 아니면 버드나무의 본성을 상하게 해서 그릇을 만들었는가? 만일 버드나무를 상하게 해서 그릇을 만들었다면, 당신은 사람도 상하게 해서 인의(仁義)를 갖게 할 것인가?
성단수설 (性湍水說)	성(性)은 소용돌이치는 물(湍水)과 같아서 동쪽으로 길을 터놓으면 동쪽으로 흘러가고, 서쪽으로 터놓으면 서쪽으로 흘러간다. 인성에 선과 악의 구분이 없는 것은 물에 동서의 구분이 없는 것과 같은 것이다.	물이 진실로 동서의 구분은 없으나, 상하(上下)의 구분도 없겠는가? 인성이 선(善)함은 물이 아래로 흘러가는 것과 같은 것이다.

생즉성설 (生卽性說)	삶의 본능(生)이 성(性)이다.	삶의 본능이 성(性)이라 한다면, 그것은 흰 것을 흰 것이라고 하는 것과 같은 것인가? 그렇다면, 개의 성은 소의 성과 같고, 소의 성은 사람의 성과 같은가?
인내의외설 (仁內 義外說)	식색(食色)이 성(性)이다. 인(仁)은 안에 있는 것이고 밖에 있는 것이 아니다. 의(義)는 밖에 있는 것이고 안에 있는 것이 아니다. 내 동생을 사랑하고 진(秦)나라 사람의 동생은 사랑하지 않는 일이 있으니, 이것은 내가 마음에서 기뻐하여 나오는 것이므로 인(仁)은 안에 있는 것이다. 그러나 초(楚)나라 사람의 어른도 어른으로 받들고 내 어른도 어른으로 받드는 것은, 받드는 대상인 어른이 기뻐하는 것이므로 의(義)는 밖에 있는 것이다.	어른이라는 사실 자체가 의(義)인가? 어른으로 받드는 것이 의(義)인가?

먼저, 고자의 성기류설(性杞柳說)과 성단수설(性湍水說)은 성무선무악(性無善無惡)의 논거이다. 그의 경우 성(性)은 본성이고, 의(義)는 후천적인 도덕성이다. 본성은 버드나무나 물과 같다. 그것들은 선악의 방향이 정해져 있지 않다. 그릇을 만드는 것과 물의 길을 내는 것은 후천적인 인위이다. 도덕성도 후천적 인위이다. 그러나 맹자의 경우 성은 곧 인의(仁義)이고, 선험적 도덕성이다. 맹자의 반론을 보면, 버드나무의 본성은 가지를 아래로 뻗어가는 것이고, 물 역시 위에서 아래로 흐르는 것이 본성이라는 것이다. 버드나무의 뻗어가는 성질을 꺾어 그릇을 만들고, 아래로 흐르는 물을 좌우로 돌리는 것이 인위이고 본성을 훼손하는 꼴이다. 이처럼 도덕성도 선천적인 것이다. 그야말로 성기류설과 성단수설을 둘러싼 논쟁

은 성무선무악(性無善無惡)과 성선(性善)의 대립적 관점을 보여주고 있다.[12)]

다음으로, 고자의 경우, 생즉성설(生卽性說)과 인내의외설(仁內義外說)을 합쳐 해석하면, 본성[性] = 삶의 본능[生; 생명] = 사랑[仁]이라는 등식이 성립한다. 말하자면, 본성이란 삶의 본능, 즉 생명에 대한 사랑이라 하겠다.[13)] 이것이 사람을 포함한 모든 생명체가 가지고 태어나는 본능이자 본성이다. 그래서 자연생명세계에는 나의 욕구추구가 타자에게 선이 되는 방향으로 돌아가고 있다. 생명유지를 위해 필요 수준에서 먹고 먹히는 먹이사슬의 체계는 생명사랑을 실천하는 자연스런 무위의 법칙이다. 문제는 이러한 무위의 자연법칙을 인간세계에도 그대로 적용할 수 있느냐 하는 점이다. 이러한 고민은 맹자도 잠시 했던 것이다. 무위적 자연법칙에 따르는 삶은 요순시대에나 가능했다. 요순시대이후 인간의 자연성은 식색지성의 본능과 도의지성의 본성으로 분화되었다. 이것이 맹자의 관점이다. 그래서 그는 도의지성의 본성으로 식색지성의 본능을 제어하는 역할을 수행할 수 있다고 여겼다.

그러나 고자는 예나 지금이나 자연성에 토대한 식색지성만이 본능이자 본성으로 남아있다고 여긴다. 원래 식색지성 자체는 도덕적으로 선도 악도 아니었지만(성무선무악), 이제는 악의 근원지가 되었다. 그래서 그는 타율적으로 본성을 감시하고 통제하는 인위적인 장치가 필요하고 그것이 내부에 자리 잡도록 조장(助長)해 주어야 한다고 여겼다.[14)] 이것이 인내의외설(仁內義外說)을 주장하는 고자의 관점이다. 말하자면, 인은 아직도 본능(본성)적인 사랑으로 내부에 자리 잡고 있지만, 남과 더불어 사는 의리(도덕성)는 밖으로부터 주어져야 한다는 것이다. 본능(본성)적으로 내 동생은 사랑하고 남의 동생은 사랑하지 않지만, 어른이라면 집안어른이든 남의 어른이든 어른으로 대접해야 한다는 고자의 주장은 바로 이런 뜻에서이다. 그러나 맹자는 동생을 사랑하고 어른을 대접하는 것은 모두 내부에 자리 잡은 본성의 발현이라 주장한다. 이러한 관점에서, 그는 고자의 관점이

---

12) 강봉수, 『논어와 세상보기의 도』, 앞의 책, 143~144쪽.

13) 강봉수, 위의 책, 144쪽.

14) 나는 기존에 고자의 이러한 측면을 깊이 있게 보지 못한 점이 있었다. 그의 성무선무악설에만 주목하여 무위적 사유를 전개했던 사상가로 읽었던 바 있다. 강봉수, 위의 책, 144쪽의 관련 논의는 여기 해석으로 수정되어야 한다.

세상에서 차지하는 인간의 위상을 떨어뜨리는 처사라고 여긴다. 식색지성만을 본능이자 본성으로 여긴다면 동물성과 인성 간의 차이가 무엇이고, 동물과 다른 인간의 본질이 무엇이냐고 묻는다. 인의(仁義)의 도덕성이야말로 인간만이 가지고 있는, 인간을 인간이게 하는 본질이고 특성이라는 것이다.

인내의외설과 관련된 고자와 맹자간의 논쟁은 맹계자(孟季子)와 공도자(公都子) 간의 대리전으로 이어진다. 맹계자는 고자의 관점을 따르고, 공도자는 맹자의 관점을 따르고 있다. 인용을 보자.

【告子 上 5】孟季子問公都子曰 何以謂義內也。曰 行吾敬, 故謂之內也。鄕人長於伯兄一歲, 則誰敬。曰 敬兄。酌則誰先 曰 先酌鄕人。所敬在此, 所長在彼, 果在外, 非由內也。公都子不能答, 以告孟子。孟子曰 敬叔父乎, 敬弟乎 彼將曰‘敬叔父’。曰 ‘弟為尸, 則誰敬’, 彼將曰‘敬弟’。子曰 ‘惡在其敬叔父也 ’彼將曰‘在位故也’, 子亦曰 ‘在位故也。庸敬在兄, 斯須之敬在鄕人’。季子聞之曰 敬叔父則敬, 敬弟則敬, 果在外, 非由內也。公都子曰 冬日則飮湯, 夏日則飮水, 然則飮食亦在外也。

맹계자가 공도자에게 물었다: “무슨 까닭으로 의가 내재한다고 말하는가?” 공도자가 대답했다: “나의 공경을 행동하는 것이니 내재한다고 말하는 것이다.” 맹계자가 물었다: “고을 사람이 큰 형보다 1세라도 더 많으면 누구를 공경하는가?” 공도자가 말했다: “형을 공경한다.” 맹계자가 물었다: “술을 따르면 누구에게 먼저하는가?” 공도자가 말했다: “고을 사람에게 먼저 따른다.” 맹계자가 말했다: “공경함은 형에게 있고, 어른으로 대접함은 고을 사람에게 있으니, 과연 밖에 외재하지 내재하는 것이 아니로다.” 공도자가 대답하지 못했다. 이것으로 맹자에게 고하자, 맹자가 말했다: “숙부를 공경하는가, 동생을 공경하는가? 저자는 숙부를 공경한다고 말할 것이다. 동생이 시동이 되면 누구를 공경할 것인가 물으면 저자는 동생을 공경한다고 말할 것이다. 자네가 말하길 ‘숙부를 공경하는 것은 어디에 있는가?’ 물으면 저자는 동생이 시동의 자리에 있기 때문이라 대답할 것이다. 자네 또한 자리에 있기 때문이라고 말하라. 평상시의 공경은 형에게 있고 잠시의 공경은 고을 사람에게 있는 것이다.” 맹계자가 듣고 말했다: “숙부를 공경하는 것도 공경

이고, 동생을 공경하는 것도 공경이라면 과연 의는 밖에 외재하지 내재하는 것이 아니로다." 공도자가 말했다: "겨울이면 뜨거운 탕을 먹고, 여름이면 시원한 물을 마신다. 그렇다면 음식을 먹고 싶은 것도 역시 밖에 외재하는 것이로구나."

인용을 정리해 보자. 세 단락의 문장이다. 먼저, 맹계자와 공도자의 대화를 보자.

맹계자: 무슨 까닭으로 의가 내재한다고 말하는가?
공도자: 나의 공경심을 실행하는 것이니 내재한다고 말하는 것이다.
맹계자: 고을 사람이 큰 형보다 1세라도 더 많으면 누구를 공경하는가?
공도자: 형을 공경한다.
맹계자: 술을 따르면 누구에게 먼저 따르는가?
공도자: 고을 사람에게 먼저 따른다.
맹계자: 공경함은 형에게 있고, 어른으로 대접함은 고을 사람에게 있으니, 과연 밖에 외재하지 내재하는 것이 아니로다.
공도자: ....(대답하지 못했다)

공도자는 맹자를 따라 인의는 내재하는 것이라 여기는 듯하다. 그러나 맹계자의 질문에 공도자는 형을 공경하지만, 술은 어른에게 먼저 따른다고 답하고 있다. 그러자 맹계자는 고자의 관점을 따라 형을 공경하는 것은 내재하는 인(仁)에 따른 것이지만, 어른을 어른으로 대접하는 것은 그가 어른이기 때문에 그렇게 하는 것이기에 의(義)는 밖에서 주어진 것이라 주장한다. 이에 대해 공도자는 반론을 제기하지 못하고 맹자에게 질정하고 있다. 그가 맹자의 관점을 명확히 이해하지 못한 때문일 것이다. 그리하여 두 번째 단락은 공도자에게 질의를 받는 맹자가 그를 대신하여 맹계자와 가상의 대화를 나누는 것으로 볼 수 있다.

맹자(공도자): 숙부를 공경하는가, 동생을 공경하는가?

맹계자: 숙부를 공경한다.

맹자(공도자): 동생이 시동(尸童)이 되면 누구를 공경할 것인가?

맹계자: 동생을 공경할 것이다.

맹자(공도자): 숙부를 공경한다고 했던 것은 어떻게 된 것인가?

맹계자: 동생이 시동의 자리에 있기 때문이다.

맹자(공도자): (앞에서 고을사람에게 먼저 술을 따른다고 한 것은) 고을사람이 빈객의 자리에 있기 때문이다. 평상시의 공경은 형에게 있고, (특별한 상황에서) 잠시의 공경은 고을사람에게 있는 것이다.

가상대화를 통하여 공도자는 맹자의 관점을 비로소 명확히 이해한 것 같다. 시동(尸童)은 제사지낼 때에 신주(神主)를 대신하는 아이이다. 제사지낼 때에 시동을 신주처럼 공경해야 한다. 평소에 동생보다 숙부가 더 공경의 대상이지만, 동생이 시동의 자리에 서면 숙부보다 동생을 더 공경해야 한다. 이것이 특별한 상황에서 잠시의 공경이다. 평소의 공경이든 잠시의 공경이든 마음속에 내재한 인의가 대상과 상황에 걸맞게 발현되는 것이지, 밖의 대상과 상황이 공경의 마음을 일으키도록 하는 것이 아니다. 그러나 맹계자의 관점은 변함이 없다. 셋째 단락을 보자.

맹계자: 숙부를 공경하는 것도 공경이고, 동생을 공경하는 것도 공경이라면 과연 밖에 외재하지 내재하는 것이 아니로다.

공도자: 겨울이면 뜨거운 탕을 먹고, 여름이면 시원한 물을 마신다. 그렇다면 음식을 먹고 싶은 욕구도 역시 밖에 외재하는 것인가?

맹계자의 관점은 대상과 상황이 공경의 마음을 일으키는 것이기에 의(義)는 외재하는 것이라고 주장한다. 그러자 공도자는 음식의 욕구에 비유하여 맹계자의 관점을 비판하고 있다. 즉, 음식에 대한 욕구도 대상과 상황이 욕구를 일으키는 것이 아니라 마음속의 욕구가 상황에 따라 먹고 싶은 음식을 욕구하는 것이라 여긴다. 이러한 공도자의 비유는 앞의 고자와 맹자 간에 인내의외설의 논쟁에서 맹자가 했던 비유를 빌려온 것이다. 나와 남이 똑같이 불고기를 좋아하는 것은 불고기이기 때문이라기보다는, 나와 남이 모두 불고기를 좋아하는 음식에 대한 욕구가 같기 때문이라고 맹자는 비유한 바 있다. 이처럼, 인의의 도덕성도 내재하는 것이라 여긴다.

3. 성선설의 근거와 정당화 가능성

맹자에게 힘을 얻은 공도자는 당시에 제기되었던 다양한 인성론을 포괄적으로 질의하면서 맹자가 주장하는 성선설의 정당성을 묻는다. 인용을 보자.

【告子 上 6-1】公都子曰, 告子曰 '性無善無不善也'。或曰 '性可以為善, 可以為不善。是故文武興, 則民好善。幽厲興, 則民好暴'。或曰 '有性善, 有性不善。是故以堯為君而有象, 以瞽瞍為父而有舜。以紂為兄之子且以為君, 而有微子啟、王子比干'。今曰'性善', 然則彼皆非與。

> 공도자가 말했다: "고자가 말하길 '본성은 선함도 없고 불선함도 없다.'하고, 혹자는 말하길 '본성은 선할 수도 있고, 불선할 수도 있다. 그러므로 문왕과 무왕이 일어나자 백성들은 선을 좋아했고, 유왕과 여왕이 일어나자 백성들은 포학을 좋아했다.'하고, 혹자는 말하길 '본성이 선한 자도 있고, 본성이 불선한 자도 있다. 그러므로 요가 임금이라도 상이 있고, 고수가 아버지라도 순이 있었다. 주를 형의 자식으로 삼고 또한 임금으로 삼았는데도 미자 계와 왕자 비간이 있었다.'고 한다. 지금 (선생님께서) 말하길 '본성은 선하다.' 하니, 그렇다면 저들은 모두 그릇된 것입니까?"

인용에 의할 때, 당시에 제기되었던 인성론은 ① 성무선무불선설(性無善無不善說; 고자), ② 성은 선할 수도 있고 불선할 수도 있다는 설(性可以爲善, 可以爲不

善說; 세석世碩 ?), ③ 성은 선한 자도 있고 불선한 자도 있다는 설(有性善, 有性不善說), ④ 성선설(性善說; 맹자) 등이다. ①은 고자의 관점이고, 고자와는 해석을 달리하지만 훗날 명나라 유학자인 왕양명(王陽明, 1472~1528)의 심무선무악설(心無善無惡說)로 이어졌다. 여하튼 이들은 원래 인간의 마음이나 본성은 도덕적으로 선도 악도 아닌 백지상태라고 여긴다. ②는 훗날 한나라 학자인 동중서(董仲舒, BC 179~104)의 성유탐인설(性有貪仁說), 혹은 양웅(揚雄, BC 88~18)의 성선악혼설(性善惡混說)로 이어졌다. 이들은 사람마다 타고나는 본성이 다른 것이 아니라, 원래 선과 악을 동시에 가지고 태어난다고 보는 관점이다. ③은 후한시대 학자인 왕충(王充, 27~96?)의 성유선유악설(性有善有惡說), 혹은 당나라 유학자인 한유(韓愈, 768~824)의 성삼품설(性三品說)로 이어졌다. 이들은 사람마다 타고나는 본성이 달라 선한 본성의 소유자가 있고, 악한 본성의 소유자가 있으며, 선하지도 악하지도 않은 본성의 소유자가 있다고 여기는 관점이다. 이렇게 보면, 이미 전국시대에 다양한 인성론이 모두 제기되었던 것이라 볼 수 있다. 이 중 맹자의 관점은 단연 ④의 성선설(性善說)이다.

그런데 공도자는 묻는다. 왜 다른 관점들은 틀렸고, 선생님의 관점은 타당한지 밝혀달라는 정당화의 질문이다. 이에 대한 맹자의 답변들을 검토해 보아야 한다.

【告子 上 6-2】孟子曰 乃若其情，則可以為善矣，乃所謂善也。若夫為不善，非才之罪也。惻隱之心，人皆有之。羞惡之心，人皆有之。恭敬之心，人皆有之。是非之心，人皆有之。惻隱之心，仁也。羞惡之心，義也。恭敬之心，禮也。是非之心，智也。仁義禮智，非由外鑠我也，我固有之也，弗思耳矣。故曰 ‘求則得之，舍則失之’。或相倍蓰而無算者，不能盡其才者也。詩曰 ‘天生蒸民，有物有則。民之秉夷，好是懿德’。孔子曰 ‘為此詩者，其知道乎。故有物必有則，民之秉夷也，故好是懿德’。

맹자가 말했다: “만약 그 감정을 보면 선하다고 할 수 있으니, 이른바 선하다고 말하는 까닭이다. 만약 불선하다면 그것은 재질의 죄가 아니다. 측은해하는 마음은 모든 사람이 가지고 있고, 부끄러워하는 마음은 모든 사람이

가지고 있고, 공경하는 마음은 모든 사람이 가지고 있으며, 시비를 가리는 마음은 모든 사람이 가지고 있다. 측은해 하는 마음이 인이고, 부끄러워하는 마음이 의이고, 공경하는 마음이 예이며, 시비를 가리는 마음이 지이다. 인의예지는 밖으로부터 나에게 녹아들어온 것이 아니라 내가 원래부터 가지고 있는 것이니, 생각하지 아니할 뿐이다. 그러므로 말하길 '구하면 얻게 되고, 내려놓으면 잃게 된다.'고 하는 것이다. 혹 서로 거리가 배가 되고 다섯 배가 될지 계산할 수 없는 것은 그 재질을 다하지 않은 것이다. 『시』에 이르길 '하늘이 뭇 백성을 낳음에, 사물이 있으면 법칙이 있다. 백성들이 떳떳한 본성을 가지고 있기에, 이 아름다운 덕을 좋아한다.'고 했다. 공자께서 말하길 '이 시를 지은 자는 도를 알도다. 그러므로 사물이 있으면 반드시 법칙이 있고, 백성들이 떳떳한 본성을 가지기에, 이 아름다운 덕을 좋아한다고 한 것이다.'고 하였다."

*鑠(삭): 녹이다. *蓰(사): 다섯 곱. *蒸(증): 찌다, 덥다. 여기서는 '무리'의 뜻.

【公孫丑 上 6-2】惻隱之心, 仁之端也 羞惡之心, 義之端也 辭讓之心, 禮之端也 是非之心, 智之端也。人之有是四端也, 猶其有四體也。有是四端而自謂不能者, 自賊者也 謂其君不能者, 賊其君者也。凡有四端於我者, 知皆擴而充之矣, 若火之始然, 泉之始達。苟能充之, 足以保四海 苟不充之, 不足以事父母。

(맹자가 말했다) "측은한 마음은 인의 단서요, 부끄러워하는 마음은 의의 단서요, 사양하는 마음은 예의 단서요, 옳고 그름을 아는 마음은 지의 단서이다. 사람이 이 4가지 단서를 가지고 있다는 것은 마치 4체(손발)를 가지고 있는 것과 같다. 이 4가지 단서를 가지고 있으면서 스스로 불가능하다고 하는 것은 자신을 해치는 것이고, 임금이 불가능하다고 말하는 것은 임금을 해치는 것이다. 무릇 나에게 4가지 단서가 있다는 것, 그것을 알고 모두 넓히고 채울 수 있다는 것은 마치 불이 처음으로 타오른 것과 같고 물이 처음으로 나오는 것과 같다. 진실로 확충하면 족히 사해를 보존할 수 있고, 진실로 확충하지 못하면 족히 부모도 섬길 수 없다."

맹자의 답변 요지는 이렇다. 밖으로 피어난 감정을 보면 (본성이) 선하다는 것을 알 수 있다. 피어난 감정이 선하지 않다면 그것은 재질(본성)의 탓이 아니다. 모든 사람은 측은•수오•공경•시비의 마음을 가지고 있는데, 그것의 뿌리가 인의예지의 본성이다. 따라서 그것은 밖으로부터 주어진 것이 아니라 본래부터 가지고 태어나는 것이다. 이처럼 맹자는 본성의 선함을 감정으로 드러내고, 측은•수오•공경•시비의 마음으로 예증하고 있다. 그러니까 그는 인간의 도덕성(morality)을 도덕적 본성(moral nature)으로 규정하고, 그것의 사례를 도덕심(moral mind)이나 도덕감(moral emotion)에서 찾고 있는 셈이다.[15] 그렇다고 이러한 맹자의 주장이 선한 본성이나 도덕감을 선험적으로 가지고 태어난다는 것을 입증하기에는 무리가 있다. 그의 주장은 경험적으로 증명되는 사실이 아니기 때문이다. 다음의 인용들을 보자.

【公孫丑 上 6-1】孟子曰 人皆有不忍人之心。先王有不忍人之心，斯有不忍人之政矣。以不忍人之心，行不忍人之政，治天下可運之掌上。所以謂人皆有不忍人之心者，今人乍見孺子將入於井，皆有怵惕惻隱之心。非所以內交於孺子之父母也，非所以要譽於鄕黨朋友也，非惡其聲而然也。由是觀之，無惻隱之心，非人也。無羞惡之心，非人也。無辭讓之心，非人也。無是非之心，非人也。

맹자가 말했다: “사람은 모두 차마하지 못하는 마음을 가지고 있다. 선왕들도 차마하지 못하는 마음을 가지고 차마하지 못하는 정치를 행하였다. 차마하지 못하는 마음으로 차마하지 못하는 정치를 행하면 천하를 다스리는 것은 손바닥 위에서 움직일 수 있을 것이다. 사람이 차마하지 못하는 마음을 가졌다고 하는 까닭은 지금 사람이 불현 듯 어린아이가 우물로 들어가려는 것을 보고 모두 놀라면서 측은해하는 마음을 가지기 때문이다. 그것은 어린아이의 부모와 친하게 사귀려는 까닭이 아니요, 이웃과 친구들에게 명예를 얻기 위한 까닭도 아니요, 비난하는 소리를 싫어해서 그러한 것도 아니다. 이로부터 보건대, 측은한 마음이 없으면 사람이 아니요, 부끄러워하는 마음

15) 이경무, “맹자의 성선과 감성 지능”, 『철학연구』제129집(2014, 11), 162쪽.

이 없으면 사람이 아니요, 사양하는 마음이 없으면 사람이 아니요, 옳고 그름을 아는 마음이 없으면 사람이 아닌 것이다."

*乍(사): 갑자기, 불현 듯. *怵惕(출척): 두려워하다, 놀라다.

【梁惠王 上 7-2】曰 若寡人者, 可以保民乎哉。 曰 可。曰 何由知吾可也。曰 臣聞之胡齕曰, 王坐於堂上, 有牽牛而過堂下者, 王見之, 曰 '牛何之 '對曰 '將以釁鐘。' 王曰 '舍之 吾不忍其觳觫, 若無罪而就死地。' 對曰 '然則廢釁鐘與 '曰 '何可廢也 以羊易之 ' 不識有諸。曰 有之。 曰 是心足以王矣。百姓皆以王為愛也, 臣固知王之不忍也。

제선왕이 물었다: "과인 같은 자도 백성들을 보호할 수 있습니까?" 맹자가 대답했다: "가능합니다." 왕이 물었다: "어떤 이유로 내가 가능함을 압니까?" 맹자가 대답했다: "신은 호흘(胡齕)에게 이렇게 들었습니다. 왕께서 당위에 앉아 있는데, 소를 끌고 당 아래를 지나가는 자가 있어 왕께서 그것을 보고는 말하기를 '소는 어디로 가는가?'하자, 대답하기를 '흔종으로 쓸 것입니다.'했고, 이에 왕께서는 '놓아주라'하면서 '나는 소가 두려움에 떨면서 마치 죄 없이 사지로 끌려가는 것을 차마 볼 수가 없다.'고 하였습니다. 그러자 대답하길 '그러면 흔종을 폐하오리까?'하자, 왕께서는 '어찌 폐할 수 있겠는가? 양으로 바꾸라.'고 했습니다. 이러한 일이 있습니까?" 왕이 대답했다: "있습니다." 맹자가 말했다: "이러한 마음이면 왕 노릇하기에 충분합니다. 백성들은 모두 왕께서 인색하다고 여길 것이나, 신은 진실로 왕의 차마 하지 못하는 마음을 알겠습니다."

*胡齕(호흘): 제나라 신하. *牽(견): 끌다. *釁鐘(흔종): 새로 종을 주조하여 완성하면 짐승을 잡아 피를 내어서 그 틈새를 바르는 것. *觳觫(곡속): 두려움에 떠는 모양. *愛는 吝(린)의 뜻: 인색함.

【梁惠王 上 7-3】王曰 然。誠有百姓者。齊國雖褊小, 吾何愛一牛 即不忍其觳觫, 若無罪而就死地, 故以羊易之也。曰 王無異於百姓之以王為愛也。以小易大, 彼惡知之 王若隱其無罪而就死地, 則牛羊何擇焉。王笑曰是誠何心哉，我非愛其財。而易之以羊也，宜乎百姓之謂我愛也。曰 無傷也，是乃仁術也，見牛未見羊也。君子之於禽獸也，見其生，不忍見其死聞其聲，不忍食其肉。是以君子遠庖廚也。

왕이 말했다: "그렇습니다. 진실로 (인색하다고 비난하는) 백성들이 있을 것입니다. 제나라가 비록 좁고 작지만, 내가 어찌 소 한 마리를 아끼겠습니까? 다만 소가 두려움에 떨며 마치 죄 없이 사지로 나아가는 것을 차마 볼 수가 없었습니다. 그래서 양으로 바꾸라고 한 것입니다." 맹자가 말했다: "왕께서는 백성들이 왕을 인색하다고 여기는 것에 대해 이상하게 생각지 마십시오. 작은 것으로 큰 것을 바꾼 뜻을 저들이 어찌 알겠습니까? 왕께서 만약 그 죄 없이 사지로 나아가는 것을 측은히 여기셨다면 소와 양을 어떻게 선택하셨습니까?" 왕이 웃으며 말했다: "이 진실로 무슨 마음이던가? 나는 그 재물을 아낀 것이 아닌데 양으로 바꾸라 했으니 마땅히 백성들이 나를 인색하다고 말하겠구나." 맹자가 말했다: "상념치 마십시오. 이것이 바로 인(仁)을 실현하는 방법입니다. 소는 보았고 양은 보지 않았습니다. 군자는 금수에 대해서도 삶은 보지만 죽음은 차마 보지 않습니다. 그 죽어가는 소리를 들으면 차마 그 고기를 먹지 못합니다. 그래서 군자는 푸주간을 멀리하는 것입니다.

*庖廚(포주): 푸주간, 부엌

인용을 정리해 보자.

① 사람은 모두 차마하지 못하는 마음을 가지고 있다. 선왕들도 차마하지 못하는 마음을 가지고 차마하지 못하는 정치를 행하였다.【公孫丑 上 6-1】
② 사람이 차마하지 못하는 마음을 가졌다고 하는 까닭은 지금 사람이 불현듯 어린아이가 우물로 들어가려는 것을 보고 모두 놀라면서 측은해하는 마음을 가지기 때문이다. 그것은 어린아이의 부모와 친하게 사귀려는 까닭이 아니요, 이웃과 친구들에게 명예를 얻기 위한 까닭도 아니요, 비난하는 소리를 싫어해서 그러한 것도 아니다.【公孫丑 上 6-1】
③ 양혜왕: 나는 소가 두려움에 떨면서 마치 죄 없이 사지로 끌려가는 것을

차마 볼 수가 없다. 맹자: 이러한 마음이면 왕 노릇하기에 충분합니다.【梁惠王 上 7-2】【梁惠王 上 7-3】

④ 이로부터 보건대, 측은한 마음이 없으면 사람이 아니요, 부끄러워하는 마음이 없으면 사람이 아니요, 사양하는 마음이 없으면 사람이 아니요, 옳고 그름을 아는 마음이 없으면 사람이 아닌 것이다.【公孫丑 上 6-1】

인용의 정리는 마치 대전제(철학적 가설; ①), 소전제(경험적 사실; ②,③), 도출된 결론(④)으로 이어지는 연역논증을 보는 착각을 일으킨다. 여하튼 이 논증이 타당하려면 소전제처럼 예시된 ②와 ③이 경험적 명제가 될 수 있는가에 달렸다. 과연 경험적으로 모든 사람은 우물에 빠진 어린아이를 보면 측은한 마음이 들어 반드시 구해주려하고, 죄 없이 사지로 끌려가는 소를 보면 측은한 마음이 들어 반드시 다른 것으로 대체하라는 자발적인 도덕적 마음이 존재하는가? 이 전제가 타당한 경험적 명제라면 ④의 결론도 성립될 수도 있다. 그러나 이 전제는 타당한 경험적 명제가 아닌 것 같다. 앞의【고자告子 上 6-2】에서도 맹자는 인의예지의 본성을 '구하면 얻게 되고, 내려놓으면 잃게 된다.'고 하였다. 다음의 인용도 보자.

【離婁 下 19】孟子曰 人之所以異於禽於獸者幾希，庶民去之，君子存之。舜明於庶物，察於人倫，由仁義行，非行仁義也。

맹자가 말했다: "사람이 금수와 다른 까닭은 거의 없으나, 서민들은 그것을 버리고 군자는 그것을 보존한다. 순임금께서는 사물의 이치에 눈 밝고, 인륜을 관찰하며, 인의에 따라 실행한 것이지 인의를 실행한 것은 아니었다."

【盡心 上 25】孟子曰 雞鳴而起，孳孳為善者，舜之徒也。雞鳴而起，孳孳為利者，蹠之徒也。欲知舜與蹠之分，無他，利與善之間也。

맹자가 말했다: "닭이 울면 일어나 부지런히 선을 행하는 자는 순임금의 무리이고, 닭이 울면 일어나 부지런히 이익을 위하는 자는 도적의 무리이다.

순임금과 도적의 구분을 알고자 한다면 다른 게 아니라 이익과 선의 틈새일 뿐이다."

*孳(자): 새끼를 많이 낳다, 부지런하다. *蹠(척): 밟다.

금수와 사람, 서민과 군자, 순임금의 무리와 도적의 무리의 같은 점과 다른 점이 무엇인가? 금수와 사람의 같은 점은 식색지성의 본능을 타고 났다는 것이고, 다른 점은 사람만이 도덕적 본성을 가지고 태어났다는 것이다. 사람들은 누구나 도덕적 본성을 가지고 태어났지만 어떤 이들(군자, 순임금의 무리)은 그것을 구하여 보존하고, 어떤 이들(서민, 도적의 무리)은 그것을 잃어버린다. 따라서 사람이라고 누구나 차마하지 못하는 마음을 가지는 건 아니라고 볼 수 있다. 그렇다면 맹자의 성선설은 정당화되기에 불충분하다.

'사람은 차마하지 못하는 마음을 가지고 있다'는 주장이 경험적 명제가 아니라면, 개념적 명제 혹은 분석적 명제가 아닐까 상정해 볼 수 있다. 그럴 경우 맹자의 주장은 '인간'의 개념 속에 이미 "차마하지 못하는 마음이 들어가 있고 따라서 내가 적어도 인간인 한에 있어서 우물 속으로 들어가는 어린아이를 구해주어야 할 필연적 이유가 인간의 개념 속에 포함되어 있다"는 주장으로 이해된다.[16] 과연 맹자가 이러한 논변을 펼치는 것 같기도 하다. 앞의 【진심盡心 下 24】에서 인간은 다른 존재처럼 식색지성의 본능을 가지지만, 또한 그들과는 달리 도의지성의 본성을 가진 존재로 보았던 것도 이러한 관점에서 해석할 수 있다. 비슷한 다른 인용도 보자.

【告子 上 7-2】口之於味，有同耆也。易牙先得我口之所耆者也。如使口之於味也，其性與人殊，若犬馬之與我不同類也，則天下何耆皆從易牙之於味也。至於味，天下期於易牙，是天下之口相似也。惟耳亦然。至於聲，天下期於師曠，是天下之耳相似也。惟目亦然。至於子都，天下莫不知其

16) 김영건, "맹자의 성선설은 타당한 논변인가", 『오늘의 동양사상』제4호(예문동양사상연구원, 2001), 345쪽.

姣也。不知子都之姣者，無目者也。故曰 口之於味也，有同耆焉。耳之於聲也，有同聽焉。目之於色也，有同美焉。至於心，獨無所同然乎。心之所同然者何也。謂理也，義也。聖人先得我心之所同然耳。故理義之悅我心，猶芻豢之悅我口。

(맹자가 말했다) "입이 맛에 대하여 기호가 같음이 있다. 이아는 나의 입이 좋아하는 바를 먼저 터득한 자이다. 만약 입의 맛에 대하여 그 본성이 사람마다 다름이 마치 개와 말이 나와 동류가 아닌 것과 같다면, 천하 사람들이 어찌 이아의 맛을 따라 좋아하겠는가? 맛에 이르러 천하 사람들이 이아에게 기대하는 바, 이것은 천하의 입이 서로 비슷하기 때문이다. 오직 귀 또한 그러하다. 음악에 이르러 천하 사람들은 사광에게 기대하는 바, 이것은 천하의 귀가 서로 비슷하기 때문이다. 오직 눈 또한 그러하다. 자도에 이르러 천하 사람들은 그 예쁨을 알지 못하는 이가 없다. 자도의 예쁨을 알지 못하는 자는 눈이 없는 자이다. 그러므로 입이 맛에 대해서 좋아하는 맛에 비슷함이 있고, 귀가 음악에 대해서 좋아하는 음악에 비슷함이 있고, 눈이 색에 대하여 좋아하는 아름다움에 비슷함이 있는 것이다. 사람의 마음에 이르러 유독 비슷한 바가 없겠는가? 마음이 비슷한 바의 것은 무엇인가? 이치와 의로움을 일컫는다. 성인은 나의 마음과 비슷한 바를 먼저 터득한 자일뿐이다. 그러므로 이치와 의로움이 나의 마음을 기쁘게 함은 오직 고기가 나의 입을 기쁘게 하는 것과 같은 것이다."

*耆(기): 늙은이, 기호, 좋아함. *子都(자도): 옛날 미인의 이름. *芻(추): 초식동물, 소와 양 등, *豢(환): 곡식을 먹는 동물, 개와 돼지 등.

【盡心 上 27】孟子曰 飢者甘食，渴者甘飲，是未得飲食之正也，飢渴害之也。豈惟口腹有飢渴之害，人心亦皆有害。人能無以飢渴之害為心害，則不及人不為憂矣。

맹자가 말했다: "굶주린 자는 달게 먹고, 목마른 자는 달게 마신다. 이것은 음식이 바름을 얻은 것이 아니라, 굶주림과 목마름이 그것을 해친 것이다. 어찌 오직 입과 배만이 굶주림과 목마름의 해침이 있겠는가? 사람의 마음도

모두 해침이 있다. 사람이 굶주림과 목마름의 해침을 마음의 해침으로 여기지 않는다면 남에게 미치지 못함을 걱정하지 않을 것이다."

인간은 다른 존재처럼 식색지성의 본능을 가졌지만, 식색지성의 욕구가 그들과 같은 것은 아니다. 개는 그들이 좋아하는 음식에 대한 욕구가 있고 말은 그들이 좋아하는 음식에 대한 욕구가 있듯이, 인간도 그들이 좋아하는 욕구가 있다. 그래서 입이 맛에 대하여, 눈이 색에 대하여, 귀가 음악에 대하여 비슷한 욕구가 있다. 사람이면 누구나 이아(易牙)의 요리를 먹고 싶어 하고, 사광(師曠)의 음악을 듣고 싶어 하고, 자도(子都)의 아름다움을 보고 싶어 한다. 더 나아가 인간에게는 마음이 좋아하는 욕구도 있다. 이치[理]와 의로움[義]을 따르려는 도덕적 본성이 그것이다. 다른 각도에서 비유로, 굶주림과 목마름이 밥과 물에 대한 욕구를 낳는다. 음식과 물이 욕구를 낳는 것이 아니라 내면의 욕구가 음식과 물을 찾게 한다는 것이다. 마찬가지로 비도덕적 행동을 하면 마음을 해친다. 따라서 마음은 이치와 의로움을 따르고자 한다. 이처럼 인간은 존재론적으로 도덕적 본성을 가지고 태어난 존재이다.

인간은 왜 도덕적이어야 하는가? 이 질문에 대한 맹자의 대답은 한마디로 인간은 본래 그러한 존재이기 때문이라는 것이다. 이처럼 도덕이나 윤리의 당위성이 인간의 외부가 아니라 내부의 영역에서 기원한다는 관점을 '도덕 내재주의'라 부른다.[17] 그러니까 맹자의 성선설은 경험적 의미에서가 아니라 초월적 혹은 선험적 차원에서 이루어진 것이기에 어떤 개별적인 경험적 판단에 의해 논박될 수가 없다고 하겠다. 맹자의 도덕 내재주의 혹은 성선설은 형이상학적 사실 혹은 자연적 사실일 뿐이다. 그는 형이상학적 사실로부터 당위를 이끌어 내고 있다.[18] 그렇다면 맹자에게 있어 '인간'의 개념은 '인간임'을 의미하는 분류적 의미가 아니라 '인간됨'이나 '인간다움'을 의미하는 평가적 의미로 사용하고 있다고 보아야

17) 정재현, "맹자의 도덕 내재주의는 어떻게 정당화될 수 있나?", 『유교사상문화연구』제33집(한국유교학회, 2008), 137~139쪽.
18) 윤리적 직관주의자들은 사실로부터 당위를 이끌어내는 맹자의 관점이 '자연주의적 오류'(nationalist fallacy)를 범하고 있다고 비판할 것이다.

한다. 말하자면, 맹자의 주장은 "모든 인간은 차마하지 못하는 마음을 지녀야만 한다. 따라서 모든 인간은 선해야만 한다."라고 고쳐 표현할 수 있다.[19] 다음의 인용들도 이러한 관점에서 이해되어야 한다.

【盡心 上 6】孟子曰 人不可以無恥。無恥之恥，無恥矣。

> 맹자가 말했다: "사람이면서 부끄러움이 없을 수 없다. 부끄러움이 없음을 부끄러워한다면 부끄러움을 당하는 일이 없을 것이다."

【盡心 上 7】孟子曰 恥之於人大矣。為機變之巧者，無所用恥焉。不恥不若人，何若人有。

> 맹자가 말했다: "사람에게 부끄러움은 큰 것이다. 기계와 변사의 기교를 부리는 자는 부끄러워하는 마음이 없다. 부끄러워하지 않음이 남과 같지 않다면 무엇을 남과 공유할 수 있을 것인가?"

*機變之巧(기변지교): 기계(機械; 기계적으로 고정되고 틀에 박힘)와 변사(變詐; 시시때때로 변화하고 속임)의 기교.

4. 인간의 품격에 대하여

맹자는 도덕적 본성의 내재성을 주장한다. 그것이 형이상학적 사실이고 자연적 사실이라는 것이다. 그럼에도 불구하고, 이러한 내재성이나 초월성 혹은 자연성만으로는 여전히 인간이 도덕적이어야 한다는 것을 정당화해 주는 것이 결코 아니다. 맹자의 주장을 오늘의 논리학이나 과학의 관점으로 정당화하는 것은 불가능한 일이 아닌가 한다. 따라서 철학적 관점에서 맹자의 주장을 음미해 볼 수밖에 없다.

---

19) 김영건, "맹자의 성선설은 타당한 논변인가", 앞의 책, 347쪽.

인간 혹은 나는 왜 도덕적이어야 하는가? 이 물음은 도덕철학에서 도덕의 정당화를 요구하는 궁극적 물음이다. 우리는 앞에서 이미 맹자시대에 다양한 인성론이 제기되었음을 보았다. 나는 서론에서 인간본성을 보는 다양한 이론이 있다고 하더라도 결국 세 가지 관점으로 압축될 수 있다고 주장한 바 있다. 성선설(性善說), 성악설(性惡說), 성무선무악설(性無善無惡說)이 그것이다. 맹자의 성선설과 도덕의 정당화에 대해서는 검토한 바와 같다. 나머지 인성론을 바탕에 두고 도덕의 정당화론을 고찰해 보자.[20)]

동양철학사에서 성악설은 순자에 의해 정식화되고 한비자 등으로 이어진 관점이지만, 여기서는 그들의 사상을 논하는 자리가 아니기에 구애 없이 도덕의 정당화 가능성을 사유해보고자 한다. 성악설의 철학적 가정은 인간은 선험적으로 이기적이라는 것이다. 인간이 이기적이라고 가정할 때 가장 쉽게 도덕을 정당화하는 설득적인 방법은 사회 공익적 측면에서 생각해 볼 수 있겠다. 사람들 간에 서로 이익을 다투는 이전투구의 경쟁을 방치하면 나라와 공동체의 질서가 무너진다. 구성원들 간의 이익을 조정하고 규율하는 기준이 필요하다. 순자가 예(禮)를 말하고 한비자가 법(法)을 주장한 이유도 여기에 있었다. 그러나 이러한 사회공익설의 한계는 인간 일반의 도덕적 의무는 정당화되겠지만, '나는 왜 도덕적이어야 하는가?'에 대한 답은 될 수 없을 것이다. 남들은 다 도덕적인 가운데 나는 예외가 될 수 있다면 자신에게 더 유리할 수 있기 때문이다. 실제 오늘날 우리사회에서도 도덕적 질서에서 예외적인 사람들이 득세하는 경우를 많이 접한다.

그렇다면 도덕을 지킬 경우에 오히려 내가 더 이익을 볼 수 있다는 관점을 생각해 볼 수는 없을까? 도덕을 지키는 것이 자신에게 더 많은 이익과 만족을 산출한다면 그것은 분명 도덕을 정당화하는 길이 될 것이다. 물론 이 경우에 먼저 검토해야 할 사항은 '자기이익' 혹은 '자기만족'이 무엇이냐 하는 점이다. 그것은 찰나적이고 단기적인 쾌락일 수도 있고, 명예•부•권력 등의 사회적 희소가치일 수도 있고, 행복이나 안빈낙도 혹은 관조적 삶일 수도 있다. 자기이익을 무엇으로 정의하든 그것을 부당한 방법으로 추구하면 다른 사람이나 사회로부터 징벌을 받

20) 도덕의 정당화론에 관한 다양한 관점에 대해서는 朴異汶, 『慈悲의 倫理學』(서울: 철학과현실사, 1990), 80~114쪽 참조. 이하의 논의는 일정부분 그의 글에 도움을 받았다.

게 된다. 따라서 정당한 도덕률을 따르면서 자기이익을 얻었을 때 더 많은 만족을 얻게 될 것이다. 그리고 이러한 개인이익설에 따르면, 가능하면 단기적이고 조야한 이기주의가 아니라 장기적이고 계몽된 이기주의자가 되라고 가르친다. 육체적 쾌락과 같은 단기적이고 조야한 이익은 오히려 쾌락의 역리를 낳고 권태나 불행을 가져오기 때문이다. 실제 사람들은 단기적 쾌락을 참고 고통을 인내하면서 장기적이고 합리적인 이익을 추구하는 삶을 사는 경우가 많다. 그런데 이 경우에도 문제는 있다. 그렇게 얻은 이익이라 하더라도 거짓된 만족이거나 허위의식일 수 있기 때문이다. 예컨대, 많은 고통을 감내하며 정당한 방법으로 부와 명예와 권력을 얻어서 만족하고 행복해질 것이라 믿었지만 정작 불행에 빠진 사람들을 보게 된다. 또한 과정은 불행하고 결과만 행복한 것도 정당화될 수 있는지도 의문이다. 현실적인 이익을 추구하는 삶을 초탈하여 안빈낙도나 관조적인 삶을 사는 것이 진정한 만족을 가져오고 참된 의식이라는 가르침도 보편화되기 어렵다. 이러한 문제와 의문들이 존재하는 한 개인이익설에 바탕을 둔 도덕의 정당화도 한계를 가질 수밖에 없다고 하겠다.

개인이익설이든 사회공익설이든 성악설에 바탕을 둔 도덕의 정당화론은 도덕의 근원이 밖에 있다고 여기는 관점이다. 이 관점에서, 도덕이란 사회구성원들이 명시적 혹은 묵시적으로 합의한 덕목이나 규범에 다르지 않다. 순자의 예(禮)와 한비자의 법(法)이 바로 그런 것이다. 인간은 도덕법칙을 자율적으로 입법하지 못하고 밖으로부터 주어진 규범에 수동적으로 따르는 존재일 뿐이고, 도덕성이란 욕망의 합리적 조절 혹은 욕망의 합리적 추구를 뜻하는 것에 불과하다. 도덕에 대한 인식은 없지만 길들여진 동물도 식색지성의 본능을 억제할 수 있다. 맹자가 성유선유악설이나 성선악혼설 등을 반대한 이유도 여기에 있었다고 여긴다. 이러한 관점들은 세계에서 차지하는 인간의 위상을 떨어뜨리고 있다. 맹자의 관점에서, 인간은 욕망의 합리적 조절을 넘어 욕망과 무관하게 순수한 도덕적 동기에 따라 행동할 수 있는 유일한 존재이기 때문이다. 고자와의 논쟁을 통해 성무선무악설을 반대한 이유에도 비슷한 측면이 있었다.

성무선무악설은 인간의 본성은 도덕적으로 선하지도 악하지도 않고 백지상태라는 것이었다. 인간은 자연적 존재이기도 하고 사회적 존재이기도 하다. 인간이 도덕적이어야 한다는 것은 이미 인간이 사회적 존재라는 것을 전제로 성립되는 규범적 명제이다. 자연에는 도덕이 없다. 성무선무악설은 인간에게 도덕이 없는 자연의 세계로 돌아가야 한다는 주장으로 읽을 수 있다. 이것이 아니라면, 사회적 존재로서 인간은 본래 없는 도덕성을 인위적으로 함양해야 한다는 주장으로 읽어야 한다.

자연생명들은 생명유지의 필요(necessity)나 요구(demand)수준에서 욕구를 추구한다. 예컨대, 자연생명 세계에서 먹고 먹히는 먹이사슬 혹은 약육강식의 법칙은 자연스런 무위(無爲)의 법칙이다. 나는 나의 필요를 채우기 위해 남을 해치지만, 동시에 나도 남에게 필요를 제공한다. 나의 욕구추구가 결국 타자에게 선(善)을 베푸는 행위가 된다. 이처럼 자연생명 세계에서는 욕구와 선(善)의 일치를 지향하고 있다. 이때 선(goodness)이란 도덕성이 아니라 자연성이고 자연법칙이다. 그것을 도덕의 이름으로 부른다면 무위도덕(無爲道德)이라 부를 수 있다. 인간도 자연의 아들이기에 자연법칙이나 무위도덕에 따라 살아갈 수도 있다. 그러나 그것이 쉽지 않다. 그러한 삶이 가능하려면 지능의 분별심과 인간적 욕구(need)와 욕망(desire)을 모두 내려놓고 자아의식(ego)을 버린 무아(無我)의 존재가 되어야만 가능할 것이다. 노자나 부처가 우리에게 요구하는 삶의 길이다. 한 때 공자나 맹자도 이러한 삶의 길을 고민했다. 그들에게 요나 순임금은 그런 삶을 보여줬던 존재였다.

그러나 이제 요순시대와 같은 목가적(牧歌的) 사회는 어디에도 없다. 삼대(三代; 하•은•주)시대 이후 인간들은 나와 너, 우리와 적을 구분하는 사회로 접어들었고, 이익의 이전투구를 벌이는 현장이 되었다. 인간은 세계에서 유일하게 필요수준을 넘어 욕구하고 욕망하는 존재이다. 고자가 '식색지성이 곧 본성'(食色 , 性也)이라 여기면서 성무선무악설을 주장한 이유도 여기에 있었다. 이러한 인간사회에서 지능의 분별심을 지우고 모든 욕망을 내려놓은 채 무아적 삶을 살라는 것은 현실성이 떨어진다. 오늘날에도 요와 순, 노자와 부처 같은 예외적인 성인들이 존재할 수는 있을 것이다. 그러나 중생과 민중의 무리들에게 그들은 이상일 뿐이다. 식색지성은 그 자체로 악은 아닐지라도 악의 근원지이다. 그것은 통제되고 조절되어야 한다. 앞에서 보았듯이, 그것은 사회공익적 차원에서는 물론이고, 개인이익적 차원에서도 필요한 조치이다. 도덕의 정당화는 이러한 이유에서 주장될 수 있다. 방법은 두 가지가 있다. 하나는 본래 없는 도덕성을 마음의 내부에 자리 잡게 함으로써 자기규제가 가능하도록 하는 자율적 접근이고, 다른 하나는 외적인 강제규범으로 규율하는 타율적 접근이다. 인내의외설(仁內義外說)을 주장했던 고자는 전자의 처방에 동의했던 것으로 볼 수 있고, 순자가 그 뒤를 이었다. 후자는 한비자 등의 법가적 처방이다.

왜 도덕적이어야 하는가를 물을 때 사람들은 종종 양심(良心, conscience)의 가책 때문이라고 대답한다. 그러나 이때 양심의 근원지가 어디인지 돌아볼 필요가 있다. 혹시 그것이 고자와 순자의 처방처럼 문화와 교육으로부터 주입된 것이라면 도덕적이어야 할 보편적 이유가 정당화될 수 없다. 프로이드(Sigmund Freud, 1856~ 1939)나 라깡(Jacques-Marie-Émile Lacan, 1901~1981) 같은 오늘날의 정신분석학자들이 말하듯이, 양심(super-ego)이란 특정사회의 규범문화가 개인에게 내면화된 것에 불과하기 때문이다. 그렇다면 양심은 문화마다 시대마다 다른 것이 될 것이고, 따라서 규범적 상대주의 문제를 야기한다. 또 한편으로, 이러한 양심의 가책 때문에 도덕적이어야 한다면, 차라리 그러한 가책이나 고통덩어리로부터 해방되는 것이 더 낫지 않겠는가? 한비자나 법가 혹은 마키아벨리처럼 강제적 법률이나 지배자의 위세로부터 오는 두려움 때문에 도덕을 지켜야 한다면 더욱 불행한 일이 아닐 수 없다.

결국 우리는 다시 맹자의 성선설로 돌아갈 수밖에 없지 않을까? 다른 존재와 달리, 우리는 '인간'이기 때문에, 즉 이성과 자유, 선한 감성의 질서 그리고 내재적 가치를 지닌 인격적 존재이기 때문에 도덕적 의무를 따라야 하는 것이 아닐까? 물론 맹자의 성선설도 도덕의 정당화를 입증하는 데는 한계가 있었다. 그의 성선설은 경험적 사실이기보다는 형이상학적(초월적) 사실이었고, 인간이 그런 존재이어야 한다는 규범적 명제였다. 그럼에도 불구하고, 맹자의 성선설은 실존적이고 실천적 차원에서 정당화가 가능하다고 여긴다. 인간은 누구나 내 삶에 대한 책임을 스스로 결정해야 하는 실존적 선택을 요구받는 존재이다. 이것은 바로 인간다움을 자신의 실천적 행동을 통해서 만들어가고 있다는 것을 의미한다. 맹자를 인용하자.

【盡心 下 31】孟子曰 人皆有所不忍, 達之於其所忍, 仁也。人皆有所不為, 達之於其所為, 義也。人能充無欲害人之心, 而仁不可勝用也。人能充無穿踰之心, 而義不可勝用也。人能充無受爾汝之實, 無所往而不為義也。士未可以言而言, 是以言餂之也。可以言而不言, 是以不言餂之也, 是皆穿踰之類也。

맹자가 말했다: "사람은 모두 차마하지 못하는 마음을 가지고 있는데, 차마하는 바에까지 통달하면 인이다. 사람은 모두 하지 않는 바가 있는데, 하는 바에까지 통달하면 의이다. 사람이 남을 해치고 싶어 하지 않는 마음을 채운다면 인을 다 사용할 수가 없을 것이다. 사람이 담을 뚫고 넘어가지 않으려는 마음을 채운다면 의를 다 사용할 수가 없을 것이다. 사람이 이여의 실제를 받지 않으려는 마음을 채운다면 가는 곳마다 의를 행하지 않을 수 없을 것이다. 선비가 아직 말을 해서는 안 되는데 말을 한다면, 이것은 말로써 핥아먹는 것이다. 말을 해도 되는데 말을 하지 않으면 이것은 말하지 않음으로써 핥아먹는 것이다. 이것들은 모두 담을 뚫고 넘어가는 종류의 것이다."

*爾汝(이여): 사람들이 경시하고 천시하는 칭호. *餂(첨): 낚다, 핥아먹다.

맹자는 말한다. '차마하지 못하는 마음'이 없으면 인간이 아니고, '부끄러워하는 마음'이 없으면 인간이 아니라고 말이다. 이것이 인간됨 혹은 인간다움의 최소한의 품격일 것이다. 최대한의 품격은 각자의 실존적 선택과 실천적 행동을 통하여 확보될 수밖에 없다. 인용에서 '차마하지 못하는 마음'과 '하지 않는 바'가 '어려운 처지에 놓인 사람을 가엾게 여기고 부끄러운 짓을 하지 말라'는 소극적 의무를 뜻한다면, '차마하는 바'와 '하는 바'에 도달한다는 것은 '남을 돕고 선행을 실천하라'는 적극적 의무를 뜻하는 것이 아닐까 한다. 인감됨의 최소한의 품격조차 저버리는 사람에게는 우리는 무슨 말을 더할 것인가.

제4장

인의의 윤리학과 중용의 도

제4장 인의의 윤리학과 중용의 도

인간은 '도덕적 감정의 뿌리'(四端; 측은•수오•사양•시비)인 선한 본성을 가지고 태어났다. '차마하지 못하는 마음'이 없으면 인간이 아니고, '부끄러워하는 마음'이 없으면 인간이 아니다. 인간은 식색지성의 욕망과 무관하게 순수한 도덕적 동기(도의지성)에 따라 행동할 수 있는 세계에서 유일한 존재이다. 이것이 앞장에서 맹자가 성선설을 입론했던 근본 취지이다.

이제 맹자적인 뜻에서, 도덕적인 사람이란 식색지성의 욕망에 휘둘리지 않고 선한 본성에 따라 행동할 수 있는 사람을 말한다. 그러나 도덕적인 사람이 되기는 그리 쉬운 일이 아닌 것 같다. 식색지성은 생명을 가진 모든 존재들이 추구할 수밖에 없는 천명(天命)이다. 자연생명 세계에서 식색지성은 본능이자 본성이다. 그래서 그들은 욕구와 선(善)을 일치시키는 삶을 본능(성)적으로 살아간다. 그러나 인간은 사회를 구성하는 문화인이 되면서부터 본능(식색지성)과 본성(도의지성)이 분리되었다. 이제 식생지성의 본능 자체가 악은 아닐지라도, 그것은 생명유지의 필요수준을 넘는 욕망을 낳고 비도덕적으로 욕망을 추구하는 악의 근원지일 뿐이다. 따라서 식색지성과 도의지성의 대결은 불가피한 삶의 상황이 되었다. 인간은 식색지성의 욕망에 따라 살 수도 있고, 도의지성에 따라 살 수도 있는 자유의 존재이다. 그러나 문제는 현실적으로 도의지성의 힘은 너무 미약하고 식생지성의 욕망에 휘둘리기는 너무 쉽다는 점이다. 춘추전국시대와 같은 사회적 혼란과 악(惡)이 산출된 연유도 여기에 있다.

식색지성의 욕망은 통제되고 조절되어야 한다. 욕망들 간의 대립과 갈등으로부터 생겨난 사회적 혼란과 아픔도 치유되어야 한다. 더 나아가 바람직한 삶의 이상과 원리는 무엇이고, 모두가 행복한 삶의 공동체는 어떻게 가능한지에 대해서도 탐색되어야 한다. 도덕철학자들이 도덕과 윤리로 대표되는 규범윤리(normative ethics)를 사유하고 정립하려는 것은 이러한 사정 때문이다. 도덕(moral)이란 선과 악, 옳고 그름의 기준에 관한 것이다. 그런데 도덕철학자들이 규범윤리를 사유하는 것에 상관없이 이미 사회에는 일종의 도덕원리들이 존재한다. 이른바 <특정질서 혹은 제도로서의 도덕>이 그것이다.[1] 이것은 일정한 시대와 장소에서 구체적 질서나 규범으로 표출되는 특정사회의 도덕(group moral)이다. 시공간을 더불어 살아가는 구성원들이 명시적•묵시적으로 합의하는 덕과 규범이 그것이다. 사람들은 이 기준에 따라 욕망을 합리적으로 추구하면서 바람직한 삶을 살아가기를 기대한다.

그러나 도덕철학자들은 이러한 도덕(성)의 기원은 무엇이고, 그것의 정당성을 문제 삼는다. 도덕의 근원은 어디인가? 개인인가? 사회인가? 아니면 초월적 신이거나 자연인가? 이는 인간의 본성론과도 관련된다. 성악설을 주장하는 철학자는 도덕의 근원을 밖의 사회로 여긴다. 사회적으로 합의된 특정질서로서의 도덕이 그것이다. 순자와 한비자가 대표적이다. 성무선무악설을 주장하는 고자의 관점도 여기에 가깝다. 이들에게 있어, 도덕성(morality)은 후천적으로 습득한 것이고 타율적으로 주입된 양심(conscience 혹은 super-ego)일 뿐이다. 그러나 성선설을 주장하는 맹자는 도덕의 근원을 개인으로 여긴다. 처음부터 본유한 도의지성의 힘을 기를 수만 있다면 그것에 터하여 자율적으로 도덕생활을 영위할 수 있다. 이미 존재하는 특정질서로서의 도덕에 대해서도 늘 반성적으로 돌아보면서 주체적이고 자율적으로 도덕법칙을 입법할 수 있다. 맹자가 고자 등의 인성론과 대결하면서 성선설을 입론한 이유가 여기에 있다.

물론 타율적으로 주입된 양심에 따라 도덕적 삶을 사는 것도 자기규율적인

---

1) <특정질서로의 도덕>과 <근본정신 혹은 원리로서 도덕>에 관한 설명은 박찬구, 『우리들의 윤리학』(서울: 서광사, 2006)에서 가져와 필자가 나름대로 깁고 보탰다. 강봉수, 『주제별 키워드로 읽는 논어와 세상보기의 도』(서울: 원미사, 2012), 117~179쪽 참조.

행위라 할 수 있지만, 엄격히 말해 그것은 타율적인 도덕생활에 해당한다. 그리고 특정질서로서의 도덕은 시공간적인 제한이 있고 윤리적 상대주의를 제기한다. 그래서 도덕철학자들은 특정질서로서의 도덕에 대하여 그것의 정당성을 문제 삼는다. 성악설을 주장하는 철학자나 어떤 사회과학자들은 구성원들의 명시적•묵시적 합의 그 자체를 도덕의 정당화 근거로 보기도 하겠지만, 대체로 도덕철학자들은 다양한 특정사회 도덕들의 밑바탕에 놓여 있는 어떤 공통된 정신이나 근본원리를 탐색하고자 한다. 이를 <근본정신 혹은 원리로서의 도덕>이라 부른다. 이 도덕은 공정성과 보편성을 지향하고, 다른 여타의 규범보다 우선되는 중요성을 가지며, 임의의 권위로부터도 독립되어 있는 것이라고 여긴다. 따라서 이 도덕은 도덕원리들 중에서도 최상위의 궁극적 원리이고 도덕규준(moral standard)이다. 이를 바탕으로 특정질서로서의 도덕을 반성적으로 돌아보면서 재입법되어야 한다고 주장한다. 문제는 이러한 도덕의 궁극적 원리 혹은 도덕규준이 무엇이어야 하는 점이다. 결국 도덕철학자들의 논쟁은 도덕규준이 무엇이고 그것의 정당성을 둘러싼 논쟁이라 보아야 한다.

맹자가 살았던 시대에도 이미 특정질서로서의 도덕이 있었다. 주나라까지 오면서 정립된 예악(禮樂)제도가 그것이다. 물론 그의 시대에는 주나라의 예악제도가 혼란스러워진 악의 시대였지만, 여전히 그것은 통용되는 도덕률이었다. 맹자를 비롯한 당시대의 제자백가들은 무너져버린 예악제도에 대한 반성적 검토로부터 도덕철학적 사유를 전개한 것이라 볼 수 있다. 그들은 자기만의 도덕규준을 제안하면서 이를 토대로 특정질서로서의 도덕을 재입법할 것을 논쟁하였다. 맹자의 관점에서 양자와 묵자의 도덕철학이 특별히 경계의 대상이었다. 따라서 이 장에서는 양자와 묵자의 사상과 대결하면서 맹자가 인의(仁義)의 윤리학을 정초하게 된 맥락과 규범윤리학의 체계를 고찰해 보기로 한다.[2)]

---

2) 이 장의 논의는 따로 발표한 바 있다. 강봉수, “맹자윤리학에서 도덕적 가치갈등의 해결”, 『윤리연구』제115호(한국윤리학회, 2017. 9), 105~131쪽. 따라서 이 장의 논의는 기 발표한 논문과 대체로 겹칠 수밖에 없다.

1. 양자와 묵자의 사상적 도전과 대결

『맹자』에서 맹자는 양•묵(楊•墨)의 학설이 세상을 어지럽히고 있다고 개탄하고 있다. 대체 양자(楊子; 楊朱, BC. ?~ ?)와 묵자(墨子; 墨翟, BC. 479~381)의 학설이 무엇인데, 맹자는 그들의 학설을 배척하려 했는가? 인용을 보자.

【滕文公 下 9-4】世衰道微, 邪說暴行有作, 臣弑其君者有之, 子弑其父者有之。孔子懼, 作春秋。春秋, 天子之事也。是故孔子曰 '知我者其惟春秋乎, 罪我者其惟春秋乎'。聖王不作, 諸侯放恣, 處士橫議, 楊朱、墨翟之言盈天下。天下之言, 不歸楊, 則歸墨。楊氏為我, 是無君也 墨氏兼愛, 是無父也。無父無君, 是禽獸也。

(맹자가 말했다) "세상이 쇠잔해지고 도가 미약해지자 사악한 말과 포악한 행동이 일어났다. 신하가 자기 임금을 죽이는 일이 생겨나고, 자식이 자기 아버지를 죽이는 일이 생겨났다. 공자께서 두려워하여 『춘추』를 지으셨다. 『춘추』는 천자의 일이다. 그러므로 공자께서 말하기를 '나를 알아주는 자도 오직 『춘추』이고, 나를 죄주는 자도 오직 『춘추』인저!'하였다. 성왕이 일어나지 않으니 제후들이 방자해지고 초야의 선비들이 멋대로 의론하여, 양주와 묵적의 주장들이 천하에 가득하게 되었다. 천하의 주장들은 양주에게 돌아가지 않으면 묵적에게 돌아갔다. 양주는 나만을 위하니 이것은 임금이 없는 것이요, 묵적은 겸애를 주장하니 이것은 아버지가 없는 것이다. 아버지가 없고 임금이 없다면 이것은 금수이다."

인용을 보면, 맹자의 관점에서 양주는 '자기만을 소중히 여기는' 위아주의(爲我主義)를 주장했다면, 묵자는 '두루 사랑하는' 겸애주의(兼愛主義)의 사상을 전개하였다. 그러니까 양주는 '개인이익'을, 묵자는 '보편적 사랑'을 도덕규준으로 삼음으로써, 양주에게는 공동체(임금)에 대한 고려가 없고, 묵자에게는 개인(아버지)에 대한 고려가 없다는 것으로 양해된다. 이들에 대한 맹자의 관점은 타당한가? 일단 맹자의 비평을 떠나 양자와 묵자의 사상을 돌아볼 필요가 있다.

전국시대는 이익의 이전투구를 벌이는 악의 시대였다. 이러한 악이 어디로부터 왔는가? 양자의 관점에서 권력자들이 악을 광정한다는 명분으로 너도나도 이 전투구에 나서는 것이 문제라고 보았다면, 묵자는 차별적 봉건제도에서 비롯된 권력, 부, 명예 등을 독점하려는 것이 문제라고 진단한 것 같다. 그래서 묵자가 겸애주의(兼愛主義)를 주장했다면, 양자는 위아(爲我)가 아니라 귀기(貴己) 혹은 귀생주의(貴生主義)를 주장한 것으로 여겨진다. 공자의 당위윤리적 인(仁)에 토대한 실천적 삶을 계승하려했던 맹자의 입장에서 묵자의 겸애주의가 더 불온했다. 왜 그런가?

묵자는 공자의 혈연중심의 별애(別愛: 차별적, 차서적 사랑)에 반대하고 겸애(兼愛: 무차별적 사랑)를 주장했을 뿐만 아니라, 그 사랑(仁)의 본질은 이익을 똑같이 나누는 것이라는 공리주의(公利主義)적 교리(交利)사상을 전개했기 때문이다.[3] 묵자는 이러한 겸애와 교리가 하늘(天)과 귀신(鬼神)의 뜻(天志)이라 여겼으며, 도덕적 행위나 정치의 시비득실(是非得失)을 판단하는 준거로 삼표(三表: 本•原•用)를 제시하였다. 삼표란, 첫째, 본(本)은 옛 성왕의 사적(事跡)에 근본을 둔다는 것이고, 둘째, 원(原)은 아래로 백성들이 직접 듣고 본 사실에서 연원을 찾아야 한다는 것이며, 셋째, 용(用)은 국가와 백성의 이익에 맞는지 살펴보아야 한다는 것이다. 이러한 삼표에 의거한 행위인지 여부에 따라 하늘과 귀신이 상벌을 내릴 것이라는 상제천(上帝天)의 관점을 그는 견지했다.

그러나 묵자는 하늘이 모든 만물을 차별 없이 사랑하듯이 사람들도 서로 겸애해야 하지만, 선험적으로 인간본성이 선하거나 악하다고 보진 않았다. 그는 소염론(所染論)을 주장했다. 즉, 물들이는 방법에 따라 착한 사람이 되기도 하고 악한 사람이 되기도 한다는 것이다. 나라와 백성을 다스림에도 어떻게 물들일 것이냐가 중요하다. 따라서 인간을 겸애의 도(道)로 염색하여 서로 상하지 않게 해야 한다는 사회화론의 교육적 관점을 견지하였다.[4] 나아가 묵자는 모든 국가의 정책과 사업을 백성들의 여론과 민심을 물어 '일반의지'(一般意志, volonte generale)에

---

3) 묵자철학에 대한 자세한 고찰은 강봉수, 『묵자의 철학사상 - 밥을 나눈 사랑』(서울: 강현출판사, 2016).

4) 그러나 이러한 묵자의 관점을 환경결정론자로 읽으면 곤란하다. 그는 인간이 자유의지를 가진 존재이고 인지이성을 가진 존재로 보기 때문이다. 환경과 개인의 상호작용론으로 보아야 한다. 이에 대한 자세한 고찰은 강봉수, "묵자의 도덕교육론 연구", 『윤리교육연구』제38집(한국윤리교육학회, 2015. 10), pp. 49~78 참조.

토대하는 상동(尙同)의 정치와, 인재를 차별 없이 능력에 따라 등용하는 상현(尙賢)의 정치를 주장하였다. 또한 그는 물자를 절약해야 한다는 절용론(節用論), 과도한 상제례를 반대하는 절장론(節葬論), 전쟁을 반대하는 비전론(非戰論), 마음을 어지럽히는 음악에 반대하는 비악론(非樂論)을 주장하기도 하였다.

묵자는 이상의 관점에서 공자와 유가를 강력히 비판하였다. 묵자의 유가비판은 8가지로 요약된다.[5] 첫째, 사람을 두루 사랑하지 않고 차별한다. 둘째, 유가는 하늘과 귀신의 존재를 신명하다고 생각하지 않았다. 셋째, 유가는 운명(運命)을 믿고, 천수(天壽), 치란(治亂)과 안위(安危)가 운명적으로 정해져 있어 덜 수도 더할 수도 없다고 믿는다. 넷째, 유가는 예악을 번다하게 꾸미고 거문고와 북소리에 맞추어 노래하고 춤추며 사치와 음란을 일삼는다. 다섯째, 유가는 후한 장례와 오랜 상례를 행한다. 여섯째, 유가들은 노동에는 게을리 하고 고고하게 군자인 체하면서 남의 이익을 빼앗은 자들이다. 일곱째, 유가들은 옛 것을 고집하고 새로운 것을 창작하기를 반대하는 술이불작(述而不作)을 주장한다. 여덟째, 유가들은 말과 행동이 어긋난다. 유가들이 성인이라 모셨던 공자의 행동을 들어보면 군자의 도리와 어긋난다.[6]

다음으로, 양자의 사상을 간략히 보자. 그는 체계적인 사유를 남기지 않았지만, 묵자적인 실용적 기술정치도 공자적인 당위적 도덕정치에도 반대하며, 귀기(貴己) 혹은 귀생주의(貴生主義)에 토대한 정치적 불간섭주의의 사유를 전개한 듯하다.[7] 아래의 각주 7에서 보듯이, 양자의 사상은 한마디로 생명존중사상이라 할 만하다. 생명을 중시여기는 사고는 이기주의도 이타주의도 아니다. 생명은 언제나 자신을 최적의 상태로 유지하기 위한 필요와 요구에 예민하다. 이것이 생명가진

---

5) 『墨子』「非儒」, 「公孟」편 참조. 이에 대한 자세한 고찰은 강봉수, 『묵자의 철학사상』, 앞의 책, pp. 37~49.

6) 『墨子』「非儒下」편의 마지막 부문에는 이러한 관점에서 공자를 비난하는 내용들이 수록되어 있다. 얼마나 타당한 사실인지를 떠나 공자의 새로운 면을 볼 수 있는 내용들이다.

7) 강봉수, 『동양도덕교육론』(제주대학교출판부, 2014), 183~185쪽 참조. 여러 책에 산재해 있는 그에 관한 단편적인 기록을 몇 가지 인용한다. 『列子』「楊朱篇」. "楊朱曰, 伯成子高不以一毫利物, 舍國而隱耕, 大禹不以一身自利, 一體偏枯. 故之人損一毫利天下不與也, 悉天下奉一身不取也. 人人不損一毫, 人人不利天下, 天下治矣." ; 『韓非子』「顯學篇」. "今有人於此, 義不入危城, 不處軍旅, 不以天下大利易其脛一毛, 世主必從而禮之, 貴其智高其行, 以爲輕物重生之士也." ; 『淮南子』. "全生保眞, 不以物累形, 楊子之所立也." ; 『呂氏春秋』. "楊子貴己."

모든 존재들의 본능이고 본성이다. 인간의 본성도 마찬가지이다. 필요이상도 필요이하도 생명을 위협할 뿐이다. 모두가 생명의 필요와 본성에 따라 살아갈 때, 천하는 자연스럽게 다스려지고 평화가 온다는 것이 양자의 사상이다.[8] 이러한 그의 사상은 전형적인 무위철학적 사유의 흔적이라 볼 수 있다. 물론 『열자(列子)』라는 책에서는 양자를 종욕주의(從欲主義) 혹은 쾌락주의자로 그리는 기록이 여러 번 나온다.[9] 그러나 단편적인 그러한 기록이 양자사상의 핵심은 아니라고 여긴다. 귀생(貴生), 전생보진(全生保眞), 경물중생(輕物重生)이야말로 양자사상의 본질이다.[10] 이러한 관점에서 그는 세상에 대한 참여보다는 비참여의 길을, 즉 정치적 불간섭주의를 표방했던 것으로 볼 수 있다.

양자는 이러한 관점에서 공자와 유가를 비웃는다. 이를 테면, 양자는 유가에서 중시여기는 충(忠)과 의로움[義]의 덕에 대하여 "충성은 임금을 편안하게 해주지 못하고 자기 몸만을 위태롭게 할 뿐이고, 의로움은 남을 이롭게 하지 못하고 자기 삶을 해치는 것에 불과한 것"[11]이라 비판하면서, 그러한 당위적 윤리의식을 버리고 임금이나 백성이나 모두가 자기하고 싶은 대로 자연스럽게 살아갈 것을 종용한다. 또한 그는 "천하의 아름다운 공로는 모두 순임금•우임금•주공•공자에게 돌리고, 천하의 악한 짓은 모두 걸왕과 주왕에게 돌리고 있다."고 전제하면서, 정작 전자의 인물들은 죽어서 명성을 얻었지만 살아서는 온갖 고난과 고통과 두려움과 핍박 속에서 살았을 뿐이고, 후자의 인물들은 온갖 부와 권력과 즐거움을 누렸지만 불명예를 얻고 죽었다고 평가한다.[12] 말하자면, 세상을 구제하기 위해

---

8) "태곳적 사람들은 사람의 삶이란 잠시 와 있는 것임을 알았고, 죽음은 잠시 가버리는 것임을 알고 있었다. 그러므로 마음을 따라 움직이면서 자연을 어기지 아니하고 그가 좋아하는 것이 몸의 즐거움에 합당한 것이면 피하지 않았다. 그러므로 명예로도 권장할 수 있는 일이 아니었고 본성을 따라 노닐며 만물이 좋아하는 일을 거스르지 않고, 죽은 뒤의 명예는 추구하지 않았다." 김학주 옮김, 『열자』(경기: 연암서가, 2011), 317~318쪽.

9) 예컨대, 『열자』「양주편」의 기록에는 '인생은 짧은 것이니, 맛있는 음식과 좋은 옷을 입고 음악과 미인을 즐겨야 한다.', '현재의 삶을 즐겨야지 어찌 죽은 뒤의 일을 걱정할 겨를이 있겠는가?' 등과 같은 종욕주의나 단기적 쾌락주의의 주장으로 읽을 수 있는 내용들이 없지 않다. 그래서 기존의 양자사상에 대한 해석은 그가 염세적 인생관을 가졌고, 감각적이고 찰나적인 쾌락주의를 주장한 사상가로 읽혀져 왔다. 이러한 관점에 있는 대표적인 글로 미우라 도우사꾸(강봉수 외 공역), 『중국윤리사상사』(서울: 원미사, 2007), 176~180쪽 참조.

10) 김동수, "양주의 정치윤리사상", 한국정신문화연구원,『중국 선진 정치윤리사상의 현대적 조명』(서울: 고려원, 1992), 109쪽.

11) 김학주 옮김, 『열자』, 앞의 책, 359쪽

고난과 고통을 감수하는 것이나 안락을 누리다가 불명예를 얻고 죽으나 매 한 가지라는 것이다. 이러한 두 가지 사례는 모두 양자가 정치적 불간섭주의를 표방했던 것을 보여주고 있다.

맹자와 양•묵은 생존시기가 달랐기에 직접 논쟁을 벌일 수는 없었다. 『맹자』에는 일방적으로 양•묵을 비판하는 대목만 나온다. 다만, 맹자가 묵가의 제자[이지夷之]와 문답을 나누는 장면과, 맹자가 양자의 무리로 여겨지는 자[진중자陳仲子]를 두고 광장(匡章)이라는 사람과 문답을 나누는 장면이 각각 한 차례씩 나오는데, 이를 먼저 간략히 보기로 한다. 우선, 맹자와 이지(夷之) 간의 문답은 직접 대면이 아니지만, 두 사람간의 대화를 인용한다.

【滕文公 上 5-1】墨者夷之，因徐辟而求見孟子。孟子曰 吾固願見，今吾尚病，病愈，我且往見，夷子不來。他日又求見孟子。孟子曰 吾今則可以見矣。不直，則道不見，我且直之。吾聞夷子墨者。墨之治喪也，以薄為其道也。夷子思以易天下，豈以為非是而不貴也。然而夷子葬其親厚，則是以所賤事親也。

> 묵가의 제자인 이지가 서벽을 통하여 맹자를 뵙고자 하였다. 맹자가 말했다: “나도 진실로 만나보고 싶다. 오늘 내가 더욱 아파서, 병이 나으면 내가 뵈러 가겠으니, 이자께서는 오지 마십시오.” 다른 날에 또 맹자를 뵙고자 하였다. 맹자가 말했다: “내 오늘이면 만날 수 있습니다. 솔직하지 않으면 도가 드러나지 않으니, 나 또한 솔직하겠습니다. 나는 이자께서 묵가라고 들었습니다. 묵가의 상례를 치름은 박한 것을 도로 삼습니다. 이자께서 천하를 바꾸고자 생각한다면 어찌 옳지 않다고 여기면서 귀하게 여기지 않겠습니까? 그러나 이자께서는 자기 부모를 후하게 장례를 지냈다면 이것은 천하게 여기는 것으로 부모를 섬긴 것입니다.”

【滕文公 上 5-2】徐子以告夷子。夷子曰 儒者之道，古之人‘若保赤子’，此言何謂也　之則以為愛無差等，施由親始。徐子以告孟子。孟子曰　夫夷

12) 김학주 옮김, 『열자』, 앞의 책, 343~345쪽.

子，信以為人之親其兄之子為若親其鄰之赤子乎。彼有取爾也。赤子匍匐將入井，非赤子之罪也。且天之生物也，使之一本，而夷子二本故也。

> 서자가 이자에게 맹자의 말을 전했다. 이자가 말했다: "유가의 도에 옛 사람이 '적자를 보호하는 것처럼 한다.'고 했는데, 이 말은 무슨 뜻입니까? 나(之)라면 사랑에는 차등이 없고, 베풂은 부모로부터 시작된다고 여깁니다." 서자가 이 말을 맹자에게 전했다. 맹자가 말했다: "무릇 이자는 진실로 사람이 자기 형의 자식을 친히 하는 것을 이웃의 적자를 친히 하는 것과 같은 것으로 여기는가? 저 사람이 인용한 것은 적자가 기어서 우물로 들어가는 것은 적자의 죄가 아니라는 뜻입니다. 또한 하늘이 만물을 낳음에는 근본을 하나이게 하였거늘, 이자는 근본을 둘로 여기는 까닭입니다."

*匍匐(포복): 엉금엉금 기다.

【滕文公 上 5-3】蓋上世嘗有不葬其親者。其親死，則舉而委之於壑。他日過之，狐狸食之，蠅蚋姑嘬之。其顙有泚，睨而不視。夫泚也，非為人泚，中心達於面目。蓋歸反虆梩而掩之。掩之誠是也，則孝子仁人之掩其親，亦必有道矣。徐子以告夷子。夷子憮然為閒曰 命之矣。

> (맹자가 말했다) "대개 상고시대에는 일찍이 부모를 장례지내지 않은 자가 있었습니다. 그 부모가 죽으면 들어다가 구렁에도 버렸습니다. 다른 날에 그곳을 지나가는데 여우와 살쾡이가 시체를 파먹고 파리와 등에가 빨아 먹었습니다. 그의 이마에 식은땀이 흐르고 흘겨보려 해도 볼 수가 없었습니다. 무릇 땀은 남을 의식해서 흘린 것이 아니라, 마음 속으로부터 얼굴과 눈에 도달한 것입니다. 어찌 돌아가 삼태기와 가래로 흙을 날라 덮지 않을 수 있겠습니까? 덮는 것이 진실로 옳다면 효자와 어진 사람이 자기 부모를 덮는 것이 또한 반드시 도인 것입니다." 서자가 이 말을 이자에게 전했다. 이자는 망연히 잠시 있다가 말했다: "나를 가르쳤습니다."

*狐狸(호리): 여우와 살쾡이. *蠅蚋(승예): 파리와 등에. *姑嘬(고최): 빨아먹다, 물어뜯다. *顙(상): 이마. *泚(차): 맑다, 땀이 나다. *睨(예): 흘겨보다. *虆梩(유리): 삼태기와 가래.

인용을 요약하여 정리해 보자.

맹자: 묵가들이 상례를 치름은 박한 것을 도로 삼는다. 이자[夷之]가 자기 부모를 후하게 장례 지냈다면 이것은 천하게 여기는 것으로 부모를 섬긴 것이다.

이자: 유가의 도에 옛 사람이 '적자(어린아기)를 보호하는 것처럼 한다.'고 했는데, 이 말은 무슨 뜻인가? 나[之]라면 사랑에는 차등이 없고, 베풂은 부모로부터 시작된다고 여긴다.

맹자: 무릇 이자는 진실로 자기 형의 자식을 사랑하는 것과 이웃의 자식을 사랑하는 것을 같은 것으로 여기는가? 이자가 인용한 것은 어린아이가 기어서 우물로 들어가는 것은 어린아이의 죄가 아니라는 뜻이다. 또한 하늘이 만물을 낳음에는 근본을 하나이게 하였거늘, 이자는 근본을 둘로 여기는 처사이다.

이자: 당신이 나를 가르쳤다.

인용에서 이자는 묵자를 따라 사랑은 부모로부터 시작되지만 그 사랑은 남에게도 차별이 없어야 한다고 여긴다. 그런데 묵가는 후한 상례를 반대하는 데, 정작 이자는 자기부모 상을 후하게 지낸 모양이다. 이러한 이자의 태도에 대하여, 맹자는 모순적인 태도라고 지적하는 한편, 묵가의 차별 없는 사랑은 잘못이라고 비판하고 있다. 이제 곧 보겠지만, 위의 문답에서 이미 맹자의 묵가에 대한 비판의 요지는 분명하게 드러나고 있다.

다음으로, 맹자와 양자의 무리로 여겨지는 자를 두고 벌이는 문답을 보자. 아래 인용에서 대화의 상대자인 광장은 양자의 제자가 아닌 것 같다.[13] 그러나 그가 대변하는 진중자(陳仲子)는 단정할 수 없지만 양자의 제자이거나 추종자로 여

---

13) 『孟子』「離婁 下; 30」에 보면 광장(匡章)에 대한 인물평이 등장하는데, 그는 주변사람들에게 불효자로 비난받고 있었다. 이러한 점에서 그는 부모형제의 도움도 거부하면서 자급자족하는 삶을 사는 진중자를 동경했던 인물일지도 모른다. 그러나 맹자는 그를 불효자로 여기지 않고 교유한 것으로 보아 양자의 무리는 아닌 듯하다. 「離婁 下; 30」은 뒤에서 직접 보게 될 것이다.

겨진다.[14] 여하튼 광장은 진중자의 삶의 태도를 대변하며 맹자와 대화를 나누고 있다.

【滕文公 下 10-1】匡章曰 陳仲子豈不誠廉士哉。居於陵，三日不食，耳無聞，目無見也。井上有李，螬食實者過半矣，匍匐往將食之，三咽，然後耳有聞，目有見。孟子曰 於齊國之士，吾必以仲子為巨擘焉。雖然，仲子惡能廉。 充仲子之操，則蚓而後可者也。夫蚓，上食槁壤，下飲黃泉。仲子所居之室，伯夷之所築與。抑亦盜跖之所築與。所食之粟，伯夷之所樹與。抑亦盜跖之所樹與。是未可知也。

광장이 말했다: "진중자가 어찌 진실로 청렴한 선비가 아니겠습니까? 언덕에 거처함에 3일 동안 밥을 먹지 않아 귀는 들리지 않고, 눈은 보이지 않았습니다. 우물가 위에 오얏나무가 있거늘 굼벵이가 과일을 파먹은 것이 반을 넘었는데 기어가서 먹어 세 번 삼킨 연후에야 귀가 들리고 눈이 보였습니다." 맹자가 말했다: "제나라 선비 중에 내가 반드시 중자를 엄지손가락으로 여기겠다. 비록 그러하나, 중자가 어찌 청렴하다하겠는가? 중자의 지조를 충분히 하려면 지렁이가 된 이후에 가능할 것이다. 무릇 지렁이는 위로 마른 흙을 먹고 아래로 황토물을 마신다. 중자가 기거한 집은 백이가 건축한 것인가? 아니면 도척이 건축한 것인가? 먹은 곡식은 백이가 키운 것인가? 아니면 도척이 키운 것인가? 이것을 아직 알 수가 없다."

*匡章(광장): 제나라 사람. *陳仲子(진중자): 제나라 사람. *螬(조): 굼벵이. *匍匐(포복): 기어가다. *咽(인): 목구멍. *擘(벽): 엄지손가락. *蚓(인): 지렁이.

【滕文公 下 10-2】曰 是何傷哉。彼身織屨，妻辟纑，以易之也。曰 仲子，齊之世家也。兄戴，蓋祿萬鍾。以兄之祿為不義之祿而不食也，以兄之室為不義之室而不居也，辟兄離母，處於於陵。他日歸，則有饋其兄生鵝者，己頻顣曰 '惡用是鶂鶂者為哉'。他日，其母殺是鵝也，與之食之。

14) 진중자가 양자의 제자임을 분명히 밝혀주는 기록은 없는 것 같다. 그러나 그의 삶의 태도를 볼 때 양자의 무리일 가능성은 있다.

其兄自外至, 曰 '是鶂鶂之肉也'。出而哇之。以母則不食, 以妻則食之 以兄之室則弗居, 以於陵則居之。是尚為能充其類也乎。若仲子者, 蚓而後充其操者也。

광장이 말했다: "이것이 무슨 아픔이 있겠습니까? 저는 스스로 신을 짜고, 아내는 실을 길쌈하여 바꾸었습니다." 맹자가 말했다: "중자는 제나라의 권세 있는 가문이다. 형인 대가 합 땅에서 받은 녹봉이 만종에 이른다. 형의 녹봉을 의롭지 않은 녹봉이라 여겨서 먹지 않았고, 형의 집을 의롭지 않은 집이라 여겨 기거하지 않았다. 형을 피하고 어머니를 떠나 언덕에 거처하였다. 다른 날에 돌아온 즉, 형에게 산 거위를 선물한 자가 있었다. 자기 이마를 찡그리며 말하길 '꽥꽥거리는 것을 어디에다 쓸 것인가?'하였다. 다른 날에 어머니가 이 거위를 잡아주어 먹고 있는데 형이 밖에서 돌아와서 말하길 '이것이 꽥꽥거리는 고기이다.'하니, 나가서 토해버렸다. 어머니가 한 것은 먹지 않고 아내가 한 것은 먹으며, 형의 집에는 살지 않고 언덕에는 거처했으니, 이것으로 오히려 그 지조를 충분히 할 수 있겠는가? 중자 같은 이라면 지렁이가 된 이후에 지조를 충분히 할 수 있을 것이다."

*屨(구): 신. *纑(노): 무명실. *鵝(아): 거위. *頻顣(빈축): 자주 찡그리다. *鶂鶂(역역, 예예): 거위울음소리. *哇(와): 토하다. *尚(상): 오히려.

인용을 요약하여 정리해 보자.

광장: 진중자가 어찌 진실로 청렴한 선비가 아니겠는가? 언덕에 거처함에 3일 동안 밥을 먹지 않아 귀는 들리지 않고, 눈은 보이지 않았다. 우물가 위에 오얏나무가 있거늘 굼벵이가 과일을 파먹은 것이 반을 넘었는데 기어가서 먹어 세 번 삼킨 연후에야 귀가 들리고 눈이 보였다.

맹자: 제나라 선비 중에 내가 반드시 진중자를 엄지손가락으로 여기겠다. 비록 그러하나, 진중자가 어찌 청렴하다하겠는가? 진중자가 지조를 충분히 하려면 지렁이가 된 이후에 가능할 것이다. 무릇 지렁이는 위로 마른 흙을 먹고 아래로 황토물을 마신다. 진중자가 기거한 집은 백이가

건축한 것인가? 도척이 건축한 것인가? 먹은 곡식은 백이가 키운 것인가? 도척이 키운 것인가? 이것을 아직 알 수가 없다.

광장: 이것이 무슨 문제가 되겠는가? 저 사람은 스스로 신을 짜고, 아내는 실을 길쌈하여 바꾸며 살았다.

맹자: 진중자는 제나라의 권세 있는 가문이다. 형인 대가 합 땅에서 받은 녹봉이 만종에 이른다. 형의 녹봉을 의롭지 않은 녹봉이라 여겨서 먹지 않았고, 형의 집을 의롭지 않은 집이라 여겨 기거하지 않았다. 형을 피하고 어머니를 떠나 언덕에 거처하였다. 다른 날에 돌아온 즉, 형에게 산 거위를 선물한 자가 있었다. 자기 이마를 찡그리며 말하길 '꽥꽥거리는 것을 어디에다 쓸 것인가?'하였다. 다른 날에 어머니가 이 거위를 잡아주어 먹고 있는데 형이 밖에서 돌아와서 말하길 '이것이 꽥꽥거리는 고기이다.'하니, 나가서 토해버렸다. 어머니가 한 것은 먹지 않고 아내가 한 것은 먹으며, 형의 집에는 살지 않고 언덕에는 거처했으니, 이것으로 오히려 그 지조를 충분히 할 수 있겠는가? 진중자 같은 이라면 지렁이가 된 이후에 지조를 충분히 할 수 있을 것이다.

광장은 진중자가 부모와 형의 도움도 받지 않으면서 자급자족하는 삶을 사는 모습을 보고 청렴하다고 평가한다. 그러나 맹자가 보기에 정말 자급자족하는 삶이라면 지렁이의 삶처럼 자연의 도움 외에 어떠한 인간의 도움도 받지 않아야 지조 있는 삶이라 할 수 있다는 것이다. 그러나 진중자는 부자인 부모와 형의 도움을 거부하지만 정작 신을 짜고 길쌈을 하여 물물교환을 하는 등 다른 사람의 도움은 받고 있다. 이는 모순적인 삶일 뿐만 아니라 잘못된 삶이다. 사람은 처음부터 더불어 살아갈 수밖에 없는 존재이고, 더불어 삶의 출발은 부모와 형제라는 것이 맹자의 관점이다. 진중자의 자급자족하는 삶은 인륜과 공동체를 저버리는 행위이다. 그래서 맹자는 양자가 자기만을 위하는 위아(爲我)주의자라고 비판하는 것이다.

이제 본격적으로 맹자의 양•묵에 대한 비판을 검토해 보자.[15] 두 사상가의

---

15) 이하의 기술은 강봉수, 『동양도덕교육론』, 앞의 책, 182~187쪽에서 가져와서 깁고 보태었

학설에 대한 맹자의 비평을 또 하나 인용한다.

【盡心 上 26】孟子曰 楊子取為我，拔一毛而利天下，不為也。墨子兼愛，摩頂放踵利天下，為之。子莫執中，執中為近之，執中無權，猶執一也。所惡執一者，為其賊道也，舉一而廢百也。

맹자가 말했다: "양자는 나를 위해 취하여 한 오라기 터럭을 뽑아서 천하를 이롭게 하더라도 하지 않았다. 묵자는 두루 사랑하니 정수리를 갈아 발꿈치에 이르더라도 천하에 이로우면 하였다. 자모는 중간을 잡았는데 중간을 잡으면 도에 가깝게 된다. 중간을 잡고 저울질함이 없으면 오히려 하나를 잡은 것이다. 하나를 잡는 것을 싫어하는 것은 도를 해치기 때문이다. 하나를 들어 백 개를 폐기하는 것이다."

*踵(종): 발꿈치. *子莫(자모): 노나라의 현자.

앞에서 인용했던【등문공滕文公 下 9-4】에서 맹자는 "양씨는 자신만을 위하니 이는 군주가 없는 것이요, 묵씨는 똑같이 사랑하니 이는 아버지가 없는 것이다. 아버지가 없고 군주가 없으면 이는 금수이다."라고 비평한 바 있다. 맹자가 보기에, 양자는 자신만을 위하는 위아주의(爲我主義)자이고 이기주의자요, 묵자는 모두에게 이익만 된다면 무슨 일이든 다 하는 겸애주의자이고 공리주의자이다. 양자에게는 나만 있고 우리가 없으며, 반대로 묵자에게는 나는 없고 우리만 있다. 그래서 양주에게는 군주가 없고, 묵자에게는 아버지가 없다. 군주가 없다는 말은 공적인 영역인 정치공동체가 없다는 것이고, 아버지가 없다는 말은 사적인 영역인 개체성이 없는 뜻이다. 그래서 맹자는 자모(子莫)처럼 중도(中道)를 잡아야 도에 가깝다고 말한다. 물론 중도를 잡는 것이 개체성과 공동체성도 아닌 중간을 의미하지 않는다. 상황에 따라 둘 간의 조화를 잘 저울질해야 한다는 것이 맹자의 관점이다.

개인만의 이익을 추구하든 전체의 이익만을 추구하든, 맹자가 보기에 두 사

다.

상은 인의(仁義)의 도덕과 왕도정치를 말하지 않고 오로지 이익과 실용만을 주장하는 점에서도 문제이다. 군주와 아버지의 존재를 모르면서 이익과 실용만을 추구하도록 인간을 내버려두면 물신의 노예로 만들고, 금수나 다름없다. 맹자의 주장을 보자.

【滕文公 下 9-5】公明儀曰 '庖有肥肉，廄有肥馬，民有飢色，野有餓莩，此率獸而食人也'。楊墨之道不息，孔子之道不著，是邪說誣民，充塞仁義也。仁義充塞，則率獸食人，人將相食。吾為此懼，閑先聖之道，距楊墨，放淫辭，邪說者不得作。作於其心，害於其事，作於其事，害於其政。聖人復起，不易吾言矣。

(맹자가 말했다) 공명의가 말하기를 "임금의 푸주간에 살찐 고기가 있고 마구간에 살찐 말이 있는데도 백성들에게 굶주린 기색이 있으며 들에는 굶어 죽은 시체가 있다면 이는 짐승을 내몰아 사람을 잡아먹게 하는 것이다"하였다. 양주•묵적의 도가 종식되지 않으면 공자의 도가 드러나지 못할 것이니, 이는 부정한 학설이 백성을 속여 인의의 정도를 꽉 막는 것이다. 인의가 꽉 막히면 짐승을 내몰아 사람을 잡아먹게 하다가 사람들이 장차 서로 잡아먹게 될 것이다. 내가 이 때문에 두려워하여 성인의 도를 보호하여 양•묵을 막으며 부정한 말을 추방하여 부정한 학설이 나오지 못하게 하는 것이다. 부정한 학설은 그 마음에서 나와 그 일에 해를 끼치며, 일에서 나와 정사에 해를 끼치니, 성인이 다시 나오셔도 내 말을 바꾸지 않으실 것이다.

*莩(부): 풀이름.

두 사상가에 대한 맹자의 비판은 정당한가? 양자는 맹자가 보듯 위아적 종욕주의나 이기주의자가 아니라 생명의 본능과 본성에 충실한 귀생주의자였다. 생명의 필요와 요구를 넘어서지 않는 욕구의 추구는 도덕적 선도 악도 아니다. 앞서 보았듯이, 생명의 필요에 충실한 욕구는 위아적 종욕이나 이기주의가 아니라 오히려 타자에게 선(善)을 베푸는 행위, 즉 "자리가 곧 이타"(自利卽利他)인 것이었다. 자연세계에서 생명들은 서로 먹고 먹히는 유기체적 공동체이다. 원래 이러한 세계에 오히려 인간들이 개입함으로써 혼란스러워졌다. 그래서 양자는 인간들도 생명들의 세계로 다시 돌아갈 것을 주장한 것이다. 정치적 불간섭주의가 그것이다. 말하자면, 양자는 군주를 없앨 것을 주장했다기보다는 군주에게 작위적 간섭을 하지 않도록 요구하는 역할변화와 무위(無爲)의 정치를 주장한 것으로 볼 수 있다. 한편, 묵자도 맹자가 보듯 자기 아버지를 제쳐두고 전적으로 공적인 영역만을 강조한 것으로 보기 어렵다. 그는 공자적인 효제(孝悌)의 윤리가 혈연적 유대와 사적인 이익만을 위해 기능하지 않을까 우려한 것으로 보아야 한다. 실제 춘추전국시대에는 사가(私家)가 공실(公室)을 침해하는 일이 비일비재했었다. 이러한 상황에서 묵자는 나부터 남의 아버지를 위하고 공적인 영역을 위해 봉사할 때 남도 나의 아버지와 사적인 영역을 침범하는 일이 사라지게 될 것으로 진단했던 것이다. 이것이 겸애와 교리사상의 본의일 것이다.

그럼에도 불구하고, 맹자는 여전히 양•묵의 학설을 믿을 수 없었다. 앞에서 보았던 맹자와 이자, 그리고 맹자와 광장의 대화에서도 맹자의 관점은 확인되었던 바이다. 아무래도 묵자적인 무차별적 겸애의 사랑은 너무 이상적이고 비현실적인 것으로 받아들였다. 묵자적 사고보다는 차라리 양자가 좀 더 현실적이라 여긴 듯하다. 위아적인 사랑은 이기주의자로 머물게 할지 모르지만, 타인과 공동체를 향한 사랑의 확대도 결국 자기사랑으로부터 시작될 수밖에 없는 것이기 때문이다. 다음의 인용은 그런 뜻에서 피력된 것이 아닐까 한다.

【盡心 下 26】孟子曰 逃墨必歸於楊，逃楊必歸於儒。歸，斯受之而已矣。今之與楊墨辯者，如追放豚，既入其苙，又從而招之。

> 맹자가 말했다: 묵적에서 도피하면 반드시 양주로 돌아가고, 양주에서 도피하면 반드시 유학으로 돌아올 것이니, 돌아오면 받아줄 뿐이다. 지금에 양주•묵적의 학자들과 변론하는 것은 마치 뛰쳐나간 돼지를 쫓는 것과 같으니, 이미 그 우리로 돌아오거든 또 따라서 발을 묶어 놓는 구나.

*苙(립): 짐승우리. *招(초): 부르다, 얽어매다.

그러나 맹자의 관점은 명확하다. 귀기(貴己)와 정치적 불간섭을 표방하는 개체주의도, 차별 없는 사랑을 표방하는 겸애(兼愛)의 공동체주의도 틀렸다. 그 중도를 잡아야 한다. 가장 현실적인 길은 사적인 사랑을 공적인 영역까지 확대해가는 것이다. 인의(仁義)의 윤리학과 친친(親親)의 원리가 그것이다. 그러나 양•묵이 우려하듯, 이러한 도덕원리가 혈연적 유대와 사적인 이익에 갇히지 않도록 하기 위해서는 개체성과 공동체성간의 긴장과 조화를 늘 저울질하는 이성적 노력이 수반되어야 한다. 이것이 맹자가 유학의 정통사상으로 정립하고자 했던 도덕철학이라 여긴다. 이제 좀 더 구체적으로 맹자의 사상을 돌아보기로 하자.

2. 인의(仁義)의 윤리학과 친친(親親)의 원리

『맹자』의 첫 편의 첫 장은 맹자가 자기철학의 핵심사상을 압축하여 제시한 것이 아닌가 한다. 【양혜왕梁惠王 上 1】이 그것인데 먼저 인용해보기로 하자.

【梁惠王 上 1】孟子見梁惠王。王曰 叟不遠千里而來，亦將有以利吾國乎。孟子對曰 王何必曰利 亦有仁義而已矣。王曰‘何以利吾國’ 大夫曰‘何以利吾家’ 士庶人曰‘何以利吾身’ 上下交征利而國危矣。萬乘之國弑其君者，必千乘之家，千乘之國弑其君者，必百乘之家。萬取千焉，千取百焉，不為不多矣。苟為後義而先利，不奪不饜。未有仁而遺其親者也，未有義而後其君者也。王亦曰仁義而已矣，何必曰利。

맹자가 양혜왕을 알현하였다. 왕이 말했다: “늙은이가 천리를 멀다하지 않고 내방해주시니, 또한 우리나라를 이롭게 함이 있겠습니까?” 맹자가 대답하였다: “왕께서는 하필 ‘이로움’(利)을 말하십니까? 또한 인의(仁義)가 있을 뿐입니다. 왕께서 어떻게 우리나라를 이롭게 할까 하시면, 대부들은 어떻게 우리가문을 이롭게 할까 말할 것이고, 사서인들은 어떻게 나의 몸을 이롭게 할까 말할 것입니다. 위아래가 서로 이익을 다투면 나라가 위태롭습니다. 만승의 나라에서 자기 임금을 죽이는 자는 반드시 천승의 가문이고, 천승의 나라에서 자기 임금을 죽이는 자는 반드시 백승의 가문일 것입니다. 만승 중에서 천승을 취하고, 천승 중에서 백승을 취한 것이 많지 않은 것이 아닙니다. 그러나 구차하게 의로움을 뒤로하고 이로움을 앞세운다면 빼앗지 아니하면 만족하지 않을 것입니다. 어질면서 자기 부모를 버리는 자는 있지 않았고, 의로우면서 자기 임금을 뒤로 하는 자는 있지 않았습니다. 왕께서도 또한 인의(仁義)를 말할 따름이지, 하필 이로움(利)을 말하십니까?"

*梁惠王(양혜왕): 위(魏)나라 제후인 영(罃)을 일컬음. 그는 대양(大梁)땅에 도읍을 정하고 왕이라 참칭(僭稱)하고 시호를 혜(惠)라 하였음. 『사기史記』에 "혜왕 35년에 예를 갖추고 현자를 초청하자 맹가(孟軻; 맹자)가 양 땅에 왔다."고 기록하고 있음. *萬乘之國(만승지국): 만 개의 수레를 갖출 수 있는 나라. 즉 천자의 땅(기내畿內)은 사방 천리여서 수레 만승을 소유할 수 있다는 것을 비유한 것임. *千乘之家(천승지가): 천자의 공경대부(公卿大夫)들에게 봉해진 땅은 사방 백리여서 수레 천승을 소유할 수 있는 가문을 비유한 것임. *千乘之國(천승지국): 제후국. *百乘之家(백승지가): 제후국의 대부가문. *弑(시): 아랫사람이 윗사람을 죽이는 것. *饜(염): 만족.

전국시대는 이익의 이전투구를 벌이는 시대였다. 한마디로, 맹자의 핵심사상은 '이로움'(利)을 멀리하고 인의(仁義)에 따라 살라는 것이다. 사람의 마음은 늘 식색지성과 도의지성 간의 격전장이다. 인간도 생명이기에 식색지성의 욕구를 원천적으로 배제할 수는 없다. 식색지성의 욕망은 금욕되어야 하는 것이 아니라 합리적 수준에서 조절되어야 한다. 한편, 인간은 다른 생명과는 달리 도의지성을 가졌기에 식색지성의 욕망과 무관하게 순수한 도덕적 동기에 따라 행동할 수 있는 존재이다. 맹자가 이익을 뒤로하고 인의를 앞세우라는 것은 이러한 뜻에서이다. 인간은 도의지성에 따라 욕망조절의 합리적 기준과 도덕을 자율적으로 입법할 수 있다. 다만 이것의 전제는 도덕적 감정인 사단(四端)을 확충하여 도의지성이 인의의 윤리학으로 무장되었을 때이다.

인의란 무엇인가? 공자도 인의를 말했지만, 인(仁)과 의(義)를 따로 논의했지 '인의'를 한 단어로 사용하여 설명한 적은 없는 것 같다. 그렇다면 사연이 있고 함의가 있을 것이다. 공자의 인 개념은 다층적인데 유위적(有爲的) 인, 당위적(當爲的) 인, 무위적(無爲的) 인 개념이 그것이다.[16] 의로움에 대해서도 인 개념처럼

16) 유위적 인은 행위의 결과가 실용성과 백성들의 복리를 가져온다면 사랑의 실현이라 보는 것이고, 당위적 인 개념은 행위의 결과와 상관없이 사람이기에 사람을 사랑해야 한다는 것을 뜻하며, 무위적 인 개념은 자아의식을 버리고 자리가 곧 이타가 되는 삶을 추구하는 생

뜻을 달리하는 경우가 있지만, 대체로 당위윤리적 측면에서 이익과 대립된 개념으로 사용하거이나 사회적 지위에 따르는 직분을 의미하였다.[17] 이렇게 보면, 공자도 인과 의의 개념을 유기적 연관 속에서 사용했다고 볼 수 있겠지만, 이를 체계적으로 설명한 적은 없다. 그렇다면 맹자에게 인의란 무엇이고, 인의의 윤리학적 체계를 어떻게 정립하고 있는가? 앞에서 읽었던 관련 인용들도 떠올리며 다음의 인용들을 보자.

【盡心 下 16】孟子曰 仁也者, 人也。合而言之, 道也。

> 맹자가 말했다: "인이란 사람이다. 합하여 말하면 도이다."

【離婁 上 10】孟子曰 自暴者, 不可與有言也。自棄者, 不可與有為也。言非禮義, 謂之自暴也。吾身不能居仁由義, 謂之自棄也。仁, 人之安宅也, 義, 人之正路也。曠安宅而弗居, 舍正路而不由, 哀哉。

> 맹자가 말했다: "스스로를 해치는 자와는 더불어 말할 수가 없다. 스스로를 버리는 자와는 더불어 행동할 수가 없다. 말하면서 예의를 비방하는 것을 '스스로를 해치는 것'이라 이르고, 나의 몸은 인에 기거하고 의로움을 따를 수 없다고 하는 것을 '스스로를 버리는 것'이라 이른다. 인은 사람의 편안한 집이요, 의는 사람의 바른 길이다. 편안한 집을 비워두고 거처하지 않으며 바른 길을 버리고 따르지 않으니 슬프도다!"

*曠(광): 밝다, 공허하다, 비다.

【離婁 上 27】孟子曰 仁之實, 事親是也 義之實, 從兄是也。智之實, 知斯二者弗去是也　禮之實, 節文斯二者是也　樂之實, 樂斯二者, 樂則生

명사랑을 의미한다. 자세한 설명은 강봉수, 『주제별 키워드로 읽는 논어와 세상보기의 도』(서울: 원미사, 2012), 202~214쪽 참조.

17) 같은 책, 243~249쪽 참조.

矣。生則惡可已也，惡可已，則不知足之蹈之、手之舞之。

맹자가 말했다: "인의 열매는 부모를 섬기는 것이고, 의로움의 열매는 형을 따르는 것이며, 지혜로움의 열매는 이 두 가지를 알아서 버리지 않는 것이고, 예의 열매는 이 두 가지에 문양을 놓는 것이며, 즐거움의 열매는 이 두 가지를 즐기는 것이다. 즐거우면 생겨날 것이고 생겨나면 어찌 그만둘 수 있겠는가? 어찌 그만둘 수 있겠는가 하면 나도 모르게 발을 구르고 손이 춤출 것이다."

【盡心 上 34】孟子曰 仲子，不義與之齊國而弗受，人皆信之，是舍簞食豆羹之義也。人莫大焉亡親戚、君臣、上下。以其小者信其大者，奚可哉。

맹자가 말했다: "진중자는 의롭지 않게 제나라를 주어도 받지 않을 것임을 사람들은 모두 신뢰한다. 이것은 한 광주리 밥과 한 그릇 국을 버리는 의로움이다. 사람에게는 친척과 군신과 상하의 인륜을 버리는 것보다 큰 것이 없다. 그 작은 것으로 큰 것을 신뢰하는 것이 어찌 가능한 일이겠는가?"

【滕文公 上 2-1】滕定公薨。世子謂然友曰 昔者孟子嘗與我言於宋，於心終不忘。今也不幸，至於大故，吾欲使子問於孟子，然後行事。然友之鄒問於孟子。孟子曰 不亦善乎。親喪固所自盡也。曾子曰 '生事之以禮 死葬之以禮，祭之以禮，可謂孝矣'。諸侯之禮，吾未之學也 雖然，吾嘗聞之矣。三年之喪，齊疏之服，飦粥之食，自天子達於庶人，三代共之。

등나라 정공이 죽자, 세자가 연우에게 말했다: "옛날에 맹자께서 일찍이 송나라에서 나에게 한 말이 있는데 마음에 끝내 잊혀지질 않는다. 지금 불행하게도 큰 일을 당하였으니, 내 너를 보내 맹자에게 물어본 다음에 일을 치르고 싶도다." 연우가 추나라에 가서 맹자에게 물었다. 맹자가 대답했다: "선하지 아니한가? 부모의 상은 진실로 자신을 다해야 한다. 증자가 말하길

'살았을 때 섬기기를 예로써 하고, 돌아가심에 장사지내기를 예로써 하며, 제사를 지내기를 예로써 하면 효라고 할 수 있다.'고 했거늘, 제후의 예를 나는 아직 배우지 못했다. 비록 그러하나 나는 일찍이 들었다. 3년 상에 거친 상복을 입고 미음과 죽을 먹음은 천자로부터 서인에 이르기까지 삼대(하, 은, 주)가 공히 하였다."

*齊疏之服(제소지복): 거친 삼베를 꿰매서 만든 상복. 齊衰(제쇠)는 옷의 아래를 꿰맨 상복이고, 斬衰(참쇠)는 꿰매지 않은 상복이다. *飦粥(전죽): 미음과 죽.

【離婁 下 27】公行子有子之喪，右師往弔，入門，有進而與右師言者，有就右師之位而與右師言者。孟子不與右師言，右師不悅曰　諸君子皆與驩言，孟子獨不與驩言，是簡驩也。孟子聞之，曰　禮，朝廷不歷位而相與言，不踰階而相揖也。我欲行禮，子敖以我為簡，不亦異乎。

공행자에게 자식의 상이 있자 우사가 조문가서 문에 들어가자 나아가 우사와 더불어 말하는 자가 있었고, 우사의 자리에 나아가 우사와 더불어 말하는 자도 있었다. 맹자가 우사와 더불어 말하지 않자 우사가 기뻐하지 않으면서 말하길 '여러 군자들이 모두 나(驩)와 더불어 말하는데 맹자는 유독 나와 더불어 말을 하지 않으니, 이는 나를 경시여기는 것이다.'고 하였다. 맹자가 듣고 말하길 '예에 조정에서는 위치를 떠나 서로 더불어 말하지 아니하고, 계단을 넘어 서로 인사하지 않는다고 하였다. 나는 예를 따르고자 한 것이지 자오께서는 내가 경시 여긴다고 생각하니 또한 이상하지 않는가?' 하였다.

*公行子(공행자): 제나라 대부. *右師(우사): 성명은 왕환(王驩)이고 자는 子敖(자오)

지금까지 관련 인용을 정리하여 보자. 물론 관련 용어가 사용된 사례는 더 많을 것이다. 그러나 아래의 <표 4>는 대체로 인•의•예•지의 뜻이 무엇인지를 알려주는 인용들을 중심으로 정리한 것이다.

〈표 4〉 인•의•예•지의 용례

인(仁)	• 인이란 사람이다. 합하여 말하면 도이다.【盡心 下 16】 • 인은 하늘이 내린 높은 벼슬이고 사람의 편안한 집【公孫丑 上 7】(*2장 인용참조) 및【離婁 上 10】 • 인은 측은해 하는 마음【告子 上 6】(*3장 인용참조) • 측은한 마음은 인의 단서【公孫丑 上 6】(*3장 인용참조) • 사람은 차마하지 못하는 마음을 가지고 있는데, 차마하는 바에까지 통달하는 인이다.【盡心 下 31】(*3장 인용참조) • 인의 열매는 부모를 섬기는 것【離婁 上 27】 • 인은 부자간에 베푸는 것【盡心 下 24】(*3장 인용참조) • 인은 부모를 친애하는 것【盡心 下 15】(*3장 인용참조)
의(義)	• 의는 사람의 바른 길【離婁 上 10】 • 의는 부끄러워하는 마음【告子 上 6】(*3장 인용참조) • 마음은 의의 단서【公孫丑 上 6】(*3장 인용참조) • 사람은 하지 않는 바가 있는데, 하는 바에까지 통달하면 의이다.【盡心 下 31】(*3장 인용참조) • 의의 열매는 형을 따르는 것【離婁 上 27】 • 의는 어른을 공경하는 것【盡心 下 15】(*3장 인용참조) • 의는 군신 간에 유지하는 것【盡心 下 24】(*3장 인용참조) • 의롭지 않게 나라를 받지 않는 것은 한 광주리 밥과 한 그릇 국을 버리는 의로움이고, 사람에게는 친척과 군신과 상하의 인륜을 버리는 것보다 큰 의로움이 없다.【盡心 上 34】
예(禮)	• 예는 공경하는 마음【告子 上 6】(*3장 인용참조) • 사양하는 마음은 예의 단서【公孫丑 上 6】(*3장 인용참조) • 예는 손님과 주인 간에 지키는 것【盡心 下 24】(*3장 인용참조) • 예의 열매는 이 두 가지(仁義)에 문양을 놓는 것【離婁 上 27】 • 살았을 때 섬기기를 예로써 하고, 돌아가심에 장사지내기를 예로써 하며, 제사를 지내기를 예로써 하면 효라고 할 수 있다. (중약) 3년상에 거친 상복을 입고 미음과 죽을 먹음은 천자로부터 서인에 이르기까지 삼대가 공히 하였다.【滕文公 上 2-1】 • 예에 조정에서는 위치를 떠나 서로 더불어 말하지 아니하고, 계단을 넘어 서로 인사하지 않는다.【離婁 下 27】
지(智)	• 지의 열매는 이 두 가지(인의)를 알아서 버리지 않는 것【離婁 上 27】 • 지는 시비를 가리는 마음【告子 上 6】(*3장 인용참조) • 시비를 가리는 마음은 지의 단서【公孫丑 上 6】(*3장 인용참조) • 지는 현자에게서 밝혀지는 것【盡心 下 24】(*3장 인용참조)

인(仁)이란 하늘이 모든 사람에게 내린 작위이고 벼슬이다. 따라서 인은 사람 그 자체이고 사람의 편안한 집이다. 인은 사람 그 자체이기에 사람을 사랑하는 것이고 생명을 사랑하는 것이다. 인은 사람의 편안한 집이기에 이 집을 떠나면 사람이 아니다. 밖으로 피어난 '측은해 하는 마음' 혹은 '차마하지 못하는 마음'으로부터 이러한 인의 뿌리가 천성(天性)으로 내재한 것임을 알 수 있다. 생명을 긍휼히 여기고 사람을 사랑하는 감정의 원형은 부모와 자식 간에서 볼 수 있다. 이러한 마음을 확장하여 '차마하는 바'에까지 통달한다면 인(仁)의 덕이 성취된다.

의(義)는 인을 실현하는 사람의 바른 길이다. 의(義)의 단서도 처음부터 가지고 있는 본성이다. 그래서 사람의 바른 길을 걷지 않으면 부끄러움을 느낀다. 사람이 살아가는 길에는 바른 길이 있고 그른 길이 있다. 그른 길을 걷지 않으려는 데서 출발하여 오로지 바른 길을 걸을 수 있다면 의(義)의 덕이 완성된다. 인을 실현하는 바른 길의 원형이자 출발점이 부자(父子)간의 사랑이고, 다음으로 형제간의 사랑이고, 장유(長幼)간의 사랑이고, 군신(君臣)간의 사랑이다. 이것이 친척과 군신과 상하간의 인륜이고 가장 큰 의로움이다. 이를 맹자는 오륜(五倫)으로 정식화하였다. 부자유친(父子有親), 군신유의(君臣有義), 부부유별(夫婦有別), 장유유서(長幼有序), 붕우유신(朋友有信)이 그것이다.

【滕文公　上　4-5】后稷教民稼穡。樹藝五穀，五穀熟而民人育。人之有道也，飽食、煖衣、逸居而無教，則近於禽獸。聖人有憂之，使契為司徒，教以人倫　父子有親，君臣有義，夫婦有別，長幼有序，朋友有信。放勳曰'勞之來之，匡之直之，輔之翼之，使自得之，又從而振德之。'聖人之憂民如此，而暇耕乎

(맹자가 말했다) "후직께서는 백성들에게 농사짓는 법을 가르쳐서 오곡을 기르도록 하였습니다. 오곡이 익어서 백성들이 양육되었습니다. 사람이 살아가는 길에는 배부르게 먹고 따듯하게 입고 편안하게 거처하면서 교육이 없으면 금수에 가깝게 됩니다. 성인께서는 이것을 걱정하여 계를 사도로 삼아서 인륜을 가르치게 하였으니, 부자유친, 군신유의, 부부유별, 장유유서, 붕우유신이 그것입니다. 방훈이 말하길 '위로 하고 오게 하며, 바로 잡아 주

고 곧게 하며, 도와주고 북돋아주면서, 스스로 얻은 바가 있게 하고, 또한 좇아서 덕을 진작해 준다.'고 했는데, 성인이 백성을 걱정함이 이와 같은데 경작할 여가가 있겠습니까?"

그러니까 의(義)는 인의 사랑을 오륜적 질서에 걸맞게 분배하는 기준에 관한 것이다. 부자간의 사랑은 '친애'(親)함에 있고, 군신간의 사랑은 '의리'(義)를 지킴에 있고, 부부간의 사랑은 '배려'(別)함에 있고, 장유간에 사랑은 '질서'(序)에 있고, 붕우간에 사랑은 '믿음'(信)에 있다. 일찍이 공자는 『논어』에서 "임금은 임금다워야 하고, 신하는 신하다워야 하고, 아버지는 아버지다워야 하고, 자식은 자식다워야 한다"(君君臣臣父父子子)고 언표하였다. 이 언표는 맹자의 오륜의 해석에도 그대로 적용할 수 있을 것이다. 『예기禮記』의 표현으로 대신 보기로 하자.[18)]

> 사람의 의(義)란 무엇인가? 부모는 자애롭고 자식은 효도하고, 형은 양순하고 동생은 공경하고, 지아비는 의롭고 지어미는 명을 받들고, 윗사람은 은혜롭고 어린 사람은 순종하고, 임금은 어질고 신하는 충성하는 것, 이 열 가지를 일러서 사람의 의라고 한다.[19)]

한마디로, 의(義)란 자기에게 부여된 직분을 다함, 즉 "~다움" 혹은 "~답게 행동함"이다. 예컨대, 부자간에 사랑을 실현하는 의로움인 '친애'란 부모는 자애(慈)롭고 자식은 효도(孝)하는 것이다. 군신간의 '의리'란 임금은 어질고(仁) 신하는 충성(忠)하는 것이다. 부부간의 '배려'란 지아비는 의롭고(義) 지어미는 받드는 것(聽)이다. 여기서 주목할 점은 자기에게 부여된 직분에 따른 "~다움"은 쌍무적 의무를 규율하는 덕목(德目 혹은 價値, virtue)들로 구성되고 있다는 것이다. 이 점에서 한나라 이후에 동중서(董仲舒) 등에 의해 주장된 일방적 의무만을 규정하고 있는 삼강윤리(三綱倫理)와 대비된다. 한편, 의로움은 직분에 따른 "~다움"의 덕

18) 이하 기술은 강봉수(2014), 195~196쪽에서 가져와 깁고 보탰다.

19) 『禮記』, 「樂記」. "何謂人義? 父慈, 子孝, 兄良, 弟弟, 父義, 婦聽, 長惠, 幼順, 君仁, 臣忠, 十者謂之人義."

일 뿐만 아니라, "~답게 행동함"의 규범(norm)일 수도 있다. 맹자가 오륜의 덕을 가장 기본적인 인륜으로 정식화했지만 이것을 넘어서 관계를 맺는 것이 사람이기 때문이다. 그것은 모르는 사람과의 관계일 수도 있고, 국가 혹은 국가 간의 관계일 수도 있고, 자연 혹은 신과의 관계일 수도 있다. 덕은 성품이나 성향이지만, 규범은 행위를 규정해 주는 것이다. 인용에서 '의롭지 않게 나라를 받는 것'은 바른 길이 아니라는 것이 그 예이다. 이상에서처럼, 의(義)는 인의 사랑을 분배하는 올바른 기준(덕과 규칙)에 관한 것이다.

"~다움"의 덕(德)과 "~답게 행동함"의 규범은 보다 구체적인 실천규범이나 규칙(rule)으로 입법되어야 한다. 사실 하나의 덕은 그 덕이 지향하는 근본정신과 행위규범으로 구성되는 것이다. 예컨대, 효(孝)는 효심(孝心)과 효행(孝行)으로 구성되는데, 효심은 효라는 덕의 근본정신으로 부모를 공경하는 것이고, 효행은 부모를 공경하는 구체적인 행위방식들에 관한 것이다. 각각의 덕에 따르는 행위규범이나 규칙 혹은 제도가 바로 예(禮)이다. 앞의 인용에서 맹자가 "살았을 때 섬기기를 예로써 하고, 돌아가심에 장사지내기를 예로써 하며, 제사를 지내기를 예로써 하면 효(孝)라고 할 수 있다."라고 언표한 데서도 이를 알 수 있다. 천자이든 서인이든 막론하고 거친 상복을 입고 미음과 죽을 먹으면서 3년상을 지내는 것이 효의 덕을 실천하는 규범이고 예이다. 또한 신하가 조정에서는 위치를 떠나 서로 더불어 말하지 아니하고, 계단을 넘어 서로 인사하지 않는 것이 충(忠)의 덕을 실현하는 규범이고 예이다. 맹자가 예(禮)의 열매란 '인의(仁義)에 문양을 놓는 것'이라 한 것은 이러한 뜻에서이다. 인간은 관계적 존재이다. 그 관계가 무엇이든 사람들은 예(禮)를 통하여 관계를 맺고 소통한다. 예는 손님과 주인 간에 지켜지는 것이라는 맹자의 언표는 이런 뜻이다. 그가 예를 공경하는 마음이고 사양하는 마음이라 한 것은 오륜을 넘어 손님과 주인 간의 관계를 염두에 두고 근본정신을 말했기 때문일 것이다. 예컨대, 아래 인용에서 보듯, 죽은 자를 대하는 관계에서도 그런 정신이 있었고 예제(규칙)가 있었다. 맹자적인 뜻에서, 이른바 유교에서 말하는 '예의삼백(禮儀三百), 위의삼천(威儀三千)이라는 모든 실천규범도 인의에 바탕을 두고 입법된 것이라 할 수 있다.

【公孫丑 下 7】孟子自齊葬於魯，反於齊，止於嬴。充虞請曰 前日不知虞之不肖，使虞敦匠事。嚴，虞不敢請。今願竊有請也，木若以美然。曰 古者棺槨無度，中古棺七寸，槨稱之。自天子達於庶人。非直為觀美也，然後盡於人心。不得，不可以為悅。無財，不可以為悅。得之為有財，古之人皆用之，吾何為獨不然。且比化者，無使土親膚，於人心獨無恔乎。吾聞之君子 不以天下儉其親。

맹자가 제나라에서 노나라로 가서 장사지내고 제나라로 돌아오다가 영 땅에 머물렀다. 충우가 청하여 말했다: "전날에 저의 불초함을 알지 못하여 저로 하여금 목수 일을 하도록 하였습니다. 촉박하여 제가 감히 묻지 못했습니다. 지금 그윽이 묻고자 하는데, 나무가 아름다운 듯 하였습니다?" 맹자가 말했다: "고대에는 관곽을 짜는데 일정한 법도가 없었고, 중 고대에는 관이 7촌이고 곽은 그에 걸맞게 하였다. 천자로부터 서인에 이르기까지 (그렇게 한 것은) 단지 아름답게 보이게 하기 위한 것이 아니라 그런 연후에야 사람의 마음을 다할 수 있었던 것이다. 예제에 맞게 하지 못하면 기쁘지 않고, 재물이 없으면 또한 기쁘지 않다. 예제에 맞도록 재물이 있으면 옛 사람들은 모두 사용하였으니, 내 어찌 유독 그렇게 하지 않을 수 있겠는가? 또한 죽은 자를 위하여 흙이 피부에 닿지 않도록 해야 사람의 마음에 오직 기쁘지 않겠는가? 나는 들음에 군자는 천하를 위하여 부모의 장례에는 인색하게 하지 않았다고 한다."

*嬴(영): 제나라 남쪽의 읍 땅. *充虞(충우): 맹자 제자. *嚴(엄): 급하다, 촉박하다. *比化者(비화자): 爲死者(위사자)의 착오. *恔(교): 유쾌하다, 기쁘다. *맹자가 제나라에서 벼슬할 때 어머니를 잃고 노나라로 돌아가 장례하였음.

인은 생명을 긍휼히 여기고 사람을 사랑하는 마음이고, 의는 직분과 관계에 따라 인을 실현하는 사람의 바른 길(덕과 규범)이었다. 예(禮)는 이러한 인의에 문양을 내는 세부 규칙이라면, 지(智)는 인의를 알아서 버리지 않는 것이다. 그렇다면 지는 인에 바탕하여 직분과 관계에 걸맞게 의와 예를 입법하여 적용하고 그것의 타당성 여부를 판단하는 지적 능력이다. 맹자가 지를 '시비를 가리는 마음'이고 '현자에게서 밝혀지는 것'이라 한 것은 이러한 뜻이다. 뒤에서 보겠지만, 의

(義)의 덕목들이나 규범들 간, 혹은 예(禮)의 세부 규칙들 간에는 가치갈등이 생겨날 수도 있다. 지는 이러한 가치갈등을 해결하고 새로운 규칙을 입법하는 반성적 능력이기도 할 것이다.

이상의 논의를 정리해보면, 인은 모든 덕들의 덕인 전덕(全德)이고 최상위의 도덕규준이다. 전덕으로서의 인은 도덕의 궁극적 원리이고 도덕실천의 내적 근거이다. 이러한 인(仁)에 기초하여, 도덕적 문제 사태를 파악하고[智], 직분과 관계에 걸맞는 덕목이나 합리적인 기준[義]을 설정하고, 나아가 그 기준에 따라 세부적인 규칙인 예(禮)를 입법하여 도덕을 실천하는 것이 맹자의 인의 윤리학의 체계라 하겠다. 그런데 도덕현실에서 인의의 윤리학을 실현하는 것은 그리 간단치가 않다고 여겨진다. 전덕으로서의 인은 생명을 긍휼이 여기고 사람을 사랑하는 것이다. 그러나 의나 예는 인의 사랑을 분배하는 올바른 기준에 관한 것이다. 거듭 말하지만, 인간관계는 오륜으로만 정식화될 수 없고 다양하며, 오륜 내에서도 인의 사랑을 분배하는 기준을 놓고 갈등을 일으킬 수 있다. 가치갈등을 해결하는 또 다른 기준이 요구된다. 이에 대하여 묵자는 차별없는 사랑인 겸애(兼愛)를 주장하고, 양자는 자기만을 사랑하는 귀기(貴己)를 주장했다. 맹자는 이들의 관점이 틀렸다고 하였다. 그는 공자를 따라 친친(親親)의 원리를 주장한다. 관련 인용들을 보자.

【梁惠王 上 7-6】老吾老, 以及人之老 幼吾幼, 以及人之幼。天下可運於掌。詩云 '刑于寡妻, 至于兄弟, 以御于家邦。' 言舉斯心加諸彼而已。故推恩足以保四海, 不推恩無以保妻子。古之人所以大過人者無他焉, 善推其所為而已矣。今恩足以及禽獸, 而功不至於百姓者, 獨何與。權然後知輕重, 度然後知長短。物皆然, 心為甚。王請度之。

(맹자가 말했다) "나의 늙은이를 늙은이로 모신 다음 다른 사람의 늙은이를 모시는데 미치고, 나의 어린이를 어린이로 사랑한 다음 다른 사람의 어린이를 사랑하는 데에 미친다면, 천하는 손바닥 안에서 움직일 수 있습니다. 『시』에 '과인의 아내에게 모범이 되고, 형제에게 이르며, 가문과 나라를 다스린다.'했는데, 이 마음을 들어서 저들에게 더할 뿐임을 말한 것입니다. 그

러므로 은혜를 미루면 사해를 보호하기에도 충분하고, 은혜를 미루지 않으면 아내와 자식도 보호할 수 없습니다. 옛날 사람들이 요즘 사람을 크게 넘어서는 것은 다른 것이 아니라, 행동을 잘 미룰 수 있을 뿐이었습니다. 지금 은혜가 금수에게 미침은 충분하면서 공덕이 백성들에게 이르지 못함은 유독 무슨 까닭입니까? 저울질 한 이후에 가벼움과 무거움을 알 수 있고, 재어본 이후에 길고 짧음을 알 수 있습니다. 모든 사물이 그러한데, 마음이 더욱 그렇습니다. 왕께서는 청컨대 이를 헤아리기 바랍니다."

*『시』의 내용은 「대아大雅 사제편思齊篇」에 나온다. *權(권): 저울과 저울추, 저울질하다. *度[도](탁): 자로 재다, 길고 짧음을 헤아리다.

【離婁 上 11】孟子曰 道在爾而求諸遠, 事在易而求之難。人人親其親、長其長而天下平。

맹자가 말했다: "도가 가까이에 있는데 먼 곳에서 구하고, 일은 쉬운 데에 있는데 어려운 데서 구한다. 사람들마다 자기 부모를 부모로 모시고, 어른을 어른으로 섬기면 천하는 평안해질 것이다.

【盡心 上 45】孟子曰 君子之於物也, 愛之而弗仁 於民也, 仁之而弗親。親親而仁民, 仁民而愛物。

맹자가 말했다: "군자는 사물에 대해서 사랑하지만 인하지 않고, 백성에 대해서는 인하지만 친애하지 않는다. 부모를 친애하고서 백성을 인하고, 백성을 인하고서 사물을 사랑하는 것이다."

【盡心 下 1】孟子曰 不仁哉, 梁惠王也。仁者以其所愛及其所不愛, 不仁者以其所不愛及其所愛。公孫丑問曰 何謂也。梁惠王以土地之故, 糜爛其民而戰之, 大敗, 將復之, 恐不能勝, 故驅其所愛子弟以殉之, 是之謂以其所不愛及其所愛也。

맹자가 말했다: "인하지 않구나, 양혜왕이여. 인자는 그 사랑하는 것으로써 사랑하지 않은 것에 미치고, 인하지 않은 자는 그 사랑하지 않은 것으로써 사랑하는 것에 미친다." 공손추가 물어 말했다: "무슨 말입니까?" (맹자가 말했다) "양혜왕은 토지의 연고 때문에 백성들을 문드러지게 하며 전쟁을 일으켰다. 크게 패하자 다시 복수하려니 이기지 못할까 두려워하였다. 그래서 사랑하는 자제를 내몰아 죽음에 이르게 했다. 이것이 사랑하지 않은 것으로써 사랑하는 것에 미친 것을 일컫는다."

*糜(미): 죽, 죽처럼 문드러지다. *爛(란): 문드러지다.

친친(親親)이란 부모를 친애하는 것이다. 이것이 인의 사랑을 실현하는 출발점이자 원형이었다. 따라서 친친의 원리란 한마디로 가까운 사람을 가깝게 대하라는 것이다. 먼저 자기 부모를 부모로 모시고 자기 집안 어른을 어른으로 모신 다음에 다른 부모를 모시고 다른 집안 어른을 모시라. 먼저 자기 자식을 사랑한 다음에 다른 집의 자식을 사랑하라. 먼저 사랑하는 것부터 사랑하고 사랑하는 않은 것을 사랑하라. 이것이 바로 친친의 원리이다. 인용 중에 "군자는 사물(인간외의 존재)을 사랑하지만 어질게 대하지는 않고, 백성(사람)에게 어질게 대하지만 친애하지는 않는다. 부모를 친애한 다음에 백성(사람)을 어질게 대우하고, 백성을 어질게 대우한 다음에 사물을 사랑한다."는 언표는 친친의 원리를 명확하게 대변해 주고 있다. 맹자가 효제(孝悌)의 윤리를 무엇보다 중시여긴 것은 그것이 인을 실현하는 출발점이고 친친의 원리에 따른 것이기 때문이다. 부모와 형제는 원망하면서도 친애할 수밖에 없다는 게 맹자의 관점이다. 길지만 관련 인용을 몇 개 보자.

【萬章 上 1-1】萬章問曰 舜往于田, 號泣于旻天, 何為其號泣也。孟子曰 怨慕也。萬章曰 父母愛之, 喜而不忘, 父母惡之, 勞而不怨。然則舜怨乎。曰 長息問於公明高曰 '舜往于田, 則吾既得聞命矣, 號泣于旻天, 于父母, 則吾不知也'。公明高曰 '是非爾所知也'。夫公明高以孝子之心, 為不若是恝, 我竭力耕田, 共為子職而已矣, 父母之不我愛, 於我何哉。

만장이 물었다: "순임금께서 밭에 가서 하늘을 부르며 울었는데 어찌하여 부르며 울었습니까?" 맹자가 대답했다: "원망하고 사모하신 것이다." 만장이 말했다: "부모가 사랑하면 기뻐하며 잊지 않고, 부모가 미워하면 수고로워도 원망하지 않는다고 했는데, 그러면 순임금은 원망한 것입니까?" 맹자가 대답했다: "장식이 공명고에게 묻기를 '순임금이 밭에 간 것이라면 내가 이미 하명을 들었지만, 하늘과 부모를 부르며 운 것이라면 내가 알지 못하겠습니다.'하자, 공명고가 대답하길 '이것은 네가 알 바가 아니다.'하였다. 무릇 공명고는 효자의 마음은 이처럼 무관심할 수 없고, 나의 힘을 다하여 밭을 갈고 오로지 자식된 직분을 다할 뿐이며 부모가 나를 사랑하지 않더라도 내가 어쩔 것인가? 라 하는 것으로 여긴 것이다."

*旻(민): 하늘. *恝(괄, 개): 걱정없다, 무관심하다, 소홀히 하다.

【萬章 上 1-2】帝使其子九男二女, 百官牛羊倉廩備, 以事舜於畎畝之中。天下之士多就之者, 帝將胥天下而遷之焉。為不順於父母, 如窮人無所歸。天下之士悅之, 人之所欲也, 而不足以解憂。好色, 人之所欲, 妻帝之二女, 而不足以解憂。富, 人之所欲, 富有天下, 而不足以解憂。貴, 人之所欲, 貴為天子, 而不足以解憂。人悅之、好色、富貴, 無足以解憂者, 惟順於父母, 可以解憂。

(맹자가 말했다) "요임금께서 9남 2녀의 자식에게 백관과 소양과 창름을 준비하게 하고 밭 가운데서 순을 섬기도록 하였다. 천하의 선비들이 찾아오는 자가 많으므로, 요임금은 장차 천하를 모아서 그에게 옮기려고 했다. (순은) 부모에게 순종하지 못했기 때문에 궁한 사람이 돌아갈 곳이 아니라고 여겼다. 천하의 선비들이 기뻐하고 사람들이 바라는 바였지만 걱정을 풀기에 부족하다고 여겼다. 여색을 좋아함은 사람들이 바라는 것이지만 처와 첩의 두 여자로도 걱정을 풀기에 부족하고, 부유함은 사람들이 바라는 것이지만 천하를 가지고도 걱정을 풀기에 부족하고, 고귀함은 사람들이 바라는 것이지만 천자가 되고도 걱정을 풀기에 부족하다고 여긴다. 사람들이 좋아하고, 여색과 부귀를 가지고도 걱정을 풀 수가 없었고, 오직 부모에게 순종하는 것이 걱정을 풀 수 있었다."

*畎畝(견무): 밭도랑과 이랑.

【萬章 上 1-3】人少，則慕父母，知好色，則慕少艾，有妻子，則慕妻子，仕則慕君，不得於君則熱中。大孝終身慕父母。五十而慕者，予於大舜見之矣。

(맹자가 말했다) “사람이 어려서는 부모를 사모하고, 여색을 알게 되면 아름다운 소녀를 사모하고, 처와 자식이 있으면 처와 자식을 사모하고, 벼슬에 임해서는 임금을 사모하고, 임금에게 신임을 얻지 못하면 마음속에 열병이 나는 것이다. 큰 효는 종신토록 부모를 사모하는 것이다. 50년 동안 사모하는 것을 나는 대순에게서 보았다.”

*艾(애): 쑥, 예쁘다.

【萬章 上 2-2】萬章曰 父母使舜完廩，捐階，瞽瞍焚廩。使浚井，出，從而揜之。象曰 ‘謨蓋都君咸我績。牛羊父母，倉廩父母，干戈朕，琴朕，弤朕，二嫂使治朕棲’。象往入舜宮，舜在床琴。象曰 ‘鬱陶思君爾’，忸怩。舜曰 ‘惟茲臣庶，汝其于予治’。不識，舜不知象之將殺己與。曰 奚而不知也，象憂亦憂，象喜亦喜。

만장이 말했다: “순의 부모는 순에게 창고를 고치도록 하고는 사다리를 치워버리고, 고수(瞽瞍)는 창고에 불을 질렀습니다. 또 깊은 우물을 파게하고는 먼저 나오고 그를 덮어버렸습니다. 상(象)이 말하길 ‘모의하여 도군(都君)을 덮은 것은 모두 나의 실적이다. 소와 양은 부모의 것이고, 창고와 곳간도 부모의 것이다. 창과 방패는 나의 것이고, 거문고도 나의 것이고, 활도 나의 것이고, 두 형수는 나의 거처를 다스리게 하겠다.’고 하고는, 상이 순임금의 궁실로 들어가 보니 순이 책상에 앉아 거문고를 연주하고 있었다. 상이 말하길 ‘애석할 정도로 임금을 그리워했습니다.’하면서 부끄러워하자, 순임금께서 말하길 ‘오직 여러 신하들은 네가 내게 와서 다스리라.’고 하였다. 알지 모르겠습니다만, 순임금께서는 상이 자기를 죽이려는 것을 알지 못했습니까?” 맹자가 대답했다: “어찌 알지 못했으리오? 상이 걱정하면 그도 걱정하고, 상이 기뻐하면 그도 기뻐했던 것이다.”

*廩(름): 곳간, 창고. *捐(연): 버리다, 없애다. *浚(준): 깊다, 치다, 빼앗다. *揜(엄): 가리다, 덮다. *弤(저): 활. *棲(서): 거처를 정하여 살다. *忸怩(뉵니): 부끄러워하다. *茲(자): 무성하다.

【萬章 上 2-3】曰 然則舜僞喜者與。曰 否。昔者有饋生魚於鄭子產，子產使校人畜之池。校人烹之，反命曰 '始舍之圉圉焉，少則洋洋焉，攸然而逝'。子產曰 '得其所哉 得其所哉'。校人出，曰 '孰謂子產智，予既烹而食之，曰 得其所哉，得其所哉'。故君子可欺以其方，難罔以非其道。彼以愛兄之道來，故誠信而喜之，奚僞焉。

만장이 물었다: "그렇다면 순은 거짓으로 기뻐한 것입니까?" 맹자가 대답했다: "아니다. 옛날에 어떤 사람이 정나라 자산에게 살아있는 물고기를 선물하자, 자산은 교인에게 그것을 못에 기르도록 하였다. 교인이 그것을 삶아먹고 하명에 답하기를 '처음에 고기를 놓아주자 어릿어릿하더니, 조금 있다가는 양양하게 헤엄치면서 갔습니다.'고 하자, 자산이 말하길 '갈 곳을 찾았구나, 갈 곳을 얻었어.'라고 하였다. 교인이 나와서 말하길 '누가 자산을 지혜롭다 하는가? 내가 이미 삶아서 먹었는데, 갈 곳을 찾았구나 갈 곳을 얻었구나 말하다니.'하였다. 그러므로 군자는 방편으로는 속일 수 있으나, 도가 아닌 것으로는 속이기 어렵다. 저(순)는 형을 사랑하는 도로써 왔던 것이다. 그러므로 진실로 믿고 기뻐한 것이지, 어찌 거짓이었겠는가?"

*校人(교인): 못을 주관하는 관리. *圉圉(어어): 지쳐서 펴지 못하는 모양. *洋洋(양양): 생기 있게 펴는 모양.

【萬章 上 3】萬章問曰 象日以殺舜為事，立為天子，則放之，何也。孟子曰 封之也，或曰放焉。萬章曰 舜流共工于幽州，放驩兜于崇山，殺三苗于三危，殛鯀于羽山，四罪而天下咸服，誅不仁也。象至不仁，封之有庳。有庳之人奚罪焉。仁人固如是乎。在他人則誅之，在弟則封之。曰 仁人之於弟也，不藏怒焉，不宿怨焉，親愛之而已矣。親之欲其貴也，愛之欲其富也。封之有庳，富貴之也。身為天子，弟為匹夫，可謂親愛之乎。敢問或曰放者，何謂也。曰 象不得有為於其國，天子使吏治其國，而納其貢稅焉，故謂之放，豈得暴彼民哉。雖然，欲常常而見之，故源源而來。'不及貢，以政接于有庳'，此之謂也。

만장이 물었다: “상이 날마다 순을 죽이는 것을 일로 삼았는데, 순이 즉위하여 천자가 되어서는 그를 추방한 것은 왜입니까?” 맹자가 대답했다: “봉한 것인데, 혹자들은 추방했다고 말한다.” 만장이 물었다: “순임금께서 공공(共工)을 유주에 유배 보내고, 환두(驩兜)를 숭산에 추방하고, 삼묘(三苗)를 삼위에서 죽였고, 곤(鯀)을 우산에서 극형에 처하여, 네 사람을 죄주자 천하가 모두 복종하니, 인하지 아니한 자를 주살한 것입니다. 상도 인하지 않은데 이르렀는데도 유비 땅에 봉했습니다. 유비 사람들이 무슨 죄가 있습니까? 인한 사람도 진실로 이와 같습니까? 다른 사람에 대해서는 주살하고, 동생에게는 봉하였습니다.” 맹자가 말했다: “인한 사람은 동생에 대해서 노여움을 감추지 아니하고, 원망을 묵혀두지 않으며 친애할 뿐이다. 친하다면 그가 귀해지길 바라고, 사랑한다면 그가 부유해지길 바란다. 그를 유비 땅에 봉하여 부귀하게 한 것이다. 자신은 천자가 되고, 동생은 필부가 된다면 그를 친애한다고 할 수 있겠는가?” (만장이) 감히 묻거니와 혹자들이 추방했다고 한 것은 무슨 뜻입니까? 맹자가 말했다: “상이 그 나라에서 일하는 것을 하지 못하게 하고, 천자가 관리로 하여금 그 나라를 다스리게 하여 세금을 걷도록 하였다. 그래서 추방했다고 한 것이다. 어찌 백성들이 폭정을 입도록 하겠는가? 비록 그러하나 항상 보고 싶어 하였고, 그래서 자주 오게 한 것이다. ‘조공할 시기가 아닌데도 정사로써 유비를 접견하였다.’ 이것은 이를 두고 한 말이다.”

*源源(원원): 물이 계속 이어지게 하는 모양.

그러나 묵자와 양자가 우려했듯, 이러한 효제의 윤리와 친친(親親)의 원리는 인간관계를 혈연적 유대와 가문의 사적인 이익에 갇히도록 할 가능성이 높다. 춘추전국시대는 실제 사가(私家)가 공실(公室)을 침해하는 도덕적 문란(예악의 붕괴)으로부터 기인했다. 맹자도 이러한 점을 우려했다. 그래서 그는 친친의 원리가 혈연과 사적인 이익에 갇히지 않도록 개체성과 공동체성간의 긴장과 조화를 늘 저울질 하는 이성적 노력과 중용(中庸)의 도(道)를 강조하였다. 앞에 「진심盡心 上」의 인용에서 “중간을 잡고 저울질하라”(執中無權)는 것은 이러한 뜻에서이다. 아무래도 가족이라는 혈연공동체 안에서는 엄격하게 따지고 나누는 합리성(義)보다는 정서적 유대감(仁)을 더 강조할 수박에 없다. 그러나 오륜을 넘어선 비친면적

이익공동체 사회에서는 그 반대이다. 또한 비친면적 사회에서는 친친의 원리로만 해결될 수 없는 도덕적 상황들도 존재하기 마련이다. 따라서 여기서는 공정한 분배와 엄격한 합리성이 곧 인을 실현하는 바른 길이다. 맹자가 살았던 전국시대에는 바로 이러한 합리성이 더 요구되는 시기였다. 그가 상대적으로 의(義)를 더 강조하여 인의의 윤리를 정초한 이유도 여기에 있다.

3. 도덕적 상황과 중용(中庸)의 도(道)

맹자윤리학의 도덕규준은 인(仁)이다. 그러나 인의 사랑을 어떻게 분배할 것인지를 놓고 갈등하는 도덕적 상황들이 존재할 수밖에 없다. 도덕적 상황이란 도덕적 원리들(덕, 가치, 규범, 규칙 등), 도덕적 이유들, 그리고 도덕적 감정을 포함하는 어떤 기준들을 고려하여 어떤 개인이 어떤 행위를 자유롭게 선택해야만 하는 상황을 말한다.[20] 크게 보면 개인이 대안적 행위나 행동들을 선택해야만 하는 도덕적 상황은 두 가지다. 하나는 도덕적 가치 대 비도덕적 가치(욕망, 자기이익) 간의 갈등상황이고, 다른 하나는 도덕적 가치 대 도덕적 가치 간의 갈등상황(덕목들 간 혹은 규범들 간)이 그것이다.[21] 이 중 첫 번째의 도덕적 상황은 인을 실현하는 바른 길이 무엇인지, 바른 길을 선택해야 하는 정당화의 이유를 비교적 쉽게 판단할 수 있다. 그러나 문제는 두 번째의 상황이다. 인용을 보자.

【告子 下 1-1】任人有問屋廬子曰 禮與食孰重。曰 禮重。色與禮孰重。曰 禮重。曰 以禮食, 則飢而死, 不以禮食, 則得食, 必以禮乎。親迎, 則不得妻, 不親迎, 則得妻, 必親迎乎。屋廬子不能對, 明日之鄒以告孟子。

---

20) B. I. 찻잔 • J. F. 솔티스 편저(이병승 옮김), 『도덕교육의 철학』(서울: 서광사, 2005), 76~84쪽.

21) 도덕적 상황에서 우리는 어떤 도덕적 원리들에 근거하여 추론하고 판단해야 하고, 대안적 선택들을 위한 이유들을 제시하는 정당화 과정이 포함되며, 이 선택에 영향을 주는 감정(도덕적 감정 혹은 비도덕적 감정)이 포함된다. 또한 상황이 발생하는 특정한 맥락(예컨대, 시공간, 가족 상황, 날씨 등)도 선택에 영향을 줄 수 있다. 같은 책, 같은 쪽 참조.

임나라 사람이 옥려자에게 물었다: "예와 밥 중에 어느 것이 중요한가?" 옥려자가 대답했다: "예가 중요하다." 임나라 사람이 물었다: "여색과 예 중에 어느 것이 중요한가?" 옥려자가 대답했다: "예가 중요하다." 임나라 사람이 말했다: "예에 따라 먹으면 굶어 죽고, 예에 따르지 않고 먹으면 얻어먹을 수 있는데도 반드시 예를 따라야 하는가? 친영하면 처를 얻을 수 없고, 친영하지 않으면 처를 얻을 수 있는데도 반드시 친영을 해야 하는가?" 옥려자가 대답하지 못하고, 다음 날 추나라로 가서 맹자에게 아뢰었다.

*屋廬子(옥려자): 맹자의 제자이고 이름은 연(連).

예(禮)와 밥 간에, 예와 여색 간에 선택해야 한다면 무엇이 더 중요한가? 예이다. 그런데 예에 따르면 굶어 죽을 수 있고 예에 따르지 않으면 얻어먹을 수 있다면 어쩔 것인가? 친영(親迎)[22]하면 첩(미녀)[23]을 얻을 수 없고 친영하지 않으면 첩(미녀)을 얻을 수 있다면 어떤 선택을 할 것인가? 여러분은 어떤 선택을 하겠는가? 인용에서 옥려자는 답을 하지 못하고 있다. 이에 대해 맹자는 어떻게 답변하는지 보자.

【告子 下 1-2】孟子曰 於答是也何有。不揣其本而齊其末，方寸之木可使高於岑樓。金重於羽者，豈謂一鉤金與一輿羽之謂哉。取食之重者，與禮之輕者而比之，奚翅食重。取色之重者，與禮之輕者而比之，奚翅色重。往應之曰 '紾兄之臂而奪之食，則得食，不紾，則不得食，則將紾之乎。踰東家牆而摟其處子，則得妻 不摟，則不得妻，則將摟之乎'。

맹자가 말했다: "이것을 답함에 무슨 어려움이 있는가? 그 근본을 헤아리지 않고 말지만을 가지런히 하면 한 치 되는 나무가 망루 끝보다 높게 할 수 있다. 쇠가 깃털보다 무겁다는 것은 한 갈구리 쇠와 한 수레의 깃털을 일컫

22) 친영이란 중매를 통하여 처갓집에 가서 아내를 맞아오는 것을 말하는 데, 이것이 당시의 예였다. 중매 없이 남녀가 만나는 것은 사통(私通: 불륜)이다.
23) 원문에는 아내(妻)로 표현되어 있지만, 처음 물음에 여색(色)이라 표현한 것으로 보아 여기서는 정실부인이 아니라 첩이거나 미녀인 것 같다.

는 것이겠는가? 밥의 무거움과 예의 가벼움을 비교하면 어찌 밥만 무거울 뿐이겠는가? 여색의 무거움과 예의 가벼움을 비교한다면 어찌 여색만 무거울 뿐이겠는가?" 옥려자가 돌아가서 대답하여 말하길 '형의 팔을 비틀어 밥을 빼앗으면 먹을 수 있고, 비틀지 않으면 얻어먹을 수가 없다면 장차 비틀겠는가? 동쪽 집 담장을 넘어가서 그 처자를 유혹하면 처를 얻을 수 있고, 유혹하지 않으면 처를 얻을 수 없다면 장차 유혹하겠는가?'고 하였다.

*揣(췌): 재다, 헤아리다. *岑樓(잠루): 봉우리와 망루. *鉤(구): 갈구리 쇠. *翅(시): 날개, 다만 ~만이 아니라. *紾(진): 비틀다. *臂(비): 팔. *摟(루): 끌어 모으다, 유인하다.

예(禮)와 밥, 예와 여색의 갈등은 도덕적 가치 대 비도덕적 가치의 대결이다. 예는 근본이고 밥이나 여색은 말지이다. 이러한 관점에서 굶어죽는 한이 있더라도 예를 따르고, 첩(미녀)을 못 얻는 한이 있더라도 친영의 예를 폐기해서는 안 된다고 맹자는 주장한다. 이러한 가르침을 받는 옥려자의 답변이 궁색한 것 같다. 형의 팔을 비틀어 밥을 먹는 것은 안 되고, 담장을 넘어 처자를 유혹하는 것은 안 된다고 하기 때문이다. 다음에는 도덕적 가치 대 도덕적 가치의 갈등사례를 보자.

【萬章 上 2-1】萬章問曰 詩云 '娶妻如之何, 必告父母'。信斯言也, 宜莫如舜。舜之不告而娶, 何也。孟子曰 告則不得娶。男女居室, 人之大倫也。如告, 則廢人之大倫, 以懟父母, 是以不告也。萬章曰 舜之不告而娶, 則吾既得聞命矣。帝之妻舜而不告, 何也。曰 帝亦知告焉則不得妻也。

만장이 물었다: "『시』에 이르길 '장가들려면 어떡해야 하는가? 반드시 부모에게 아뢰야 한다.'고 했는데, 진실로 이 말대로 라면 마땅히 순임금처럼 해서는 안 될 것입니다. 순임금께서는 아뢰지 않고 장가들었는데, 왜 입니까?" 맹자가 대답했다: "아뢨다면 장가들지 못했을 것이다. 남녀가 같은 집에 사는 것은 사람의 큰 윤리이다. 만약 아뢨다면 사람의 큰 윤리를 어겨서 부모를 원망하였을 것이다. 그러므로 아뢰지 않은 것이다." 만장이 말했다: "순임금께서 아뢰지 않고 장가든 것이라면 내 이미 하명을 들은 바가 있습니다. 요임금께서 순에게 딸을 시집보내면서 아뢰지 않은 것은 왜입니까?" 맹

자가 대답했다: "요임금 역시 아뢰었다면 딸을 시집보내지 못할 것을 알았던 것이다."

*娶(취): 장가들다. *懟(대): 원망하다.

인용은 <부모에게 아뢰고 장가나 시집보내는 경우>와 <부모에게 아뢸 경우 장가나 시집을 갈 수 없는 경우> 간에 갈등상황이다. 여기서 전자가 예이다. 그런데 문제는 부모에게 아뢸 경우 장가나 시집을 갈 수 없는 상황이라면 어떡해야 하는가? 이 상황에서 순임금은 부모에게 아뢰지 않고 장가를 갔고, 요임금은 부모에게 아뢰지 않고 딸을 시집보냈다. 순과 요임금의 행위는 정당화될 수 있는가? 남녀가 결혼하는 것은 인륜에서도 큰 윤리이다. 부모에게 아뢰지 않고 장가들고 시집가면 부모에게 욕은 먹겠지만, 큰 윤리를 어겨서 장가나 시집을 가지 않으면 부모를 원망하게 되고 불효를 저지르는 꼴이 된다. 특히, 맹자는 부모에게 아뢰지 않고 장가드는 행위에 대해 장가를 안가서 후사(後嗣)가 없어 가장 큰 불효를 저지를 수 있다는 관점에서 정당화하고 있다.

【離婁 上 26】孟子曰 不孝有三, 無後為大。舜不告而娶, 為無後也, 君子以為猶告也。

맹자가 말했다: "불효에는 세 가지가 있는데, 후사가 없는 것이 가장 크다. 순임금은 말하지 않고 장가든 것은 후사가 없을까 해서였다. 군자께서 아뢴 것과 같다고 하였다.

보다 심각한 갈등사례를 하나 더 보자.

【告子 上 10-1】孟子曰 魚, 我所欲也, 熊掌, 亦我所欲也, 二者不可得兼, 舍魚而取熊掌者也。生, 亦我所欲也, 義, 亦我所欲也, 二者不可得兼, 舍生而取義者也。生亦我所欲, 所欲有甚於生者, 故不為茍得也。死亦我所惡，所惡有甚於死者，故患有所不辟也。如使人之所欲莫甚於生，則凡可以得生者，何不用也。使人之所惡莫甚於死者，則凡可以辟患者，何不為也。由是則生而有不用也，由是則可以辟患而有不為也。

맹자가 말했다: "바다고기는 내가 먹고 싶은 것이고, 곰발바닥도 내가 먹고 싶은 것이지만, 두 가지를 겸하여 얻을 수 없다면, 물고기를 버리고 곰발바닥을 취하겠다. 삶도 내가 원하는 것이고, 의로움도 내가 원하는 것이지만, 두 가지를 겸하여 얻을 수 없다면 삶을 버리고 의로움을 취하겠다. 삶 또한 내가 원하지만, 원하는 바가 삶보다 더욱 심한 것이 있다. 그러므로 진실로 얻지 않을 수가 없는 것이다. 죽음도 내가 싫어하는 것이지만, 싫어하는 바가 죽음보다 더 심한 것이 있다. 그러므로 환난을 피하지 않은 바가 있는 것이다. 만약 사람이 원하는 바가 삶보다 더 심한 것이 없다면 무릇 삶을 얻을 수 있는 것을 어찌 사용하지 않겠는가? 만약 사람이 싫어하는 바가 죽음보다 더 심한 것이 없다면 무릇 환난을 피할 수 있는 것을 어찌 하지 않겠는가? 이로 인하여 삶을 위해 사용하지 않은 것이 있고, 이로 인하여 환난을 피할 수 있는데도 하지 않음이 있는 것이다."

*熊掌(웅장): 곰발바닥.

삶도 내가 원하는 바이고 의로움을 지키는 것도 내가 원하는 것이다. 죽음도 내가 싫어하는 바이고 의로움을 지키는 것도 내가 원하는 것이다. 한마디로 생명의 가치 대 의로움의 가치의 대결이다. 이 세상에 생명보다 소중한 가치가 어디 있겠는가? 그러나 인간은 의로운 대의를 위하여 생명도 버릴 수 있는 세상에서 유일한 존재이다. 세상에는 원하는 바가 삶보다 더 중요한 가치가 있고, 싫어하는 바가 죽음보다 더 중요한 가치가 있다. 의로운 대의를 포기하고 생명을 선택한다면 인간의 본심을 잃어버린 자라고 맹자는 말하고 있다. 아~ 우리는 맹자를 따를 수 있을까?

【告子 上 10-2】是故所欲有甚於生者，所惡有甚於死者，非獨賢者有是心也，人皆有之，賢者能勿喪耳。一簞食，一豆羹，得之則生，弗得則死。嘑爾而與之，行道之人弗受。蹴爾而與之，乞人不屑也。萬鍾則不辨禮義而受之， 萬鍾於我何加焉。為宮室之美、妻妾之奉、所識窮乏者得我與。鄉為身死而不受，今為宮室之美為之。鄉為身死而不受，今為妻妾之奉為之。鄉為身死而不受，今為所識窮乏者得我而為之，是亦不可以已乎。此之謂失其本心。

> (맹자가 말했다) "이러므로 원하는 바가 삶보다 더 심한 것이 있고, 싫어하는 바가 죽음보다 더 심한 것이 있다. 유독 현자만 이러한 마음을 가지고 있는 것이 아니라, 모든 사람이 가지고 있는데, 현자는 능히 잃어버리지 않을 뿐이다. 한 그릇의 밥과 한 그릇의 국을 얻으면 살고 얻지 못하면 죽는다고 하더라도, 성내며 주면 길을 가던 사람도 받지 않고, 발로 차면서 주면 걸인도 달갑게 여기지 않는다. 만종의 녹이면 예의를 따지지 않고 받으려 하는데, 만종의 녹이 나에게 무슨 보탬이 있겠는가? 궁실의 아름다움과 처첩의 봉양을 위해서이고, 나를 아는 궁핍한 자가 나의 마음을 얻기 위한 것이다. 예전에 몸이 죽임을 당하더라도 받지 않다가 지금 와서 궁실의 아름다움을 위해 그것을 하고, 예전에 몸이 죽임을 당하더라도 받지 않다가 지금 와서 처첩의 봉양을 받기 위해 그것을 하며, 예전에 몸이 죽임을 당하더라도 받지 않다가 지금 와서 나를 아는 궁핍한 자가 나의 마음을 얻기 위해 그것을 한다 말인가? 이것을 또한 그만둠이 불가한 것인가? 이것을 일러 본심을 잃었다고 말한다."

*嘑(호): 성내며 부르짖다, 꾸짖다. *屑(설): 가루로 부수다, 달갑게 여기다. *鄉(향): 예전에.

도덕적 상황에서 대안적 선택은 이상에서처럼 항상 선과 악, 옳고 그름의 단가적 택일에 따라 행동해야 하는 경우만 있는 것이 아니다. 때로는 예외적인 권도(權道)를 선택해야 할 경우도 있고, 시공간적 맥락과 개인이 처한 상황에 따라 행위를 달리해야 하는 경우도 있는 법이다. 이러한 도덕적 상황에서는 최적의 시중적(時中的) 중용(中庸)을 포착해내는 고도의 지적•도덕적 안목과 행위선택이 요구된다. 사례들을 보자.

【梁惠王 下 16-1】魯平公將出。嬖人臧倉者請曰 他日君出，則必命有司所之。今乘輿已駕矣，有司未知所之。敢請。 公曰 將見孟子。 曰 何哉 君所為輕身以先於匹夫者, 以為賢乎。禮義由賢者出。而孟子之後喪踰前喪。君無見焉 公曰 諾。

노평공이 외출하려 하자 가까이 모시는 장회가 청해 말했다: "다른 날에 군주께서 외출하시면 반드시 유사에게 갈 곳을 명령하였는데, 오늘은 수레에 이미 멍에를 갖추었는데도 유사가 갈 곳을 알지 못해서 감히 청합니다." 평공이 대답했다: "맹자를 뵈러 갈 것이다." 다시 물었다: "무슨 일입니까? 군주께서 몸을 낮추어 필부를 높이는 것은 어질기 때문입니까? 예의라는 것은 현자로부터 나오는 것인데, 맹자는 뒤의 상례가 앞선 상례를 지나쳤습니다. 군주께서는 만나지 마십시오." 노평공이 말했다: "알았다."

*乘輿(승여): 군주의 수레. *駕(가): 멍에. *後喪踰前喪(후상유전상): 후상이 전상을 넘었다. 즉 앞선 상례보다 뒤의 상례를 더 성대하게 했다. 맹자는 앞에 아버지를 잃고 뒤에 어머니를 잃었다. 그러니까 맹자는 아버지 상례보다 어머니 상례를 더 성대하게 치른 것이겠다.

【梁惠王 下 16-2】樂正子入見, 曰 君奚為不見孟軻也 曰 或告寡人曰, '孟子之後喪踰前喪', 是以不往見也。 曰 何哉君所謂踰者 前以士, 後以大夫 前以三鼎, 而後以五鼎與 曰 否。謂棺槨衣衾之美也。 曰 非所謂踰也, 貧富不同也。

악정자가 들어와 뵙고는 말했다: "군주께서는 어찌하여 맹가를 만나지 않습니까?" 대답했다: "혹자가 과인에게 고하길 '맹자는 뒤의 상례가 앞선 상례를 지나쳤다.'고 하면서 만나러 가지 말라고 했다." 악정자가 물었다: "군주께서 이른바 '지나쳤다'는 것은 무슨 뜻입니까? 앞에는 사(士)의 예로 하고 뒤에는 대부(大夫)의 예로 한 것을 말하는 것입니까? 앞에는 삼정(三鼎)의 예로 하고 뒤에는 오정(五鼎)의 예로 한 것을 말하는 것입니까?" 대답했다: "아니다. 관곽과 의상의 아름다움을 말하는 것이다." 악정자가 말했다: "그것은 이른바 '지나쳤다'는 것이 아니라, 빈부가 서로 같지 않았기 때문입니다."

*樂正子(악정자): 이름은 극(克)이고, 맹자의 제자이며 노나라에서 벼슬함. *三鼎(삼정)은 사제례(士祭禮)이고, 五鼎(오정)은 대부제례. *衾(금): 이불.

인용에서 맹자는 먼저 죽은 아버지 장례보다 나중에 죽은 어머니 장례를 더욱 성대하게 했다. 장회는 맹자의 이러한 행위를 비난하면서 노평공에게 맹자를 만나지 말 것을 건의했다. 장회의 건의를 받아들인 노평공에게 악정자가 그 근거를 요구하자, 노평공은 예의 문제가 아니라 관곽치장의 차이 때문이라고 대답하고 있다. 맹자가 두 장례를 다르게 치른 것은 아버지 장례 때는 사(士)계급이었기에 그에 걸맞는 예로 하였고, 어머니 장례 때는 대부계급이었기에 그에 걸맞는 예로 치렀다.[24] 장회나 노평공도 이를 비난한 것은 아니다. 비난의 대상이었던 관곽치장의 차이는 앞에서는 가난했고, 뒤에서는 부유했기 때문이었다. 똑같은 도덕적 상황이라도 맥락에 따라 행위선택은 달라질 수 있는 것이다. 또 다른 상례사례를 보자.

【盡心 上 39】齊宣王欲短喪。公孫丑曰 為期之喪，猶愈於已乎。孟子曰 是猶或紾其兄之臂，子謂之姑徐徐云爾，亦教之孝弟而已矣。王子有其母死者，其傅為之請數月之喪。公孫丑曰 若此者，何如也。曰 是欲終之而不可得也。雖加一日愈於已，謂夫莫之禁而弗為者也。

> 제선왕이 상례의 기간을 단축하고자 했다. 공손추가 말했다: "1년 상이 그만두는 것보다 나을 것인저!" 맹자가 말했다: "이것은 혹자가 자기 형의 팔뚝을 비틀거든 자네가 그에게 우선 천천히 하라 말하는 것과 같다. 또한 그에게 효제를 가르칠 뿐이다. 왕자 중에 자기 어머니가 죽은 자가 있었는데, 그 사부가 그를 위해 수개월의 상을 청하였다. 공손추가 말했다: "이처럼 하면 어떻습니까?" 맹자가 말했다: "이것은 상례를 끝까지 마치고자 해도 할 수가 없는 경우이다. 비록 하루를 더 하더라도 그만두는 것보다는 낫다. (앞의 경우는) 금지하라고 하지 않았는데도 하지 않는 것을 일컫는다."

*紾(진): 비틀다. *臂(비): 팔뚝.

사람이 죽으면 3년 상을 치르는 것이 당시의 예이다. 제선왕은 부모의 상례를 1년으로 단축하고자 하였다. 이에 대해 공손추는 안 하는 것보다 낫다고 평가

24) 맹자는 제선왕의 객경(客卿)으로 있을 때 모친상을 당했다.

했지만, 맹자는 형의 팔뚝을 비트는 자에게 좀 천천히 하라고 충고하는 꼴이라고 비난하고 있다. 한편, 왕자가 모친상을 당했는데 3년 상을 할 수 없는 처지였다. 그래서 그의 사부는 6개월 상을 건의했고, 이에 대해 맹자는 그만두는 것보다는 하루라도 더 할 수 있으면 하는 것이 낫다고 평가하고 있다. 제선왕은 3년 상이 가능한 상황인데도 하지 않으려 하고, 왕자는 하고 싶어도 할 수 없는 처지였다. 그래서 맹자의 평가가 달랐다. 또 다른 사례를 보자.

【離婁 上 17】淳于髡曰 男女授受不親, 禮與。孟子曰 禮也。曰 嫂溺則援之以手乎。曰 嫂溺不援, 是豺狼也。男女授受不親, 禮也。嫂溺援之以手者, 權也。曰 今天下溺矣, 夫子之不援, 何也。曰 天下溺, 援之以道 嫂溺, 援之以手。子欲手援天下乎。

> 순우곤이 물었다: "남녀 간에 주고받기를 친히 하지 않는 것이 예입니까?" 맹자가 대답했다: "그것이 예입니다." 순우곤이 물었다: "형수가 물에 빠지면 손으로 구원해야 합니까?" 맹자가 대답했다: "형수가 물에 빠졌는데 구원하지 않는다면 이것은 승냥이입니다. 남녀 간에 주고받기를 친히 하지 않는 것이 예이지만, 형수가 물에 빠져서 손으로 구원하는 것은 권도인 것입니다." 순우곤이 물었다: "오늘날 천하가 물에 빠졌는데 선생께서 구원하지 않는 것은 무엇입니까?" 맹자가 대답했다: "천하가 물에 빠지면 도로서 구원하고, 형수가 물에 빠지면 손으로 구원합니다. 당신께서는 손으로 천하를 구원할 것입니까?"

*淳于髡(순우곤): 순우(淳于)는 성이고, 곤(髡)은 이름으로 제나라 말재주꾼. *豺狼(시랑): 승냥이와 이리.

남녀 간에는 주고받기를 친히 하지 않는 것이 예이다. 그런데 형수가 물에 빠졌다면 어떻게 할 것인가? 남녀 관계를 떠나 손으로 구원해 주어야 한다. 이것이 예외적인 권도(權道)인 것이다. 물론 인용에서 순우곤의 질문은 천하가 물에 빠졌는데도 구원에 나서지 않는 맹자에게 불평한 것이다. 이에 대해서도 맹자는 형수가 물에 빠지면 손으로 구원하지만, 천하가 물에 빠진 경우는 도(道)로써 구원해야 한다고 대답하고 있다. 도덕적 상황에 걸맞게 도덕원리를 적용해야 마땅한 것이다. 또 다른 사례를 보자.

【盡心 上 35】桃應問曰 舜為天子, 皋陶為士, 瞽瞍殺人, 則如之何。孟子曰 執之而已矣。然則舜不禁與。曰 夫舜惡得而禁之, 夫有所受之也。然則舜如之何。曰 舜視棄天下, 猶棄敝蹝也。竊負而逃, 遵海濱而處, 終身訢然, 樂而忘天下。

> 도응이 물어 말했다: "순임금이 천자가 되어 고도가 판사가 되었는데, 고수가 사람을 죽인다면 어떻습니까?" 맹자가 말했다: "집행할 뿐이다." (도응이 물었다) "그러면 순임금이 금하지 않겠습니까?" 맹자가 말했다: "무릇 순임금이 어찌 금지할 수 있겠는가? 전수받은 바가 있는 것이다." (도응이 물었다) "그러면 순임금은 어떻게 하겠습니까?" 맹자가 말했다: "순임금이 천하를 버리는 것을 보되 마치 헌 신짝 버리듯 하여, 몰래 짊어지고 도망하여 바닷가에 따라 거처하며 종신토록 흔쾌히 기뻐하고 즐기면서 천하를 잊을 것이다."

*蹝(사): 짚신, 천천히 걷다. *訢然(흔연): 기쁜 모양.

순임금은 천자이고 고도는 법을 집행하는 판사이다. 순임금의 아버지인 고수가 사람을 죽였다면 순임금과 고도는 어떻게 행동할 것인가? 고도가 법을 집행하는 판사라 하더라도 순임금의 아버지인 고수를 형벌에 처할 수는 없지 않을까? 순임금도 고도의 법집행을 막지 않을까? 국가에 대한 충(忠)과 부모에 대한 효(孝) 간의 대결이다. 국가에 대한 일은 공적인 것이고, 부모에 대한 일은 사적인 일이다. 공적인 국가의 일에 대해서는 천자라도 막을 수 없다. 고도는 법을 집행할 수밖에 없고, 순임금도 천자로 있는 한 그의 법 집행을 막을 수 없다. 순임금이 부모를 살리는 길이 있다면 천자의 직을 버리고 부모와 함께 도망하는 것뿐이다. 다음의 사례들도 참고가 된다.

【離婁 下 31】曾子居武城, 有越寇。或曰 寇至, 盍去諸。曰 無寓人於我室, 毁傷其薪木。 寇退, 則曰 修我牆屋, 我將反。 寇退, 曾子反。左右曰 待先生, 如此其忠且敬也。寇至則先去以為民望, 寇退則反, 殆於不可。沈猶行曰 是非汝所知也。昔沈猶有負芻之禍, 從先生者七十人, 未有與焉。子思居於衛, 有齊寇。或曰 寇至, 盍去諸。子思曰 如伋去, 君誰與守。孟子曰 曾子、子思同道。曾子, 師也, 父兄也。子思, 臣也, 微也。曾子、子思易地則皆然。

증자가 무성에 기거할 때 월나라의 침략이 있자, 혹자가 말하길 '침략군이 이르렀는데 어찌 도망하지 않습니까?' 하자, 증자가 말하길 '내 집에 사람이 머물게 하여 풀과 나무가 훼손되지 않도록 하라.'고 했다. 침략군이 물러가자 말하길 '나의 담장을 수선하라, 내가 곧 돌아갈 것이다.'하였다. 침략군이 물러나자 증자는 돌아왔고, 좌우에서 말하길 '선생을 대우하기를 이처럼 충성스럽고 공경스럽게 했거늘, 침략군이 이르자 먼저 떠나서 백성들이 쳐다보게 하고, 침략군이 물러나자 돌아오니, 아마 잘못인 듯합니다.'하였다. 침유행이 말하길 '이것은 너희가 알 바가 아니다. 옛날 침유 집안에 부추의 난이 있었는데 선생을 따르는 무리 70인 중에 참여한 자가 있지 않았다.'고 하였다. 자사가 위나라에 기거할 때 제나라의 침략이 있었다. 혹자가 말하길 '침략군이 이르렀는데 어찌 도망하지 않습니까?' 하자, 자사가 말하길 '만약 내가 떠나면 임금은 누구와 더불어 지키겠는가?' 하였다. 맹자가 말했다: "증자와 자사는 도가 같다. 증자는 스승이고 부형이었고, 자사는 신하이고 미천했었다. 증자와 자사의 위치를 바꾼다면 다 그리했을 것이다."

【告子 下 3】公孫丑問曰 高子曰 '小弁, 小人之詩也'。孟子曰 何以言之。曰 怨。曰 固哉, 高叟之為詩也 有人於此, 越人關弓而射之, 則己談笑而道之, 無他, 疏之也。其兄關弓而射之, 則己垂涕泣而道之, 無他, 戚之也。小弁之怨, 親親也。親親, 仁也。固矣夫, 高叟之為詩也。曰 凱風何以不怨。曰 凱風, 親之過小者也, 小弁, 親之過大者也。親之過大而不怨, 是愈疏也, 親之過小而怨, 是不可磯也。愈疏, 不孝也, 不可磯, 亦不孝也。孔子曰 '舜其至孝矣, 五十而慕'。

공손추가 물었다: "고자가 이르길 '소반이라는 시는 소인배의 시이다.'고 했습니다." 맹자가 말했다: "어떤 까닭으로 그렇게 말하는가?" 공손추가 말했다: "원망하기 때문입니다." 맹자가 말했다: "고루하도다, 고수가 시를 해석함이여! 여기에 어떤 사람이 있는데, 월나라 사람이 활을 당겨 그를 쏜다면, 자기가 말하고 웃으며 쏘지 말라고 인도하는 것은 다름이 아니라 그를 소원하게 대했기 때문이다. 그 형이 활을 당겨 그를 쏜다면 자기가 눈물로 읍소하며 쏘지 말라고 인도하는 것은 다름이 아니라 친척이기 때문이다. 소반의 원망은 부모를 친애한 것이다. 부모를 친애하는 것이 인이거늘, 고루하도다, 고수의 시를 해석함이여." 공손추가 말했다: "개풍이라는 시는 어찌하여 원망하지 않았습니까?" 맹자가 말했다: "개풍의 시는 부모의 과실이 작은 것이고, 소반의 시는 부모의 과실이 큰 것이다. 부모의 과실이 큰데도 원망하지 않았다면 이것은 더욱 소원한 것이고, 부모의 과실이 작은데도 원망한다면 이것은 격노한 것이다. 더욱 소원함도 불효이고, 격노하는 것도 불효이다. 공자께서 이르길 '순임금은 지극한 효자이다. 50세 동안이나 사모하였다.'고 하였다.

*小弁(소반): 『시詩』의 편명. *凱風(개풍): 『시詩』의 편명. *磯(기): 물이 부딪치는 돌. *不可磯(불가기): 조금만 격하여도 대번에 노함.

【告子 下 5】孟子居鄒, 季任為任處守, 以幣交, 受之而不報。處於平陸, 儲子為相, 以幣交, 受之而不報。他日由鄒之任, 見季子 由平陸之齊, 不見儲子。屋廬子喜曰 連得閒矣。 問曰 夫子之任見季子, 之齊不見儲子, 為其為相與。曰 非也。書曰 '享多儀, 儀不及物曰不享, 惟不役志于享'。為其不成享也。屋廬子悅。或問之。屋廬子曰 季子不得之鄒, 儲子得之平陸。

맹자가 추나라에 거처할 때에 계임이 임나라의 처수가 되어 폐백을 드리며 사귀려 하자, 폐백만 받고 답례하지 않았다. 평육에 거처할 때에는 저자가 재상이 되어 폐백을 드리며 사귀려 하자, 폐백만 받고 답례하지 않았다. 다른 날 추나라에서 임나라로 가다가 계자를 만났지만, 평육에서 제나라로 가다가는 저자를 만나지 않았다. 옥려자가 기뻐하며 말하였다: "제가 기회를 얻었다. 묻습니다. 선생님께서 임나라에 가서는 계자를 만났고, 제나라에 가서는 저자를 만나지 않았는데, 그가 재상이 되었기 때문입니까?" 맹자가 대답했다: "아니다. 『서』에 이르길 받듦에는 예의가 많거늘, 예의가 사물에 미치지 못함을 불향이라 일컫는다. 오직 받듦에 걸맞게 뜻을 두지 않았기 때문이다.'고 했다. 그가 받듦을 하지 않았기 때문이다." 옥려자가 기뻐하자 어떤 이가 물었다. 옥려자가 말했다: "계자는 추나라에 갈 수가 없었고, 저자는 평육에 갈 수 있었다."

*屋廬子(옥려자): 맹자의 제자이고 이름은 연(連). *享(향): 받듦, 제사.

4. 인의의 윤리와 정의의 윤리

맹자는 묵자의 겸애(兼愛)와 양자의 위아(爲我)의 도덕규준에 반대하면서 인의(仁義)의 윤리학을 정초하였다. 그는 묵자의 겸애가 이익을 똑같이 나누는 공동체주의의 원리라면, 양자의 위아는 자기만의 이익을 위하는 이기주의의 원리라고 여겼다. 그래서 양자에게는 공동체(국가)에 대한 고려가 없고, 묵자에게는 개인(가문)에 대한 고려가 없다고 진단했다. 공자로 이어져온 인의의 윤리학만이 개인과 공동체를 동시에 고려하면서 인륜에 부합하는 사상이라고 여겼다.

인의의 윤리학은 전덕인 인(仁)에 토대하여, 도덕적 문제 사태를 파악하고 [智], 직분과 관계에 걸맞는 덕목이나 합리적인 기준[義]을 설정하고, 나아가 그 기준에 따라 세부적인 규칙인 예(禮)를 입법하여 도덕적 실천을 이끄는 윤리학이다. 그러니까 인은 생명을 긍휼이 여기고 사람을 사랑하는 것이며, 의나 예는 인의 사랑을 분배하는 올바른 기준에 관한 것이다. 인의 사랑을 분배하는 의로움의 일차적인 기준은 친친(親親)의 원리이다. 그것은 한마디로 가까운 사람을 가깝게 대하라는 것이다. 이로부터 친척, 이웃, 사회, 국가, 천하로 그 사랑을 확대해 나가는 것이다.

그러나 친친(親親)의 원리는 인간관계를 혈연적 유대와 가문의 사적인 이익에 갇히도록 할 가능성이 높다. 이러한 점을 우려하여, 맹자는 친친의 원리가 혈연과 사적인 이익에 갇히지 않도록 개체성과 공동체성간의 긴장과 조화를 늘 저울질 하는 이성적 노력과 중용(中庸)의 도(道)를 강조하였다. 가족이라는 혈연공동체 안에서는 엄격하게 따지고 나누는 합리성[義]보다는 정서적 유대감[仁]을 소중히 여긴다. 비친면적 이익공동체 사회에서는 그 반대이다. 여기서는 공정한 분배와 엄격한 합리성이 곧 인을 실현하는 바른 길이다. 맹자가 살았던 전국시대에는 바로 이러한 합리성이 더 요구되는 시기였다. 그가 상대적으로 의(義)를 더 강조하여 인의의 윤리를 정초한 이유도 여기에 있었다.

탈현대를 살아가는 우리의 입장에서는 인의의 윤리학의 현대적 의미를 생각해보지 않을 수 없다.[25] '인의의 윤리'는 서양적 전통의 '정의'(正義)의 윤리와 대비된다. 서양사상에서 모든 도덕의 아버지라 할 정의 개념은 그것이 어떤 식으로 정의(定義)되든 보상적•평등적(補償的·平等的) 정의(正義)에 가깝다. 그러나 맹자의 인의(仁義)는 경제적 이해관계의 보상과 평등을 조절하는 개념이라기보다 오히려 자연적 질서에 대응하는 인륜적(人倫的) 질서를 의미한다. 정의(正義)는 독립된 개인을 전제로 성립한다. 그래서 정의는 개인과 개인 간의 갈등을 해결하고 손실을 보상하며 평등을 이뤄나가는 도덕원리이다. 그러나 인의는 공동체적 인륜을 전제로 성립된다. 인륜을 떠난 추상화된 개인은 존재하지 않다고 여기기 때문이다. 따라서 인(仁)에 기초한 의(義), 즉 '인의'(仁義)는 바로 인륜적 질서 속에서 개인들이 가져야할 도덕원리인 셈이다.

현대의 여성심리학자이자 교육학자인 길리건(C. Gilligan)과 나딩스(N. Noddings) 등에 의하면, 한마디로 서양 전통의 윤리학은 '정의의 윤리'(the Ethics of Justice)로 요약될 수 있다. 칸트와 공리주의에서 콜버그로 이어지는 정의의 윤리는 성적 편견(sex bias)을 담은 남성위주의 윤리학일 뿐만 아니라, 서양의 공동체적 전통을 허물며 사람들을 지나친 이기주의자로 이끌어왔다. 따라서 성적 편견을 없애면서 공동체적 자아를 회복할 수 있는 윤리학이 모색되어야 한다. 그 대안으로 제시되는 것이 바로 '배려의 윤리'(the Ethics of Care)이다. '따뜻한 배려'와 '관계성'과 '책임'은, '정의'와 '의무'와 '권리'의 남성 편향적 도덕성과는 다른 목소리로 여성과 어머니의 도덕성이라는 것이다. 정의의 윤리는 우리를 다른 사람들로부터 분리시키는 보편화의 원리만을 강조한다. 그러나 진정한 윤리적 삶의 본질

---

25) 이하의 '인의의 윤리', '정의의 윤리', '배려의 윤리'를 대비적 관점에서 논한 것은 강봉수, 『유교 도덕교육론』(서울: 원미사, 2001), 22~24쪽에서 가져와 깁고 보탠 것이다.

은 서로 알게 되고 상대방이 느끼는 것을 같이 느끼며 상대방에 의해 영향을 받게 되는 것이다. 이처럼 타인을 향한 수용성 혹은 개방성이 윤리적 삶의 본질이라면 인간적 만남, 따뜻한 배려의 원리가 정의보다 더 중요한 사회적, 도덕적 기초가 되어야 마땅할 것이다. 그래서 길리건은 이제 도덕성은 '정의'와 '배려'라는 두 가지 상호 의존적인 요소들로 이루어진 것으로 보아야 함을 강력히 주장하고 있다.

맹자의 인의윤리학은 '정의'의 윤리보다는 '배려'의 윤리에 가깝다. 인간적 만남과 따뜻한 배려를 전제로 하여 정의를 추구하고자 하는 것이 인의의 윤리학이다. 그 인간적 만남의 출발점이 어디인가? 가족과 친척이 아니겠는가? 그래서 인의의 윤리학은 가족 사랑으로부터 이웃과 나라사랑으로 확대되어 가는 친친의 원리를 주장했다. 이러한 인의의 윤리학은 오늘날 첨단학문이 유전학 혹은 진화심리학적 연구결과에도 부합되는 것이 아닐까 한다. 프랭크 미엘(Frank Miele)은 이렇게 말한다.

> 인간의 사회성은 '모든 인간은 자기 자신만을 생각한다.'(맹자적 관점에서 양자가 그렇다; 필자 주)거나 또는 '모두를 위한 하나, 하나를 위한 모두'(맹자적 관점에서 묵자가 그렇다; 필자 주)와 같이 단순한 문장으로 압축할 수 없다. (중략) 자기 자신이 가장 소중하고, 다음으로 부모와 자녀 그리고 형제자매가 소중하며, 그 밖의 사람들은 유전적 유사성이 감소하는 순차에 따라 그 중요도가 감소한다.[26]

인간은 누구나 부모로부터 50%씩의 유전자를 받고 태어난다. 그렇기 때문에 일단 유전자를 물려준 부자 사이의 사랑은 자연스러운 감정이다. 유전자를 공유하는 형제간의 사랑도 그렇다. 촌수가 멀어질수록 유전자의 공유 정도는 감소하기 마련이다. 따라서 우리는 간단한 계산을 통해 내가 언제, 또 누구를 도와야 하는지 흥미로운 결과를 도출할 수 있다. 그 결과는 아래의 <그림 1>처럼 요약할 수 있다.

---

26) 프랭크 미엘, "진화심리학에 대한 빠르고 간편한 안내서", 『SKEPTIC, Korea』VOL 4 (2015. 12), 91쪽.

그러나 맹자가 우려했듯, 유전자의 공유 정도가 매우 낮은 사람들로 구성되는 비친면적 이익공동체에서 시민들이 서로 사랑하면서 정의로운 사회를 어떻게 만들어 갈 것인지는 앞으로도 꾸준히 노력해야할 과제일 수밖에 없다.

그림1 피는 물보다 진하다. 유전적 유사성에 비례하는 정도로.
진화심리학에 따르면 (평균적으로) 친족과 어느 정도로 유전자를 공유하는지에 따라 그 친족으로부터 얼마만큼의 도움을 기대할 수 있는지 예측할 수 있다. 도표의 오른쪽 면은 일부일처로부터 도출된 결과이고 왼쪽 면은 일부다처로부터 도출된 결과다.

〈그림 1〉 유전자 공유정도에 따른 사랑과 이익의 분배방식

*출처: 프랭크 미엘(2015), 앞의 책, 90쪽에서 전재

제5장

노심자의 도덕적 책무

제5장 노심자의 도덕적 책무

인간은 도덕적 본성을 가지고 태어났다. 이 점에서 인간은 누구나 평등한 존재이다. 그러나 누구나 도덕적 본성에 따라 살아가진 않는다. 말하자면, 인간은 누구나 도덕행위자의 조건을 갖추고 태어났지만, 누구나 도덕적인 사람이 되지는 않는다. 그것의 맹자적인 이유는 식생지성 때문이다. 자연생명들은 생명유지의 필요와 요구수준에서 식생지성을 자연스럽게 추구하는 삶을 살지만, 사회적 존재로서 인간은 필요(necessity)와 요구(demand)수준을 넘어 욕구(need)하고 욕망(desire)한다. 도덕적인 사람이 될 것인지는 바로 식생지성에서 비롯되는 인간적 욕구와 욕망을 조절하면서 도덕적 본성에 따라 살 수 있느냐에 달렸다. 맹자가 인의의 윤리학을 정초한 것도 이러한 이유에서다.

그러나 인간은 누구나 도덕적인 삶을 살아갈 것이라는 보장이 없기에 윤리교육이나 도덕적 계몽도 필요하고,[1] 한편으로 인위적으로 비도덕적인 사람들을 통제할 제도적 수단도 필요하다. 또 한편으로 도덕적인 개인들이 모여 사회를 구성하였다고 그 공동체가 반드시 정의로운 사회가 될 것이라는 보장도 없다. 혈연공동체와 같은 친면적인 사회라면 몰라도, 자신의 이해관계를 넘어선 비친면적인 사회에서는 식색지성의 욕망을 둘러싼 가치갈등을 개인들의 도덕적 자율성에만 기대어 해결할 수 없는 문제들이 나타난다.[2] 비도덕적인 사람들을 강제적으로 통

---

1) 이 주제는 7장에서 다룬다.

2) 앞장에서 맹자는 비친면적 사회에서 가치갈등을 해결하는 도덕적 접근으로 중용의 도를 보여주었다. 그럼에도 불구하고 개인들의 도덕적 자율성에 기대어 해결할 수 없는 사회적

제하는 한편, 개인들의 도덕적 자율성으로 해결할 수 없는 문제들에 접근하기 위한 제도적 수단이 바로 정치(政治)일 것이다. 현대적인 뜻에서(D. Easton), 정치란 사회를 구성하는 구성원들이 자신의 자유를 일부 할양하여 공동선과 가치를 배분하는 기준을 만들고 그것을 권위적으로 집행하는 것이다. 정치를 효율적으로 하기 위해 각종 조직과 제도와 법 등을 만들었고, 또한 그러한 조직과 제도의 운영을 맡을 정치적 리더들이 필요한 것이겠다. 이 점에서 맹자시대의 정치도 다르지 않았다고 여긴다.

사회구성원들로부터 자유를 얼마나 할양받고, 공동선과 가치를 권위적으로 배분하는 기준을 어떻게 설정할 것인지를 결정하는 것이 쉽지 않은 일이다. 이것은 바람직한 정치공동체의 이상을 놓고 구성원들 간에 벌이는 치열한 이념논쟁이기 때문이다. 누가 그 기준을 정할 것이며, 그 기준을 집행할 조직의 리더들은 어떻게 뽑을 것인가? 이를 선점한 사람들이 결국 사회구성체를 이끌어가는 지배자가 되고 지배계급을 형성할 수밖에 없다. 그래서 인류의 정치사는 이데올로기 투쟁이고 계급투쟁의 역사로 점철되어 온 것이라 여긴다. 인간이 사회를 구성한 이래 정치가 없었던 시대는 없었다. 하나의 정치체제가 형성되면 이제부터 그러한 지배구조가 그 자체의 독자적인 논리에 따라 움직이면서 개개인들의 삶에 지대한 영향을 미친다. 개인적 신분과 삶의 목표, 가치관과 생활양식에 이르기까지 그 영향은 광범위하다.

사회구성체 내에서 지배계급을 형성하는 사람들이 권력과 명예와 부 등의 사회적 희소가치를 얻는데 유리할 수밖에 없다. 그래서 사회구성원들은 누구나 가능하면 지배계층으로 상승할 수단과 방법을 찾게 되고, 지배계급이 되면 그 지배를 정당화하고 공고화하려는 노력을 하게 마련이다. 사회구성원들 간의 계급화 혹은 계층화는 불가피한 현상이다. 어느 사회에서나 특권층(지도층)이 생겨나고 사회적 약자들도 존재하기 마련이다. 문제는 이러한 차이를 낳은 가치배분의 기준과 그것의 적용이 얼마나 공정하고 일관성 있고 정당화가 가능한가에 달렸다. 그래서 이를 집행하고 감독할 책임을 부여받는 정치적 리더들의 역할이 중요하다. 정치적 리더들이 제대로 역할을 못하거나 오히려 반칙을 통하여 이권을 추구

문제와 갈등은 남는다.

한다면 피지배계층의 삶은 더욱 도탄에 빠지고 나아가 반역을 꿈꾸게 되면서 사회적 혼란이 가중된다. 피지배층의 반역은 정치적 리더들의 교체를 넘어 가치배분의 기준과 정치체제 자체를 바꾸는 혁명으로 이어질 수도 있다. 이것이 그동안 인류의 정치사가 보여준 경험적 진리이다.

사회적 특권층은 대체로 정치적 리더들의 후보이기도 하지만 사회구성체의 유지와 발전에 일정 기여할 수 있다. 부정한 방법으로 체제의 공고화와 사적인 이권의 쟁탈에 혈안이 된 자들도 있지만, 체제의 안정과 발전에 대한 도덕적 책임감으로 무장하여 정치적 리더들을 감시하고 비판하면서 사회악의 개선과 약자들의 삶에 기여하는 자들도 있다. 후자와 같은 특권층들의 삶의 태도를 이른바 '노블레스 오블리주'(Noblesse oblige)라 부른다.[3)]

맹자가 살았던 춘추전국시대는 주나라의 봉건적 정치체제의 혼란으로부터 왔다. 도덕적 본성보다는 식색지성의 노예가 되어 서로 이익을 다투는 개인들에게도 책임이 있지만, 그 보다는 제후를 비롯한 정치적 리더들의 정의롭지 못한 정치와 이욕의 이전투구가 정치적 혼란과 사회악을 낳았다고 보아야 한다. 춘추전국시대에 제자백가의 사상가들은 사회적 병의 진단과 처방을 철학적으로 사유했던 학자이면서 몸소 '노블레스 오블리주'를 실천하고자 했던 지배계층이고 사회지도층이라 할 수 있다. 맹자 또한 예외가 아니리라.

---

3) '노블레스 오블리주'(프랑스어: Noblesse oblige, IPA: /nɔblɛs ɔbliʒ/)란 프랑스어로 "귀족성은 의무를 갖는다"를 의미한다. 보통 부와 권력, 명성은 사회에 대한 책임과 함께 해야 한다는 의미로 쓰인다. 즉, 노블레스 오블리주는 사회지도층에게 사회에 대한 책임이나 국민의 의무를 모범적으로 실천하는 높은 도덕성을 요구하는 단어이다. 하지만 이 말은 사회지도층들이 국민의 의무를 실천하지 않는 문제를 비판하는 부정적인 의미로 쓰이기도 한다. 더 자세하게는 사회적 직위나 신분이 높은 사람이 실천해야하는 도덕적 의무를 뜻한다. 14세기 백년전쟁 당시 프랑스의 도시 '칼레'는 영국군에게 포위당한다. 칼레는 영국의 거센 공격을 막아내지만, 더 이상 원병을 기대할 수 없어 결국 항복을 하게 된다. 후에 영국 왕 에드워드 3세에게 자비를 구하는 칼레시의 항복 사절단이 파견된다. 그러나 점령자는 "모든 시민의 생명을 보장하는 조건으로 누군가가 그동안의 반항에 대해 책임을 져야한다."며 "이 도시의 대표 6명이 목을 매 처형 받아야 한다."고 말한다. 칼레시민들은 혼란에 처했고 누가 처형을 당해야 하는지를 논의했다. 모두가 머뭇거리는 상황에서 칼레시에서 가장 부자인 외스타슈 드 생 피에르(Eustache de St Pierre)가 처형을 자청하였고 이어서 시장, 상인, 법률가 등의 귀족들도 처형에 동참한다. 그들은 다음날 처형을 받기 위해 교수대에 모였다. 그러나 임신한 왕비의 간청을 들은 영국 왕 에드워드 3세는 죽음을 자처했던 시민 여섯 명의 희생정신에 감복하여 살려주게 된다. 이 이야기는 역사가에 의해 기록되고 높은 신분에 따른 도덕적 의무인 '노블레스 오블리주'의 상징이 된다. 『위키백과』인용.

맹자의 사회적 병에 대한 정치적 처방에 대해서는 다음 장에서 보기로 하고, 이 장에서는 맹자가 몸소 실천했거나 당시 특권층과 정치적 리더들에게 촉구했던 도덕적 책무에 대해서 고찰해 보기로 한다.[4] 당시의 정치적 리더들로는 천자인 왕(王)을 비롯하여, 전국시대에 스스로 왕을 참칭했던 제후들인 공(公)•후(侯)•백(伯)•자(子)•남(南), 그리고 신하들인 경(卿)•대부(大夫)•사(士) 등이 있었다. 맹자는 이들에게 혹은 정치적 리더들의 후보자인 특권층에게 성인(聖人)을 본받고 군자(君子)나 대인(大人) 혹은 올곧은 '선비'(士)나 대장부(大丈夫)가 될 것을 촉구한다. 말하자면, 군자나 대인과 선비 등은 '노블레스 오블리주'로 무장된 사람들임을 뜻하는 것이겠다. 맹자는 신농주의(神農主義)를 주장하는 허행(許行)과의 논쟁을 벌이면서 사회지도층에게는 맡겨진 특별한 사회적 역할이 따로 있으며 그만큼 도덕적 책무도 있음을 밝히고 있다.

1. 허행과의 신농(神農)사상 논쟁

먼저, 허행(許行)과 그 무리들이 어떤 자들인지 보자.

【滕文公 上 4-1】有為神農之言者許行, 自楚之滕, 踵門而告文公曰 遠方之人聞君行仁政, 願受一廛而為氓。文公與之處, 其徒數十人, 皆衣褐, 捆屨、織席以為食。陳良之徒陳相與其弟辛, 負耒耜而自宋之滕, 曰 聞君行聖人之政, 是亦聖人也, 願為聖人氓。陳相見許行而大悅, 盡棄其學而學焉。陳相見孟子, 道許行之言曰 滕君, 則誠賢君也。雖然, 未聞道也。賢者與民並耕而食, 饔飧而治。今也滕有倉廩府庫, 則是厲民而以自養也, 惡得賢。

---

4) 이 장의 논의는 따로 발표한 바 있다. 강봉수, "맹자의 노심자(勞心者)의 도덕적 책무에 관한 연구", 『도덕윤리과교육』제56호(한국도덕윤리과교육학회, 2017. 8), 57~82쪽. 따라서 이 장의 논의는 기 발표한 논문과 대체로 겹칠 수밖에 없다.

신농씨의 말을 하는 자가 있는데 허행이다. 그가 초나라에서 등나라로 가서 궁문을 밟고 등문공에게 말했다: "먼 지방 사람들에게 군주께서 인정을 베푼다는 소식을 듣고, 한 자락의 집터를 받고 백성이 되기를 원합니다." 문공이 거처할 곳을 주자, 그 무리 수십 사람이 갈옷을 입고 신을 두드려 삼고 방석을 짜면서 먹고 살았다. 진랑의 무리인 진상과 그 아우 신이 함께 쟁기와 보습을 짊어지고 송나라에서 등나라로 가서 말했다: "군주께서 성인의 정치를 베푼다는 소식을 듣고, 이 또한 성인이니, 성인의 백성이 되기를 원합니다." 진상이 허행을 뵙고 매우 기뻐하면서 자기 배운 바를 버리고 그에게 배웠다. 진상이 맹자를 뵙고 허행의 말을 전하여 말했다: "등나라 군주라면 진실로 현명한 군주십니다. 비록 그러하나 아직 도에 대해서는 듣질 못했습니다. 현자는 백성들과 함께 경작하고 먹습니다. 아침과 저녁밥을 지으며 정치를 합니다. 지금 등나라에 창고와 부고가 있다면 이것은 백성들을 괴롭히고 자기를 봉양하는 것인바, 어찌 어질다고 하겠습니까?"

*踵(종): 발꿈치. *廛(전): 가게, 집터. *捆(곤): 두드리다. *屨(구): 신. *耒耜(뢰사): 쟁기와 보습. *饔飧(옹손): 아침밥과 저녁밥. *厲(려): 해치다, 괴롭히다.

신농은 삼황오제시대의 임금으로 염제(炎帝)를 말한다. 그는 인신우두(人身牛頭; 사람의 몸에 소의 머리)의 형상을 하고 태어났다고 전한다. 마차와 쟁기를 만들었으며 소를 길들이고 말에게 멍에를 씌웠다. 또한 백성들에게 불로써 토지를 깨끗하게 하는 법을 가르쳤다. 한마디로, 그는 생산과 경작기술 혁명을 이끈 성왕이라고 하겠다. 특히 허행 등이 신농에 주목한 것은 그가 직접 생산과 경작에 임하면서 선정을 베풀었다는 점이다. 허생 자신도 직접 생산에 임하면서 살아가는 학자였을 것이다. 진랑과 진상 형제의 무리도 이러한 신농과 허행의 도를 추앙하여 기존에 배운 것까지 버리고 따르고자 한다.[5] 맹자는 등나라 문공에게 잠시 등용되어 정치를 하였고, 이 시기에 등문공은 왕도정치[6]를 실험하였다. 허행과 진

5) "(맹자가 말했다) 진랑은 초나라 출신인데, 주공과 공자의 도를 좋아하여 북쪽으로 가서 나라 가운데에서 배웠다. 북쪽 지방의 학자들은 아마도 그를 앞설 수가 없었으니, 그를 이른바 호걸의 선비라고 하는 것이다. 당신의 형제가 수십 년 동안 섬겼는데, 스승이 죽자 드디어 배반하였다."(陳良 , 楚産也。悅周公、仲尼之道 , 北學於中國。北方之學者 , 未能或之先也。彼所謂豪傑之士也。子之兄弟事之數十年 , 師死而遂倍之). 【滕文公 上 4】

상의 무리가 등나라에 온 것도 이 때인 것 같다. 등문공이 어진 정치를 실험하고 있었지만, 직접 백성들과 더불어 생산과 경작에 참여하지는 않았다. 그래서 진상은 등문공이 현명할지는 모르나 진정한 의미의 어진 정치를 펴는 것이 아니라고 여기는 것이다. 맹자와 진상의 대화를 보자.

【滕文公 上 4-2】孟子曰 許子必種粟而後食乎。曰 然。許子必織布而後衣乎 曰 否。許子衣褐。許子冠乎。曰 冠。曰 奚冠。曰 冠素。曰 自織之與。曰 否。以粟易之。曰 許子奚為不自織 曰 害於耕。曰 許子以釜甑爨, 以鐵耕乎。 曰 然。自為之與。曰 否。以粟易之。以粟易械器者, 不為厲陶冶, 陶冶亦以其械器易粟者, 豈為厲農夫哉。且許子何不為陶冶。舍皆取諸其宮中而用之, 何為紛紛然與百工交易, 何許子之不憚煩。曰 百工之事, 固不可耕且為也。

맹자가 말했다: "허행씨는 반드시 곡식을 파종한 후에 먹습니까?" 진상이 대답했다: "그렇습니다." (맹자가 다시 물었다) "허행씨는 반드시 베를 짠 이후에 입습니까?" (진상이) 대답했다: "아닙니다. 갈옷을 입습니다." (맹자가) 물었다: "허행씨는 관을 씁니까?" (진상이) 대답했다: "관을 씁니다." (맹자가) 물었다: "어떤 관을 씁니까?" (진상이) 대답했다: "흰 비단 관을 씁니다." (맹자가) 물었다: "스스로 짠 것입니까?" (진상이) 대답했다: "아닙니다. 곡식으로 교환합니다." (맹자가) 물었다: "허행씨는 왜 스스로 짜지 않습니까?" (진상이) 대답했다: "경작하는 것을 해치기 때문입니다." (맹자가) 물었다: "허행씨는 가마와 시루에 불을 때 밥을 짓고, 쇠로 된 쟁기로 밭을 갑니까?" (진상이) 대답했다: "그렇습니다." (맹자가) 물었다: "스스로 만든 것입니까?" (진상이) 대답했다: "아닙니다. 곡식으로 교환합니다." (맹자가 말했다) "(농부들이) 곡식을 가지고 생활도구를 바꾸는 것은 생활도구를 만드는 사람을 해치는 것이 되지 않고, 생활도구를 만드는 사람이 생활도구를 가지고 곡식으로 바꾸는 것이 어찌 농부를 해치는 것이 되겠는가? 또한 허행씨는 어찌하여 생활도구를 만드는 사람을 위하는가? 모두 자기 집에서 취

6) 왕도정치의 이념과 실제에 대해서는 다음 장에서 다룬다.

하여 사용하는 것을 내려놓고 어찌 분분하게 백공과 교역을 하는 것인가?" (진성이) 대답했다: "백공의 일은 진실로 경작하면서 할 수가 없습니다."

*釜甑(부증): 가마(솥)와 시루. *爨(찬): 불을 때다. *械器(계기): 가마솥과 시루와 쟁기 등의 생활도구(수단). *陶冶(도야): 陶(도)는 시루를 만드는 사람이고, 冶(야)는 가마솥과 쇠붙이를 만드는 사람.

허행은 직접 경작하고 생산하여 살아간다. 그러나 관과 옷을 비롯한 일상의 생활도구들은 직접 생산하지 않고 곡식으로 교환한다. 맹자는 이러한 허행의 삶에 대해 왜 그가 곡식 이외의 생활도구를 직접 생산하지 않는지 묻는다. 이에 대해 진상은 경작하는 데 방해가 되기 때문이라 답하고 있다. 이로보아, 허행의 도는 농업만은 누구나 직접 경작하고 생산해야 한다는 관점이다. 그렇다면 생활도구를 만드는 사람들도 그것을 가지고 곡식으로 교환하는 것은 잘못된 삶이다. 이에 대해서 진상은 말이 없다. 결국, 허행 사상의 핵심적 요지는 정치적 지배층들을 향한 것이겠다. 말하자면, 그의 관점에서 지배층들은 직접 생산에 관여하지 않고, 피지배층의 생산물을 착취하면서 살아가고 있는 바, 그것이 잘못이라는 관점이다. 그래서 그는 지배층도 직접 경작에 참여해야 한다고 여긴다.

2. 노심자(勞心者)와 노력자(勞力者)의 사회적 역할

과연 지배층은 놀고먹는 족속들인가? 천하를 다스리는 일을 경작하면서 할 수 있는 것인가? 맹자가 보기에 결코 그렇지 않다. 성왕들의 사적을 돌아보아도 그것은 증명된다. 그 근거들을 보자.

【滕文公 上 4-4】當堯之時, 天下猶未平, 洪水橫流, 氾濫於天下。草木暢茂, 禽獸繁殖, 五穀不登, 禽獸偪人。獸蹄鳥跡之道, 交於中國。堯獨憂之, 擧舜而敷治焉。舜使益掌火, 益烈山澤而焚之, 禽獸逃匿。禹疏九河, 瀹濟漯, 而注諸海。決汝漢, 排淮泗, 而注之江, 然後中國可得而食也。當是時也, 禹八年於外, 三過其門而不入, 雖欲耕, 得乎。

> (맹자가 말했다) "요임금 시대에 천하가 아직 평정되지 못하여 홍수가 멋대로 흘러 천하에 범람하였습니다. 초목은 울창하고 금수는 번식하여 오곡은 자라지 못하고 금수가 사람을 핍박하였습니다. 금수의 발굽과 새의 자국이 남긴 길이 나라 가운데에서 교차하였습니다. 요임금이 홀로 걱정하여 순을 천거하여 다스림을 펴게 하였습니다. 순임금은 익에게 불을 맡겼습니다. 익이 세차게 산택에 불을 지르자 금수들이 도망하여 숨었습니다. 우임금은 아홉 하천을 소통하고 제수와 탑수를 통제하여 바다로 흘러가게 하였습니다. 여수와 한수를 트고 회수와 사수를 배수하여 강(양자강)으로 흘러가게 하였습니다. 이런 연후에야 나라 가운데에서 먹을 것을 얻을 수 있었습니다. 이 당시에 우임금은 8년 동안 밖에서 생활하면서 세 번이나 집문 앞을 지나갔지만 들어가질 않았습니다. 비록 경작하고자 해도 할 수가 있었겠습니까?"

*敷(부): 펴다, 공표하다. *瀹(약): 데치다, 삶다. *濟漯(제탑): 제수와 탑수(물이름). *汝漢(여한): 여수와 한수(물이름). *淮泗(회사): 회수와 사수(물이름).

【滕文公 上 4-5】后稷教民稼穡。樹藝五穀，五穀熟而民人育。人之有道也，飽食、煖衣、逸居而無教，則近於禽獸。聖人有憂之，使契為司徒，教以人倫 父子有親，君臣有義，夫婦有別，長幼有序，朋友有信。放勳曰'勞之來之，匡之直之，輔之翼之，使自得之，又從而振德之。'聖人之憂民如此，而暇耕乎

> (맹자가 말했다) "후직께서는 백성들에게 농사짓는 법을 가르쳐서 오곡을 기르도록 하였습니다. 오곡이 익어서 백성들이 양육되었습니다. 사람이 살아가는 길에는 배부르게 먹고 따듯하게 입고 편안하게 거처하면서 교육이 없으면 금수에 가깝게 됩니다. 성인께서는 이것을 걱정하여 계를 사도로 삼아서 인륜을 가르치게 하였으니, 부자유친, 군신유의, 부부유별, 장유유서, 붕우유신이 그것입니다. 방훈이 말하길 '위로 하고 오게 하며, 바로 잡아 주고 곧게 하며, 도와주고 북돋아주면서, 스스로 얻은 바가 있게 하고, 또한 좇아서 덕을 진작해 준다.'고 했는데, 성인이 백성을 걱정함이 이와 같은데 경작할 여가가 있겠습니까?"

【滕文公 上 4-6】堯以不得舜為己憂，舜以不得禹、皐陶為己憂。夫以百畝之不易為己憂者，農夫也。分人以財謂之惠，教人以善謂之忠，為天下得人者謂之仁。是故以天下與人易，為天下得人難。孔子曰 '大哉堯之為君惟天為大，惟堯則之，蕩蕩乎民無能名焉。君哉舜也，巍巍乎有天下而不與焉'。堯舜之治天下，豈無所用其心哉。亦不用於耕耳。

(맹자가 말했다) "요임금은 순을 얻지 못할까를 자기 걱정으로 삼았고, 순임금은 우와 고요를 얻지 못할까 걱정하였습니다. 무릇 100무의 땅이 다스려지지 않을까를 자기 걱정으로 삼은 자가 농부입니다. 남들에게 재물을 나눠주는 것을 은혜라 하고, 남을 선으로 가르치는 것을 충이라 하며, 천하를 위하여 사람을 얻는 것을 인이라 합니다. 그러므로 천하로써 남에게 주는 것은 쉽고, 천하를 위하여 사람을 얻는 것은 어려운 것입니다. 공자께서 말하길 '크도다! 요가 임금됨이여~ 오직 하늘이 크거늘, 오직 요임금께서 그것을 본받으셨다. 넓고 크도다! 백성들이 능히 이름을 몰랐다. 임금답도다 순이여, 높고 크도다! 천하를 가지고도 간섭하지 않으셨다.'고 하였습니다. 요순께서 천하를 다스림에 어찌 마음 쓰는 바가 없었겠습니까? 역시 경작에 힘을 쓰지 않았을 뿐입니다."

요(堯)임금 시대에는 초목이 우거져 밭을 일구지 못하고, 금수가 번식하여 사람을 해치고, 홍수가 범람하여 물을 제어할 수 없었다. 그래서 순(舜)과 익(益)은 불을 놓아 초목과 금수를 제어하고, 우(禹)는 홍수의 범람을 막기 위해 8년 동안이나 집밖에서 생활하면서 세 번이나 집 앞을 지나갔지만 들어가지 못할 정도였다. 이러한 상황에서 그들이 경작하고자 해도 할 수가 없었다. 또한 후직(后稷)도 백성들에게 농사짓는 법을 가르치고, 백성들이 금수에서 벗어나도록 인륜을 교육하는 데에 힘쓰느라 경작에 직접 참여할 여가가 없었다. 하나같이 이들은 천하가 다스려지지 못할까 노심초사하는 삶을 살았던 성인들이다. 그래서 맹자는 말한다.

【滕文公 上 4-3】然則治天下獨可耕且為與。有大人之事，有小人之事。且一人之身，而百工之所為備。如必自為而後用之，是率天下而路也。故曰

‘或勞心，或勞力’。勞心者治人，勞力者治於人，治於人者食人，治人者食於人 天下之通義也。

(맹자가 말했다) “그러면 천하를 다스리는 것도 홀로 경작하면서 할 수가 있는 것인가? 대인의 일이 있고, 소인의 일이 있는 법입니다. 또한 한 사람의 몸에 백공이 하는 것을 갖추고 있어서 반드시 스스로 제작한 후에 사용한다면, 이것은 천하를 이끌어 길로 내보는 것입니다. 그러므로 말하길 ‘혹자는 마음을 수고롭고, 혹자는 힘을 수고롭다’고 하였습니다. 마음을 수고롭게 하는 자는 사람을 다스리고, 힘을 수고롭게 하는 자는 다스림을 받습니다. 다스림을 받는 자는 다스리는 자를 먹여 살리고, 다스리는 자는 다스림을 받는 자에게 얻어먹습니다. 이것이 천하에 통용되는 의로움인 것입니다.”

농부가 농사를 짓고 백공이 백공의 일을 하듯이, 정치가와 지배층에게도 그의 일이 따로 있다. 대인의 일이 있고, 소인의 일이 있다. 마음이 수고로운 노심자(勞心者)와 몸이 수고로운 노력자(勞力者)가 따로 있어야 한다. 일종의 사회분업이고 자신이 맡은 바의 일에 최선을 다해야 한다는 역할윤리로 읽을 수 있다. 그래야 공동체가 원활하게 기능한다. 이것이 맹자의 관점이다. 그러나 진상은 이러한 맹자의 관점이 불공정한 거래를 낳고 부정의한 사회를 가져온다고 비판한다.

【滕文公 上 4-10】從許子之道，則市賈不貳，國中無僞。雖使五尺之童適市，莫之或欺。布帛長短同，則賈相若，麻縷絲絮輕重同，則賈相若，五穀多寡同，則賈相若，屨大小同，則賈相若。 曰 夫物之不齊，物之情也 或相倍蓰，或相什伯，或相千萬。子比而同之，是亂天下也。巨屨小屨同賈，人豈為之哉。從許子之道，相率而為僞者也，惡能治國家。

(진상이 말했다) “허행씨의 도를 좇으면 시장의 물건 값이 둘이 아니 되어 나라 가운데에 거짓이 없습니다. 비록 5척의 동자를 시장에 보내어도 아마 속임이 없을 것입니다. 베와 비단의 길과 짧음이 같으면 가격도 서로 같고, 삼베와 비단실과 솜의 가볍고 무거움이 같으면 가격도 서로 같고, 오곡의

많고 적음이 같으면 가격도 서로 같으며, 신의 크고 작음이 같으면 가격도 서로 같습니다." (맹자가) 말했다: "무릇 물건들이 가지런하지 않음은 물건의 실정이니, 혹은 서로 5배가 될 수 있고 혹은 10배, 100배가 될 수 있고, 혹은 천만배가 될 수도 있는 것입니다. 당신께서 비례하여 같게 취급한다면, 이것은 천하를 어지럽히는 것입니다. 큰 신과 작은 신이 가격이 같다면 사람들이 그것을 만들겠습니까? 허행씨의 도를 좇는 것은 서로 이끌어 거짓을 하는 것이니, 어찌 국가를 다스릴 수 있겠습니까?"

*麻縷絲絮(마루사서): 삼베와 비단실과 솜. *屨(구): 신. *蓰(사): 다섯 곱.

진상에 따르면, 마음의 수고로움은 측정할 수 없고 몸의 수고로움은 양(量)으로 계산가능하다. 따라서 허행의 도에 따라 계산 가능한 양에 따른 교환을 해야 공정할 수 있다고 주장하는 것이다. 그러나 맹자는 몸의 수고로운 생산결과물들도 질적인 차이가 나는 것이고, 단순히 양으로 계산한 등가 교환은 부당하다고 반격하고 있다. 이처럼 노력자와 노심자가 하는 일도 등가적으로만 계산되는 것이 아니다. 예를 보자.

【滕文公 下 4-1】彭更問曰 後車數十乘，從者數百人，以傳食於諸侯，不以泰乎。孟子曰 非其道，則一簞食不可受於人。如其道，則舜受堯之天下，不以為泰，子以為泰乎。曰 否。士無事而食，不可也。曰 子不通功易事，以羨補不足，則農有餘粟，女有餘布。子如通之，則梓匠輪輿皆得食於子。於此有人焉，入則孝，出則悌，守先王之道，以待後之學者，而不得食於子。子何尊梓匠輪輿而輕為仁義者哉。

팽경이 물었다: "뒤따르는 수레가 수십 대이고, 좇는 자가 수백인이면서 전적으로 제후에게 밥을 얻어먹는 것은 너무 큰 것이 아닙니까?" 맹자가 대답했다: "바른 도가 아니라면 한 표주박의 밥이라도 남에게 받는 것이 옳지 못하다. 바른 도에 따른 것이라면 순이 요임금의 천하를 받았더라도 큰 것이 아니다. 자네는 크다고 생각하는가?" (팽경이) 말했다: "아닙니다. 선비가 일없이 먹는 것은 불가하다는 것입니다." (맹자가) 말했다: "자네가 공을 통하

여 일로 바꾸며 남는 것으로 부족한 것을 보충하지 않는다면 농부에게 남는 곡식이 있고 여자에게는 남는 베가 있게 된다. 자네가 서로 교환하면 벌목하는 자, 목수, 바퀴 만드는 자, 수레 만드는 자 등 모두가 자네에게 얻어먹을 수 있다. 여기에 어떤 사람이 있어, 들어가면 효도하고 나가면 어른에게 공손하며 선왕의 도를 지키며 후학을 기다리는 자라면 그대에게 얻어먹을 수 없을 것이다. 자네는 어찌 목공과 수레공은 존중하면서 인의를 위하는 자는 경시하는가?"

*羡(이, 연): 넓다, 남다. *梓匠輪輿(재장윤여): 목공과 수레공.

맹자의 제자인 팽경의 입장에서도 부귀를 가진 벼슬아치들은 일없이 놀고먹는 자들로 비친 것 같다. 특히 그들은 부귀를 이미 가졌는데도 제후나 왕에게 공짜로 밥을 얻어먹고 있는 것처럼 보인다. 그러나 맹자는 도를 통하여 얻은 부귀라면 천하를 받아도 큰 부귀가 아니며, 이미 부귀를 가졌는데도 제후에게 밥을 얻어먹는 것은 '공적'(功)에 따른 대가이고 교환이지 공짜로 얻어먹는 것이 아니라고 말한다. 농부들도, 수레공이나 목공들도 모두가 자신의 일로 생산물을 얻고, 생산물의 공적에 따라 교환하면서 먹고 살아가야 한다. 물적 생산물을 낳는 이들의 일만이 공적이고, 심적 생산물인 인의(仁義)를 위하는 자들의 일은 공적이 아니라고 하면 안 될 것이다. 또한 물적 생산물이라고 해서 모든 일이 공적이 되는 것도 아니다. 여기에도 사람을 배려하고 서로 구제하려는 정신적인 뜻이 담겨있는 것이기 때문이다. 예컨대, 아래의 인용처럼 '기왓장을 훼손하고 담장에 낙서를 하는 자'의 일도 공적이라 볼 수 있겠는가? 이처럼 공적의 계산은 양과 질을 모두 고려해야 하는 것이다.

【滕文公 下 4-2】曰 梓匠輪輿, 其志將以求食也 君子之為道也, 其志亦將以求食與。曰 子何以其志為哉。其有功於子, 可食而食之矣。且子食志乎, 食功乎。曰 食志。曰 有人於此, 毀瓦畫墁, 其志將以求食也, 則子食之乎。曰 否。曰 然則子非食志也, 食功也。

(팽경이) 물었다: "목공과 수레공은 그 뜻이 먹을 것을 구하는 데 있는데, 군자가 도를 위함도 또한 먹을 것을 구하는 데 있습니까?" (맹자가) 대답했다: "자네는 어찌하여 그 뜻을 위하는가? 자네에게 공이 있어 먹을 만하면 먹는 것이다. 또한 자네는 뜻을 먹는가? 공을 먹는가?" (팽경이) 대답했다: "뜻을 먹습니다." (맹자가) 말했다: "여기에 어떤 사람이 있어, 기와를 훼손하고 담장에 낙서를 하면서 그 뜻이 먹을 것을 구하는데 있다면 자네는 그를 먹일 것인가?" (팽경이) 대답했다: "아닙니다." (맹자가) 말했다: "그렇다면 자네는 뜻을 먹는 것이 아니라 공을 먹는 것이다."

*毁瓦畫墁(훼와획만): 기와를 부수고 담장에 낙서함.

제자인 공손추와 맹자의 문답을 하나 더 인용해 둔다.

【盡心 上 32】公孫丑曰 詩曰 '不素餐兮', 君子之不耕而食, 何也。孟子曰 君子居是國也, 其君用之, 則安富尊榮, 其子弟從之, 則孝弟忠信。'不素餐兮', 孰大於是。

공손추가 말했다: "『시』에 이르길 '공짜 밥을 먹지 않는다.'고 했는데, 군자가 경작하지 않으면서 먹으면 어떻습니까?" 맹자가 말했다: "군자가 이 나라에 거처함에, 그 임금이 그를 등용하면 편안해지고 부유해지고 존엄해지고 영화롭다. 그 자제들이 따르면 효제충신하게 된다. '공짜 밥을 먹지 않는다.'고 했지만 무엇이 이보다 크겠는가?"

*餐(찬): 먹다. *素餐(소찬): 공이 없이 녹만 먹는 것을 일컬음.

결국 맹자와 허행 등간에 논쟁의 초점은 지배층인 노심자의 자세와 역할에 있다고 볼 수 있다. 허행과 진상 등의 관점에서 당시의 지배층은 부당하게 놀고먹으며 이익이나 다투는 권력자들에 불과하다고 여겨졌기 때문이다. 이 점에 대해 맹자 또한 부정하지 않는다. 그럼에도 불구하고, 그는 노심자의 역할은 구분되어야 한다고 여긴다. 문제는 노심자들이 얼마나 마음이 수고로운 정치를 하고 특권층으로서의 도덕적 책무를 다해 줄 것이냐에 달렸다. 그래서 맹자는 정치적 리더들에게 패도(覇道)가 아니라 왕도(王道)의 정치를 주장하고, 사회지도층들에게 '노블레스 오블리주'로 무장된 성인을 본받고 군자나 대인이 될 것을 촉구하는 것이다. 성인과 군자와 대인 등의 인격적 전형을 돌아보면서 특권층에게 요구되는 도덕적 책무가 무엇인지 보기로 하자. 맹자는 이들이야말로 진정한 노심자라고 보기 때문이다.

3. 노심자의 도덕적 책무: 성인(聖人), 군자(君子), 대인(大人)

원래 성인(聖人)과 군자(君子)와 사(士)라는 인칭용어는 왕이나 경대부처럼 정치적 지배계급을 뜻하는 것이었다. 성인이 주로 천자인 왕을 지칭하는 것이라면, 군자는 경과 대부를, 사는 경대부 밑에서 관직을 수행하는 자들을 뜻했다.[7] 이러한 정치적 지배계급에 상대하여 피지배계급을 뜻하는 인칭용어로는 소인(小人), 서인(庶人), 민(民) 등이 쓰였다. 이러한 정치적 지배-피지배계급을 의미하는 인칭용어들에 대해 새롭게 철학적 혹은 도덕적 의미를 부여한 이가 공자(孔子)이다. 그는 성인을 완성된 인격 혹은 성왕이라는 뜻으로, 군자나 사(士)는 성인이 되고자 수양하는 사람 혹은 올곧은 정치인 나아가 사회지도층이라는 뜻으로 확대해석하였다. 반면에 소인은 군자와 대비하여 그릇이 작은 사람 혹은 도덕적이지 못한 사람으로 해석하였다.[8] 또한 왕이나 경대부는 세습되는 신분이고 계급이었지만, 군자나 사(士)는 공부와 교육을 통하여 도달하는 인격이고 지배계층으로 상승할 수 있으며 정치적 리더의 후보들이기도 하였다. 맹자는 대체로 이러한 공자의 관점을 이었다.

그러나 공자와 맹자 간에 관점과 해석의 차이도 있다. 특히 성인에 대한 관점의 차이가 있다. 이것은 인성론을 바라보는 관점의 차이에서 비롯한다. 공자는 성

---

7) 『詩經』『書經』『春秋左氏傳』등을 보면 이를 알 수 있다. 『論語』에도 이러한 용례가 남아있다. 그러나 공자는 정치적 의미를 가졌던 이 인칭용어들을 새롭게 해석하여 철학적 혹은 도덕적 의미를 부여하였다. 강봉수, 『논어와 세상보기의 도』(서울: 원미사, 2012), 311~362쪽 참조.
8) 이러한 공자의 관점과 해석에 대한 자세한 고찰은 같은 책, 같은 쪽 참조.

무선무악설을, 맹자는 성선설을 주장했다. 공자에게 성인은 완성된 인격이고 궁극적으로 수양을 통하여 달성해야할 목표 개념이다. 이때 '완성된 인격'이란 무위적 윤리와 무위적 정치를 실현할 수 있는 현실초탈적인 인간을 뜻한다. 그는 인간적 욕구나 욕망을 모두 내려놓고 무위자연의 법칙에 따라 살아간다. 무위적 법칙에 따라 살아간다는 점에서 자연에 숨어사는 은자(隱者)와 비슷하지만, 성인은 세상에 관여하여 무위정치를 실현하고자 한다는 점에서 다르다. 맹자의 성인도 세상에 관여하는 사람이라는 점에서 공자와 같지만, 그는 무위윤리로 무장된 완성된 인격이 아니다. 맹자적인 뜻에서, 인간은 누구나 인의의 도덕성을 가지고 태어났지만 동시에 식색지성을 가진 존재이다. 이미 욕구와 욕망에 길들여진 인간들이 무위자연의 세계로 돌아가기는 어렵다. 다만 인의의 도덕성으로 식색지성을 조절하고 통제할 수 있을 뿐이다. 따라서 맹자에게 성인이란 인의의 도덕성을 실현한 사람일 것이다. 인의의 도덕성을 가지고 태어났다는 점에서 누구나 성인이 될 수 있는 단초를 가지고 있고, 인의의 윤리에 따라 그 단초를 확장하여 성인이 되고자 노력해야 하지만 공자적인 의미의 완성된 인격은 세상에 존재하지 않는다.

그래서 맹자에게 성인은 군자나 대인과도 다른 인격이 아닌 것 같다. 그들은 모두 인의의 윤리에 따라 도덕성을 실현했거나 실현하고 있는 사람일 뿐이다. 차이점이 있다면 성인은 이미 인의의 도덕성을 실현한 사람이고, 군자나 대인은 현재 그것을 실현하고 있는 중인 사람들이다. 맹자는 성인의 예를 작고한 과거의 사람에서 사례를 들고, 이들로부터 군자나 대인의 인격 혹은 도덕적 책무에 대해서도 찾아내고 있기 때문이다. 그리고 그들은 인격의 수양과 도덕적 의무의식을 바탕으로 세상에 적극적으로 관여하고자 한다. 먼저, 이와 관련한 인용을 보자.

【滕文公 下 3-1】周霄問曰 古之君子仕乎。孟子曰 仕。傳曰 '孔子三月無君，則皇皇如也，出疆必載質'。公明儀曰 '古之人三月無君則弔'。三月無君則弔，不以急乎。曰 士之失位也，猶諸侯之失國家也。禮曰 '諸侯耕助，以供粢盛 夫人蠶繅，以為衣服。犧牲不成，粢盛不潔，衣服不備，不敢以祭。惟士無田，則亦不祭'。牲殺器皿衣服不備，不敢以祭，則不敢以宴，亦不足弔乎。

주소가 물었다: "옛날의 군자도 벼슬했습니까?" 맹자가 대답했다: "벼슬했습니다. 『전』에 이르길 '공자께서는 3개월 동안 모시는 임금이 없으면 황당해 하였다. 국경을 나감에 반드시 폐백을 싣고 갔다.'고 하였고, 공명의가 이르길 '옛사람이 3개월 동안 모시는 임금이 없으면 조문하였다.'고 하였습니다." (주소가 물었다) "3개월 동안 모시는 임금이 없으면 조문하는 것이 너무 급한 것이 아닙니까?" (맹자가) 말했다: "선비가 지위를 잃음은 마치 제후가 국가를 잃는 것과 같습니다. 『예』에 이르길 '제후가 밭가는 것을 도우면 기장밥의 성찬을 바치고, 부인은 누에를 치고 실을 뽑아 옷을 제작하였다. 희생이 이루어지지 않고, 기장밥의 성찬이 청결하지 못하고, 의복이 갖추어지지 않으면 감히 제사지내지 못한다. 오직 선비가 밭이 없으면 또한 제사지내지 못한다.'고 하였습니다. 희생과 제기와 의복이 갖추어지지 않아서 감히 제사를 지내지 못하면 감히 잔치를 할 수가 없거니와, 또한 조문하기에 족하지 않겠습니까?"

*周霄(주소): 위나라사람. *質(지): 손에 잡고 남을 만나보는 물건(폐백). *粢(자): 기장. *皿(명): 그릇.

【滕文公 下 3-2】出疆必載質，何也。曰 士之仕也，猶農夫之耕也，農夫豈為出疆舍其耒耜哉。曰 晉國亦仕國也，未嘗聞仕如此其急。仕如此其急也，君子之難仕，何也。曰 丈夫生而願為之有室，女子生而願為之有家。父母之心，人皆有之。不待父母之命、媒妁之言，鑽穴隙相窺，踰牆相從，則父母國人皆賤之。古之人未嘗不欲仕也，又惡不由其道。不由其道而往者，與鑽穴隙之類也。

(주소가 물었다) "국경을 나감에 폐백을 싣고 가는 것은 무슨 까닭입니까?" (맹자가) 말했다: "선비가 벼슬함은 마치 농부가 경작하는 것과 같은 것입니다. 농부가 어찌 국경을 나감에 쟁기와 보습을 내려놓겠습니까?" (주소가 물었다) "진나라가 또한 벼슬할만한 나라인데, 아직 벼슬하기를 이처럼 급하게 한다는 것을 듣지 못했습니다. 벼슬하기를 이처럼 급하게 한다면 군자가 벼슬하기가 어려운 것은 무슨 까닭입니까?" 맹자가 대답했다: "장부가 태어나면 자기를 위해 부인이 있기를 원하고, 여자도 태어나면 자기를 위해 시

집이 있기를 원합니다. 부모의 마음은 모두가 가지고 있습니다. 부모의 명령과 중매의 말을 기다리지 않고, 구멍을 뚫고 서로 엿보며 담을 넘어 서로 좇으면 부모와 나라 사람들이 모두 천하다고 여깁니다. 옛사람들이 일찍이 벼슬하고자 하지 않는 것은 아니었지만, 또한 그 도로 말미암지 않는 것을 싫어하였습니다. 그 도로 말미암지 않은데도 가는 것은 구멍을 뚫고 서로 엿보는 류에 해당하는 것입니다."

*媒妁(매작): 중매.

유교는 수기치인의 학문이다. 도덕적 자기수양과 경국제세의 경륜을 바탕으로 치인의 길에 나아가서 도(道)를 실현하는 것을 학문함의 목적으로 삼는다. 성인이나 군자나 선비가 바로 그런 사람들이었다. 그들이 벼슬을 하는 것은 마치 농부가 경작을 하는 것과 다르지 않다. 농부가 농사도구를 가지고 농사를 짓듯이, 그들은 세상을 경영하는 올바른 도를 가지고 벼슬을 해야 한다. 그러나 맹자적인 뜻에서, 성인이든 군자든 완성된 인격이 아니기에 그 유형도 한 가지만이 아닌 것 같다. 말하자면, 그들은 인의의 도덕성을 실현한다는 점에서 같지만, 이를 바탕으로 세상에 관여하여 나라를 경영하는 치인(治人)의 도(道)는 다양할 수 있다. 이것은 인간이 무위자연의 세계로 돌아갈 수 없는데서 비롯되는 것이겠다. 대표적인 인용을 보자.

【告子 下 6-1】淳于髡曰 先名實者，為人也 後名實者，自為也。夫子在三卿之中，名實未加於上下而去之，仁者固如此乎。孟子曰 居下位，不以賢事不肖者，伯夷也。五就湯，五就桀者，伊尹也。不惡汙君，不辭小官者，柳下惠也。三子者不同道，其趨一也。一者何也。曰 仁也。君子亦仁而已矣，何必同。

순우곤이 말했다: "명예와 사업을 먼저하는 자는 남을 위하고, 명예와 사업을 뒤로 하는 자는 자신을 위합니다. 선생님께서는 삼경의 자리에 있었는데, 명예와 사업이 위아래로 더해진 것이 없이 떠났습니다. 인자께서도 진실로 이와 같습니까?" 맹자가 말했다: "아래 직위에 거처하여 현자로서 불초한자

를 섬기지 아니한 자는 백이였다. 다섯 번 탕왕에게 나아갔고, 다섯 번 걸왕에게도 나아간 자는 이윤이었다. 더러운 임금도 싫어하지 않고 작은 관직도 사양하지 않은 자는 유하혜였다. 이 세 사람은 도가 같지 않았으나, 그 취지는 하나였다. 하나가 무엇인가? 인이라 말할 수 있다. 군자는 역시 인할 뿐이지, 하필 도가 같아야 하는가?"

*髡(곤): 머리를 깍다, 나뭇가지를 치다.

맹자는 잠시 동안 제선왕의 객경(客卿)에 등용되었던 적이 있다.[9] 순우곤은 현인으로 존숭되는 맹자가 객경의 지위에 있었지만 별로 그럴듯한 공적이 없었다고 여긴다. 마치 앞에서 허행이나 팽경이 벼슬아치들은 일없이 얻어먹는 자로 보았던 것과 비슷해 보인다. 이러한 지적에 대해 맹자는 백이(伯夷)와 이윤(伊尹)과 유하혜(柳下惠)의 예를 들면서 그들이 각각 치인의 길에서 추구했던 도가 달랐듯이 자신도 그렇다고 대답한다. 그러나 자신이나 그들이나 군자로서 인의를 실현하고자 했던 점은 같다고 말한다. 실제 맹자는 제선왕과의 대화에서 인의를 실현하는 정치를 하라고 부단히 조언했다. 그러나 먹혀들지 않았고 제선왕이 연나라를 침략하자 객경의 지위를 버리고 떠났던 것이다. 이러한 맹자를 경험해서인지 모르지만, 제자인 공손추의 눈에는 맹자가 성인처럼 보였던 모양이다. 『논어』에서 자공이 스승인 공자를 성인으로 여겼던 것과 비슷한 장면이다. 이를 보자.

【公孫丑 上 2-8】宰我、子貢善為說辭，冉牛、閔子、顏淵善言德行。孔子兼之，曰‘我於辭命則不能也’。然則夫子既聖矣乎。曰 惡 是何言也。昔者子貢問於孔子曰 ‘夫子聖矣乎’。孔子曰 ‘聖則吾不能，我學不厭而教不倦也’。子貢曰 ‘學不厭，智也。教不倦，仁也。仁且智，夫子既聖矣’。夫聖，孔子不居，是何言也。

9) 객경(客卿)이란 왕이나 제후가 현인을 우대하여 모시는 직위로 신하처럼 부리지 않고 스승의 예로 대우하였다. 맹자가 제선왕의 객경으로 등용된 때는 대략 55~59세(BC 318~314)인데, 그것도 중간에 모친상을 당하여 3년 상을 치렀기 때문에 실제로 활동한 기간은 채 1~2년도 되지 않는다고 봐야 한다.

(맹자가 말했다) "재아와 자공은 말을 잘하였고, 염유와 민자와 안연은 덕행을 잘 말했다. 공자는 이 둘을 겸하였지만, 말하기를 '나는 논리적인 말에는 능하지 않다.'고 하였다." (공손추가 말했다) "그렇다면 선생님은 이미 성인이겠습니다." 맹자가 말했다: "아~이 무슨 말인가? 옛날에 자공이 공자에게 묻기를 '선생님은 성인입니다.'하자, 공자께서 말하기를 '성인이라면 나는 가능하지 않다. 나는 배우기를 싫어하지 않고 가르치기를 게을리 하지 않는다.'고 하였다. 자공이 말하기를 '배우기를 싫증내지 않으니 지혜로운 것이요, 가르침을 게을리 하지 않으니 어진 것입니다. 어질고 지혜로우니, 선생님은 이미 성인입니다.'하였다. 무릇 성인은 공자께서도 자처하지 않았는데, 이 무슨 말인가?"

【公孫丑 上 2-9】昔者竊聞之 子夏、子游、子張皆有聖人之一體, 冉牛、閔子、顏淵則具體而微。敢問所安。曰 姑舍是。

(공손추가 말했다) "옛날에 그윽이 들은 바로는 자하와 자유와 자장은 모두 성인의 한 부분을 갖추었고, 염우와 민자와 안연은 성인의 모든 것을 갖추었으나 미약하다고 하였습니다. 감히 선생님께서 편안히 자처하는 곳을 묻습니다." 맹자가 대답했다: "우선 이들은 놓아두라.'하였다.

*姑(고): 시어미, 고모, 우선, 일단.

공자는 제자들인 재아와 자공은 언어에 뛰어나고, 염유와 민자와 안연은 덕행에 뛰어났다고 평가했다. 맹자가 보기에 공자는 언어와 덕행을 모두 겸비하였는데, 공자께서 스스로 논리적 말하기에는 능하지 않다고 고백했던 바를 공손추에게 알려주었다. 그러자 공손추는 논리적 말하기에도 능한 맹자야말로 성인의 요건을 모두 갖추었다고 보았다. 맹자는 깜짝 놀라며 성인됨은 공자도 자처한 적이 없다고 대답하면서 성인이 어떤 자인지를 탐구하기로 한다. 맹자가 성인의 예로 요•순•우•탕•문•무•주공(堯舜禹湯文武周公) 등을 거명하지만, 가장 많은 사례로 들고 있는 사람들이 바로 백이와 이윤과 유하혜이다. 그리고 이들과 함께 대비시켜 등장시키는 인물이 공자(孔子)이다. 이들에 대한 맹자의 인물평들을 모아 보자.

【公孫丑 上 2-10】曰 伯夷、伊尹何如。曰 不同道。非其君不事, 非其民不使 治則進, 亂則退, 伯夷也。何事非君, 何使非民 治亦進, 亂亦進, 伊尹也。可以仕則仕, 可以止則止, 可以久則久, 可以速則速, 孔子也。皆古聖人也, 吾未能有行焉 乃所願, 則學孔子也。

> 공손추가 물었다: "백이와 이윤은 어떻습니까?" 맹자가 대답했다: "도가 같지 않았다. 자기 임금이 아니면 섬기지 아니하고 자기 백성이 아니면 부리지 않았다. 다스려지면 나아가고 어지러우면 물러났으니, 백이의 도였다. 누구를 섬기든 내 임금이 아니며 누구를 부리든 내 백성이 아니겠는가? 다스려져도 나아가고 어지러워도 나아가니, 이윤의 도였다. 벼슬할 만하면 벼슬하고 물러날 만하면 물러나며, 오래 머물 만하면 오래하고 빨리 떠날 만하면 빨리했으니, 공자의 도이다. 모두 옛 성인들이지만 나는 아직 실천하지 못하였다. 내가 원하는 바라면 공자를 배우겠다."

【公孫丑 上 2-11】伯夷、伊尹於孔子, 若是班乎。曰 否。自有生民以來, 未有孔子也。曰 然則有同與。曰 有。得百里之地而君之, 皆能以朝諸侯有天下。行一不義、殺一不辜而得天下, 皆不為也。是則同。

> (공손추가 말했다) "백이와 이윤이 공자에 대해서 이처럼 같은 반열에 있습니까?" 맹자가 대답했다: "아니다. 백성이 생겨난 이래로 공자 같은 이는 없었다." 공손추가 물었다: "그렇다면 같은 점은 있습니까?" 맹자가 대답했다: "있다. 100리의 땅을 얻어 군주가 된다면 모두 능히 제후들에게 조회 받으면서 천하를 소유할 수 있다. 한 가지라도 불의한 일을 행하고 한 사람이라도 무고한 자를 죽이면서 천하를 소유하는 것은 하지 않을 것이다. 이것이 같은 점이다."

*辜(고): 허물, 죄.

【公孫丑 上 9-1】孟子曰 伯夷，非其君不事，非其友不友。不立於惡人之朝，不與惡人言。立於惡人之朝，與惡人言，如以朝衣朝冠坐於塗炭。推惡惡之心，思與鄕人立，其冠不正，望望然去之，若將浼焉。是故諸侯雖有善其辭命而至者，不受也。不受也者，是亦不屑就已。

맹자가 말했다: "백이는 자기 임금이 아니면 섬기지 않았고, 자기 친구가 아니면 사귀지 않았고, 악한 사람의 조정에 서지 않았으며, 악한 사람과 더불어 말하지 않았다. 악한 사람의 조정에 서고 악한 사람과 말을 하면 마치 조의를 입고 조관을 쓴 채 구렁텅이에 앉아있는 것처럼 여겼다. 악을 싫어하는 마음을 미루어 고을사람들과 더불어 서기를 생각하였다. 그 관이 바르지 않으면 미련 없이 떠나가기를 마치 더렵혀질 것처럼 여겼다. 그런 까닭으로 제후들이 비록 좋은 사령을 가지고 이르더라도 받지 않았다. 받지 않았다면 이것은 또한 나아감을 달갑게 여기지 않은 것이다.

*浼(매): 더럽히다, 명예가 손상되다. *屑(설): 가루가 되게 부수다, 달갑게 여기다, 결백하다.

【公孫丑 上 9-2】柳下惠，不羞汙君，不卑小官。進不隱賢，必以其道。遺佚而不怨，阨窮而不憫。故曰 '爾為爾，我為我，雖袒裼裸裎於我側，爾焉能浼我哉'。故由由然與之偕而不自失焉，援而止之而止。援而止之而止者，是亦不屑去已。 孟子曰 伯夷隘，柳下惠不恭。隘與不恭，君子不由也。

(맹자가 말했다) "유하혜는 더러운 임금을 섬기는 것도 부끄러워하지 않았고, 작은 관직도 비루하다고 여기지 않았다. 나아가서 현명함을 숨기지 않고 반드시 도리를 다하였다. 벼슬을 잃어도 원망하지 않았고, 험로와 궁핍을 겪어도 걱정하지 않았다. 그러면서 말하길 '너는 너고, 나는 나인데 비록 내 옆에서 옷을 벗어 벌거숭이가 된들 나를 더럽힐 수 있겠는가?'하였다. 그러므로 유유하게 더불어 가면서도 자신을 잃어버리지 않았다. 떠나려하다가도 잡아당겨 멈추게 하면 멈추었다. 잡아당겨 멈추게 하면 멈추니, 이것은 또한 떠나가기를 달갑게 여기지 않는 것이다." 맹자가 말했다: "백이는 편협하여

좁고, 유하혜는 공손하게 사양할 줄을 모른다. 편협한 것도 사양할 줄 모르는 것도 군자는 말미암지 않는다."

*阨(액): 좁다, 막히다, 험하다. *袒裼裸裎(단석나정): 옷을 벗고 벌거숭이가 됨. *浼(매): 더럽히다, 명예가 손상되다. *偕(해): 함께. *屑(설): 가루가 되게 부수다, 달갑게 여기다, 결백하다. *隘(예): 좁다, 험하다.

【萬章 上 7-1】萬章問曰 人有言 '伊尹以割烹要湯', 有諸。孟子曰 否, 不然。伊尹耕於有莘之野, 而樂堯舜之道焉。非其義也, 非其道也, 祿之以天下, 弗顧也。繫馬千駟, 弗視也。非其義也, 非其道也, 一介不以與人, 一介不以取諸人, 湯使人以幣聘之, 囂囂然曰 '我何以湯之聘幣為哉。我豈若處畎畝之中, 由是以樂堯舜之道哉'。

만장이 물었다: "사람들이 평하기를 '이윤은 요리하는 것으로 탕임금에게 자리를 구했다.'고 하는데 그렇습니까?" 맹자가 말했다: "아니다. 그렇지 않다. 이윤은 유신의 들에서 밭을 갈면서 요순의 도를 즐겼다. 그 의로움과 그 도가 아니라면 천하를 가지고 녹봉을 주어도 돌아보지 않았고, 말 천 필이 끄는 마차라도 바라보지 않았다. 그 의로움과 그 도가 아니라면 지푸라기 하나라도 남에게 주지 않았고 지푸라기 하나라도 남에게 취하지 않았다. 탕임금이 사람을 시켜 폐백으로 초빙하자, 욕심 없이 스스로 만족해하면서 말하길 '내가 탕임금이 폐백으로 초빙하는 것을 어찌 여길 것인가? 내 어찌 밭도랑 사이에 거처하면서 요순의 도를 즐기는 것과 같다고 하겠는가?"고 하였다.

*囂囂然(효효연): 욕심 없이 스스로 만족해하는 모양.

【萬章 上 7-2】湯三使往聘之, 既而幡然改曰 '與我處畎畝之中, 由是以樂堯舜之道, 吾豈若使是君為堯舜之君哉, 吾豈若使是民為堯舜之民哉, 吾豈若於吾身親見之哉。天之生此民也, 使先知覺後知, 使先覺覺後覺也。予, 天民之先覺者也, 予將以斯道覺斯民也。非予覺之, 而誰也'。思天下之民匹夫匹婦有不被堯舜之澤者，若己推而內之溝中。其自任以天下之重如此，故就湯而說之以伐夏救民。

(맹자가 말했다) "탕임금이 세 번이나 사람을 보내 초빙하자, 고민 끝에 마음을 바꾸어 말하길 '내가 밭도랑사이에 거처하면서 요순의 도를 즐기는 것이 이 임금을 요순의 임금으로 만드는 것과 같겠는가? 이 백성을 요순의 백성으로 만드는 것과 같겠는가? 내 몸으로 직접 요순의 도를 드러내는 것과 같겠는가? 하늘이 이 백성을 낳은 것은 선지(先知)로 하여금 후지(後知)를 깨우치고 선각(先覺)이 후각(後覺)을 깨우치라는 것이겠다. 나는 하늘의 백성 중에 선각자이다. 나는 이 도로써 이 백성을 깨우칠 것이니, 내가 그들을 깨우치지 아니하면 누가 하리오?'고 하였다. 생각하기를 천하의 백성 필부필부라도 요순의 은택을 입지 못하면 마치 자기가 밀쳐서 구렁에 빠뜨린 것처럼 하였다. 그가 스스로 천하의 중책을 이와 같이 여겼기 때문에 탕임금에게 나아가 설득하여 하나라를 주벌하고 백성들을 구제하게 한 것이다."

*幡然(번연): 변동하는 모양.

【萬章 上 7-3】吾未聞枉己而正人者也，況辱己以正天下者乎。聖人之行不同也，或遠或近，或去或不去，歸潔其身而已矣。吾聞其以堯舜之道要湯，未聞以割烹也。伊訓曰 '天誅造攻自牧宮，朕載自亳'。

(맹자가 말했다) "나는 자신을 굽히면서 남을 바르게 하는 자를 듣지 못했다. 하물며 자기를 욕보이면서 천하를 바르게 함에 있어서랴. 성인의 행동은 같지 않다. 혹은 멀리하기도 하고 혹은 가깝게 하기도 하며, 혹은 떠나버리기도 하고 떠나지 않기도 하며 자신의 몸을 청결히 하는 데에 돌아갈 뿐이다. 나는 요순의 도로써 탕임금에게 요구했다는 말을 들었지만 요리로서 했다는 것은 듣지 못했다. 『이훈』에 이르길 '하늘의 주벌이 시작되어 목궁으로부터 공격함은 짐이 박 땅으로부터 시작하였다.'고 하였다."

*伊訓(이훈): 『상서(商書)』의 편명. *牧宮(목궁): 걸왕의 궁궐.

【萬章 下 1-1】孟子曰 伯夷, 目不視惡色, 耳不聽惡聲。非其君不事, 非其民不使。治則進, 亂則退。橫政之所出, 橫民之所止, 不忍居也。思與鄕人處, 如以朝衣朝冠坐於塗炭也。當紂之時, 居北海之濱, 以待天下之淸也。故聞伯夷之風者, 頑夫廉, 懦夫有立志。

맹자가 말했다: "백이는 눈으로 나쁜 색을 보지 않았고, 귀로 싫은 소리를 듣지 않았고, 자기 임금이 아니면 섬기지 않았고, 자기 백성이 아니면 부리지 않았다. 다스려지면 나아가고, 어지러우면 물러났다. 나쁜 정치가 이루어지고 나쁜 백성들이 머무는 곳에는 차마 거처하지 못했으며, 생각하기를 향인들과 더불어 거처하는 것을 마치 조회에 참여할 의관정대를 하고 도탄에 앉아 있는 것처럼 여겼다. 주(紂)임금 때를 당하여 북해의 물가에서 거처하면서 천하가 맑아지기를 기다렸다. 그러므로 백이의 풍모를 듣는 자들은 완악한 자라도 청렴해지고 우유부단한 자라도 뜻을 세움이 있었다."

*頑夫(완부): 완악한 지아비, 지각없는 자. *懦夫(유부): 유약한 지아비, 우유부단한 자.

【萬章 下 1-2】伊尹曰 '何事非君, 何使非民', 治亦進, 亂亦進。曰 '天之生斯民也, 使先知覺後知, 使先覺覺後覺。予, 天民之先覺者也, 予將以此道覺此民也'。思天下之民匹夫匹婦有不與被堯舜之澤者, 若己推而內之溝中, 其自任以天下之重也。

(맹자가 말했다) "이윤이 말하길 '누구를 섬기든 내 임금이 아니며, 누구를 부리든 내 백성이 아닐까?'라고 하면서, 다스려져도 나아가고 어지러워도 나아갔다. 그러면서 말하길 '하늘이 이 백성을 낳은 것은 선지(先知)로 하여금 후지(後知)를 깨우치고, 선각(先覺)으로 하여금 후각(後覺)을 깨우치게 한 것이다. 나는 하늘 백성 중의 선각자요, 나는 장차 이 도로 이 백성을 깨우칠 것이다.'라고 하였다. 생각하기를, 천하의 백성 필부필부라도 요순의 은택을 입지 못하면 마치 자기가 떠밀어 구렁에 빠뜨린 것처럼 여기면서, 자신의 임무를 천하의 중책으로 삼았다."

【萬章 下 1-3】柳下惠, 不羞汙君, 不辭小官。進不隱賢, 必以其道。遺佚而不怨, 阨窮而不憫。與鄉人處, 由由然不忍去也。‘爾為爾, 我為我, 雖袒裼裸裎於我側, 爾焉能浼我哉’。故聞柳下惠之風者, 鄙夫寬, 薄夫敦。

(맹자가 말했다) “유하혜는 더러운 임금도 부끄러워하지 않았고, 조그만 관직도 사양하지 않았다. 나아가면 현명함을 숨기지 않고 반드시 그 도로써 했다. 벼슬을 잃어도 원망하지 않았고, 곤궁해도 걱정하지 않았다. 향인들과 더불어 거처하여도 태연자약한 모습으로 차마 떠나지 아니했다. (그러면서 말하길) ‘너는 너이고, 나는 나인데, 비록 내 옆에서 옷을 걷고 벗는다고 한들 네가 어찌 나를 더럽힐 수 있겠는가?’고 하였다. 그러므로 유하혜의 풍모를 듣는 자들은 비천한 자라도 관대해지고 박약한 자라도 돈후해졌다.”

*由由然(유유연)=悠悠然(유유연): 태연자약(泰然自若)한 모습. *袒裼裸裎(단석나정): 웃통을 벗고 바지를 걷음. *浼(매): 더럽히다.

【萬章 下 1-4】孔子之去齊, 接淅而行。去魯, 曰 ‘遲遲吾行也’, 去父母國之道也。可以速而速, 可以久而久, 可以處而處, 可以仕而仕, 孔子也。

(맹자가 말했다) “공자가 제나라를 떠날 때에는 일던 쌀도 챙기고 떠나버렸다. 노나라를 떠나면서 말하길 ‘더디도다. 나의 발걸음이여~!’하였는데, 부모의 나라를 떠나는 도리였다. 빨리할만하면 빨리하고, 오래할만하면 오래하며, 거처할만하면 거처하고, 벼슬할만하면 벼슬한 이가 공자이다.”

*淅(석): 쌀을 일다.

【萬章 下 1-5】孟子曰 伯夷, 聖之清者也。伊尹, 聖之任者也。柳下惠, 聖之和者也。孔子, 聖之時者也。孔子之謂集大成。集大成也者, 金聲而玉振之也。金聲也者, 始條理也。玉振之也者, 終條理也。始條理者, 智之事也。終條理者, 聖之事也。智, 譬則巧也。聖, 譬則力也。由射於百步之外也, 其至, 爾力也 其中, 非爾力也。

맹자가 말했다: "백이는 성인의 맑은 자이고, 이윤은 성인의 자임한 자이고, 유하혜는 성인의 조화한 자이며, 공자는 성인의 시중한 자이다. 공자는 집대성했다고 할 수 있다. 집대성했다는 것은 쇠로 소리를 내고 옥으로 떨쳐내는 것이다. 쇠로 소리를 낸다는 것은 조리를 시작하는 것이고, 옥으로 떨쳐 일어난다는 것은 조리를 마치는 것이다. 조리를 시작하는 것은 지혜로움의 일이고, 조리를 마치는 것은 성스러움의 일이다. 지혜로움은 비유하면 기교 있음이고, 성스러움은 비유하면 힘 있음이다. 백보의 밖에서 활을 쏘아서 그것이 과녁에 다다름은 활 쏜 사람의 힘이고, 그것이 적중할지는 활 쏜 사람의 힘이 아니다."

【盡心 下 15】孟子曰 聖人, 百世之師也, 伯夷、柳下惠是也。故聞伯夷之風者, 頑夫廉, 懦夫有立志。聞柳下惠之風者, 薄夫敦, 鄙夫寬。奮乎百世之上, 百世之下, 聞者莫不興起也。非聖人而能若是乎, 而況於親炙之者乎。

맹자가 말했다: "성인은 백세의 스승이다. 백이, 유하혜가 이들이다. 그러므로 백이의 풍을 들은 자들은 완고한 지아비가 청렴해지고, 나약한 지아비가 뜻을 세운다. 유하혜의 풍을 들을 자들은 경박한 지아비가 돈후해지고, 비루한 지아비가 관대해진다. 백세의 위에서 분발하면, 백세의 아래에서 들을 자들이 흥기하지 않음이 없으니, 성인이 아니라면 이처럼 할 수 있겠는가? 하물며 친히 가까이서 배운 자들이야 어떠겠는가?"

*頑(완): 완고하다, 무디다. *懦(나): 나약하다, 무기력하다. *炙(자, 적): 굽다, 가까이서 가르침을 받다.

【盡心 上 28】孟子曰 柳下惠不以三公易其介。

맹자가 말했다: "유하혜는 삼공으로 그 절개를 바꾸지 않았다."

【離婁 下 10】孟子曰 仲尼不為已甚者。

맹자가 말했다: "중니께서는 너무 심한 것을 하지 않으셨다."

인용들에 나타난 각자의 인물평을 정리해 보자.

백 이: • 자기 임금이 아니면 섬기지 아니하고 자기 백성이 아니면 부리지 않았다. 다스려지면 나아가고 어지러우면 물러났다.【公孫丑 上 2-10】

• 백이는 자기 임금이 아니면 섬기지 않았고, 자기 친구가 아니면 사귀지 않았고, 악한 사람의 조정에 서지 않았으며, 악한 사람과 더불어 말하지 않았다. 악한 사람의 조정에 서고 악한 사람과 말을 하면 마치 조의를 입고 조관을 쓴 채 구렁텅이에 앉아있는 것처럼 여겼다. 악을 싫어하는 마음을 미루어 고을사람들과 더불어 서기를 생각하였다. 그 관이 바르지 않으면 미련 없이 떠나가기를 마치 더렵혀질 것처럼 여겼다. 그런 까닭으로 제후들이 비록 좋은 사령을 가지고 이르더라도 받지 않았다. 받지 않았다면 이것은 또한 나아감을 달갑게 여기지 않은 것이다.【公孫丑 上 9-1】

• 백이는 눈으로 나쁜 색을 보지 않았고, 귀로 싫은 소리를 듣지 않았고, 자기 임금이 아니면 섬기지 않았고, 자식 백성이 아니면 부리지 않았다. 다스려지면 나아가고, 어지러우면 물러났다. 나쁜 정치가 이루어지고 나쁜 백성들이 머무는 곳에는 차마 거처하지 못했으며, 생각하기를 향인들과 더불어 거처하는 것을 마치 조회에 참여할 의관정대를 하고 도탄에 앉아 있는 것처럼 여겼다. 주(紂)임금 때를 당하여 북해의 물가에서 거처하면서 천하가 맑아지기를 기다렸다. 그러므로 백이의 풍모를 듣는 자들은 완악한 자라도 청렴해지고 우유부단한 자라도 뜻을 세움이 있었다.【萬章 下 1-1】

이 윤: • 누구를 섬기든 내 임금이 아니며 누구를 부리든 내 백성이 아니겠는가? 다스려져도 나아가고 어지러워도 나아갔다.【公孫丑 上 2-10】

• 이윤은 유신의 들에서 밭을 갈면서 요순의 도를 즐겼다. 그 의로움과 그 도가 아니라면 천하를 가지고 녹봉을 주어도 돌아보지 않았고, 말 천 필이 끄는 마차라도 바라보지 않았다. 그 의로움과 그 도가 아니라면 지푸라기 하나라도 남에게 주지 않았고 지푸라기 하나라도 남에게 취하지 않았다.【萬章 上 7-1】

• 탕임금이 세 번이나 사람을 보내 초빙하자, 고민 끝에 마음을 바꾸어 말하길 '내가 밭도랑사이에 거처하면서 요순의 도를 즐기는 것이 이 임금을 요순의 임금으로 만드는 것과 같겠는가? 이 백성을 요순의 백성으로 만드는 것과 같겠는가? 내 몸으로 직접 요순의 도를 드러내는 것과 같겠는가? 하늘이 이 백성을 낳은 것은 선지(先知)로 하여금 후지(後知)를 깨우치고 선각(先覺)이 후각(後覺)을 깨우치라는 것이겠다. 나는 하늘의 백성 중에 선각자이다. 나는 이 도로써 이 백성을 깨우칠 것이니, 내가 그들을 깨우치지 아니하면 누가 하리오?'고 하였다. 생각하기를 천하의 백성 필부필부라도 요순의 은택을 입지 못하면 마치 자기가 밀쳐서 구렁에 빠뜨린 것처럼 하였다. 그가 스스로 천하의 중책을 이와 같이 여겼기 때문에 탕임금에게 나아가 설득하여 하나라를 주벌하고 백성들을 구제하게 한 것이다.【萬章 上 7-2】

• 이윤이 말하길 '누구를 섬기든 내 임금이 아니며, 누구를 부리든 내 백성이 아닐까?'라고 하면서, 다스려져도 나아가고 어지러워도 나아갔다. 그러면서 말하길 '하늘이 이 백성을 낳은 것은 선지(先知)로 하여금 후지(後知)를 깨우치고, 선각(先覺)으로 하여금 후각(後覺)을 깨우치게 한 것이다. 나는 하늘 백성 중의 선각자요, 나는 장차 이 도로 이 백성을 깨우칠 것이다.'라고 하였다. 생각하기를, 천하의 백성 필부필부라도 요순의 은택을 입지 못하면 마치 자기가 떠밀어 구렁에 빠뜨린 것처럼 여기면서, 자신의 임무를 천하의

중책으로 삼았다.【萬章 下 1-2】

유하혜: • 유하혜는 더러운 임금을 섬기는 것도 부끄러워 않았고, 작은 관직도 비루하다고 여기지 않았다. 나아가서 현명함을 숨기지 않고 반드시 도리를 다하였다. 벼슬을 잃어도 원망하지 않았고, 험로와 궁핍을 겪어도 걱정하지 않았다. 그러면서 말하길 '너는 너고, 나는 나인데 비록 내 옆에서 옷을 벗어 벌거숭이가 된들 나를 더럽힐 수 있겠는가?'라고 하였다. 그러므로 유유하게 더불어 가면서도 자신을 잃어버리지 않았다. 떠나려하다가도 잡아당겨 멈추게 하면 멈추었다. 잡아당겨 멈추게 하면 멈추니, 이것은 또한 떠나가기를 달갑게 여기지 않는 것이다.【公孫丑 上 9-1】

• 유하혜는 더러운 임금도 부끄러워하지 않았고, 조그만 관직도 사양하지 않았다. 나아가면 현명함을 숨기지 않고 반드시 그 도로써 했다. 벼슬을 잃어도 원망하지 않았고, 곤궁해도 걱정하지 않았다. 향인들과 더불어 거처하여도 태연자약한 모습으로 차마 떠나지 아니했다. (그러면서 말하길) '너는 너이고, 나는 나인데, 비록 내 옆에서 옷을 걷고 벗는다고 한들 네가 어찌 나를 더럽힐 수 있겠는가?'라고 하였다. 그러므로 유하혜의 풍모를 듣는 자들은 비천한 자라도 관대해지고 박약한 자라도 돈후해졌다.【萬章 下 1-3】

• 유하혜는 삼공으로 그 절개를 바꾸지 않았다.【盡心 上 28】

공 자: • 벼슬할 만하면 벼슬하고 물러날 만하면 물러나며, 오래 머물 만하면 오래하고 빨리 떠날 만하면 빨리했다.【公孫丑 上 2-10】

• 공자가 제나라를 떠날 때에는 일던 쌀도 챙기고 떠나버렸다. 노나라를 떠나면서 말하길 '더디도다. 나의 발걸음이여~!'하였는데, 부모의 나라를 떠나는 도리였다. 빨리할만하면 빨리하고, 오래할만하면 오래하며, 거처할만하면 거처하고, 벼슬할만하면 벼슬한 이는 공자이다.【萬章 下 1-4】

- 중니께서는 너무 심한 것을 하지 않으셨다.【離婁 下 10】

맹자의 총평:

- (백이와 이윤, 그리고 공자는) 모두 옛 성인들이지만 도가 같지 않았다. 나는 아직 실천하지 못하였다. 내가 원하는 바라면 공자를 배우겠다.【公孫丑 上 2-10】
- 백성이 생겨난 이래로 공자 같은 이는 없었다. (추구하는 도는 달랐지만 이들의 같은 점은) 100리의 땅을 얻어 군주가 된다면 모두 능히 제후들에게 조회 받으면서 천하를 소유할 수 있다. 한 가지라도 불의한 일을 행하고 한 사람이라도 무고한 자를 죽이면서 천하를 소유하는 것은 하지 않을 것이다. 【公孫丑 上 2-11】
- 백이는 편협하여 좁고, 유하혜는 공손하게 사양할 줄 모른다. 편협한 것도 사양할 줄 모르는 것도 군자는 말미암지 않는다.【公孫丑 上 9-1】
- 나는 자신을 굽히면서 남을 바르게 하는 자를 듣지 못했다. 하물며 자기를 욕보이면서 천하를 바르게 함에 있어서랴. 성인의 행동은 같지 않다. 혹은 멀리하기도 하고 혹은 가깝게 하기도 하며, 혹은 떠나버리기도 하고 떠나지 않기도 하며 자신의 몸을 청결히 하는 데에 돌아갈 뿐이다.【萬章 上 7-3】
- 백이는 '성인의 맑은 자'(聖之清)이고, 이윤은 '성인의 자임한 자'(聖之任)이고, 유하혜는 '성인의 조화한 자'(聖之和)이며, 공자는 '성인의 시중한 자'(聖之時)이다. 공자는 집대성했다고 할 수 있다. 집대성했다는 것은 쇠로 소리를 내고 옥으로 떨쳐내는 것이다. 쇠로 소리를 낸다는 것은 조리를 시작하는 것이고, 옥으로 떨쳐 일어난다는 것은 조리를 마치는 것이다. 조리를 시작하는 것은 지혜로움의 일이고, 조리를 마치는 것은 성스러움의 일이다. 지혜로움은 비유하면 기교 있음이고, 성스러움은 비유하면 힘 있음이다. 백보의 밖에서 활을 쏘아서 그것이 과녁에 다다름은 활 쏜 사

람의 힘이고, 그것이 적중할지는 활 쏜 사람의 힘이 아니다.【萬章 下 1-5】

- 성인은 백세의 스승이다. 백이, 유하혜가 이들이다. 그러므로 백이의 풍을 들은 자들은 완고한 지아비가 청렴해지고, 나약한 지아비가 뜻을 세운다. 유하혜의 풍을 들을 자들은 경박한 지아비가 돈후해지고, 비루한 지아비가 관대해진다. 백세의 위에서 분발하면, 백세의 아래에서 들을 자들이 흥기하지 않음이 없으니, 성인이 아니라면 이처럼 할 수 있겠는가? 하물며 친히 가까이서 배운 자들이야 어떠하겠는가?【盡心 下 15】
- 아래 직위에 거처하여 현자로써 불초한자를 섬기지 아니한 자는 백이였다. 다섯 번 탕왕에게 나아갔고, 다섯 번 걸왕에게도 나아간 자는 이윤이었다. 더러운 임금도 싫어하지 않고 작은 관직도 사양하지 않은 자는 유하혜였다. 이 세 사람은 도가 같지 않았으나, 그 취지는 하나였다. 하나가 무엇인가? 인이라 말할 수 있다. 군자는 역시 인할 뿐이지, 하필 도가 같아야 하는가?【告子 下 6-1】

성인은 백세의 스승이다.[10] 살아생전에 그들은 인의의 도덕을 모범적으로 실현했던 사람들이기 때문이다. 인의의 윤리로 무장하고 인의의 정치를 이끌었다. 이점에서 백이도 이윤도 유하혜도 공자도 다르지 않았다. 그러나 치인의 길에서 보여주었던 출처(出處; 벼슬에 나아가고 물러남)나 세상경영의 도는 달랐다. 백이는 '맑음의 성인'(聖之淸)이었다. 출처에서 의리를 명백히 따졌고, 나아가서는 옳고 그름을 엄격히 준별하고자 하였다. 이윤은 '책임의 성인'(聖之任)이었다. 세상이 문란하고 도탄에 빠진 백성들의 삶을 그냥 두고 볼 수가 없었다. 출처의리를 따질 것도 없이 난세를 구제하는 일이라면 선각자가 마땅히 감당해야 한다고 여겼다. 유하혜는 '화합의 성인'((聖之和)이었다. 출처의리도 벼슬의 높낮이도 부유함도 곤궁함도 의미 없었다. 나를 필요로 한다면 언제든 나아가고 버림을 받아도 원망하지 않았다. 누구와도 어울리지만 그들이 결코 나의 신념을 무너뜨릴 수 없

10) 孟子曰 聖人, 百世之師也.【盡心 下 15】

다고 여겼다. 맹자는 백이가 너무 편협하다면, 유하혜는 사양할 줄 모르고 거만하다고 평가하고 있다. 그러나 이윤처럼 출처의리를 너무 따지지 않은 것도 불만인 듯하다. 그래서 맹자는 공자의 처세를 제일로 친다. 그는 나아갈 때와 물러날 때를 아는 '시중의 성인'(聖之時)이었기 때문이다. 그래서 맹자도 공자를 따르겠다고 실토한다.[11)]

성인들이 보여 주었던 치인의 도는 이처럼 각자 다르지만 인의의 도덕성을 실현했다는 점에서는 모두 같았다고 하였다. 도덕성은 마음이 터득한 성품이고 그것은 행동으로 나타나야 한다. 그렇다면 성인을 본받아서 군자나 대인이나 선비가 갖추어야할 인격과 도덕적 책무는 무엇인가? 그 출발은 도덕적 본성의 단초를 보존하고 확장하며 인의에 따른 도덕적 실천일 수밖에 없을 것이다. 나아가 경국제세의 도를 갖추고 치인의 길에 기여해야 할 것이다. 이제 이를 보기로 하자.

맹자적인 뜻에서, 유교가 수기치인의 학문이라는 것은 도덕적 자기수양과 경국제세의 경륜을 바탕으로 치인의 길에서 도를 실현하는 것이라 하였다. 그러한 전형을 보여주었던 사람이 성인들이다. 그러나 성인들은 백세의 스승이긴 하나 역사현실에 존재하지 않는다. 역사현실에서 사회지도층을 이루는 노심자들은 군자이고 대인이고 선비[士]들이다. 그들은 성인을 따라 역사현실에서 노심자로서의 사회적 역할을 수행해야 한다. 이를 위해 무엇보다 먼저 갖추어야 할 것은 도덕적 본성을 회복하여 인의의 도덕으로 무장하는 것이다. 몇 가지 인용을 보자.

---

11) 다른 사람의 인물평을 인용하고 있지만, 공자에 대한 맹자의 평가는 대단하다. 인용을 보자. 「공손추가 물었다: "감히 다른 점을 묻고자 합니다." 맹자가 대답했다: "재아와 자공과 유약은 지혜로워서 족히 성인을 알 수 있다. 추해지더라도 좋아하는 것에 아첨하는 데는 이르지 않을 것이다. 재아가 말하길 '내가 선생님을 본 바로는 요순보다 더 현명하다.'하였다. 자공이 말하길 '예를 보면 정치를 알 수 있고, 음악을 들으면 덕을 알 수 있다. 백세 이후로 백세의 왕을 차등해본다면 이에서 벗어날 수가 없는데, 백성이 생겨난 이래 선생님과 같은 이가 없었다.'고 하였다. 유약이 말하길 '어찌 오직 백성뿐이겠는가? 달리는 짐승 중에 기린이요, 날아가는 새 중에 봉황이요, 언덕과 둑 중에 태산이요, 흘러가는 물 중에 하해 등과 같은 종류이다. 또한 백성 중에 성인과 같은 종류이다. 종류 중에서 도출되고 모인 것 중에 특출하니, 백성이 생겨난 이래 공자보다 성대한 이가 없었다.'고 하였다."」 曰 敢問其所以異。曰 宰我、子貢、有若智足以知聖人。汙，不至阿其所好。宰我曰 '以予觀於夫子，賢於堯舜遠矣'。子貢曰 '見其禮而知其政，聞其樂而知其德。由百世之後，等百世之王，莫之能違也。自生民以來，未有夫子也'。有若曰 '豈惟民哉 麒麟之於走獸，鳳凰之於飛鳥，太山之於丘垤，河海之於行潦，類也。聖人之於民，亦類也。出於其類，拔乎其萃，自生民以來，未有盛於孔子也'。【公孫丑 上 2-12】

【盡心 上 21】孟子曰 廣土衆民，君子欲之，所樂不存焉。中天下而立，定四海之民，君子樂之，所性不存焉。君子所性，雖大行不加焉，雖窮居不損焉，分定故也。君子所性，仁義禮智根於心。其生色也，睟然見於面，盎於背，施於四體，四體不言而喻。

맹자가 말했다: "땅을 넓히고 백성을 많게 하는 것을 군자는 하고 싶어 하지만 즐거워하는 바는 여기에 있지 않다. 천하의 가운데에 서서 사해의 백성을 안정시키는 것을 군자는 즐거워하지만 본성은 여기에 있지 않다. 군자의 본성은 비록 크게 행해져도 더하지 않고, 비록 궁핍하게 기거해도 덜지 않는데, 분수가 정해져 있는 까닭이다. 군자의 본성은 인의예지가 마음에 뿌리를 두어, 그 얼굴빛에 생겨남에 밝게 얼굴에 드러나고, 등에 가득하며, 손발에 베풀어져, 손발이 말을 하지 않아도 깨달아진다."

*盎(앙): 가득히 차다.

【盡心 上 33】王子墊問曰 士何事。孟子曰 尚志。曰 何謂尚志。曰 仁義而已矣。殺一無罪，非仁也。非其有而取之，非義也。居惡在，仁是也。路惡在 義是也。居仁由義，大人之事備矣。

왕자점이 물어 말했다: "선비는 무엇을 일삼습니까?" 맹자가 말했다: "뜻을 숭상한다." 왕자점이 말했다: "뜻을 숭상하는 것은 무슨 말입니까?" 맹자가 말했다: "인의일 뿐이다. 한 사람이라도 죄 없이 죽이면 인이 아니다. 그의 소유가 아닌데 취한다면 의가 아니다. 거처하기를 어디에 있어야 하는가? 인이라면 옳다. 길을 가기에 어디에 있어야 하는가? 의라면 옳다. 인에 거처하고 의로 말미암는다면 대인의 일이 갖추어진 것이다."

*墊(점): 빠지다, 파다.

【離婁 下 12】孟子曰 大人者，不失其赤子之心者也。

맹자가 말했다: "대인은 적자(어린아이)의 마음을 잃지 않는 자이다."

【離婁 下 28-1】孟子曰 君子所以異於人者，以其存心也。君子以仁存心，以禮存心。仁者愛人，有禮者敬人。愛人者人恆愛之，敬人者人恆敬之。

맹자가 말했다: "군자가 일반인과 다른 까닭은 마음을 보존하기 때문이다. 군자는 인으로 마음을 보존하고, 예로 마음을 보존한다. 인자는 사람을 사랑하고 예가 있는 자는 사람을 공경한다. 남 사랑하는 자는 남도 항상 그를 사랑하고, 남을 공경하는 자는 남도 항상 그를 공경한다."

【離婁 下 28-2】有人於此，其待我以橫逆，則君子必自反也，我必不仁也，必無禮也，此物奚宜至哉 其自反而仁矣，自反而有禮矣，其橫逆由是也，君子必自反也 我必不忠。自反而忠矣，其橫逆由是也，君子曰 '此亦妄人也已矣。如此則與禽獸奚擇哉 於禽獸又何難焉 '

(맹자가 말했다) "여기에 어떤 사람이 있어 나를 불쾌하게 대우하면 군자는 반드시 스스로를 돌아보아, 내가 반드시 인하지 않았고 반드시 무례하게 굴었다, 이러한 일이 어찌 마땅히 이르렀단 말인가? 한다. 스스로를 반성하여 인하였고 스스로를 돌아보아 예를 갖췄는데도 그의 불쾌한 대우가 이와 같다면, 군자는 말하길 '이는 역시 망령된 사람일 뿐이다. 만약 이와 같다면 금수와 더불어 어떻게 선택할 수 있겠는가? 금수에게 또한 무슨 힐난을 할 것인가?'라고 한다."

【盡心 上 45】孟子曰 君子之於物也，愛之而弗仁 於民也，仁之而弗親。親親而仁民，仁民而愛物。

맹자가 말했다: "군자는 사물에 대해서 사랑하지만 인하지 않고, 백성에 대해서는 인하지만 친애하지 않는다. 부모를 친애하고서 백성을 인하고, 백성을 인하고서 사물을 사랑하는 것이다."

군자는 치인의 길에서 공적을 이루고 싶어 하지만, 군자의 본성은 여기에 있지 않다. 군자의 본성은 인의예지가 마음에 자리 잡도록 하여 그것이 자연스럽게 얼굴로 드러나고 등으로 퍼지며 손발이 저절로 실천하도록 하는데 있다. 선비(士)가 숭상하는 뜻도 인의의 실천에 있을 뿐이고, 그러한 자가 바로 대인(大人)이다. 그러니까 대인은 인의의 '어린아이 마음'(적자지심赤子之心)을 잃지 않고 실천하는 자이다. 이것이 군자나 대인이나 선비가 보통의 일반인이나 금수와 다른 점이다. 그들은 이러한 본성과 마음을 보존하여 친친(親親)의 원리에 따라 인의의 실천을 확대해 나간다. 인의의 실천을 위한 세부적인 도덕적 책무들이 무엇인지 하나하나 검토해보자. 편의상 자신에 대한 의무, 타인과 사회에 대한 의무, 그리고 경국제세에 대한 의무로 구분하여 정리한다. 자신에 대한 의무와 타인(사회)에 대한 의무가 개인윤리에 해당한다면, 경국제세에 대한 의무는 사회윤리 측면으로 볼 수 있기 때문이다.

가. 자신에 대한 도덕적 책무

(1) 군자는 맑고 성실하다.

【告子 下 12】孟子曰 君子不亮, 惡乎執。

맹자가 말했다: "군자가 맑고 성실하지 않으면 무엇을 잡을 수 있으리오?"

*亮(량, 양): 성실하다, 맑다.

(2) 군자는 과실과 허물이 있으면 반성하고 고친다.

【公孫丑 下 9-1】燕人畔。王曰 吾甚慚於孟子。陳賈曰 王無患焉。王自以為與周公, 孰仁且智。王曰 惡, 是何言也。曰 周公使管叔監殷, 管叔以殷畔。知而使之, 是不仁也。不知而使之, 是不智也。仁智, 周公未之盡也, 而況於王乎 賈請見而解之。

연나라 사람이 모반했다. 왕이 말했다: "내 맹자에게 심히 부끄럽다." 진가가 말했다: "왕께서는 걱정하지 마십시오. 왕께서는 스스로 주공과 더불어 누가 더 인자하고 지혜롭다고 생각하십니까?" 왕이 말했다: "아~ 이 무슨 말인가?" 진가가 말했다: "주공이 관숙에게 은나라를 감독하게 하였는데, 관숙은 은나라로써 배반하였습니다. 알고 시켰다면 이것은 인자하지 못한 것이요, 알지 못하고 시켰다면 이것은 지혜롭지 못한 것입니다. 인자함과 지혜로움은 주공께서도 다하지 못한 것인데 하물며 왕께서야 어쩌겠습니까? 제가 만나서 해결하겠습니다."

*제나라가 연나라를 토벌한지 2년 만에 연나라 사람들이 태자 평(平)을 세워 왕으로 삼았다. *陳賈(진가): 제나라 대부. *管叔(관숙): 무왕의 동생이자 주공의 형이다. 주나라 무왕(武王)이 은(상)나라를 쳐서 주왕(紂王)을 죽이고 그의 아들이 무경(武庚)을 세운 다음, 관숙에게 두 동생(채숙, 곽숙)과 함께 은나라를 감독하게 했다. 무왕이 죽고 성왕이 즉위하였지만 어려서 주공이 섭정을 하자, 관숙이 무경과 함께 배반하였다. 이에 주공이 토벌하여 죽였다.

【公孫丑 下 9-2】見孟子, 問曰 周公何人也。曰 古聖人也。曰 使管叔監殷, 管叔以殷畔也, 有諸。曰 然。曰 周公知其將畔而使之與。曰 不知也。然則聖人且有過與。曰周公, 弟也。管叔, 兄也。周公之過, 不亦宜乎。且古之君子, 過則改之。今之君子, 過則順之。古之君子, 其過也, 如日月之食, 民皆見之 及其更也, 民皆仰之。今之君子, 豈徒順之, 又從為之辭。

(진가가) 맹자를 뵙고 물었다: "주공은 어떤 사람입니까?" 맹자가 대답했다: "옛 성인입니다." 진가가 말했다: "관숙에게 은나라를 감독하게 했는데 관숙은 은나라로써 배반하였다는데 그런 일이 있었습니까?" 맹자가 대답했다: "그렇습니다." 진가가 말했다: "주공께서는 장차 배반이 일어날 것을 알고서도 그에게 감독을 맡겼습니까?" 맹자가 대답했다: "알지 못했습니다." 진가가 다시 물었다: "그러면 성인도 과실이 있습니까?" 맹자가 대답했다: "주공은 동생이고, 관숙은 형입니다. 주공의 과실은 또한 마땅하지 않겠습니까? 또한 옛날의 군자는 과실이 있으면 고쳤는데, 오늘의 군자는 과실이 있어도 따를 뿐입니다. 옛날의 군자는 그 과실이 마치 일식과 월식 같아서 백성들이 모두 그것을 보았고, 그 과실을 고침에 미쳐서는 백성들이 모두 우러러

보았습니다. 그러나 오늘의 군자는 어찌 과실이 있어도 따르기만 하고 또한 좇아서 변명만 하는가?"

(3) 군자에게 평생의 걱정은 있어도 하루아침의 우환은 없다.

【離婁 下 28-3】是故君子有終身之憂，無一朝之患也。乃若所憂則有之，舜人也，我亦人也。舜為法於天下，可傳於後世，我由未免為鄉人也，是則可憂也。憂之如何，如舜而已矣。若夫君子所患則亡矣。非仁無為也，非禮無行也。如有一朝之患，則君子不患矣。

(맹자가 말했다) "그러므로 군자는 종신토록 하는 걱정은 있어도 하루아침의 우환은 없다. 이에 만약 근심하는 바가 있다면 순임금도 사람이고 나 또한 사람인데, 순임금은 천하의 모범이 되고 후세까지 전해지지만, 나는 고을 사람이 됨을 면치 못하니, 이것이 걱정이라 할만하다. 걱정을 어떡할 것인가? 순임금처럼 할 뿐이다. 만약 무릇 군자라면 걱정하는 바가 없다. 인이 아니면 하지 않고, 예가 아니면 실행하는 않는다. 하루아침의 우환이라면 군자는 걱정하지 않는다."

(4) 선비는 궁핍해도 의로움을 잃지 않고, 영달하여도 도를 떠나지 않는다.

【盡心 上 9】孟子謂宋句踐曰 子好遊乎。吾語子遊。人知之，亦囂囂，人不知，亦囂囂。曰 何如斯可以囂囂矣。曰 尊德樂義，則可以囂囂矣。故士窮不失義，達不離道。窮不失義，故士得己焉。達不離道，故民不失望焉。古之人，得志，澤加於民。不得志，脩身見於世。窮則獨善其身，達則兼善天下。

맹자가 송구천에게 일러 말했다: "당신은 유세하기를 좋아하는가? 내가 당신에게 유세에 대해서 말하겠다. 남이 알아주어도 잘난 체 말고, 남이 알아주지 않아도 불평하지 말고 효효하라.” 송구천이 말했다: “어떡해야 효효할 수 있습니까?” 맹자가 말했다: “덕을 존중하고 의로움을 즐기면 효효할 수 있다. 그러므로 선비는 궁핍해도 의로움을 잃지 않고, 영달하여도 도를 떠나지 않는다. 궁핍하여도 의로움을 잃지 않기에 선비가 자기를 지킬 수 있었고, 영달하여도 도를 떠나지 않기에 백성들이 우러름을 잃지 않았다. 옛날 사람들은 뜻을 얻으면 백성들에게 은택을 베풀고, 뜻을 얻지 못하면 자신을 수양하여 세상에 드러내었다. 궁핍하면 홀로 자신을 선하게 하고, 영달하면 천하에 두루 선을 행하였다.”

***囂囂**(효효): 자득하여 욕심이 없는 모양.

(5) 군자는 말로만 공경하며 실질이 없는 자에게 구속되지 않는다.

【盡心 上 37】孟子曰 食而弗愛，豕交之也，愛而不敬，獸畜之也。恭敬者，幣之未將者也。恭敬而無實，君子不可虛拘。

맹자가 말했다: “먹여만 주고 사랑하지 않는 것은 돼지와 사귀는 것과 같고, 사랑하지만 공경하지 않는 것은 금수를 기르는 것과 같다. 공경은 폐백을 받들기 이전에 이미 있는 것이다. 공경은 하지만 실질이 없으면 군자는 헛되이 구속되지 않는다.”

***將**(장): 奉(봉)의 뜻; 받들다.

(6) 선비가 미움을 받음은 입을 통한 경우가 많다. 말을 조심해야 한다.

【盡心 下 19】貉稽曰 稽大不理於口。孟子曰 無傷也。士憎茲多口。詩云 ‘憂心悄悄，慍于群小’，孔子也。‘肆不殄厥慍，亦不隕厥問’，文王也。

맥계가 말했다: “나는 크게 입을 통해서는 얻은 바가 없습니다.” 맹자가 말했다: “상념하지 말라. 선비가 미움 받음은 입을 통한 경우가 많다. 『시』에 이르길 ‘마음에 근심함이 초초하거늘, 많은 소인배들에게 노여움을 받는다.’

했는데, 공자가 그이다. 또 '끝내 그 노여움을 끊어내지 못했지만, 또한 그 명성을 떨어뜨리지는 못했다.'고 했는데, 문왕이 그이다."

*憎(증): 미워하다. *茲(자): 무성하다. *悄(초): 근심하다. *慍(온): 성내다. *肆(사): 방자하다, 극에 달하다. 여기서는 "끝내, 마침내'의 뜻. *殄(진): 다하다, 끊어내다. *隕(운): 떨어지다, 무너지다. *問(문): 소문, 명성의 뜻.

(7) 군자의 말은 혁대 아래로 내려가지 않고 도를 보존하고 실천한다.

【盡心 下 32】孟子曰 言近而指遠者，善言也。守約而施博者，善道也。君子之言也，不下帶而道存焉。君子之守，修其身而天下平。人病舍其田而芸人之田，所求於人者重，而所以自任者輕。

맹자가 말했다: "말은 가까우면서 뜻은 먼 것은 착한 말이고, 지킴은 요약하면서 베풂은 넓은 것은 착한 도이다. 군자의 말은 혁대 아래로 내려가지 않고 도를 보존한다. 군자의 지킴은 자신을 수양하고 천하를 평안케 한다. 사람의 병통은 자기 밭을 버리고 남의 밭을 김매려하는 것이니, 남에게 구하는 것을 중히 여기고 스스로 책임지려는 것을 가벼이 여긴다."

(8) 군자가 부귀와 영달을 구하더라도 처첩에게조차 부끄러움이 없어야 한다.

【離婁 下 33】齊人有一妻一妾而處室者，其良人出，則必饜酒肉而後反。其妻問所與飮食者，則盡富貴也。其妻告其妾曰 良人出，則必饜酒肉而後反 問其與飮食者，盡富貴也，而未嘗有顯者來，吾將瞷良人之所之也。蚤起，施從良人之所之，遍國中無與立談者。卒之東郭墦間之祭者，乞其餘，不足，又顧而之他，此其為饜足之道也。其妻歸告其妾曰 良人者，所仰望而終身也。今若此。與其妾訕其良人，而相泣於中庭。而良人未之知也，施施從外來，驕其妻妾。由君子觀之，則人之所以求富貴利達者，其妻妾不羞也，而不相泣者，幾希矣。

제나라 사람 중에 처 한 사람과 첩 한 사람을 데리고 집에 사는 자가 있었는데, 그 남편이 외출하면 반드시 술과 고기를 질리도록 먹은 후에 돌와왔다. 그의 처가 더불어 음식을 먹은 자를 물으면 모두 부귀한 사람이었다고 대답하였다. 그 처가 첩에게 말하기를 '남편이 외출하면 반드시 술과 고기를 질리도록 먹은 후에 돌아온다. 더불어 먹은 자를 물었더니 모두 부귀한 사람이라 했는데 일찍이 영달한 자가 찾아온 적이 없다. 내가 남편의 가는 곳을 엿보아야겠다.'고 하고는 일찍 일어나 남편이 가는 곳을 따라가 보았다. 나라 가운데를 두루 돌아다니되 더불어 서서 대화하는 자도 없고 끝내는 동쪽 성곽의 무덤 사이에 제사하는 자에게 남은 음식을 구걸하고, 부족하면 또 돌아보며 다른 곳으로 갔다. 이것이 질리도록 먹은 방법이었다. 그 처가 돌아와서 첩에게 말하길 '남편을 우러러 보기를 종신토록 해야 하는데 지금 이와 같도다.'고 하고, 첩과 더불어 남편을 원망하며 마당에서 서로 울고 있었다. 남편이 이를 알지 못하고 의기양양하게 밖에서 돌아와서는 처첩에게 교만하게 굴었다. 군자의 관점에서 본다면 사람들이 부귀와 영달을 구하는 방법이 처첩을 부끄럽게 하지 않고 서로 울지 않게 하는 자가 거의 드물다.

*良人(낭인): 남편. *墦(번): 무덤. *訕(산): 헐뜯다, 힐난하다. *施施(시시): 기쁘고 의기양양한 모습.

나. 타인과 사회에 대한 도덕적 책무

(1) 군자는 차마하지 못하는 마음으로 금수의 생명조차 함부로 하지 않는다.

【梁惠王 上 7-3】王曰 然。誠有百姓者。齊國雖褊小，吾何愛一牛 即不忍其觳觫，若無罪而就死地，故以羊易之也。曰　王無異於百姓之以王為愛也。以小易大，彼惡知之　王若隱其無罪而就死地，則牛羊何擇焉。王笑曰是誠何心哉，我非愛其財。而易之以羊也，宜乎百姓之謂我愛也。曰 無傷也，是乃仁術也，見牛未見羊也。君子之於禽獸也，見其生，不忍見其死聞其聲，不忍食其肉。是以君子遠庖廚也。

왕이 말했다: "그렇습니다. 진실로 (인색하다고 비난하는) 백성들이 있을 것입니다. 제나라가 비록 좁고 작지만, 내가 어찌 소 한 마리를 아끼겠습니까? 다만 소가 두려움에 떨며 마치 죄 없이 사지로 나아가는 것을 차마 볼 수가 없었습니다. 그래서 양으로 바꾸라고 한 것입니다." 맹자가 말했다: "왕께서는 백성들이 왕을 인색하다고 여기는 것에 대해 이상하게 생각지 마십시오. 작은 것으로 큰 것을 바꾼 뜻을 저들이 어찌 알겠습니까? 왕께서 만약 그 죄 없이 사지로 나아가는 것을 측은히 여기셨다면 소와 양을 어떻게 선택하셨습니까?" 왕이 웃으며 말했다: "이 진실로 무슨 마음이던가? 나는 그 재물을 아낀 것이 아닌데 양으로 바꾸라 했으니 마땅히 백성들이 나를 인색하다고 말하겠구나." 맹자가 말했다: "상념치 마십시오. 이것이 바로 인(仁)을 실현하는 방법입니다. 소는 보았고 양은 보지 않았습니다. 군자는 금수에 대해서도 삶은 보지만 죽음은 차마 보지 않습니다. 그 죽어가는 소리를 들으면 차마 그 고기를 먹지 못합니다. 그래서 군자는 푸주간을 멀리하는 것입니다.

(2) 군자는 남과 더불어 선을 행한다.

【公孫丑 上 8】孟子曰 子路，人告之以有過則喜。禹聞善言則拜。大舜有大焉，善與人同。舍己從人，樂取於人以為善。自耕、稼、陶、漁以至為帝，無非取於人者。取諸人以為善，是與人為善者也。故君子莫大乎與人為善。

맹자가 말했다: "자로는 남이 잘못을 지적하여 주면 기뻐했고, 우임금은 선한 말을 들으면 절을 했다. 순임금은 위대했다. 선한 일을 남과 더불어 했고 자기를 내려놓고 남을 따랐다. 남에게 취하여 선한 일을 하는 것을 즐겼다. 밭 갈고 씨 뿌리고 그릇 굽고 고기 잡는 것에서 황제가 되는 것에 이르기까지 남에게서 취하지 않는 것이 없었다. 남에게 취하여 선을 행했다는 것은 남과 더불어 선을 행했다는 것이다. 그러므로 군자는 남과 더불어 선을 행하는 것보다 큰 것이 없다."

(3) 대인은 예와 의로움에 벗어나는 일을 하지 않는다.

【離婁 下 6】孟子曰 非禮之禮, 非義之義, 大人弗為。

> 맹자가 말했다: "예가 아닌 예와 의로움이 아닌 의로움을 대인은 하지 않는다.

(4) 대인은 말과 행동이 상대방에게 반드시 신뢰와 결과를 낳을 것이라고 기약 하지 않고 오직 의로움에 따를 뿐이다.

【離婁 下 11】孟子曰 大人者, 言不必信, 行不必果, 惟義所在。

> 맹자가 말했다: "대인은 말을 함에 반드시 신뢰를 기필하지 않고, 행동함에 반드시 결과를 기필하지 않으며, 오직 의로움이 따를 뿐이다."

(5) 군자에게는 3가지 즐거움이 있다. 첫째 부모형제가 무고한 것, 둘째 하늘과 남에게 부끄러움이 없는 것, 셋째 영재를 얻어 교육하는 것이다. 천하를 경영하는 왕노릇은 군자의 즐거움에 들지 않는다.

【盡心 上 20】孟子曰 君子有三樂, 而王天下不與存焉。父母俱存, 兄弟無故, 一樂也。仰不愧於天, 俯不怍於人, 二樂也。得天下英才而教育之, 三樂也。君子有三樂, 而王天下不與存焉。

> 맹자가 말했다: "군자는 세 가지 즐거움이 있는데, 천하에 왕 노릇함은 여기에 들어있지 않다. 부모가 모두 생존하고 형제가 무고한 것이 첫 번째 즐거움이다. 위로 하늘에 부끄러움이 없고, 아래로 남에게 부끄러움이 없는 것이 두 번째 즐거움이다. 천하의 영재를 얻어 교육하는 것이 세 번째 즐거움이다. 군자는 세 가지 즐거움이 있는데 천하에 왕 노릇하는 것은 여기에 들어있지 않다."

(6) 현자는 자신의 눈밝음으로 남을 깨우친다.

【盡心 下 20】孟子曰 賢者以其昭昭，使人昭昭，今以其昏昏，使人昭昭。

맹자가 말했다: "현자는 그 밝음으로써 남을 눈밝게 하는데, 오늘날은 어둠으로써 남을 눈밝게 하려 한다."

(7) 군자가 교육을 하는 방법에는 5가지 경우가 있다. 때에 맞춰 비가 내려 변화시키듯 교화하는 경우가 있고, 덕을 이루게 하는 경우가 있고, 재질을 통달하게 하는 경우가 있고, 질문에 답하는 경우가 있고, 사사로이 선으로 다스리는 경우가 있다. 이 다섯 가지는 군자가 가르치는 방법이다.

【盡心 上 40】孟子曰 君子之所以教者五 有如時雨化之者，有成德者，有達財者，有答問者，有私淑艾者。此五者，君子之所以教也。

맹자가 말했다: "군자가 가르치는 방법은 다섯 가지이다. 때에 맞춰 비가 내려 변화시키듯 교화하는 경우가 있고, 덕을 이루게 하는 경우가 있고, 재질을 통달하게 하는 경우가 있고, 질문에 답하는 경우가 있고, 사사로이 선으로 다스리는 경우가 있다. 이 다섯 가지는 군자가 가르치는 방법이다."

*財(재): 材(재질)의 뜻. *淑(숙): 善의 뜻. *艾(예): 治 의 뜻.

다. 경국제세에 대한 도덕적 책무

(1) 군자는 사업을 창건하고 전통을 드러내며 지속되도록 보존한다.

【梁惠王 下 14】滕文公問曰 齊人將築薛，吾甚恐。如之何則可。孟子對曰 昔者大王居邠，狄人侵之，去之岐山之下居焉。非擇而取之，不得已也。

苟為善，後世子孫必有王者矣。君子創業垂統，為可繼也。若夫成功，則天也。君如彼何哉 彊為善而已矣。

> 등문공이 물었다: "제나라 사람들이 설 땅에 축성을 하고자 하니 나는 심히 두려운데 어떡하면 좋겠습니까?" 맹자가 대답했다: "옛날에 태왕께서 빈 땅에 기거할 때 북방오랑캐가 침입해 오자 기산 아래에 가서 기거하였습니다. 선택하여 그곳을 취한 것이 아니라 부득이해서였습니다. 진실로 선정을 베푼다면 후세 자존 중에 반드시 왕 노릇하는 자가 있을 것입니다. 군자는 사업을 창건하고 전통을 드리워서 계속할 수 있도록 합니다. 무릇 성공할 것인지는 하늘에 달린 것입니다. 군주께서 저들을 어찌하시겠습니까? 선정을 베푸는 데에 힘쓸 뿐입니다."

*邠(빈): 나라 땅이름.

(2) 군자는 사람을 기르는 수단으로 사람을 해치지 않는다.

【梁惠王 下 15】滕文公問曰 滕，小國也。竭力以事大國，則不得免焉。如之何則可。孟子對曰 昔者大王居邠，狄人侵之。事之以皮幣，不得免焉。事之以犬馬，不得免焉。事之以珠玉，不得免焉。乃屬其耆老而告之曰 '狄人之所欲者，吾土地也。吾聞之也，君子不以其所以養人者害人。二三子何患乎無君，我將去之'。去邠，踰梁山，邑于岐山之下居焉。邠人曰 '仁人也，不可失也。'從之者如歸市。或曰 '世守也，非身之所能為也。效死勿去'。君請擇於斯二者。

> 등문공이 물었다: "등나라는 작은 나라입니다. 힘을 다하여 대국을 섬기더라도 화를 면하기가 어려우니 어떡하면 좋겠습니까?" 맹자가 대답했다: "옛날에 태왕께서 빈 땅에 거주할 때 북방오랑캐가 침입해오자 가죽과 비단을 바치며 섬겨도 화를 면하지 못했고, 개와 말을 바치며 섬겨도 화를 면하지 못했고, 주옥을 바치며 섬겨도 화를 면하지 못했습니다. 이에 늙은이들을 모시고 말하기를 '북방오랑캐들이 원하는 것은 우리 토지입니다. 내가 듣건대 군자는 사람을 기르는 수단을 가지고 사람을 해치지 않는다고 합니다. 여러분

들은 어찌 군주 없음을 걱정하리오? 나는 떠나겠습니다.'하고는 빈 땅을 떠나 양산을 넘어 기산 아래의 읍에 거주하였습니다. 빈 땅 사람들이 말하길 '어진 사람이다. 잃을 수가 없다.'하면서 그를 좇는 자들이 마치 시장으로 돌아가는 듯하였습니다. 혹자는 말하길 '대대로 지켜온 것에 대해서는 자신이 마음대로 할 수 있는 것이 아니니, 죽음을 무릅쓰고 떠나지 말라.'하였습니다. 청컨대, 군주께서는 둘 중에 선택하십시오."

*屬(속): 모으다. 거두다, 소속하다. *耆老(기로): 늙은이.

(3) 군자는 전쟁에 반대하지만 싸우면 의로움의 도에 따라 반드시 이긴다.

【公孫丑 下 1】孟子曰 天時不如地利，地利不如人和。三里之城，七里之郭，環而攻之而不勝。夫環而攻之，必有得天時者矣 然而不勝者，是天時不如地利也。城非不高也，池非不深也，兵革非不堅利也，米粟非不多也 委而去之，是地利不如人和也。故曰 '域民不以封疆之界，固國不以山谿之險，威天下不以兵革之利'。得道者多助，失道者寡助。寡助之至，親戚畔之 多助之至，天下順之。以天下之所順，攻親戚之所畔 故君子有不戰，戰必勝矣。

맹자가 말했다: "하늘의 시절은 땅의 이로움만 같지 못하고, 땅의 이로움은 사람의 화합만 같지 못하다. 3리의 성과 7리의 곽을 포위하여 공격하여도 이기지 못할 수 있다. 무릇 포위하여 공격함에 반드시 하늘의 시절을 얻을 수 있다. 그러나 이기지 못한다면, 이것이 하늘의 시절이 땅의 이로움만 같지 못하다는 것이다. 성이 높지 않은 것이 아니고, 못이 깊지 않은 것이 아니며, 병장기가 견고하고 예리하지 않은 것이 아니고, 군량미가 많지 않은 것이 아니지만, 버리고 떠난다면 이것은 땅의 이로움이 사람의 화합만 같지 못하다는 것이다. 그러므로 말하길 '백성을 구획하기를 봉해진 땅의 경계로 하지 않고, 나라를 견고하게 하기를 산과 계곡의 험지로 하지 않으며, 천하를 위협하기를 병장기의 예리함으로 하지 않는다.'고 한 것이다. 도를 얻으면 도와주는 이가 많고, 도를 잃으면 도와주는 이가 적다. 도와주는 이가 적음의 극치에는 친척이 배반하고, 도와주는 이가 많음의 극치에는 천하가 순

종한다. 천하가 순종하는 바로써 친척이 배반하는 곳을 공격한다. 그러므로 군자가 싸우지 않지만, 싸우면 반드시 이긴다."

(4) 군자는 부당한 선물(뇌물)을 받지 않는다.

【公孫丑 下 3】陳臻問曰 前日於齊, 王餽兼金一百而不受, 於宋, 餽七十鎰而受, 於薛, 餽五十鎰而受。前日之不受是, 則今日之受非也, 今日之受是, 則前日之不受非也。夫子必居一於此矣。孟子曰 皆是也。當在宋也, 予將有遠行。行者必以贐, 辭曰 '餽贐'。予何為不受。當在薛也, 予有戒心。辭曰 '聞戒, 故為兵餽之'。予何為不受。若於齊, 則未有處也。無處而餽之, 是貨之也。焉有君子而可以貨取乎。

진진이 물었다: "옛날 제나라에서 왕께서 겸금 100일을 보내도 받지 않았는데, 송나라에서는 70일을 보내자 받았고 설나라에는 50일을 보내자 받았습니다. 옛날에는 받지 않는 것이 옳다면 오늘 받은 것은 그른 것이요, 오늘 받은 것이 옳다면 옛날 받지 않는 것은 그른 것입니다. 선생님께서 이 중에 어느 하나에 해당할 것입니다." 맹자가 대답했다: "모두 옳다. 송나라에 있을 때에는 내가 장차 먼 길을 떠날 예정이었다. 여행자에게는 반드시 노자 돈을 주는 것이다. 하사하여 말하길 '노자 돈을 보낸다'고 하니 내가 어찌 받지 않을 수 있겠는가? 설나라에 있을 때에는 내게 경계하는 마음이 있었다. 하사하여 말하길 '경계함을 들었다. 그래서 호위병을 위해서 주는 것이다.'하니 내 어찌 받지 않을 수 있겠는가? 그러나 제나라의 경우라면 아직 특별한 이유가 없었는데, 특별한 이유가 없는데 준다면 이것은 재물이다. 어찌 군자가 되어 재물을 취할 수가 있겠는가?"

*陳臻(진진): 맹자의 제자. *餽(궤): 보내다. *兼金(겸금): 좋은 금. *贐(신): 노자돈, 전별금.

(5) 군자는 천하의 모범이 되기 위해 예제를 잘 따른다.

【公孫丑 下 7】孟子自齊葬於魯，反於齊，止於嬴。充虞請曰 前日不知虞之不肖，使虞敦匠事。嚴，虞不敢請。今願竊有請也，木若以美然。曰 古者棺槨無度，中古棺七寸，槨稱之。自天子達於庶人。非直為觀美也，然後盡於人心。不得，不可以為悅。無財，不可以為悅。得之為有財，古之人皆用之，吾何為獨不然。且比化者，無使土親膚，於人心獨無恔乎。吾聞之君子 不以天下儉其親。

맹자가 제나라에서 노나라에 가서 장사지내고 제나라로 돌아오다가 영 땅에 머물렀다. 충우가 청하여 말했다: "전날에 저의 불초함을 알지 못하여 저로 하여금 목수 일을 하도록 하였습니다. 촉박하여 제가 감히 묻지 못했습니다. 지금 그윽히 묻고자 하는데, 나무가 아름다운 듯하였습니다?" 맹자가 말했다: "고대에는 관곽을 짜는데 일정한 법도가 없었고, 중고대에는 관이 7촌이고 곽은 그에 걸맞게 하였다. 천자로부터 서인에 이르기까지 (그렇게 한 것은) 단지 아름답게 보이게 하기 위한 것이 아니라 그런 연후에야 사람의 마음을 다할 수 있었던 것이다. 예제에 맞게 하지 못하면 기쁘지 않고, 재물이 없으면 또한 기쁘지 않다. 예제에 맞도록 재물이 있으면 옛 사람들은 모두 사용하였으니, 내 어찌 유독 그렇게 하지 않을 수 있겠는가? 또한 죽은 자를 위하여 흙이 피부에 닿지 않도록 해야 사람의 마음에 오직 기쁘지 않겠는가? 나는 들음에 군자는 천하를 위하여 부모의 장례에는 인색하게 하지 않았다고 한다."

*嬴(영): 제나라 남쪽의 읍 땅. *充虞(충우): 맹자 제자. *嚴(엄): 급하다, 촉박하다. *比化者(비화자): 爲死者(위사자)의 착오. *恔(교): 유쾌하다, 기쁘다. *맹자가 제나라에서 벼슬할 때 어머니를 잃고 노나라로 돌아가 장례하였음.

(6) 군자는 뜻이 같지 않은 사람에게 얼굴을 숙이며 아첨하지 않는다.

【滕文公 下 7】公孫丑問曰 不見諸侯何義。孟子曰 古者不為臣不見。段干木踰垣而辟之，泄柳閉門而不內，是皆已甚。迫，斯可以見矣。陽貨欲見孔子而惡無禮，大夫有賜於士，不得受於其家，則往拜其門。陽貨矙孔子之亡也，而饋孔子蒸豚 孔子亦矙其亡也，而往拜之。當是時，陽貨先，豈得不見。曾子曰 '脅肩諂笑, 病于夏畦'。子路曰 '未同而言, 觀其色赧赧然, 非由之所知也'。由是觀之, 則君子之所養可知已矣。

공손추가 물었다: "제후를 만나지 않으려 함은 무슨 뜻입니까?" 맹자가 대답했다: "옛날에는 신하가 되지 않으면 만나뵙지 않았다. 단간목은 담장을 넘어 피하였고, 설유는 문을 닫고 들어오지 못하게 하였으니, 이것은 모두 매우 심한 처사이다. 절박함이 있다면 만나뵐 수도 있는 것이다. 양화는 공자를 만나고자 했는데 무례함을 싫어하였다. 대부가 선비에게 선물을 보냈을 때 집에서 받지 못하면 대부의 집 문에 가서 절을 한다. 양화는 공자가 없는 틈을 엿보아서 공자에게 삶은 돼지고기를 보냈다. 공자 또한 그가 없는 틈을 엿보아서 가서 절을 하였다. 이 당시에 양화가 먼저 예를 표했으면 어찌 만날 수 없었겠는가? 증자께서 이르길 '어깨를 수그리고 아첨하며 웃는 것이 한 여름 밭에서 일하는 것보다 수고롭다.'고 하였고, 자로께서는 '뜻이 같지 않은데 말을 하면 부끄러워 얼굴을 붉히는 모습이 보이니, 내(由)가 알 바가 아니로다.'고 하였다. 이로 말미암아 보면 군자가 기르는 바를 알 수가 있을 뿐이다."

*段干木(단간목): 위나라 문후 때 사람. *泄柳(설유): 노나라 목공 때 사람. *瞰(감): 엿보다. *蒸豚(증돈): 찐 돼지고기. *脅(협): 옆구리. *肩(견): 어깨. *畦(휴): 밭두둑. *赧赧然(난난연): 부끄러워 얼굴을 붉히는 모습.

(7) 군자는 드러나지 않게 세상을 바꾸는데 기여한다.

【告子 下 6-3】曰 昔者王豹處於淇, 而河西善謳, 綿駒處於高唐, 而齊右善歌, 華周、杞梁之妻善哭其夫, 而變國俗。有諸內必形諸外。為其事而無其功者, 髡未嘗睹之也。是故無賢者也, 有則髡必識之。曰 孔子為魯司寇, 不用, 從而祭, 燔肉不至, 不稅冕而行。不知者以為為肉也。其知者以為為無禮也。乃孔子則欲以微罪行, 不欲為苟去。君子之所為, 眾人固不識也。

순우곤이 말했다: "옛날에 왕표가 기수가에 거처함에 하서사람들이 동요를

잘하였고, 면구가 고당 땅에 거처함에 제나라 오른쪽 편에 사는 사람들이 노래를 잘하였습니다. 화주와 기량의 아내가 남편의 죽음에 곡을 잘하자 나라의 풍속이 변했습니다. 안에 가지고 있으면 반드시 밖으로 드러나는 것입니다. 그 일을 했는데 공효가 없는 자를 저는 아직 보지 못하였습니다. 그러므로 현자가 없는 것입니다. 있다면 제가 반드시 알았을 것입니다." 맹자가 말했다: "공자께서 노나라 사구가 되어, (간언이) 쓰이지 않고, 이어서 제사가 있었는데 구운 고기가 이르지 않자 면류관을 벗지 않고 떠나갔다. 알지 못하는 자들은 고기 때문이라고 여겼고, 그를 아는 자들은 무례했기 때문이라고 여겼다. 공자께서는 조그만 죄로써 행동하려 했던 것이지 구차한 구실을 만들어 떠나려 했던 것이 아니었다. 군자가 하는 일을 일반인들은 진실로 알지 못하는 것이다."

*王豹(왕표): 위나라 사람으로 노래를 잘했다. *謳(구): 노래, 동요. *綿駒(면구): 제나라 사람으로 노래를 잘했다. *燔(번): 굽다. *稅(세): 脫(탈)의 誤記(오기).

(8) 군자는 치인의 길에서 올바른 도로 정치를 이끈다.

【告子 下 8-1】魯欲使愼子為將軍。孟子曰 不教民而用之，謂之殃民。殃民者，不容於堯舜之世。一戰勝齊，遂有南陽，然且不可。愼子勃然不悅曰 此則滑釐所不識也。曰 吾明告子。天子之地方千里，不千里，不足以待諸侯。諸侯之地方百里，不百里，不足以守宗廟之典籍。

노나라가 신자를 장군으로 삼고자 하였다. 맹자가 말했다: "백성을 가르치지 않고 사용하는 것을 백성에게 재앙을 내린다고 일컫는다. 백성에게 재앙을 내리는 것은 요순의 치세에는 용납되지 않았다. 한 번 싸워서 제나라를 이겨서 드디어 남양을 소유한다고 하더라도 옳지 못한 일이다." 신자가 발끈하여 기뻐하지 않으면서 말했다: "이것이라면 나(滑釐)는 알 수 없는 것입니다." 맹자가 말했다: "내가 그대에게 분명히 고하겠다. 천자의 땅은 사방 천리이니, 천리가 아니면 족히 제후를 대우할 수가 없다. 제후의 땅은 사방 백리이니, 백리가 아니면 족히 종묘의 전적을 지킬 수가 없다."

*愼子(신자): 노나라 신하이고 이름은 활리(滑釐)

【告子 下 8-2】周公之封於魯，為方百里也。地非不足，而儉於百里。太公之封於齊也，亦為方百里也。地非不足也，而儉於百里。今魯方百里者五，子以為有王者作，則魯在所損乎，在所益乎。徒取諸彼以與此，然且仁者不為，況於殺人以求之乎。君子之事君也，務引其君以當道，志於仁而已。

(맹자가 말했다) "주공이 노나라에 봉해짐에 사방 백리였다. 땅이 부족하지 않았고 백리 땅으로 검소하였다. 태공이 제나라에 봉해짐에 역시 사방 백리였다. 땅이 부족하지 않았고 백리 땅으로 검소하였다. 지금 노나라 땅은 사방 백리되는 것이 다섯이니, 당신은 왕자가 일어난다면 노나라 땅을 덜어내야 할 것으로 여기는가, 보태야 할 것으로 여기는가? 한갓 저기에서 취하여 여기에 더불어 하는 것이라면 또한 인자는 하지 않을 것이다. 하물며 사람을 죽이면서 그것을 구한단 말인가? 군자가 군주를 섬김에 그 군주를 이끌어 도에 합당하도록 힘써야하고 인에 뜻을 둘 뿐이다."

(9) 군자는 치인의 길에 나아갈 때와 물러날 때를 알아야 한다.

【告子 下 14】陳子曰 古之君子何如則仕。孟子曰 所就三，所去三。迎之致敬以有禮，言將行其言也，則就之。禮貌未衰，言弗行也，則去之。其次，雖未行其言也，迎之致敬以有禮，則就之。禮貌衰，則去之。其下，朝不食，夕不食，飢餓不能出門戶。君聞之曰 '吾大者不能行其道，又不能從其言也，使飢餓於我土地，吾恥之'。周之，亦可受也，免死而已矣。

진자가 말했다: "옛날의 군자들은 어떻게 벼슬했습니까?" 맹자가 말했다: "나아가는 경우가 세 가지이고, 물러나는 경우가 세 가지이다. 맞이하기를 공경을 다하고 예가 있으며 말함에 그 말이 장차 실행되면 나아가고, 예모가 아직 쇠하지 않았더라도 말이 실천되지 않으면 떠난다. 그 다음으로, 비록 말이 실행되지 않더라도 맞이하기를 공경을 다하고 예가 있으면 나아가고, 예모가 쇠해지면 떠난다. 그 아래로는, 아침도 먹지 못하고 저녁도 먹지

못하여 굶주려서 문밖을 나갈 수 없는데, 군주가 그것을 듣고 말하길 '내 크게는 그 도를 실행할 수 없고, 또 그 말을 따를 수가 없다. 나의 땅에서 굶주리게 하는 것을 나는 부끄러워한다.'하고 구휼해준다면 또한 받을 수 있지만 죽음을 면하는 것일 뿐이다."

*周(주): 구휼하다. 두루 미치다.

(10) 호걸의 선비라면 명군이 재위하지 않더라도 나라를 부흥시킬 수 있다.

【盡心 上 10】孟子曰 待文王而後興者, 凡民也。若夫豪傑之士, 雖無文王猶興。

맹자가 말했다: "문왕을 기다린 후에 흥한 자는 무릇 백성이었다. 만약 호걸의 선비라면 비록 문왕이 없더라도 오히려 흥기했을 것이다."

(11) 군자가 도를 펼칠 큰 뜻을 품었더라도 그것을 실현할 방법을 모르면 이룰 수 없다.

【盡心 上 24】孟子曰 孔子登東山而小魯, 登太山而小天下。故觀於海者難為水, 遊於聖人之門者難為言。觀水有術, 必觀其瀾。日月有明, 容光必照焉。流水之為物也, 不盈科, 不行。君子之志於道也, 不成章不達。

맹자가 말했다: "공자께서 동산에 올라 노나라를 작게 여기셨고, 태산에 올라 천하를 작게 여기셨다. 그러므로 바다를 구경한 자에게 큰 물 되기가 어렵고, 성인의 문하에서 노닐던 자에게는 훌륭한 말 되기가 어려운 것이다. 물을 구경하는데 기술이 있으니, 반드시 그 여울을 보아야 한다. 해와 달이 밝음이 있으니, 빛을 용납하면 반드시 비춘다. 흐르는 물이 사물이 됨은 웅덩이가 차지 않으면 흐르지 않는다. 군자가 도에 뜻을 둠에도 문장을 이루지 못하면 통달하지 못한다."

*瀾(난, 란): 물결, 여울.

(12) 군자는 천하에 도가 있으면 도로써 몸을 받치고, 천하에 도가 없으면 몸으로써 도를 받친다.

【盡心 上 42】孟子曰 天下有道, 以道殉身, 天下無道, 以身殉道。未聞以道殉乎人者也。

맹자가 말했다: "천하에 도가 있으면 도로써 몸을 받치고, 천하에 도가 없으면 몸으로써 도를 받친다. 도로써 남에게 받친다는 것을 아직 들어보지 못했다."

(13) 군자는 치인의 길에서 상하 간에 소통을 귀중히 여긴다.

【盡心 下 18】孟子曰 君子之厄於陳蔡之閒, 無上下之交也。

맹자가 말했다: "군자께서 진나라와 채나라 사이에서 액운을 만난 것은 위아래간의 사귐이 없었기 때문이다."

(14) 군자는 도를 실천해야지 잔재주를 부리다가 죽음을 부를 뿐이다.

【盡心 下 29】盆成括仕於齊。孟子曰 死矣盆成括。盆成括見殺。門人問曰 夫子何以知其將見殺。曰 其為人也小有才, 未聞君子之大道也, 則足以殺其軀而已矣。

분성괄이 제나라에서 벼슬했다. 맹자가 말했다: "죽겠구나, 분성괄이여!" 분성괄이 죽임을 당했다. 문인이 물어 말했다: "선생님께서는 어떻게 그가 죽임을 당할 것을 알았습니까?" 맹자가 말했다: "그 사람됨이 조금 재주가 있고, 군자의 큰 도를 듣지 못했다. 그런즉 족히 그 몸을 죽음으로 몰고갈 뿐이다."

*盆成括(분성괄): 분성은 성이고 괄은 이름. *軀(구): 몸, 신체.

(15) 군자는 천하의 대장부가 되어야 한다. 천하의 넓은 집에 기거하고, 천하의 바른 지위에 서며, 천하의 큰 도를 행하여, 뜻을 얻으면 백성들과 더불어 말미암고, 뜻을 얻지 못하면 홀로라도 그 도를 행해야 한다. 부귀하여도 음란하지 않고, 가난하고 비천하여도 다른 데로 떠나지 않고, 무력으로 위협해도 뜻을 굽히지 않아야 한다. 이래야 대장부라 할 수 있다.

【滕文公 下 2】景春曰 公孫衍、張儀豈不誠大丈夫哉。一怒而諸侯懼，安居而天下熄。孟子曰 是焉得為大丈夫乎。子未學禮乎。丈夫之冠也，父命之 女子之嫁也，母命之，往送之門，戒之曰‘往之女家，必敬必戒，無違夫子’，以順為正者，妾婦之道也。居天下之廣居，立天下之正位，行天下之大道。得志與民由之，不得志獨行其道。富貴不能淫，貧賤不能移，威武不能屈。此之謂大丈夫。

경춘이 말했다: "공손연과 장의는 어찌 진정한 대장부가 아니겠습니까? 한번 노하면 제후들이 두려워하고, 편안히 거함에 천하가 잠잠합니다." 맹자가 말했다: "이들이 어찌 대장부라 하겠는가? 자네는 예를 아직 배우지 않았는가? 장부가 관례를 할 때에 아버지가 훈계를 하고, 여자가 시집갈 때에 어머니가 훈계하는 법이다. 송별하는 문에 이르러 경계하여 말하길 '너의 집에 가거든 반드시 공경하고 경계하여 지아비의 뜻을 어기지 말라'고 하니, 순종함을 바른 것으로 여기는 것이 아내와 첩의 도리이다. 천하의 넓은 집에 기거하고, 천하의 바른 지위에 서며, 천하의 큰 도를 행하여, 뜻을 얻으면 백성들과 더불어 말미암고, 뜻을 얻지 못하면 홀로라도 그 도를 행해야 한다. 부귀하여도 음란하지 않고, 가난하고 비천하여도 다른 데로 떠나지 않고, 무력으로 위협해도 뜻을 굽히지 않아야 한다. 이것이 대장부라 할 수 있다.

4. 노블레스 오블리주와 전문직의 윤리

주나라의 연장선상에 있었던 춘추전국시대는 천하에 도가 사라지고 예악이 무너진 난세였지만 여전히 봉건계급사회였다. 나면서부터 신분이 정해지고 특별한 일이 없는 한 신분이 세습되었던 시절이었다. 왕과 제후들, 그리고 경대부들이 정치적 지배층으로 군림하였고, 그들이 어떤 정치를 펼치느냐에 따라 국가의 안위와 백성의 삶이 결정되었다. 특히, 맹자가 살았던 전국시대는 부국강병과 천하의 패권을 두고 벌이는 전쟁의 시대였다. 그래서 왕과 제후들은 천하의 패권을 얻는데 지략을 제공할 현자들을 등용하고자 하였다. 이러한 난세를 맞아 시류에 편승하며 개인적 부귀영달을 추구했던 모사꾼들도 많았지만, 자기수양과 경국제세의 도를 갖추고 세상을 평정하고 사회악을 치유하려는 현자들도 있었다. 공자와 맹자를 비롯한 제자백가의 사상가들은 대체로 그러한 현자들에 속할 것이다.

특히, 공자에서 맹자로 이어지는 유학은 수기치인(修己治人)의 학문이었다. 도덕적 자기수양과 경국제세의 경륜을 바탕으로 치인의 길에 나아가 세상을 바꾸고 백성들의 삶을 개선하는 데 기여하는 것, 이것이야 말로 생산을 담당하는 노력자(勞力者)들과 달리 노심자(勞心者)들의 사회적 역할이라고 맹자는 생각했다. 그러니까 노심자들은 공부와 교육을 통하여 사회지도층으로 올라선 정치지배층의 후보들이었고 특권층이었다. 노심자들은 가능하면 직접 정치무대에 나아가 세상을 바꾸는 역할을 감당해야 하지만, 밖에서도 정치지배층을 감시하고 비판하면서 사회악의 개선과 민중들의 삶에 기여하는 삶을 살아야 한다고 보았다. 그래서 맹자는 정치지배층과 그 후보들인 특권층에게 성인(聖人)을 본받고 군자(君子)나 대인(大人) 혹은 올곧은 '선비'(士)나 대장부(大丈夫)가 될 것을 촉구하였다. 이들은 인의의 도덕성을 실현하고 '노블레스 오블리주'로 무장된 사람들이기 때문이다.

맹자의 시대는 봉건계급사회였기 때문에 선천적으로 지배계급으로 태어나거나 공부나 교육을 통하여 지배계층으로 올라서야 부귀영달을 누릴 수 있었다. 특히 후천적으로 지배계층으로 편입되기 위해서는 정치무대에 나아가 관직을 얻어야만 가능했다. 그런데 이러한 정치지배층들은 맹자가 주장하는 바의 '노블레스 오블리주'로 무장한 노심자들이 되어야겠지만, 예나 지금이나 그런 기대가 충족

되기는 쉽지 않은 것이 현실이다. 오히려 그들은 권력을 통하여 국정을 농단하고 반칙으로 개인적 부귀영달을 추구하는 경우가 많다. 특히 오늘날은 사회지도층이 정치지배층에 국한되지 않는다. 사회의 다양한 영역에서 봉건시대의 귀족 같은 특권층이 존재한다. 한국사회도 예외는 아니다.

모든 영역의 사회지도층이 '노블레스 오블리주'로 무장된다면 분명 사회는 한층 더 맑아지고 정의로운 사회가 될 것이다. 그러나 맹자처럼 우리는 그들에게 '노블레스 오블리주'를 갖추기를 촉구할 수 있을 뿐이고, 그들 스스로 그런 존재로 살려고 결단할 수밖에 없다. 불행히도 한국현실을 돌아볼 때, 사회지도층의 인사들은 일반적인 민주시민에 비해서 도덕적 책무감이 크게 뛰어나지도 않으며, 어떤 측면에서는 오히려 부패와 타락이 더 심한 존재들인 것 같다. 몰염치하고 권력에 아첨하는 정치인들, 법조인을 포함한 고위공직자들의 전관예우나 관피아적 낙하산 인사, 기업가정신을 갖추지 못한 재벌총수 일가의 탐욕과 세습경영, 대기업의 중소기업영역 침해와 문어발식 사업 확장 등은 대표적인 사례에 해당할 것이다. 이외에도 부패와 타락을 일삼는 특권층의 사례는 많다. 그렇다면 이러한 사회의 특권층은 건전한 시민사회와 평등사회를 건설하는 데 오히려 걸림돌이 될 뿐이다.[12)]

사회지도층의 도덕적 타락은 일반시민들의 합리적이고 배려하는 민주시민의식의 형성에도 부정적 영향을 미친다. 한국사회는 왜 그렇게 되었는가? 그 동안 우리 사회가 지나치게 경쟁 중심의 사회로 흘러왔기 때문일 것이다. 우리 아이들은 학교에서부터 '배려'보다는 '경쟁'을 배운다. 대학진학이나 취업관문에서도 강자만이 살아남는 구조이다. 직장에서 승진도 제로섬 게임의 적용을 받는다. 이처럼 강자만이 살아남는 경쟁구조이고 제로섬 게임의 적용을 받는 승진구조에서 서로 상대방을 존중하고 배려하는 의식을 갖는 순간 누구라도 경쟁에서 낙오될 가능성을 갖고 있다. 따라서 경쟁이나 승진도 합리적이고 도덕적이기보다는 수단과 방법을 가리지 않고 불법과 탈법을 저지르려는 유혹에 휩쓸리기 쉬운 것이다. 이러한 상황에서 혹시라도 사회지도층으로 올라선 그들에게 '노블레스 오블리주'를

12) 추홍희, 『한국의 특권층 & 노블레스 오블리주: 영미국의 평등 사회와 대륙국가의 특권 사회 비교』(세계법제연구원, 2015.12.02) 참조.

기대하는 것도 무리일 것이다.

오늘날은 '군자'보다 '시민'의 시대이다. 군자는 '최고의 도덕'을 지향하지만 시민은 '최소의 도덕'을 지향한다. 최소의 도덕은 자기의 행동으로 영향을 입게 될 각 개인의 이익에 동등한 가치를 부여하면서 합리적이고 이성적으로 판단하고 행동하는 것이다.[13] 최대의 도덕은 이러한 최소의 도덕을 넘어 타인에게 선을 베풀고 공동선의 실현을 위해 적극적 의무를 다하는 것이다. 오늘날도 최대의 도덕을 실현하는 군자가 분명 필요하긴 하지만, 모든 시민들에게 군자가 될 것을 요구할 수도 없고 현실적으로도 불가능하다. 민주사회는 건전한 민주시민을 필요로 한다. 부당한 권력과 부패한 특권층에 항거하고 공정한 공적질서를 수립하는데 적극적으로 참여하는 민주시민들이 많아져야 정의롭고 평등한 사회로 나아갈 수 있을 것이다.

그러나 어느 시대 어느 사회에도 사회적 특권층의 출현은 불가피하다. 문제는 모두에게 공정한 기회와 합리적 경쟁을 보장하는 제도가 마련되고 그것이 지켜지고 있느냐에 달렸다. 그래서 더욱 사회의 민주화가 필요한 것이다. 공정한 기회와 합리적 경쟁절차를 거쳐서 사회지도층에 오른 특권층이라면 그들에게 군자의 최대도덕과 '노블레스 오블리주'를 기대할 수 있을지 모르겠다. 그러나 여전히 한계는 있다. 그나마 그들에게 '노블레스 오블리주'를 강제할 수 있는 방법이 있다면 그것은 전문직의 윤리강령을 정하여 법률로 규정하는 것이다. 그러니까 이것은 '노블레스 오블리주' 개념을 개인윤리적으로 접근하는 것이 아니라 사회구조 혹은 사회윤리적으로 접근하는 방법이다.

전문직의 윤리강령은 일종의 '역할 도덕성'(morality of role)이라 볼 수 있다. 전문가의 '역할'은 그 역할을 맡은 개인과는 구별되며 상대적인 자율성을 가지고 있다. 따라서 그 역할은 개인과 독립되어 도덕적 책임의 주체가 될 수 있다. 역할 도덕성에는 3가지 측면이 있다.[14] 첫째는 역할 자체의 도덕성(the morality of role)이다. 이것은 역할이 규정하고 있는 의무나 규칙 자체가 정당한가의 문제와 관련된다. 따라서 역할은 개인의 책임영역을 벗어나 사회적•제도적

13) 제임스 레이첼즈(김기순 옮김), 『도덕철학』(서울: 서광사, 1989), 28쪽.
14) 박병기 편저, 『포스트모던 시대의 사회윤리학』(서울: 인간사랑, 1993), 216~233쪽 참조.

차원에서 공정하게 입법되어야 한다. 둘째는 역할 인수의 도덕성(the morality of role-acceptance)이다. 이것은 역할을 인수한 사람에게 응분의 도덕적 책임을 묻고자 하는 것으로, 그에게는 맡은 바의 역할을 완수해야 할 책임이 주어지는 것이다. 셋째는 역할 이행의 도덕성(the morality of role-enactment)이다. 이것은 역할이 규정하고 있는 임무를 어떤 방식으로 수행하느냐의 문제와 관련된다. 역할은 도덕과 법의 측면에서 합당한 방식으로 수행해야 한다. 전문직의 윤리강령은 이러한 역할 도덕성의 관점에서 법률로 규정하고, 법률을 어긴 자에 대해서 응분의 책임을 묻도록 해야 할 것이다.

제6장

왕도정치의 이상과 역성혁명

제6장 왕도정치의 이상과 역성혁명

정치란 공동선의 창출과 사회적 가치의 권위적 배분이다. 맹자적인 뜻에서, 인간은 누구나 도덕적 본성을 가지고 태어났지만, 누구나 도덕적 본성에 따라 살진 않는다. 또한 도덕적인 개인들이 모여 사회를 구성했다고 해도 그 사회가 반드시 도덕적이고 정의로운 공동체가 될 것이라는 보장도 없다. 나는 이러한 두 가지 이유로 정치가 출현하였다고 앞장에서 주장한 바 있다. 정치는 비도덕적인 사람들을 강제적으로 통제하는 한편, 개인들의 도덕적 자율성으로 해결할 수 없는 문제들에 접근하기 위해 고안된 제도이다. 그래서 정치는 공동선과 가치를 배분하는 공동의 기준을 정하고, 그것을 실현하는 조직과 제도와 법률을 만들고, 조직과 제도를 운영할 정치적 리더와 관리자들을 필요로 하게 된다.

전국시대는 주나라의 천자 중심의 봉건적 정치체제가 무너지고 제후국을 중심으로 중앙집권적 왕조체제가 모색되는 시기였다. 경대부들에게 땅을 분봉하는 봉건적 잔재는 아직 남아있었지만 권력은 제후들에게 더욱 집중되었다. 제후들은 저마다 왕을 참칭하였고 천하의 패권을 차지하기 위해 부국강병을 추구하였다. 이러한 공동선의 추구가 백성들을 위하고 나름대로 가치를 배분하는 권위적 기준을 세우고자 하는 나라들도 있었지만, 대체로 패제후(覇諸侯)가 되고자 하는 왕과 그에게 아첨하여 사적인 이익을 얻으려는 경대부들을 위한 것이었다. 그래서 백성들의 삶은 더욱 도탄에 빠질 수밖에 없었다. 맹자는 이러한 현실을 개탄하여 '정치가 사람을 죽음으로 몰고 있다.'고 진단하고 있다. 인용을 보자.

【梁惠王 上 4】梁惠王曰 寡人願安承教。孟子對曰 殺人以梃與刃，有以異乎。曰 無以異也。以刃與政，有以異乎。曰 無以異也。曰 庖有肥肉，廏有肥馬，民有飢色，野有餓莩，此率獸而食人也。獸相食，且人惡之。為民父母，行政不免於率獸而食人。惡在其為民父母也。仲尼曰 ‘始作俑者，其無後乎 ’為其象人而用之也。如之何其使斯民飢而死也。

양혜왕이 이르길 “과인이 편안히 가르침을 받들고자 합니다.” 맹자가 대답하여 물었다: “사람을 죽임에 몽둥이로 죽이는 것과 칼로 죽이는 것에 차이가 있습니까?” 대답했다: “차이가 없습니다.” 다시 물었다: “칼로 죽이는 것과 정치로 죽이는 것에 차이가 있습니까?” 대답했다: “없습니다.” 다시 말했다: “부엌에는 살찐 고기가 있고 마구간에는 살찐 말이 있는데도, 백성들에게 굶주린 기색이 있고 들에는 굶어죽은 시체가 있다면, 이것은 짐승을 몰아와서 사람을 잡아먹게 하는 것입니다. 짐승끼리도 서로 잡아먹는 것을 사람들은 싫어합니다. 백성의 부모가 되어 정치를 행함에 짐승을 몰아와 사람을 잡아먹게 함을 면치 못한다면, 어찌 그를 백성의 부모가 되었다고 하겠습니까? 중니(공자)께서 말하길 ‘처음에 허수아비를 제작한 자에겐 후손이 없을 것이다,’ 했는데, 그는 사람을 형상하여 장례에 사용하였기 때문입니다. 어찌 임금이 자기 백성을 굶주려 죽도록 할 수가 있겠습니까?”

*梃(정): 몽둥이. *庖(포): 부엌. *廏(구): 마구간. **莩(표): 굶어죽은 시체. *俑(용): 장례에서 호위용으로 쓰기 위해 나무로 만든 허수아비 사람. 옛날에는 풀단을 엮어 사람을 대략 형상할 뿐이었는데, 후대에 와서 나무로 사람과 너무 비슷하게 허수아비를 제작하여 사용하였다. 공자는 허수아비가 너무 사람과 비슷하게 형상한 것을 불인(不仁)하다고 여겨 미워했다는 것이다(주자주朱子註).

몽둥이로 사람을 죽이든, 칼로 사람을 죽이든, 정치로 사람을 죽이든, 사람을 죽이기는 매 한가지라는 것이 맹자의 관점이다. 권력자들인 지배계급들의 삶은 풍족하다. 반면에 백성들은 굶주리고 주려죽은 시체가 들판에 넘쳐난다. 잘못된 정치 때문이다. 이것은 짐승을 몰고 와서 사람을 잡아먹게 하는 처사이다. 사람들은 짐승들끼리 잡아먹고 먹히는 것을 보고도 측은한 마음을 갖는데 백성의 부모된 자들이 자식을 죽이는 정치를 하고 있다는 것이 맹자의 진단이다. 한마디로,

전국시대에 백성들이 당하는 아픔과 사회적 악(惡)은 지배층들의 잘못된 정치로부터 왔다.

천하에 도가 사라지면 고통을 '당한 악'1)에 처하는 사람들은 이처럼 민중이고 민초들이다. 권력자들의 실정으로 그들 간에 벌어지는 아귀다툼과 '범한 악'은 자기 원인이기에 그에 대한 책임도 그들에게 있다. 그러나 그들 때문에 자신의 의지나 잘못에 상관없이 당하는 악에 처하는 민초들의 삶은 어떻게 해야 하는가? 맹자도 개인적 아픔이나 범한 악의 근원은 자기로부터 비롯된 것이라 여긴다.2) 그러나 권력자들의 잘못된 정치로부터 기인하는 구조적인 악은 백성인 민초들의 잘못이 아니다. 구조적인 악은 범한 악이 아니라 당한 악이다. 이러한 악에 대해서는 예나 지금이나 권력자들을 바꾸고 사회구조를 개선하는 길 외에 뚜렷한 다른 방도가 있겠는가? 그래서 맹자도 권력자들에게 선한 정치를 촉구하고 정의로운 사회를 만드는 방안을 철학적으로 사유하고 실천하고자 했던 것이다.

결론부터 말하여, 맹자는 '차마하지 못하는 마음'(不忍之心)에 토대하는 '차마하지 못하는 정치'(不忍之政)로부터 시작하여 '차마하는 정치'(忍之政)에까지 나아갈 것을 주장한다. 그것이 이른바 '왕도정치'(王道政治)이다. 백성을 향한 '차마하

1) 프랑스의 현대 철학자인 리쾨르(P. Ricoeur)는 악의 현상을 '도덕적으로 범한 악'과 '고통을 당한 악'으로 분류하여 설명하고 있다. 김형효, 『맹자와 순자의 철학사상』(서울: 삼지원, 1990), 15~22쪽 참조.

도덕적으로 범한 악	고통을 당한 악
죄(罪)의 현상으로, 이 악에 대하여 도덕적 악을 범한 주체를 상정해서 사람들은 책임소재를 밝힘. 그 주체가 도덕을 위반한 행동이 명백한 경우 고소를 하고, 도덕적·법적 심판에 따라 징계를 하고 고통과 형벌을 부과하게 됨.	이 악은 고통이 도덕적 악으로서의 죄에 대한 징계에서 오는 형벌과 반드시 일치하지 않는데서 문제가 발생함. 우리가 생활해 나가는 와중에서 우리가 도덕적으로 짓는 죄와 아무런 상관없이 바라지 않는 불행과 화를 당하게 됨. 자연의 재화나 재앙은 말할 나위도 없거니와 사회생활에서 타인의 악의에 의하여 무고하게 죄와 화를 뒤집어쓰는 경우도 있음. 병이나 사랑하는 가족의 죽음, 이별·고통 등 수없는 아픔을 우리는 체험하기도 함. 이런 경우 우리는 그런 고통들이 부당하다고 심정 상 느끼지 않을 수 없음. 그런 느낌은 인간의 도덕적 순수성에 대한 심대한 타격을 가하게 됨.

2) 악의 자기원인론은 동양에서 일찍이 주장되어 왔는데 '반대급부이론(反對給付理論)'이 그것이다. "악의 도래는 자기가 스스로 취한 것"(惡之來也, 己則取之. 『左傳』), "길흉은 사람으로 말미암은 것"(吉凶由人. 『左傳』)과 같은 주장이 그 사례이다. 맹자도 "화와 복은 자기로부터 구하지 아니함이 없다."(禍福 無不自己求之者). 【公孫丑 上 4】고 하였다.

지 못하는 마음'을 잃어버린 권력자는 바뀌야 한다는 역성혁명(易姓革命)까지 주장한다. 왕도정치의 이상과 그 이상을 실현하는 방안들에 대해 탐색해 보기로 하자.

1. 힘에 의한 정치와 덕에 의한 정치

맹자의 시대는 왕이나 제후가 정치의 중심이 되는 왕조체제이다. 공동선과 가치를 권위적으로 배분하는 기준인 조직과 제도와 법률이 있었지만, 아무래도 왕이나 제후가 어떤 철학을 가지고 정치를 이끌 것인가 하는 점이 백성들의 삶에 지대한 영향을 미칠 수밖에 없는 체제이다. 상대적인 차이는 있지만, 법치를 표방하는 오늘날의 민주정치에서도 최고 권력자의 정치철학이 중요함을 우리는 경험한다. 최고 권력자인 왕이나 제후나 대통령이 권력에 기댄 힘의 정치를 펼칠지, 아니면 주어진 권한에 충실하며 덕에 의한 정치를 펼칠지는 전적으로 그들의 정치철학에 달렸고, 그들의 정치철학에 따라 백성들의 삶은 달라질 수밖에 없다. 맹자도 이러한 점에 주목한다.

맹자에 의할 때, 삼왕(三王)의 정치[3]는 덕에 의한 정치의 전형이었고, 오패(五霸)의 정치[4]는 힘에 의한 정치의 전형이었다. 그러나 오늘날 제후들의 정치는 삼왕은 물론이고 오패의 정치에도 못 미친다. 이러한 점을 평가하여, 맹자는 '오패는 삼왕의 죄인이고, 오늘날 제후들은 오패의 죄인이고, 오늘날 대부들은 제후들의 죄인이다.'라고 진단하고 있다. 인용을 보자.

---

3) 삼왕은 삼대(三代)시대를 열었던 하나라의 우(禹), 은(상)나라의 탕(湯), 주나라의 무(武)왕을 말한다. 그러나 맹자는 공자가 무위이치(無爲而治)를 펼쳤다고 평가했던 요순(堯舜)의 정치를 포함하여 이들의 정치를 모두 왕도정치의 전형으로 보았다.

4) 오패(五霸)가 누구인지에 대해서는 이견이 있다. 『맹자집주』에서 주자는 두 사람의 견해를 제시한다. 조씨(趙氏)는 제(齊)환공, 진(晉)문공, 진(秦)목공, 송(宋)양공, 초(楚)장왕이라고 하였고, 정씨(丁氏)는 하(夏)의 곤오, 상(商)의 대팽(大彭)과 시위(豕韋), 주(周)의 제(齊)환공과 진(晉)문공이라 하였다. 대체로 춘추오패하면 제 환공, 진 문공, 초 장왕, 오왕 합려, 월왕 구천으로 본다. 여하튼 오패의 정치는 이들이 펼쳤던 힘에 의한 정치를 뜻한다.

【告子 下 7-1】孟子曰 五霸者，三王之罪人也，今之諸侯，五霸之罪人也，今之大夫，今之諸侯之罪人也。天子適諸侯曰巡狩，諸侯朝於天子曰述職。春省耕而補不足，秋省斂而助不給。入其疆，土地辟，田野治，養老尊賢，俊傑在位，則有慶，慶以地。入其疆，土地荒蕪，遺老失賢，掊克在位，則有讓。一不朝，則貶其爵 再不朝，則削其地 三不朝，則六師移之。是故天子討而不伐，諸侯伐而不討。五霸者，摟諸侯以伐諸侯者也，故曰 五霸者，三王之罪人也。

맹자가 말했다: "오패는 삼왕의 죄인이고, 지금의 제후들은 오패의 죄인이며, 지금의 대부들은 지금의 제후들의 죄인이다. 천자가 제후국에 가는 것은 순수라 일컫고, 제후가 천자에게 조회하는 것을 술직이라 일컫는다. 봄에는 경작하는 것을 살펴서 부족한 것을 보충해주고, 가을에는 수확하는 것을 살펴서 부족한 것을 도와준다. 그 경계에 들어감에 토지가 개척되고, 밭과 들이 다스려지고, 늙은이를 봉양하고 현자를 존중하며, 뛰어나고 걸출한 인재가 직위에 있으면 경축함이 있었으니, 경축은 땅으로 하였다. 그 경계에 들어감에 토지가 거칠고 황폐하고, 늙은이를 버리고 현자를 잃으며, 자기이익만 챙기는 자들이 직위에 있으면 꾸짖음이 있었고, 한 번 조회오지 않은 자는 그 작위를 낮추었고, 두 번 조회오지 않은 자는 그 땅을 삭감했고, 세 번 조회오지 않은 자는 여섯 군사를 이끌어 그를 바꾸었다. 이러므로 천자는 주벌하지 정벌하지 않고, 제후는 정벌하지 주벌하지 않는다. 오패는 제후들을 끌어 모아서 제후국을 정벌했다. 그러므로 오패는 삼왕의 죄인이라 말하는 것이다."

【告子 下 7-2】五霸，桓公為盛。葵丘之會諸侯，束牲、載書而不歃血。初命曰 '誅不孝，無易樹子，無以妾為妻'。再命曰 '尊賢育才，以彰有德'。三命曰 '敬老慈幼，無忘賓旅'。四命曰 '士無世官，官事無攝，取士必得，無專殺大夫'。五命曰 '無曲防，無遏糴，無有封而不告'。曰 '凡我同盟之人，既盟之後，言歸于好'。今之諸侯，皆犯此五禁，故曰 今之諸侯，五霸之罪人也。長君之惡其罪小，逢君之惡其罪大。今之大夫，皆逢君之惡，故曰 今之大夫，今之諸侯之罪人也。

(맹자가 말했다) "오패 중에 제나라 환공이 성대하였다. 규구 땅에서 제후들과 회합할 때 희생을 묶은 다음 서책을 올려놓고 피를 나눠 마시는 삽혈의 식을 하지 않고서 첫 번째로 명령하길 '불효자를 주벌하고 세워진 세자를 바꾸지 않으며 첩을 처로 삼지 말라.'하였고, 두 번째로 명령하길 '현자를 존중하고 인재를 육성하며 덕있는 자를 표창하라.'하였고, 세 번째로 명령하길 '늙은이를 공경하고 어린아이에게 자애로우며 손님과 나그네를 잊지 말라.'하였고, 네 번째로 명령하길 '선비는 대대로 관직을 주지 말고, 관청의 일은 섭정이 없도록 하며, 선비를 취하여 반드시 얻고, 마음대로 대부를 죽이지 말라.'하였고, 다섯 번째로 명령하길 '굴곡지게 제방을 쌓지 말고, 쌀을 사드리는 것을 막지 말며, 땅을 봉해주고 고하지 않는 일이 없도록 하라.'하였다. 또한 말하기를 '무릇 우리 동맹하는 사람들은 이미 맹약을 한 후에 말은 좋은 것에 돌아가도록 하자.'하였다. 오늘날 제후들은 모두 이 다섯 가지 금기를 침범한다. 그러므로 오늘날의 제후들은 오패의 죄인이라고 말하는 것이다. 군주의 악을 조장함은 그 죄가 작고, 군주의 악을 미리 영합하는 것은 그 죄가 크다. 오늘날의 대부들은 모두 군주의 악을 미리 영합한다. 그러므로 오늘날의 대부들은 오늘날의 제후들의 죄인이라 말하는 것이다."

*糴(적): 쌀을 사드리다. *逢(봉): 미리 맞이하다.

인용에 나타난 삼왕의 정치와 오패의 정치 사례를 대비시켜 보자.

〈표 5〉 삼왕의 정치와 오패의 정치 비교

삼왕의 정치	오패의 정치
• 봄에는 경작하는 것을 살펴서 부족한 것을 보충해주고, 가을에는 수확하는 것을 살펴서 부족한 것을 도와준다. • 제후국의 경계에 들어감에 토지가 개척되고 밭과 들이 다스려지고, 늙은이를 봉양하고 현자를 존중하며, 뛰어나고 걸출한 인재가 직위에 있으면 경축함이 있었으니, 경축은 땅으로 하였다.	<제환공이 패자가 되어 제후들과 맺은 협약은 아래와 같다.> • 불효자를 주벌하고 세워진 세자를 바꾸지 않으며 첩을 처로 삼지 말라. • 현자를 존중하고 인재를 육성하며 덕있는 자를 표창하라. • 늙은이를 공경하고 어린아이에게 자애로우며 손님과 나그네를 잊지 말라.

• 제후국의 경계에 들어감에 토지가 거칠고 황폐하고, 늙은이를 버리고 현자를 잃으며, 자기이익만 챙기는 자들이 직위에 있으면 꾸짖음이 있었고, • 한 번 조회오지 않은 제후는 그 작위를 낮추었고, 두 번 조회오지 않은 제후는 그 땅을 삭감했고, 세 번 조회오지 않은 제후는 여섯 군사를 이끌어 그를 바꾸었다.	• 선비는 대대로 관직을 주지 말고, 관청의 일은 섭정이 없도록 하며, 선비를 취하여 반드시 얻고, 마음대로 대부를 죽이지 말라. • 굴곡지게 제방을 쌓지 말고, 쌀을 사드리는 것을 막지 말며, 땅을 봉해주고 고하지 않는 일이 없도록 하라.

삼왕의 정치도 오패의 정치도 백성을 위하는 정치를 한 것처럼 보인다. 차이는 뭘까? 삼왕은 제후국을 거느린 천자였다. 천자인 왕은 기내(畿內) 백성들을 위한 정치를 하면서 제후국의 제후들도 위민정치를 하는지 순수(巡狩; 천자가 제후국을 방문하는 것)나 술직(述職; 제후가 천자에게 조회 오는 것)을 통하여 확인한다. 제후들이 위민정치를 잘하면 상을 내리고, 잘못하면 벌을 내린다. 특히 제후들은 정기적으로 천자를 조회하여 나라의 상황을 보고해야 한다. 그렇지 않을 경우 작위를 낮추거나 봉토를 줄이거나 군사를 통하여 주벌할 수 있다. 이처럼 삼왕의 정치에서는 위민정치를 함에 천자와 제후 간에 예가 있었고, 천자의 합당한 권위가 존중되었다. 오패의 정치는 천자의 권위가 무너지면서 나타났다. 유력한 제후국이 주변 제후국들을 힘으로 제압하고 천자의 권위까지 무너뜨렸다. 권위를 상실한 천자는 유력한 제후국의 제후를 제후들의 수장으로 추인하고 그에게 천하의 경영을 의지할 수밖에 없었다. 바로 이러한 점 때문에, 맹자는 오패의 정치가 일정부분 위민정치를 했다고 하더라도 삼왕의 죄인이라고 여겼던 것이다.

삼왕의 정치와 오패의 정치가 모두 위민정치를 했지만, 오패는 힘으로 인(仁)을 빌렸던 자들에 불과하고 삼왕은 덕으로 인(仁)을 행했던 자들이라는 것이 맹자의 관점이다. 다시 인용을 보자.

【公孫丑 上 3】孟子曰 以力假仁者霸, 霸必有大國, 以德行仁者王, 王不待大。湯以七十里, 文王以百里。以力服人者, 非心服也, 力不贍也。以德服人者, 中心悅而誠服也, 如七十子之服孔子也。詩云 '自西自東, 自南自北, 無思不服'。此之謂也。

맹자가 말했다: "힘으로 인(仁)을 빌린 자는 패자이니, 패자는 반드시 대국을 소유하려한다. 덕으로 인을 행하는 자는 왕자이니, 왕자는 대국을 기대하지 않는다. 탕임금은 70리로 했고, 문왕은 100리로도 했다. 힘으로 사람을 복종시키면 마음으로 복종하지 않으니, 힘이 부족하기 때문이다. 덕으로 사람을 복종시키면 마음속으로 기뻐하며 진실로 복종한다. 마치 70제자들이 공자에게 복종하는 것과 같다.『시』에 이르길 '서쪽으로 동쪽으로, 남쪽으로 북쪽으로 생각으로 복종하지 않은 이가 없었다.'고 했는데 이를 두고 한 말이다."

*贍(섬): 넉넉하다.

【盡心 上 13】孟子曰 霸者之民, 驩虞如也 王者之民, 皞皞如也。殺之而不怨, 利之而不庸, 民日遷善而不知為之者。夫君子所過者化, 所存者神, 上下與天地同流, 豈曰小補之哉。

맹자가 말했다: "패자의 백성들은 매우 기뻐하고, 왕자의 백성들은 매우 만족해한다. 죽여도 원망하지 않고, 이롭게 해도 공으로 여기지 않는다. 백성들이 날마다 선으로 옮겨가면서도 그렇게 하는 자를 알지 못한다. 무릇 군자가 지나가는 곳에 교화가 되고, 존재하는 곳에는 신묘해진다. 위아래가 천지와 더불어 동류이니, 어찌 조금만 보탬이라고 말하겠는가?"

*驩虞如(환우여): 기뻐하는 모양. *皞皞如(호호여): 광대하여 스스로 만족하는 모양.

패제후들은 위민정치를 하지만 힘으로 인을 빌린 자들일 뿐이다. 그들은 부국강병을 추구하고 주변제후국은 물론 백성들을 힘으로 복종시키면서 대국이 되고자 한다. 백성들을 위해 부국강병을 추구하니 기쁘기는 하지만, 힘으로 복종시키니 마음으로 복종하지는 않는다. 그러나 삼왕의 정치를 본받고자 하는 왕자들은 대국이 되려고 하지 않는다. 덕으로 인을 실현하는 정치를 함에는 나라 크기가 문제되지 않기 때문이다. 덕으로 백성들을 복종시키면 백성들도 마음으로 설복하고, 그들의 정치에 매우 만족해한다. 마음으로 복종하면 죽여도 왕자를 원망하지 않고, 이로움을 낳아도 그것을 자기의 공으로 여기지 않는다. 그야말로 왕과 백성이 한 몸이 되어 공동선을 추구한다.

그런데 오늘날의 제후들은 백성들을 위하지도 않고, 대부인 신하들도 군주의 악에 영합하는 정치를 펼치고 있다는 것이 맹자의 평가이다. 한마디로 오늘날의 정치는 공동선을 추구하기보다는 제후와 대부들의 사적인 이익을 위해 권력을 휘두르고 있다는 것이다. 그래서 맹자는 오늘날의 제후들이 오패의 죄인이고, 제후들에 아첨하여 악에 영합하는 대부들은 제후들의 죄인이라고 했던 것이다. 역사적으로 걸(桀)과 주(紂)가 그랬듯이, 사적인 이익을 추구하는 정치를 벌이면 결국 나라가 망할 뿐이다. 인용을 보자.

【梁惠王 上 1】孟子見梁惠王。王曰 叟不遠千里而來, 亦將有以利吾國乎。孟子對曰 王何必曰利 亦有仁義而已矣。王曰'何以利吾國' 大夫曰'何以利吾家' 士庶人曰'何以利吾身' 上下交征利而國危矣。萬乘之國弒其君者, 必千乘之家, 千乘之國弒其君者, 必百乘之家。萬取千焉, 千取百焉, 不為不多矣。苟為後義而先利, 不奪不饜。未有仁而遺其親者也, 未有義而後其君者也。王亦曰仁義而已矣, 何必曰利。

맹자가 양혜왕을 알현하였다. 왕이 말했다: "늙은이가 천리를 멀다하지 않고 내방해주시니, 또한 우리나라를 이롭게 함이 있겠습니까?" 맹자가 대답하였다: "왕께서는 하필 '이로움'(利)을 말하십니까? 또한 인의(仁義)가 있을 뿐입니다. 왕께서 어떻게 우리나라를 이롭게 할까 하시면, 대부들은 어떻게 우리가문을 이롭게 할까 말할 것이고, 사서인들은 어떻게 나의 몸을 이롭게 할까 말할 것입니다. 위아래가 서로 이익을 다투면 나라가 위태롭습니다. 만승의 나라에서 자기 임금을 죽이는 자는 반드시 천승의 가문이고, 천승의 나라에서 자기 임금을 죽이는 자는 반드시 백승의 가문일 것입니다. 만승 중에서 천승을 취하고, 천승 중에서 백승을 취한 것이 많지 않은 것이 아닙니다. 그러나 구차하게 의로움을 뒤로하고 이로움을 앞세운다면 빼앗지 아니하면 만족하지 않을 것입니다. 어질면서 자기 부모를 버리는 자는 있지 않았고, 의로우면서 자기 임금을 뒤로 하는 자는 있지 않았습니다. 왕께서도 또한 인의(仁義)를 말할 따름이지, 하필 이로움(利)을 말하십니까?"

*梁惠王(양혜왕): 위(魏)나라 제후인 영(罃)을 일컬음. 그는 대양(大梁)땅에 도읍을 정하고 왕이라 참칭(僭稱)하고 시호를 혜(惠)라 하였음. 『사기史記』에 "혜왕 35년에 예를 갖추고 현자를 초청하자 맹가(孟軻; 맹자)가 양 땅에 왔다."고 기록하고 있음. *萬乘之國(만승지국): 만 개의 수레를 갖출 수 있는 나라. 즉 천자의 땅(기내畿內)은 사방 천리여서 수레 만승을 소유할 수 있다는 것을 비유한 것임. *千乘之家(천승지가): 천자의 공경대부(公卿大夫)들에게 봉해진 땅은 사방 백리여서 수레 천승을 소유할 수 있는 가문을 비유한 것임. *千乘之國(천승지국): 제후국. *百乘之家(백승지가): 제후국의 대부가문. *弑(시): 아랫사람이 윗사람을 죽이는 것. *饜(염): 만족.

제후인 왕이 이익을 추구하면 경대부들은 가문의 이익을 추구하게 되고 사서인들은 자신의 이익을 추구하게 된다. 온 나라가 이익의 이전투구의 마당이 된다. 나라가 위태롭게 되고 결국 망하게 될 것이다. 이러한 상황에서 패제후가 되고자 하는 왕의 욕망은 연목구어(緣木求魚)와 같다고 맹자는 진단하고 있다. 인용을 보자.

【梁惠王 上 7-7】抑王興甲兵, 危士臣, 構怨於諸侯, 然後快於心與。王曰 否。吾何快於是 將以求吾所大欲也。 曰 王之所大欲可得聞與 王笑而不言。曰 為肥甘不足於口與 輕煖不足於體與 抑為采色不足視於目與 聲音不足聽於耳與 便嬖不足使令於前與 王之諸臣皆足以供之, 而王豈為是哉。曰 否。吾不為是也。曰 然則王之所大欲可知已。欲辟土地, 朝秦楚, 蒞中國而撫四夷也。以若所為求若所欲, 猶緣木而求魚也。

(맹자가 물었다) "저 (제선)왕께서는 전쟁을 일으켜 전사와 신하들을 위험에 빠뜨리고 제후들과 원한을 맺은 다음에야 마음에 즐거움이 있겠습니까?" 왕이 대답했다: "아닙니다. 내가 어찌 여기에서 즐겁겠습니까? 장차 더 큰 욕망을 얻고자하는 것입니다." 맹자가 말했다: "왕의 더 큰 욕망에 대하여 들

을 수 있겠습니까?" 왕께서 웃으며 대답하지 않았다. 맹자가 말했다: "살찌고 단 음식이 입에 부족해서입니까? 가볍고 따듯한 옷이 몸에 부족해서입니까? 아니면 아름다운 장식들이 눈에 부족해서입니까? 즐거운 음악소리가 귀에 부족해서입니까? 가까이 모시는 자들을 앞에서 부림이 부족해서입니까? 왕의 신하들이 모두 충족하게 그것들을 제공하고 있는데, 왕께서는 어찌 이것들 때문이겠습니까?" 왕이 대답했다: "아닙니다. 나는 이것들 때문이 아닙니다." 맹자가 말했다: "그렇다면 왕이 크게 욕망하는 바가 무엇인지 알겠습니다. 토지를 개척하고, 진나라와 초나라의 조공을 받고, 가운데 나라에 임하여 사방의 오랑캐들을 위무하는 것입니다. 이와 같은 것을 행하여 욕망하는 바를 얻고자 한다면 그것은 마치 나무에 올라가서 물고기를 구하는 것과 같을 것입니다."

*抑(억): 별 뜻 없는 발어사. *構(구): 얽히다, 맺다. *便嬖(편폐): 가까이서 총애하는 사람. *莅(리): 다다르다, 임하다.

【梁惠王 上 7-8】王曰 若是其甚與。曰 殆有甚焉。緣木求魚，雖不得魚，無後災。以若所為，求若所欲，盡心力而為之，後必有災。曰 可得聞與。曰 鄒人與楚人戰，則王以為孰勝。曰 楚人勝。曰 然則小固不可以敵大，寡固不可以敵衆，弱固不可以敵彊。海內之地方千里者九，齊集有其一。以一服八，何以異於鄒敵楚哉 蓋亦反其本矣。

왕이 말했다: "이처럼 그것이 심합니까?" 맹자가 대답했다: "더욱 심함이 있습니다. 나무에 올라가 물고기를 구하는 것은 비록 물고기를 얻을 수는 없지만 뒤따르는 재앙은 없습니다. 만약 이와 같은 행동(즉, 전쟁)으로 욕망하는 바를 구한다면 마음과 힘을 다하더라도 뒤에 반드시 재앙이 있을 것입니다." 왕이 말했다: "들을 수 있겠습니까?" 맹자가 물었다: "추나라 사람과 초나라 사람이 전쟁을 벌인다면 왕께서는 누가 이길 것이라 생각합니까?" 왕이 대답했다: "초나라 사람이 승리합니다." 맹자가 말했다: "그런즉 작은 것이 큰 것을 대적하는 것은 실로 불가하고, 적은 것이 많은 것을 대적하는 것은 불가하며, 약한 것이 강한 것을 대적하는 것은 불가합니다. 해내(海內)의 땅 중에 사방 천리가 되는 나라가 아홉인데, 그 중 제나라가 땅을 모으면

하나를 소유하고 있습니다. 하나로 여덟을 복종시키려는 것이 어찌 추나라가 초나라에 대적하려는 것과 다르겠습니까? 또한 그 근본을 돌이켜 보아야 할 것입니다."

*殆(태): 별 뜻 없는 발어사.

패제후가 되려면 위력이나 전쟁을 통하여 주변국을 정벌해야 한다. 국내정치도 안정되지 못하고 뚜렷한 대외적 명분도 없이 오직 왕의 개인적 욕망에 따라 전쟁을 벌이며 패제후가 되려는 것은 전혀 실현 가능성이 없을 뿐만 아니라 재앙을 낳을 것이다. 나무에 올라가 물고기를 구하는 것은 비록 물고기를 얻을 수 없지만 뒤따르는 재앙이 없다. 그러나 전쟁을 통하여 사적인 욕망을 추구한다면 욕망을 채우기는커녕 오히려 나라에 재앙을 가져올 뿐이라는 것이 맹자의 진단이다.

맹자의 시대에는 주나라 천자의 권위가 완전히 유명무실해졌지만 제후들이 그의 존재자체를 부정하지는 않았다. 이때까지만 해도 제후들은 천자가 되겠다는 꿈보다는 오패와 같은 패제후가 되고자 하였다. 그러나 그들은 오패가 오패가 될 수 있었던 사정과 맥락은 돌아보지 않은 채 개인적 영달만을 도모하려고 했던 것이다. 오패들은 현자들을 등용하여 국내정치를 안정시키는 한편, 실정을 저지르는 주변 제후국에 대해 천자를 대신하여 징벌한다는 명분을 가지고 정벌에 나섰다. 그러나 맹자는 이러한 오패의 정치조차도 힘으로 인(仁)을 빌린 자들이라고 평가한 바이다. 오늘날 제후들의 정치는 인을 빌린 자들도 아니고 오로지 사적인 이익과 영달만을 추구하고 있다. 정확히 이것은 정치도 아니다. 정치란 공동선과 가치의 권위적 배분에 관한 것이기 때문이다. 맹자적인 뜻에서, 오패의 정치도 가짜로 인을 빌린 정치였다면, 진짜로 인을 실현했던 삼왕의 정치를 본받아야 한다. 전자가 패도정치(覇道政治)라면, 후자는 왕도정치(王道政治)라 부를 수 있다.

2. 왕도정치(王道政治)의 이상(理想)

맹자는 제후들을 만날 때마다 요순(堯舜)의 도를 말한다. 요순의 도는 삼왕이 정치를 펼쳤던 표본이기 때문이다. 인용을 보자.

【離婁 上 1-1】孟子曰 離婁之明, 公輸子之巧, 不以規矩, 不能成方員。師曠之聰, 不以六律, 不能正五音。堯舜之道, 不以仁政, 不能平治天下。今有仁心仁聞而民不被其澤, 不可法於後世者, 不行先王之道也。

맹자가 말했다: "이루의 눈밝음과 공유자의 기교로도 규거(콤파스와 직각자)를 사용하지 않으면 네모와 원을 그릴 수가 없다. 사광의 총명함이라도 육률을 사용하지 않으면 오음을 바르게 할 수 없다. 요순의 도라도 인정을 사용하지 않으면 천하를 평안히 다스릴 수가 없다. 지금 어진 마음과 인자하다는 소문이 있으면서 백성들이 그 혜택을 입지 못하여 후세에 본받을 것이 없는 것은 선왕의 도를 행하지 않기 때문이다."

*離婁(이루): 옛날의 시력이 높았던 사람. *公輸子(공유자): 이름은 반(班)이고 기교가 많았던 노나라 사람. *師曠(사광): 음악에 뛰어났던 진(晉)나라의 악사(樂師).

【離婁 上 1-2】故曰, 徒善不足以為政, 徒法不能以自行。詩云 '不愆不忘, 率由舊章'。遵先王之法而過者, 未之有也。聖人既竭目力焉, 繼之以規矩準繩, 以為方員平直, 不可勝用也 既竭耳力焉, 繼之以六律, 正五音, 不可勝用也 既竭心思焉, 繼之以不忍人之政, 而仁覆天下矣。

(맹자가 말했다) "그러므로 말하길 '한갓 선한 마음만으로 정사를 펼칠 수 없고, 한갓 법만으로도 저절로 정사가 행해질 수 없는 것'이라 한 것이다. 『시』에 이르길 '허물짓지 않고 잊어버리지 않은 것은 옛 법을 따르기 때문'이라 하였다. 선왕의 법을 존중하면서 과오를 범하는 자는 아직 있지 않았다. 성인께서 이미 시력을 다하고 콤파스, 직각자, 수평기, 먹줄로써 계속하니 네모, 원, 수평, 직선을 만들어 사용함을 다 이길 수가 없었다. 이미 청력을 다하고 육률로써 계속하니 오음을 바르게 하여 사용함을 다 이길 수가

없었다. 이미 마음의 생각을 다하고 차마하지 못하는 마음의 정치로써 계속 하니 인이 천하를 덮었다."

【離婁 上 2】孟子曰 規矩, 方員之至也, 聖人, 人倫之至也。欲為君盡君道, 欲為臣盡臣道, 二者皆法堯舜而已矣。不以舜之所以事堯事君, 不敬其君者也, 不以堯之所以治民治民, 賊其民者也。孔子曰 '道二 仁與不仁而已矣'。暴其民甚, 則身弑國亡, 不甚, 則身危國削。名之曰 '幽厲', 雖孝子慈孫, 百世不能改也。詩云 '殷鑒不遠, 在夏后之世', 此之謂也。

맹자가 말했다: "콤파스와 직각자는 네모와 원의 지극함이요, 성인은 인륜의 지극함이다. 임금이 되어 임금의 도를 다하고자 하고, 신하가 되어 신하의 도를 다하고자 한다면 두 사람은 모두 요순을 본받을 뿐이다. 순이 요임금을 섬기는 방법으로 임금을 섬기지 않으면 임금을 공경하지 않는 자이고, 요임금이 백성들 다스리는 방법으로 백성을 다스리지 않으면 백성을 해치는 자이다. 공자께서 말하길 '도가 두 가지이니, 인할 것인지 인하지 않을 것인지 일 뿐이다.'고 하였다. 백성에게 포악함이 심하면 자기 몸은 죽고 나라는 망하고, 심하지 않으면 자기 몸은 위태롭고 나라는 줄어든다. 이름하여 '유와 려'라 하면 비록 효자와 자손이 있더라도 백세토록 개선할 수가 없다. 『시』에 이르길 '은나라의 거울이 멀지 않으니, 하나라의 세대에 있다.'고 했거늘, 이를 두고 한 말이다."

*鑒(감): 거울. *夏后之世(하후지세): 하나라의 마지막 폭군이었던 걸(桀)을 의미.

이루의 눈밝음, 공유자의 기교, 사광의 총명함도 콤파스, 직각자, 수평기, 먹줄, 육률을 이길 수 없다. 후자의 표준적 도구들이 있기 때문에 전자들의 눈밝음과 기교와 총명함도 더욱 빛나는 것이다. 선한 마음, 훌륭한 법, 심지어 요순의 도라도 인의(仁義)에 표준을 두지 않으면 왕도의 정치가 행해질 수 없다. 요순의 도가 왕도정치의 표본이 된 것은 바로 그들이 '차마하지 못하는 마음'(不忍之心)을 미루어 '차마하지 못하는 정치'(不忍之政)와 '차마하는 정치'(忍之政)인 인정(仁政)을 베풀었기 때문이다. '차마하지 못하는 마음'에 토대한 '차마하지 못하는 정치'

가 왕도의 시작이라면, 그것을 미루어 '차마하는 바'에 도달하고 사람들이 '하지 않는 바'(所不爲)를 미루어 '하는 바'(所爲)까지 도달하면 인의의 왕도정치가 실현된다. 이것이 왕도정치의 이념이다. 인용을 보자.

【公孫丑 上 6-1】孟子曰 人皆有不忍人之心。先王有不忍人之心，斯有不忍人之政矣。以不忍人之心，行不忍人之政，治天下可運之掌上。

> 맹자가 말했다: "사람은 모두 차마하지 못하는 마음을 가지고 있다. 선왕들도 차마하지 못하는 마음을 가지고 차마하지 못하는 정치를 행하였다. 차마하지 못하는 마음으로 차마하지 못하는 정치를 행하면 천하를 다스리는 것은 손바닥 위에서 움직일 수 있을 것이다." (이하 인용 중략)

【盡心 下 31】孟子曰 人皆有所不忍，達之於其所忍，仁也。人皆有所不為，達之於其所為，義也。人能充無欲害人之心，而仁不可勝用也。人能充無穿踰之心，而義不可勝用也。人能充無受爾汝之實，無所往而不為義也。士未可以言而言，是以言餂之也。可以言而不言，是以不言餂之也，是皆穿踰之類也。

> 맹자가 말했다: "사람은 모두 차마하지 못하는 마음을 가지고 있는데, 차마하는 바에까지 통달하면 인이다. 사람은 모두 하지 않는 바가 있는데, 하는 바에까지 통달하면 의이다. 사람이 남을 해치고 싶어 하지 않는 마음을 채운다면 인을 다 사용할 수가 없을 것이다. 사람이 담을 뚫고 넘어가지 않으려는 마음을 채운다면 의를 다 사용할 수가 없을 것이다. 사람이 이여의 실제를 받지 않으려는 마음을 채운다면 가는 곳마다 의를 행하지 않을 수 없을 것이다. 선비가 아직 말을 해서는 안 되는데 말을 한다면, 이것은 말로써 핥아먹는 것이다. 말을 해도 되는데 말을 하지 않으면 이것은 말하지 않음으로써 핥아먹는 것이다. 이것들은 모두 담을 뚫고 넘어가는 종류의 것이다."

*爾汝(이여): 사람들이 경시하고 천시하는 칭호. *餂(첨): 낚다, 핥아먹다.

'차마하지 못하는 정치'와 '부끄러워서 하지 않는 정치'가 어려운 처지에 놓인 사람을 가엾게 여기고 부끄러운 짓을 하지 말라는 권력자의 소극적 의무를 뜻한다면, '차마하는 바'와 '하는 바'의 정치는 백성들의 삶의 질 향상과 공동선을 위하여 적극적으로 정치를 펼치라는 것이 아닐까 한다. 그러니까 왕도정치는 어려운 처지에 놓여있는 백성들의 삶을 구휼할 뿐만 아니라 지치(至治)의 이상사회 건설을 위해 권력자들의 부단한 노력을 요구한다. 인용을 보자.

【梁惠王 下 5-1】齊宣王問曰 人皆謂我毁明堂。毁諸, 已乎。孟子對曰 夫明堂者, 王者之堂也。王欲行王政, 則勿毁之矣。王曰 王政可得聞與。對曰 昔者文王之治岐也, 耕者九一, 仕者世祿, 關市譏而不征, 澤梁無禁, 罪人不孥。老而無妻曰鰥。老而無夫曰寡。老而無子曰獨。幼而無父曰孤。此四者, 天下之窮民而無告者。文王發政施仁, 必先斯四者。詩云 '哿矣富人, 哀此煢獨。'

제선왕이 물었다: "사람들이 모두 나에게 명당을 훼손하라고 말하는 데, 훼손해야 합니까? 그만두어야 합니까?" 맹자가 대답했다: "무릇 명당이란 왕자의 당입니다. 왕께서 왕정를 행하고자 한다면 훼손하지 마십시오." 왕이 말했다: "왕정에 대해 얻어 들을 수 있겠습니까?" 맹자가 대답했다: "옛날에 문왕께서 기 땅을 다스릴 때 경작하는 자에게 9분의 1의 세금을 걷었고, 벼슬하는 자에게 대대로 작록을 주었고, 관문과 시장을 기찰하지만 세금을 징수하지 않았고, 고기 잡는 것을 금하지 않았고, 죄인을 벌하되 처자까지 미치지 않았습니다. 늙은이로 아내가 없는 것을 환(鰥)이라 부르고, 늙은이로 남편이 없는 것을 과(寡)라 부르고, 늙은이로 자식이 없는 것을 독(獨)이라 부르고, 어린이로 아버지가 없는 것을 고(孤)라 부른다. 이 네 사람들은 천하의 곤궁한 백성으로서 하소연할 곳이 없는 자들입니다. 문왕께서 정치를 펼치고 인(仁)을 베풀어 반드시 이 네 사람들을 우선하였습니다. 『시』에 이르길 '부유한 사람들은 좋으나, 이 외롭고 고독한 사람들이 가엾다'고 했습니다."

*明堂(명당): 주나라 천자가 동쪽 지방을 순수(巡狩)하면서 제후들에게 조회를 받던 당으로 태산에 있다고 함. *關市(관시): 관문과 시장. *譏(기): 기찰하다, 나무라다. *澤梁(택량): 물고기를 잡는 저수지. *孥(노): 처자식. *哿(가): 좋다, 가하다. *煢(경): 외롭다. 곤궁하다.

문왕이 펼쳤던 왕도정치는 공동선과 가치를 배분하는 공정한 제도의 운영에 두었지만, 무엇보다 사회적 약자들을 구휼하는 데서부터 인정(仁政)을 시작하였다. 예나 지금이나 늙은이로 아내가 없는 자(환鰥), 늙은이로 남편이 없는 자(과寡), 늙은이로 자식이 없는 자(독獨), 어린이로 부모가 없는 자(고孤)들은 천하의 곤궁한 백성들이고 하소연할 곳이 없는 자들이다. 인간은 죽어가는 금수에 대해서도 측은한 마음을 갖는다. 홀로된 늙은이도 부모 없는 어린아이도 그냥두면 생존능력을 잃고 죽을지 모른다. 이러한 사회적 약자들을 구휼하는 것은 자연스런 측은지심의 발로일 것이다. 그러나 이것은 왕도정치를 시작하는 출발점이다. 이러한 '차마하지 못하는 정치'를 미루어 '차마하는 정치'로 나아가야 한다. 그런데 권력자들은 자연스런 측은지심을 모든 백성들에까지 확장하여 인정으로 나아가질 못한다. 인용을 보자.

【梁惠王 上 3-1】梁惠王曰 寡人之於國也, 盡心焉耳矣。河內凶, 則移其民於河東, 移其粟於河內。河東凶亦然。察鄰國之政, 無如寡人之用心者。鄰國之民不加少, 寡人之民不加多, 何也。孟子對曰, 王好戰, 請以戰喻。填然鼓之, 兵刃既接, 棄甲曳兵而走。或百步而後止, 或五十步而後止。以五十步笑百步, 則何如。曰, 不可, 直不百步耳, 是亦走也。曰, 王如知此, 則無望民之多於鄰國也。

> 양혜왕이 말했다: "과인은 나라에 임하여 마음을 다하고 있을 뿐입니다. 하내(河內)가 흉년이 들면 백성들은 하동(河東)으로 옮기고 곡식은 하내로 옮깁니다. 하동이 흉년이 들면 또한 그렇게 합니다. 이웃나라의 정치를 살펴보면 과인의 마음 씀과 같지 않는데, 이웃나라의 백성들이 적어지지 않고 과인의 백성들이 많아지지 않는 것은 무슨 까닭입니까?" 맹자가 대답했다: "왕께서 전쟁을 좋아하시니, 전쟁에 비유하고자 합니다. 둥둥 북소리에 따라 병장기들이 이미 서로 교전을 벌이다가 갑옷과 병장기를 버리고 도망쳤습니다. 혹자는 백보를 도망한 후에 멈추고 어떤 이는 오십 보를 도망한 후에 멈췄습니다. 오십 보를 도망한 이가 백보를 도망한 자를 비웃는다면 어떻습니까?" 왕이 말하길 "불가합니다. 단지 백보가 아닐지언정 그 또한 도망친

> 것입니다." 맹자가 대답하길 "왕께서 만일 그것을 알았다면 이웃나라보다 백성들이 많아지기를 기대하지 마십시오."

*喩(유): 깨우치다, 비유하다. *塡然(전연): 둥둥 북소리. *刃(인): 칼날. *曳(예): 끌. *直(직) = 但(단): 단지, 다만.

【梁惠王 上 3-4】狗彘食人食而不知檢, 塗有餓莩而不知發, 人死則曰 '非我也, 歲也。' 是何異於刺人而殺之, 曰 '非我也, 兵也。' 王無罪歲, 斯天下之民至焉。

> (맹자가 말했다) "개와 돼지가 사람의 음식을 먹되 검속할 줄 모르고, 도로에 굶어 죽은 시체가 있어도 창고를 열줄 모르면서, 사람이 죽으면 말하기를 '내가 한 것이 아니라 시절이 그렇게 한 것이다.'라 한다면 이것은 사람을 찔러 죽이고는 말하길 '내가 아니라 병장기 때문이다.'라고 하는 것과 무엇이 다르겠습니까? 왕께서 죄를 시절 탓으로 돌리지 않는다면 천하의 백성들이 (위魏나라로) 올 것입니다."

*莩(표)[부]: 굶어죽은 시체. *發(발): 창고를 열어 구휼하고 대여해 주는 것이다.

당시 제후들은 개와 돼지가 사람의 음식을 먹어도 단속할 줄 모르고 도로에 굶어 죽은 시체가 있어도 창고를 열줄 모르면서, 사람이 죽으면 말하기를 '내가 한 것이 아니라 시절이 그렇게 한 것이다.'라고 변명만 하고 있다. 이것은 사람을 찔러 죽이고는 말하길 '내가 아니라 병장기 때문이다.'라고 하는 것과 다르지 않은 처사라고 맹자는 비판한다. 그나마 양혜왕은, 다른 제후들과는 달리, 하내(河內)에 흉년이 들면 백성들을 하동(河東)으로 옮기거나 하동에서 난 곡식을 하내로 가져오면서 나름의 인정을 펴고 있다. 그러나 맹자는 이러한 양혜왕의 정책이 오십보백보(五十步百步)의 미봉책에 불과할 뿐 왕도정치에는 미치지 못한다고 여긴다. 그렇다면 왕도정치의 이상은 너무 높은 것이 아닌가? 제선왕이 '하지 않는 것'과 '할 수 없는 것'의 차이를 묻는 것은 이러한 의문에서 비롯된 것이 아닐까 한다. 인용을 보자.

【梁惠王 上 7-5】曰 不為者與不能者之形何以異。曰 挾太山以超北海，語人曰‘我不能’，是誠不能也。為長者折枝，語人曰‘我不能’，是不為也，非不能也。故王之不王，非挾太山以超北海之類也 王之不王，是折枝之類也。

(제선)왕이 말했다: “하지 않는 것과 할 수 없는 것의 형상은 어떻게 다릅니까?” 맹자가 대답했다: “태산을 끼고 북해를 건너는 것을 사람들에게 말하여 ‘나는 할 수 없다’하면 이것은 진실로 할 수 없는 것입니다. 어른을 위하여 나뭇가지를 꺾는 것을 사람들에게 말하여 ‘나는 할 수 없다’하면 이것은 하지 않는 것이지 불가능한 것이 아닙니다. 그러므로 왕께서 왕 노릇을 못하는 것은 태산을 끼고 북해를 넘는 종류의 것이 아니라, 왕께서 왕 노릇을 못하는 것은 나뭇가지를 꺾는 종류에 해당하는 일입니다.”

*挾(협): 옆구리에 끼다. *折(절): 꺾다.

제후들이 왕도를 행하지 않은 것은 ‘하지 않는 것’이지 ‘할 수 없는 것’이 아니다. 할 수 있는 것인데 하지 않는 것은 의도가 다른 데에 있기 때문이다. 개인적 욕망에 가려 백성들을 돌아보지 않는 제후들이 많았던 시절이었다. 제후의 의도가 공공선과 백성의 복리에 있는데도 왕도를 하지 않고 있다면 그것은 의지가 나약하거나 방법을 모르기 때문일 것이다. 그래서 맹자는 대안을 제시한다. 여민동락(與民同樂)하는 정치가 그것이다. 사람들은 누구나 식색지성의 본능을 가지고 태어난다. 식색지성은 그 자체가 도덕적 악은 아니다. 그것은 제거의 대상이 아니라 조절의 대상이다. 문제는 합리적이지 못한 방법으로 자신의 이익만을 추구할 때 오는 것이다. 식색지성의 욕망을 혼자 독차지하려 하지 말고 타인과 더불어 즐기면 된다. 어떤 일도 즐거우면 하고 싶은 의지가 생기고, 더불어 즐기면 누구도 불만하지 않는다. 그래서 맹자는 제후들에게 백성들과 더불어 즐기는 ‘여민동락’의 정치를 제안한다. 관련 인용들을 보자.

【梁惠王 下 4-1】齊宣王見孟子於雪宮。王曰 賢者亦有此樂乎。孟子對曰 有。人不得，則非其上矣。不得而非其上者，非也 為民上而不與民同樂者，亦非也。樂民之樂者，民亦樂其樂 憂民之憂者，民亦憂其憂。樂以天下，憂以天下，然而不王者，未之有也。

제선왕이 설궁에서 맹자를 만났다. 왕이 말했다: "현자도 이러한 즐거움이 있습니까?" 맹자가 대답했다: "있습니다. 사람들은 (즐거움을) 얻지 못하면 윗사람을 비난합니다. 얻지 못한다고 윗사람을 비난하는 것은 그른 것입니다. 백성들의 윗사람이 되어서 백성들과 더불어 즐기지 않는 것도 그른 것입니다. 백성들의 즐거움을 즐기면 백성들 또한 즐거움을 즐깁니다. 백성들의 근심하는 것을 근심하면 백성들 또한 근심을 근심합니다. 천하로써 즐거워하고 천하로써 근심하면서 왕 노릇하지 못한 자는 있지 않습니다.

【梁惠王 上 2】孟子見梁惠王，王立於沼上，顧鴻鴈麋鹿，曰 賢者亦樂此乎。孟子對曰 賢者而後樂此，不賢者雖有此，不樂也。詩云 '經始靈臺，經之營之，庶民攻之，不日成之。經始勿亟，庶民子來。王在靈囿，麀鹿攸伏，麀鹿濯濯，白鳥鶴鶴。王在靈沼，於牣魚躍。' 文王以民力為臺為沼。而民歡樂之，謂其臺曰靈臺，謂其沼曰靈沼，樂其有麋鹿魚鱉。古之人與民偕樂，故能樂也。湯誓曰 '時日害喪 予及女偕亡。' 民欲與之偕亡，雖有臺池鳥獸，豈能獨樂哉。

맹자가 양혜왕을 알현했다. 왕이 못가 위에 서 있다가 큰 기러기와 큰 사슴을 돌아보면서 이르길 "현자들도 이것을 즐깁니까?"하였다. 맹자가 대답했다: "현자인 이후에야 이것을 즐깁니다. 현자가 아니면 비록 이것이 있더라도 즐거워하지 않습니다. 『시』에 이르길 '처음으로 영대(靈臺)를 경영하고자 그것을 헤아리고 도모하니, 서민들이 그것을 도와 하루가 되기 전에 그것을 완성하였네. 처음으로 경영함에 서두르지 말라 하시자, 서민들이 자식처럼 달려왔네. 왕이 영유(靈囿)에 계시니, 사슴들이 가만히 엎드리네. 사슴들은 살찌고 윤택하고, 백조들은 깨끗하고 희도다. 왕이 영소(靈沼)에 계시니, 가득히 고기들이 뛰논다.'했습니다. 문왕께서는 백성들의 힘으로 대와 못을 만들었지만, 백성들이 그것을 관람하고 즐기면서, 그 대를 영대라 부르고 그 못을 영소라 부르며, 사슴과 고기와 자라가 있는 것을 즐겼습니다. 이처럼 옛날 사람들은 백성들과 더불어 즐겼기에 능이 즐길 수 있었습니다. 『탕서』에 이르길 '이 해(태양)가 언제 없어질꼬? 나는 너와 함께 망하겠다.'하였는데, 백성들이 더불어 망하고 싶어 한다면 비록 대와 못과 새와 짐승이 있다한들 어찌 홀로 즐길 수 있겠습니까?"

*鴻雁(홍안): 큰 기러기. *麋鹿(미록): 큰 사슴. *囿(유): 동산. *麀(우): 암사슴. *麋(미): 고라니. *濯濯(탁탁): 살찌고 윤택한 모양. *鶴鶴(학학): 깨끗하고 흰 모양. *牣(인): 가득하다. *鼈(별): 자라. *偕(해): 함께. *害(갈): 어찌. *文王(문왕)은 주나라를 건국한 무왕(武王)의 아버지를 말한다. *『탕서』의 인용에서 "時(시)"는 시(是)의 착오이고, "日(일)"은 하나라의 마지막 폭군인 걸왕(桀王)을 뜻한다. 걸왕이 일찍이 말하기를 "내가 천하를 소유함은 하늘에 태양이 있는 것과 같으니, 태양이 없어질 때라야 내가 망한다."하였다. 그래서 백성들이 그의 학정(虐政)을 원망하였기 때문에 그가 말한 것을 빌어 "이 해가 언제 없어질까"했던 것이다(주자주朱子註).

【梁惠王 下 1-1】莊暴見孟子, 曰 暴見於王, 王語暴以好樂, 暴未有以對也。 曰 好樂何如。孟子曰 王之好樂甚, 則齊國其庶幾乎。他日, 見於王曰 王嘗語莊子以好樂, 有諸 王變乎色, 曰 寡人非能好先王之樂也, 直好世俗之樂耳。曰 王之好樂甚, 則齊其庶幾乎。今之樂猶古之樂也。曰 可得聞與。曰 獨樂樂, 與人樂樂, 孰樂。曰 不若與人。曰 與少樂樂, 與衆樂樂, 孰樂。曰 不若與衆。

장폭이 맹자를 뵙고 말했다: "제가 왕을 뵈었을 때 왕께서 저에게 음악을 좋아한다고 말하였는데, 저는 대답하지 못했습니다. 음악을 좋아하면 어떻습니까?" 맹자가 대답했다: "왕이 음악을 좋아함이 심하다면 제나라는 거의 다스려질 것입니다." 다른 날에 맹자가 왕을 뵙고 물었다: "왕께서 일찍이 장자에게 음악을 좋아한다고 말했다는 데 그런 적이 있습니까?" 왕께서 얼굴을 붉히며 말했다: "과인은 선왕의 음악을 좋아하는 것이 아니라 단지 세속의 음악을 좋아할 뿐입니다." 맹자가 말했다: "왕께서 음악을 좋아함이 심하다면 제나라는 거의 다스려질 것입니다. 오늘날의 음악이 옛 음악과 같습니다." 왕이 말했다: "얻어 들을 수 있겠습니까?" 맹자가 물었다: "홀로 음악을 즐김과 다른 사람과 음악을 즐김 중에 어느 쪽이 즐겁습니까?" 왕이 대답했다: "다른 사람과 더불어 하는 것만 같지 않습니다." 맹자가 다시 물

었다: "소수의 사람들과 음악을 즐김과 다수의 사람들과 음악을 즐김 중에 어느 쪽이 즐겁습니까?" 왕이 대답했다: "다수의 사람들과 더불어 하는 것만 같지 못했습니다."

*庶幾(서기): 다스려짐에 가깝다.

【梁惠王 下 1-2】臣請為王言樂 今王鼓樂於此, 百姓聞王鐘鼓之聲, 管籥之音, 擧疾首蹙頞而相告曰 '吾王之好鼓樂, 夫何使我至於此極也, 父子不相見, 兄弟妻子離散。' 今王田獵於此, 百姓聞王車馬之音, 見羽旄之美, 擧疾首蹙頞而相告曰 '吾王之好田獵, 夫何使我至於此極也。父子不相見, 兄弟妻子離散。'此無他, 不與民同樂也。

맹자가 말했다: "신이 청컨대 왕을 위하여 음악을 말씀드리겠습니다. 지금 왕께서 여기에서 북을 치며 음악을 즐기되 백성들이 왕께서 종과 북을 치고 피리와 젓대를 부는 소리를 듣고는 머리를 절래절래 흔들고 이마를 찌푸리며 서로 말하기를 '우리 왕이 음악을 좋아하심이 어찌 나를 이렇게 곤궁함에 이르게 하는가? 부자가 서로 만날 수 없고 형제처자가 떠나게 하는가?' 지금 왕께서 여기서 수렵을 함에 백성들이 왕의 수레와 말소리를 듣고 펄럭이는 깃발들의 아름다움을 보고는 머리를 절래절래 흔들고 이마를 찌푸리며 서로 말하길 '우리 왕이 수렵을 좋아함이 어찌 나를 이렇게 곤궁함에 이르도록 하는가? 부자가 서로 만날 수 없고 형제처자가 떠나도록 하는가?' 한다면, 이것은 다름이 아니라 백성들과 더불어 즐기지 않기 때문입니다."

*管籥(관악): 피리와 젓대. *蹙頞(축알): 이마를 찌푸림

【梁惠王 下 1-3】今王鼓樂於此, 百姓聞王鐘鼓之聲, 管籥之音, 擧欣欣然有喜色而相告曰 '吾王庶幾無疾病與 何以能鼓樂也。' 今王田獵於此, 百姓聞王車馬之音, 見羽旄之美, 擧欣欣然有喜色而相告曰 '吾王庶幾無疾病與 何以能田獵也 ' 此無他, 與民同樂也。今王與百姓同樂, 則王矣。

맹자가 계속하여 말했다: "지금 왕께서 여기에서 북을 치며 음악을 즐기되,

백성들이 왕께서 종과 북을 치고 피리와 젓대를 부는 소리를 듣고는 머리를 끄덕이며 흡족해하고 얼굴에 희색이 돌며 서로 말하기를 '우리 왕께서 거의 질병이 없는 듯 하구나, 어찌 북을 치며 음악을 즐기는가?' 지금 왕께서 여기에서 수렵을 하되 백성들이 왕의 수레와 말소리를 듣고 펄럭이는 깃발들의 아름다움을 보고는 머리를 끄덕이며 흡족해하고 얼굴에 희색이 돌며 서로 말하기를 '우리 왕께서 거의 질병이 없는 듯하구나, 어찌 수렵을 즐기는가?' 한다면, 이것은 다름이 아니라 백성들과 더불어 즐기기 때문입니다. 지금 왕께서 백성들과 더불어 즐긴다면 왕 노릇할 수 있습니다."

【梁惠王　下　2】齊宣王問曰　文王之囿方七十里，有諸。孟子對曰　於傳有之。曰　若是其大乎。曰　民猶以為小也。曰　寡人之囿方四十里，民猶以為大，何也。曰　文王之囿方七十里，芻蕘者往焉，雉兎者往焉，與民同之。民以為小，不亦宜乎。臣始至於境，問國之大禁，然後敢入。臣聞郊關之內有囿方四十里，殺其麋鹿者如殺人之罪。則是方四十里，為阱於國中。民以為大，不亦宜乎。

제선왕이 물었다: "문왕께서 동산이 사방 70리였다고 하는데 그렇습니까?" 맹자가 대답했다: "전하는 바에 의하면 그렇다고 합니다." 왕이 물었다: "그렇게 컸습니까?" 맹자가 대답했다: "백성들은 오히려 작다고 여겼습니다." 왕이 물었다: "과인의 동산은 사방 40리인데도 백성들은 크다고 여기는데 무슨 까닭입니까?" 맹자가 대답했다: "문왕의 동산은 사방 70리지만 꼴을 베고 나무를 베는 자들이 들어갈 수 있었고 꿩을 잡고 토끼를 잡는 자들이 들어갈 수 있었습니다. 백성들과 더불어 같이 했습니다. 따라서 백성들이 작다고 여기는 것은 마땅하지 않겠습니까? 신이 제나라 경계에 처음 이르렀을 때 나라의 큰 금기를 물은 연후에 감히 들어왔습니다. 신이 듣건대 교외의 관문 내에 동산이 사방 40리인데, 들어와서 사슴을 죽이는 자를 사람을 죽인 죄와 같이한다고 하였습니다. 그런즉 이것은 사방 40리라도 나라 가운데에 함정을 만든 것입니다. 백성들이 크다고 여기는 것이 마땅하지 않겠습니까?"

*芻蕘(추요): 꼴과 땔감나무. *雉兎(치토): 꿩과 토끼. *郊關(교관): 국도의 백리 밖을 교(郊)라 하고 교외에 관문을 세움. *阱(정): 함정.

【梁惠王 下 5-2】王曰 善哉言乎。曰 王如善之, 則何為不行。王曰 寡人有疾, 寡人好貨。對曰 昔者公劉好貨, 詩云 '乃積乃倉, 乃裹餱糧, 于橐于囊。思戢用光。弓矢斯張, 干戈戚揚, 爰方啟行'。故居者有積倉, 行者有裹糧也, 然後可以爰方啟行。王如好貨, 與百姓同之, 於王何有。

왕이 말했다: "좋구나, 말씀이여~!" 맹자가 말했다: "왕께서 좋다하시면 어찌 행하지 않으십니까?" 왕이 말했다: "과인에게 고질이 있습니다. 과인은 재물을 좋아합니다." 맹자가 대답했다: "옛날에 공유가 재물을 좋아하였습니다. 『시』에 이르길 '노적을 쌓고 창고를 채우며, 마른 곡식을 싸고 전대와 자루에 담는다. 모아서 빛나게 사용할 것을 생각한다. 궁과 화살을 펼치고 방패와 창과 도끼를 휘날리며 이에 비로소 길을 떠난다.'고 하였습니다. 그러므로 머무는 자는 노적을 쌓고 창고를 채우며, 떠나는 자는 전대와 자루를 챙깁니다. 그런 연후에 비로소 길을 떠날 수가 있습니다. 왕께서 재물을 좋아하시되 백성들과 더불어 한다면 왕에게 무슨 일이 있겠습니까?"

*公劉(공유): 후직(后稷)의 증손자. *裹(과): 감싸다, 꾸리다. *餱(후): 마른 곡식. *橐囊(탁랑): 전대와 자루. 밑이 없는 것을 전대라 하고, 밑이 있는 것을 자루라고 함. *戢(집, 즙): 그치다, 거두다, 모으다. *戚(척): 도끼(斧). *爰(원) = 於의 뜻; 이에.

【梁惠王 下 5-3】王曰 寡人有疾, 寡人好色。對曰 昔者大王好色, 愛厥妃。詩云 '古公亶甫, 來朝走馬, 率西水滸, 至于岐下。爰及姜女, 聿來胥宇'。當是時也, 內無怨女, 外無曠夫。王如好色, 與百姓同之, 於王何有。

왕이 말했다: "과인에게는 고질이 있는데, 과인은 여색을 좋아합니다." 맹자가 대답했다: "옛날에 태왕께서 여색을 좋아하여 왕비를 사랑했습니다. 『시』에 이르길 '고공단보가 아침에 말을 타고 달려서 서쪽 물가를 따라 기산 아래에 이르렀다. 이에 강녀와 함께 와서 같이 집터를 보았다.' 하였습니다. 이때를 당하여 안으로 원망하는 여자가 없게 되고, 밖으로 홀아비가 없었습니다. 왕께서 여색을 좋아하시되 백성들과 더불어 한다면 왕에게 무슨 일이 있겠습니까?"

*大王(태왕)=古公亶甫(고공단보)를 일컫고, 앞에 나온 公劉(공유)의 9세손이라 함. *滸(호): 물가. *聿(율): 붓, 드디어, 마침내. *胥(서): 서로, 함께. *曠(광): 텅비다.

영유(靈囿)와 영소(靈沼)와 영대(靈臺)가 갖추어진 정원이든, 사냥하는 동산의 크기든, 재물이든, 음악이든, 여색이든 그 무엇이라도 백성들과 더불어 즐기면 문제가 없다. 이러한 것들은 인간이면 누구나 욕망할만한 것이다. 왕이든 특정 개인이든 독차지하려 한데서 문제가 생긴다. 제후가 백성들이 즐거워하는 것을 즐기면 백성들 또한 즐김거리를 즐긴다. 백성들이 근심하는 것을 근심하면 백성들 또한 근심거리를 근심한다. 왕에서 백성까지 모두가 더불어 즐거워하고 더불어 근심할 수 있다면 그것이 곧 왕도정치의 실현에 다름이 아니다. 그야말로 여민동락의 정치는 민본주의에 바탕하는 정치이다.

그러나 인의의 정치이든, 여민동락의 정치이든 이러한 왕도의 이념이 현실에서 구현되기 위해서는 실제적인 정책이나 사업으로 구안되고 실천되어야 한다. 맹자가 제안하는 정책적 대안에 대해서는 다음 절에서 보겠지만, 좋은 정책을 구안하고 추진하려면 왕이나 제후가 혼자서 할 수 없다. 그래서 그들을 보좌하는 신하들이 중요하다. 나라에는 누대에 걸쳐 국정에 기여해온 신하들이 있고 앞으로도 나라 살림을 꾸려갈 공직자들이기에 잘 대우해야 한다. 새로 들어오는 신하들도 있어야 하고, 인재 등용에 신중을 기해야 한다. 등용된 신하들은 적재적소에 배치하여 자신의 배운바와 소질을 발휘할 수 있도록 해야지 제후가 마음대로 배치해서는 안 된다. 인용을 보자.

【梁惠王 下 7】孟子見齊宣王曰 所謂故國者, 非謂有喬木之謂也, 有世臣之謂也。王無親臣矣, 昔者所進, 今日不知其亡也。王曰 吾何以識其不才而舍之。曰 國君進賢, 如不得已, 將使卑踰尊, 疏踰戚, 可不愼與。左右皆曰賢, 未可也。諸大夫皆曰賢, 未可也。國人皆曰賢, 然後察之。見賢焉, 然後用之。左右皆曰不可, 勿聽。諸大夫皆曰不可, 勿聽。國人皆曰不可, 然後察之。見不可焉, 然後去之。左右皆曰可殺, 勿聽。諸大夫皆曰可殺, 勿聽。國人皆曰可殺, 然後察之。見可殺焉, 然後殺之。故曰, 國人殺之也。如此然後可以為民父母。

맹자가 제선왕을 뵙고 말했다: "이른바 오래된 나라란 높게 자란 나무가 있음을 일컫는 것이 아니라 누대에 걸친 신하가 있음을 말하는 것입니다. 왕께서는 가까운 신하도 없습니다. 옛날에 등용했던 신하 중에 지금 도망한 자가 있음도 알지 못합니다." 왕이 대답했다: "내가 어찌 재질이 없음을 알아서 버리겠습니까?" 맹자가 말했다: "나라의 군주는 어진이를 등용하되 부득이한 것처럼 해야 합니다. 장차 지위가 낮은 이로 하여금 높은 이를 넘게 하며, 소원한 자로 하여금 가까운 자를 넘게 하는 것이니, 신중하지 않을 수 있겠습니까? 좌우의 가까운 신하들이 모두 어질다고 말해도 불가하고, 모든 대부들이 어질다고 해도 불가하며, 나라사람 모두가 어질다고 한 연후에 살펴보고 어짊을 발견한 연후에 등용해야 합니다. 좌우의 신하들이 불가하다고 말해도 듣지 말고, 모든 대부들이 불가하다고 말해도 듣지 말며, 나라사람 모두가 불가하다고 말한 연후에 살펴보고 불가함을 발견한 연후에 버리십시오. 좌우의 신하들이 죽일만하다 해도 듣지 말고, 모든 대부들이 죽일만하다 해도 듣지 말며, 나라사람 모두가 죽일만하다 한 연후에 살펴서 죽일만함을 발견한 연후에 죽이십시오. 그러므로 말하길 나라사람들이 그를 죽였다고 하는 것입니다. 이와 같이 한 연후에야 백성의 부모가 되었다고 할 수 있습니다."

【梁惠王 下 9】孟子見齊宣王曰 為巨室，則必使工師求大木。工師得大木，則王喜，以為能勝其任也。匠人斲而小之，則王怒，以為不勝其任矣。夫人幼而學之，壯而欲行之。王曰 '姑舍女所學而從我'，則何如。今有璞玉於此，雖萬鎰，必使玉人彫琢之。至於治國家，則曰'姑舍女所學而從我'，則何以異於教玉人彫琢玉哉。

맹자가 제선왕을 뵙고 말했다: "큰 궁실을 지으려면 반드시 공사(工師)로 하여금 큰 나무를 구하도록 해야 합니다. 공사가 큰 나무를 얻으면 왕께서는 기뻐하면서 능히 그 임무를 감당할 수 있겠다고 여길 것입니다. 그런데 장인(匠人)이 나무를 깎아서 작게 만들어 버리면 왕께서 진노하며 그 임무를 감당할 수 없겠다고 여길 것입니다. 무릇 사람이 어려서 배우는 것은 커서 그것을 실행하고자 하는 것입니다. 왕께서 말하길 '우선 네가 배운 바를 놔두고 나를 따르라'고 한다면 어떠하겠습니까? 지금 여기에 옥돌원석이 있는데 비록 만일이라도 반드시 옥인이 그것을 조각해야 합니다. 나라와 가문을 다스림에 미쳐서도 말하길 '우선 네가 배운 바를 놔두고 나를 따르라'고 한다면 옥인을 가르쳐서 옥을 조각하게 하는 것과 무엇이 다르겠습니까?"

*工師(공사): 장인(匠人: 목수)의 우두머리. *斲(착): 깎다. *姑(고): 시어머니, 고모, 여기서는 且(차)의 뜻; 또한, 우선. *璞(박): 옥(玉)을 품고 있는 돌. 가공되지 않은 원석의 옥돌. *鎰(일): 20량(兩). *彫琢(조탁): 새기고 쪼다.

제후가 인재 등용에 신중을 기해야 하지만 등용된 신하를 내칠 때도 마찬가지이다. 신하 또한 출처의리를 따지고 나아갈 때와 물러날 때를 알아야 한다. 물론 선비도 가난 때문에 어쩔 수 없이 벼슬에 나아가는 경우가 있다. 이러한 경우에는 말단한직에 근무를 자처해야 한다. 인용을 보자.

【離婁 下 3】孟子告齊宣王曰 君之視臣如手足, 則臣視君如腹心, 君之視臣如犬馬, 則臣視君如國人, 君之視臣如土芥, 則臣視君如寇讎。王曰 禮, 為舊君有服, 何如斯可為服矣。曰 諫行言聽, 膏澤下於民, 有故而去, 則君使人導之出疆, 又先於其所往, 去三年不反, 然後收其田里。此之謂三有禮焉。如此, 則為之服矣。今也為臣。諫則不行, 言則不聽, 膏澤不下於民, 有故而去, 則君搏執之, 又極之於其所往, 去之日, 遂收其田里。此之謂寇讎。寇讎何服之有。

맹자가 제선왕에게 아뢰었다: "군주가 신하보기를 수족같이 하면 신하도 임금보기를 복심처럼 여기고, 군주가 신하보기를 견마처럼 보면 신하도 임금보기를 일반백성처럼 여기며, 군주가 신하보기를 흙이나 잡초처럼 보면 신하도 임금보기를 도둑이나 원수처럼 여깁니다." 제선왕이 말했다: "예에 '옛 임금을 위하여 복을 입는다.'고 하였는데 어떡해야 복을 입을 수 있습니까?" 맹자가 대답했다: "간언을 실천하고 말이 받아들여져 은택이 백성들에게 내려지고, 연고가 있어 떠나면 임금이 사람을 시켜 그를 인도하여 국경을 나가게 하며, 또 그가 가는 곳에 먼저 기별하고, 3년 동안 떠나서 돌아오지 않은 연후에야 그의 밭과 집을 거둬드립니다. 이것을 일러 세 번 예가 있다고 하니, 이와 같이 하면 복을 입을 수 있습니다. 오늘날에 신하가 되어서, 간언도 실천되지 않고 말도 받아들여지지 않으며, 은택이 백성들에게 내려가지 않습니다. 연고가 있어 떠나면 임금이 그를 붙잡아 속박하고, 또 그가 가는 곳에 궁하게 하고, 떠나는 날에 바로 밭과 집을 거둬드립니다. 이것을 일러 도둑과 원수라 하니, 도둑과 원수처럼 하고 어떻게 복을 입음이 있겠습니까?"

*土芥(토개): 흙과 잡풀. *寇讎(구수): 도둑과 원수. *膏(고): 살찌다.

【公孫丑 下 5】孟子謂蚳鼃曰 子之辭靈丘而請士師, 似也, 為其可以言也。今既數月矣, 未可以言與。蚳鼃諫於王而不用, 致為臣而去。齊人曰 '所以為蚳鼃則善矣, 所以自為則吾不知也'。公都子以告。曰 吾聞之也 有官守者, 不得其職則去, 有言責者, 不得其言則去。我無官守, 我無言責也, 則吾進退, 豈不綽綽然有餘裕哉。

맹자가 기와에게 말했다: "당신께서 영구 땅 읍재를 사양하고 사사가 되기를 청한 것이 그럴듯 한 것은 말을 할 수 있기 때문입니다. 그런데 지금 사사가 된 지 수개월이 지났는데 아직도 말을 하지 않습니까?" 기와가 왕에게 간하였지만 용납되지 않자 신하됨을 내려놓고 떠나버렸다. 제나라 사람들이 평하여 말하길 '기와가 한 일은 잘 한 것이지만, 자신(맹자)이 한 것은 내가 알지 못하겠다.'고 하였다. 공도자가 이것을 맹자에게 전했다. 맹자가 말했다: "나는 들었다. 일반관직을 맡은 자는 그 맡은 바의 직분을 하지 못하면 떠나버리고, 언관직을 맡은 자는 간한 말이 수용되지 않으면 떠나버린다. 나는 일반관직의 직책을 맡은 것도 아니고 언관직을 맡은 것도 아니라면 나의 진퇴는 어찌 너그럽게 여유가 있지 않겠는가?"

*蚳鼃(기와): 제나라 대부. *靈丘(영구): 제나라 읍땅. *致(치): 돌려 바치다. *公都子(공도자): 맹자 제자. *綽綽然(작작연): 너그러운 모습.

【萬章 下 5】孟子曰 仕非為貧也, 而有時乎為貧 娶妻非為養也, 而有時乎為養。為貧者, 辭尊居卑, 辭富居貧。辭尊居卑, 辭富居貧, 惡乎宜乎。抱關擊柝。孔子嘗為委吏矣, 曰'會計當而已矣'。嘗為乘田矣, 曰'牛羊茁壯, 長而已矣'。位卑而言高, 罪也。立乎人之本朝, 而道不行, 恥也。

맹자가 말했다: "벼슬하는 것은 가난을 위한 것이 아니지만, 때로는 가난을 위하여 하는 경우가 있다. 아내를 취하는 것은 봉양을 받기 위한 것이 아니지만, 때로는 봉양을 받기 위하여 하는 경우가 있다. 가난을 위하여 할 경우에는 존엄한 것을 사양하고 비천한 직위에 거처하며, 부유함을 사양하고 가난한 데에 거처해야 한다. 존엄한 것을 사양하고 비천한 직위에 거처하며, 부유함을 사양하고 가난한 데에 거처하는 것이 왜 합당한가? 관문을 안고 딱따기를 치는 격이다. 공자께서 일찍이 위리가 되어 말하길 '회계를 마땅하게 할 뿐이다.'고 하였고, 일찍이 농장지기가 되어 말하길 '소와 양이 자라도록 잘 키울 뿐이다.'고 하였다. 지위는 비천하면서 말을 높게 하는 것이 죄이고, 남의 조정에 서서 도가 행해지지 않는 것이 부끄러움이다.

*柝(탁): 열다, 펼치다, 딱따기를 쳐서 경계하다. *茁(줄): 풀이 처음 나는 모양, 동물이 자라는 모양.

제후의 백성 중에 신하 아닌 자가 없지만 제후라도 마음대로 부를 수 있는 신하가 있고, 그렇지 못하는 신하가 있다. 전자가 '시정(市井)의 신하'라면, 후자는 '초망(草莽)의 신하'이다. '시정의 신하'는 아마도 지배계급에 속한 자나 그의 자제들일 것이다. 그러나 '초망의 신하'는 아무 지위도 없는 서인이고 처사이다. 물론 시정의 신하 중에서도 현자가 존재할 수 있겠지만, 아무래도 덕있는 현자는 초망의 신하 중에 있다. 왕도정치의 이상을 실현하려면 바로 이러한 현자를 등용하는 것이 필요하다. 패제후들 조차도 그러한 현자를 모신다음에야 패제후가 될 수 있었다.

【萬章 下 7-1】萬章曰 敢問不見諸侯, 何義也。孟子曰 在國曰市井之臣, 在野曰草莽之臣, 皆謂庶人。庶人不傳質為臣, 不敢見於諸侯, 禮也。萬章曰 庶人, 召之役, 則往役, 君欲見之, 召之, 則不往見之, 何也。曰 往役, 義也, 往見, 不義也。且君之欲見之也, 何為也哉。曰 為其多聞也, 為其賢也。曰 為其多聞也, 則天子不召師, 而況諸侯乎 為其賢也, 則吾未聞欲見賢而召之也。

만장이 말했다: "감히 묻건대 제후를 알현하지 않는 것은 무슨 뜻입니까?" 맹자가 말했다: "나라 중에 있는 자를 시정(市井)의 신하라 부르고, 들에 있는 자를 초망(草莽)의 신하라 부르니 모두 서인을 일컫는다. 서인은 폐백을 전하여 신하가 되지 않으면 감히 제후를 알현하지 않는 것이 예이다." 만장이 말했다: "서인은 불러서 부역을 시키면 가서 부역하고, 군주가 보고 싶어서 불렀으면 가서 알현하지 않는 것은 무슨 까닭입니까?" 맹자가 대답했다: "가서 부역하는 것은 의로움이지만, 가서 알현하는 것은 의로움이 아니다. 또한 군주가 보고 싶어 한다면 무슨 까닭이겠는가?" 만장이 말했다: "그가 견문이 많고 어질기 때문입니다." 맹자가 말했다: "그가 견문이 많다면 천자도 스승을 부르지 않는데 하물며 제후이겠는가? 그가 어질다면, 나는 어진 이를 보고 싶어 부른다는 것을 들어보지 못하였다."

【公孫丑 下 2-4】故將大有為之君，必有所不召之臣。欲有謀焉，則就之。其尊德樂道，不如是，不足與有為也。故湯之於伊尹，學焉而後臣之，故不勞而王。桓公之於管仲，學焉而後臣之，故不勞而霸。今天下地醜德齊，莫能相尚。無他，好臣其所教，而不好臣其所受教。湯之於伊尹，桓公之於管仲，則不敢召。管仲且猶不可召，而況不為管仲者乎。

(맹자가 말했다) "그러므로 장차 크게 임금 노릇하고자 한다면 반드시 부르지 못하는 바의 신하가 있어야 합니다. 어떤 의논을 하고 싶으면 찾아가야 합니다. 덕을 존중하고 도를 즐김이 이와 같지 않으면 족히 더불어 할 수가 없습니다. 그러므로 탕왕께서는 이윤에게 배운 다음에 신하로 삼았습니다. 그래서 수고롭지 않고도 왕 노릇하였습니다. 제환공께서는 관중에게 배운 다음에 신하로 삼았습니다. 그래서 수고롭지 않고도 패제후가 될 수 있었습니다. 지금 천하에 땅은 추하고 덕은 비슷하여 서로 뛰어날 수 없는 것은 다름이 아니라 신하에게 가르치기를 좋아하고 신하에게 가르침을 받기는 좋아하지 않기 때문입니다. 탕왕이 이윤을, 제환공이 관중을 감히 부르지 못했습니다. 관중 또한 부를 수가 없었는데 하물며 관중처럼 하지 않는 자를 부른단 말입니까?"

탕왕은 이윤에게 배운 다음에 신하로 모셔서 왕도를 실현했고, 제환공은 관중에게 배운 다음에 신하로 삼아서 패도를 실현했다. 관중도 함부로 부르지 못했는데 감히 왕도를 실현할 현자를 부르고 신하로 삼을 수 있겠는가? 그래서 왕도를 더불어 실현할 현자는 신하이지만 신하가 아니다. 천하에서 존중받는 사람으로 세 경우가 있는데, '작위'와 '나이'와 '덕'이 그것이다. 작위가 존중받는 곳은 조정이고, 나이가 존중받는 곳은 향당이다. 덕이 존중받는 곳은 조정도 향당도 아니라 천하이다. 덕있는 사람만이 세상을 경영하고 백성들의 삶을 기를 수 있다.[5] 그래서 덕있는 현자는 제후라도 신하로 부릴 수 없고 벗이 될 수도 없다. 작위로 치면 임금과 신하의 관계가 되겠지만, 덕으로 치면 오히려 제후가 섬겨야할 스승이다. 그래서 제후라도 현자를 함부로 부를 수 없고 찾아가서 가르침을 받아야 한다. 또한 현자도 예우에 맞게 부르지 않으면 죽음에 이르더라도 나아가지 않았다.

【萬章　下　7-2】繆公亟見於子思, 曰 '古千乘之國以友士, 何如　'子思不悅, 曰 '古之人有言 曰事之云乎, 豈曰友之云乎'。子思之不悅也, 豈不曰 '以位, 則子, 君也,　我, 臣也。何敢與君友也。以德, 則子事我者也。奚可以與我友',　千乘之君求與之友, 而不可得也, 而況可召與。齊景公田, 招虞人以旌, 不至, 將殺之。志士不忘在溝壑, 勇士不忘喪其元。孔子奚取焉。取非其招不往也。

노무공이 자주 자사를 만나보고 말하길 '옛날에 천승의 나라가 벗으로 선비를 대했다고 하는데 어떻습니까?'하자, 자사가 기뻐하지 않으며 말하길 '옛날 사람의 말에 섬긴다고는 말했지만 어찌 벗 삼는다고 말했던가?'라고 하였다. 자사께서 기뻐하지 않은 것은 어찌 '지위라면 당신은 임금이고, 나는 신하인데 감히 임금과 더불어 벗할 수 있겠는가? 덕이라면 당신이 나를 섬겨야지 어찌 더불어 나와 벗할 수 있는가?'라고 생각한 것이 아니겠는가?

---

5) "천하에는 통하는 세 가지 존중받는 것이 있는데, 작위와 나이와 덕이 그것입니다. 조정에서는 작위만한 것이 없고, 향당에서는 나이만한 것이 없고, 세상을 돕고 백성을 기르는 데에는 덕만한 것이 없습니다. 어찌 그 하나를 얻었다고 그 두 가지를 업신여길 수 있으리오?"　天下有達尊三　爵一, 齒一, 德一。朝廷莫如爵, 鄉黨莫如齒, 輔世長民莫如德。惡得有其一, 以慢其二哉。【公孫丑 下 2-3】

천승의 나라 임금이 더불어 할 벗을 구한 것도 얻을 수 없었는데 하물며 함부로 부를 수 있겠는가? 제경공이 사냥할 때에 깃발로 우 땅의 사람을 불렀는데 오지 않자 죽이려 하였다. 뜻 있는 선비는 구렁텅이에 빠질 것을 잊지 않으며, 용맹스런 선비는 그 목을 잃을 것을 잊지 않는다. 공자께서 어찌 취하겠는가? 부르지 않으니 가지 않는 것을 취한 것이다.

【盡心 上 8】孟子曰 古之賢王好善而忘勢，古之賢士何獨不然。樂其道而忘人之勢。故王公不致敬盡禮，則不得亟見之。見且由不得亟，而況得而臣之乎。

맹자가 말했다: "옛날의 어진 왕은 선을 좋아하고 권세를 잊었다. 옛날의 어진 선비라고 어찌 유독 그렇지 않겠는가? 그 도를 즐기고 남의 권세를 잊었다. 그러므로 왕공이 공경을 지극히 하며 예를 다하지 않으면 자주 만날 수가 없었다. 만나는 것도 자주할 수 없었거늘 하물며 신하로 삼을 수 있겠는가?"

결국 왕도의 실현을 꿈꾸는 임금과 현자의 관계는 작위와 권세에 상관없이 인의의 덕으로 세상을 함께 경영하는 공치(共治) 내지 협치(協治)의 관계이다. 이른바 '군신공치'(君臣共治)주의가 이것이다. 지치(至治)를 꿈꾸던 조선시대의 뜻있는 사림(士林)들도 맹자를 따라 이러한 군신공치주의를 강조했던 바이다.

3. 왕도의 이상을 실현하는 정책들

왕도정치의 이상은 '차마하지 못하는 정치'를 미루어 '차마하는 정치'로 나아가는 인의(仁義)의 정치, 여민동락(與民同樂)의 민본주의, 임금과 현자가 더불어 다스리는 군신공치주의로 요약된다. 이제 이러한 왕도의 이상을 실현하는 세부적인 정책들을 살펴보자. 먼저, 인용 하나를 보자.

【盡心 下 28】孟子曰 諸侯之寶三 土地, 人民, 政事。寶珠玉者, 殃必及身。

> 맹자가 말했다: "제후에게 세 가지 보물은 토지와 백성과 정사이다. 주옥을 보물로 삼는 자는 재앙이 반드시 자신에게 미친다."

인용은 마치 국가의 3요소를 말하는 것 같다. 국가가 성립되려면 영토와 국민과 주권이 있어야 한다. 우리나라도 식민시대를 경험했듯이, 이 중 하나라도 빠지면 정상적인 국가라 할 수 없다. 그래서 제후든 대통령이든 한 나라의 수장은 이 세 가지를 보물처럼 여겨야 한다. 그렇지 않으면 재앙이 제후와 대통령 자신에게 미치고 망국으로 이어질 수도 있다. 한편으로, 인용에는 이러한 뜻도 있겠지만, 시대상황을 염두에 두고 해석해야 할 것이다. 정치는 공동선과 백성들의 복리를 위한 것이다. 당시에 백성들의 복리는 토지로부터 생산되어야 했다. 따라서 정치적 사업은 토지를 합리적으로 관리하여 생산물을 최대한 산출하고 백성들의 복리와 공동선에 기여하도록 하는데 초점을 두어야 할 것이다. 그러니까 왕도의 이상을 실현하는 세부적인 정책들은 이러한 기준에서 구안되고 추진되어야 한다. 인용을 보자.

【梁惠王 上 5】梁惠王曰 晉國, 天下莫強焉, 叟之所知也。及寡人之身, 東敗於齊, 長子死焉 西喪地於秦七百里 南辱於楚。寡人恥之, 願比死者一洒之, 如之何則可。孟子對曰 地方百里而可以王。王如施仁政於民, 省刑罰, 薄稅斂, 深耕易耨。壯者以暇日修其孝悌忠信, 入以事其父兄, 出以事其長上, 可使制梃以撻秦楚之堅甲利兵矣。彼奪其民時, 使不得耕耨以養其父母, 父母凍餓, 兄弟妻子離散。彼陷溺其民, 王往而征之, 夫誰與王敵 故曰 '仁者無敵。' 王請勿疑。

> 양혜왕이 말했다: "진(晉)나라가 천하에서 막강함은 늙은이께서 아는 바입니다. 그런데 과인의 몸에 이르러 동쪽으로 제나라에 패하여 큰아들이 죽고, 서쪽으로 진(秦)나라에 700리의 땅을 잃었고, 남쪽으로는 초(楚)나라에게 굴

욕을 당했습니다. 과인은 이를 부끄럽게 여깁니다. 원컨대, 죽은 자들을 위해 한번 설욕하고 싶은데 어떡하면 가능하겠습니까?" 맹자가 대답했다: "사방 100리의 땅이면 왕 노릇할 수 있습니다. 왕께서 백성들에게 인정(仁政)을 베풀고, 형벌의 적중한지를 돌아보고, 세금을 줄여준다면 (백성들은) 밭 갈고 김매는 데에 심혈을 기울일 것입니다. 장성한 자들은 한가한 날에 효제충신의 덕을 수련하여 들어가서는 부형(父兄)을 섬기고, 나아가서는 어른들을 섬길 것이며, 몽둥이를 제작하여 진나라와 초나라의 견고한 갑옷과 예리한 병기를 매질하게 할 수 있을 것입니다. 저들이 자기백성의 농사시기를 빼앗아 밭 갈고 김매어 부모를 봉양할 수 없도록 한다면, 부모들은 얼어 죽고 굶어죽을 것이며, 형제와 처자들은 흩어질 것입니다. 저들이 자기백성을 함정에 빠뜨리고 빠지게 하거든, 왕께서 가셔서 징벌한다면 감히 누가 왕을 대적하겠습니까? 그러므로 옛말에 '인자는 적이 없다.'(仁者無敵)고 했거늘, 왕께서는 청컨대 의심치 마십시오."

*晉國(진국): 춘추시대까지만 해도 진나라는 막강한 제후국의 하나였음. 그러나 전국시대에 와서 권력자인 대부들의 정치적 농단에 의해 위(魏)•한(韓)•조(趙)나라로 분열되었고, 이를 삼진(三晉)이라 부름. *양혜왕은 위(魏)나라 제후인데, 그가 대양(大梁)땅에 도읍을 정하면서부터 양(梁)나라로도 불렀음. *酒(세): 설욕하다. *易(이): 다스리다. *耨(누): 김매다. *暇日(가일): 한가한 날, 여유있는 날. *梃(정): 몽둥이. *撻(달): 종아리 치다, 매질하다.

【公孫丑 上 5】孟子曰 尊賢使能, 俊傑在位, 則天下之士皆悅而願立於其朝矣。市廛而不征, 法而不廛, 則天下之商皆悅而願藏於其市矣。關譏而不征, 則天下之旅皆悅而願出於其路矣。耕者助而不稅, 則天下之農皆悅而願耕於其野矣。廛無夫里之布, 則天下之民皆悅而願為之氓矣。信能行此五者, 則鄰國之民仰之若父母矣。率其子弟, 攻其父母, 自生民以來, 未有能濟者也。如此, 則無敵於天下。無敵於天下者, 天吏也。然而不王者, 未之有也。

맹자가 말했다: "현명한 이를 존중하고 유능한 이를 부리며, 뛰어난 인재들이 지위에 있으면 천하의 선비들이 모두 기뻐하면서 그 조정에서 벼슬하기를 원할 것이다. 시장에서 가게세만 받고 세금을 걷지 않으며, 규율만 따르

도록 하고 가게세도 받지 않는다면 천하의 상인들이 모두 기뻐하며 그 시장에서 장사하기를 원할 것이다. 관문에서 기찰하되 세금을 걷지 않으면 천하의 여행객들이 모두 기뻐하며 그 길을 출입하기 원할 것이다. 경작하는 이에게 공전(公田)만을 돕도록 하고 세금을 걷지 않으면 천하의 농부들이 모두 그 들판에서 경작하기를 원할 것이다. 집터에 뽕나무를 심지 않은 이에게 부과되는 부리(夫里)의 베를 없애면 천하의 백성들이 모두 기뻐하며 그 백성이 되고자 원할 것이다. 진실로 이 다섯 가지를 행한다면 이웃나라의 백성들이 우러러 보기를 부모처럼 할 것이다. 자식을 이끌고 부모를 공격하는 것은 백성들이 생겨난 이래 이뤄진 적이 없다. 이와 같다면 천하에 적이 없을 것이다. 천하에 적이 없는 것을 하늘의 벼슬이라 한다. 이처럼 하면서 왕노릇하지 못한 자는 있지 않다."

*廛(전): 가게, 집터. *夫里之布(부리지포): 『주례周禮』에 의하면, 집터 주변에 뽕나무를 심지 않아 베를 생산하지 않는 자에게 벌로 리포(里布)의 세금을 내게 하고, 일정한 직업 없이 노는 자에게 벌로 부가(夫家)의 세금을 내게 했다고 전한다.

맹자가 주장하는 정책은 크게 다섯 가지인 것 같다. 첫째, 바른 인재를 등용하라. 둘째, 항산(恒産)의 대책을 마련하라. 셋째, 분배와 조세정의를 달성하라. 넷째, 교육에 나서라. 다섯째, 부당한 전쟁을 거부하라. 이 중 첫째에 대해서는 앞 절에서 보았다. 나머지를 차례대로 살펴보기로 하자.

(1) 항산(恒産)의 대책을 마련하라

【梁惠王 上 7-9】今王發政施仁，使天下仕者皆欲立於王之朝，耕者皆欲耕於王之野，商賈皆欲藏於王之市，行旅皆欲出於王之塗，天下之欲疾其君者皆欲赴愬於王。其若是，孰能禦之。王曰 吾惛，不能進於是矣。願夫子輔吾志，明以教我。我雖不敏，請嘗試之。曰 無恒產而有恒心者，惟士為能。若民，則無恒產，因無恒心。苟無恒心，放辟，邪侈，無不為已。及陷於罪，然後從而刑之，是罔民也。焉有仁人在位，罔民而可為也。

맹자가 말했다: "지금 왕께서 바른 정치를 펼치고 인(仁)을 베푼다면 천하의

벼슬하는 자들이 모두 왕의 조정에 서고자할 것이고, 밭가는 자들이 모두 왕의 들판에서 밭 갈고자 할 것이고, 장사하는 자들이 모두 왕의 시장에서 장사하고자 할 것이고, 여행객들이 모두 왕의 도로에서 여행하고자 할 것이며, 천하에 자기 임금을 미워하는 자들이 모두 왕에게 와서 읍소할 것입니다. 만약 이와 같다면 누가 감히 그것을 제어할 수 있겠습니까?" 왕이 말했다: "나는 혼미하여 이것에 나아갈 수가 없습니다. 원컨대 선생께서 나의 뜻을 도와서 밝게 나를 가르쳐 주시기 바랍니다. 나는 비록 민첩하지 못하나 청컨대 시험해 보고자 합니다." 맹자가 대답했다: "항산(恒産)이 없으면서도 항심(恒心)을 가지는 것은 오직 선비라야 가능합니다. 백성들 같으면 항산이 없으면 그로 인해 항심도 없게 됩니다. 진실로 항심이 없으면 방탕하고 간사하고 사치스런 행동을 하지 않을 수 없습니다. 죄에 빠지도록 해놓고서 쫓아가 형벌을 준다면 이것은 백성을 그물질하는 것입니다. 어찌 어진 사람이 왕위에 있으면서 백성들을 그물질 할 수가 있겠습니까?"

*商賈(상고): 재물을 가지고 다니면서 파는 것을 商(상)이라 하고, 재물을 쌓아놓고 파는 것을 賈(고)라고 함. *恒産(항산): 떳떳한 생업. *恒心(항심): 떳떳한 도덕심.

【滕文公 上 3-1】滕文公問為國。孟子曰 民事不可緩也。詩云 '晝爾于茅, 宵爾索綯 亟其乘屋, 其始播百穀'。民之為道也, 有恆產者有恆心, 無恆產者無恆心。苟無恆心, 放辟邪侈, 無不為已。及陷乎罪, 然後從而刑之, 是罔民也。焉有仁人在位, 罔民而可為也。是故賢君必恭儉禮下, 取於民有制。陽虎曰 '為富不仁矣, 為仁不富矣'。

등문공이 나라 다스리는 법에 대해 묻자, 맹자가 대답했다: "백성의 일은 느슨하게 해서는 안 됩니다. 『시』에 이르길 '낮에는 풀을 베고, 밤에는 새끼를 꼬아서, 서둘러 지붕을 엮어야, 비로소 백곡을 파종할 수 있다.'고 했습니다. 백성들이 살아가는 길에는 항산이 있어야 항심이 있고, 항산이 없으면 항심도 없습니다. 진실로 항심이 없으면 방벽과 사치를 하지 않음이 없을 것입니다. 죄에 빠지는 데에 미치도록 한 연후에 쫓아가 형벌을 주면, 이것은 백성을 그물질 하는 것입니다. 어찌 인자한 사람이 지위에 있으면서 백성들을 그물질하는 것을 할 수 있겠습니까? 그러므로 현명한 군주는 반드시 공손하고 검약하며 아랫사람에 예우하여 백성들에게 취함이 제한이 있는 것입니다. 양호가 말하길 '부유해지려면 인자하지 못하고, 인자해지려면 부유할 수 가 없다.'고 하였습니다.

*茅(모): 띠, 지붕을 엮는 풀. *宵(소): 밤. *索綯(색도): 새끼를 꼬다.

항산(恒産)이 없으면 항심(恒心)도 없다. 항산은 일정한 생업이다. 일정한 생업이 있어 먹고사는 문제가 해결되어야 늘 도덕적이고자 하는 마음인 '항심'도 생겨나기 마련이다. 군자나 선비라면 항산이 없더라도 항심을 유지할 수 있지만, 일반백성들은 그렇지 못하다. 항심이 없으면 방탕하고 간사하고 사치스런 비도덕적 행동을 저지르게 되어 있다. 이렇게 죄에 빠지도록 해놓고서 좇아가 형벌을 준다면 이것은 백성을 그물질하는 처사에 다름 아니다. 따라서 백성들에게 항산의 대책을 마련해주는 것이 매우 중요한 일이다. 관련 인용들을 보자.

【梁惠王 上 7-10】是故明君制民之產，必使仰足以事父母，俯足以畜妻子，樂歲終身飽，凶年免於死亡。然後驅而之善，故民之從之也輕。今也制民之產，仰不足以事父母，俯不足以畜妻子，樂歲終身苦，凶年不免於死亡。此惟救死而恐不贍，奚暇治禮義哉 王欲行之，則盍反其本矣。

맹자가 말했다: "그러므로 명철한 군주는 백성들의 생업을 제정하되 반드시 위로 부모를 섬기기에 충족하도록 하고, 아래로 처자를 기르는데 충족하도록 합니다. 풍년에는 1년 내내 배부르고, 흉년에는 굶어 죽음을 면하도록 합니다. 그런 연후에 백성들을 부추겨서 선(善)에 이르도록 한다. 그러므로 백성들이 그것을 따르기가 가벼운 것입니다. 오늘날에는 백성들의 생업을 제정하되 위로 부모를 섬기기에 부족하고, 아래로 처자를 기르기에 부족합니다. 풍년에도 1년 내내 고통스럽고, 흉년에는 굶어 죽음을 면하기 어렵습니다. 이것은 오직 죽음을 구제하는 데에도 넉넉지 못할까 두려우니, 언제 여가가 있어 예의를 다스리겠습니까? 왕께서 그것을 행하고자 한다면 어찌 그 근본을 돌아보지 않을 수 있겠습니까?

*仰(앙): 우러르다, 위로. *俯(부): 구부리다, 아래로. *盍(합): 어찌 ~하지 아니하는가? *贍(섬): 넉넉하다.

【梁惠王 上 3-2】不違農時, 穀不可勝食也, 數罟不入洿池, 魚鱉不可勝食也, 斧斤以時入山林, 材木不可勝用也。穀與魚鼈不可勝食, 材木不可勝用, 是使民養生喪死無憾也。養生喪死無憾, 王道之始也。

(맹자가 말했다) "농사철을 어기지 않는다면 곡식을 이루 다 먹을 수 없고, 촘촘한 그물을 웅덩이와 못에 들이지 않는다면 고기와 자라를 이루 다 먹을 수 없고, 도끼와 자귀를 때에 맞춰 산림에 들여 놓는다면 재목을 이루 다 사용할 수 없습니다. 곡식과 고기와 자라를 이루 다 먹을 수 없고, 재목을 이루다 쓸 수 없어야, 백성들이 산 자를 봉양하고 죽은 자를 장사지내는 데에 유감이 없을 것입니다. 산 자를 봉양하고 죽은 자를 장사하는 데 유감이 없도록 하는 것이 왕도의 시작입니다."

*數(촉): 빽빽함. *罟(고): 그물. *洿(오): 물웅덩이. *斧斤(부근): 도끼와 자귀.

【梁惠王 上 3-3】五畝之宅, 樹之以桑, 五十者可以衣帛矣。雞豚狗彘之畜, 無失其時, 七十者可以食肉矣。百畝之田, 勿奪其時, 數口之家可以無飢矣。謹庠序之教, 申之以孝悌之養, 頒白者不負戴於道路矣。七十者衣帛食肉, 黎民不飢不寒, 然而不王者, 未之有也。

(맹자가 말했다) "오무(五畝)의 택지에 뽕나무를 심으면 50세 된 자가 비단옷을 입을 수 있고, 닭과 돼지와 개 등의 가축을 기름에 시기를 놓치지 않으면 70세 된 자가 고기를 먹을 수 있습니다. 백무(百畝)의 밭을 일구는 데에 그 시기를 빼앗지 않으면 여러 명의 가족이 굶주리지 않을 것입니다. 삼가 상서의 가르침을 하여 효제로써 받들도록 한다면 반백이 된 자가 도로에서 짐을 짊어지지 않습니다. 70세 된 자가 비단옷을 입고 고기를 먹으며, 젊은 백성들이 굶주리지 않고 추위에 떨지 않게 하면서 왕 노릇하지 못한 자는 아직 있지 않습니다."

*彘(체): 돼지. *畜(흌): 기르다. *庠(상)•序(서): 모두 학교 이름. *申(신) = 重(중)의 뜻: 거듭함. *黎(여): 검다. 黎民(여민)은 머리가 검은 백성(젊은 백성). *五畝之宅(오무지택)은 한 집안의 가장에게 뽕나무를 심도록 집 주변에 부여된 땅이고, 여기서 생산한 실로 옷을 짓도록 하였다. *百畝之田(백무지전)은 한 집안의 가장에게 농사짓도록 부여된 땅이다.

【梁惠王 上 7-11】五畝之宅, 樹之以桑, 五十者可以衣帛矣 雞豚狗彘之畜, 無失其時, 七十者可以食肉矣 百畝之田, 勿奪其時, 八口之家可以無飢矣 謹庠序之教, 申之以孝悌之義, 頒白者不負戴於道路矣。老者衣帛食肉, 黎民不飢不寒, 然而不王者, 未之有也。

> 맹자가 말했다: "집주변 오무(五畝)의 땅에 뽕나무를 심으면 50세 된 자가 비단 옷을 입을 수 있고, 닭과 돼지와 개와 큰 돼지를 길러서 때를 잃지 않으면 70세 된 자가 고기를 먹을 수 있습니다. 백무(百畝)의 밭에서 농사 때를 빼앗지 않으면 여덟 식구의 가족이 굶주리지 않습니다. 삼가 상서(庠序)의 가르침으로 효제의 의리를 펼치도록 한다면 반백이 된 자들이 도로에서 짐을 이고 지지 않습니다. 늙은이들이 비단 옷을 입고 고기를 먹으며, 젊은 백성들이 굶주리지 않고 추위에 떨지 않습니다. 이렇게 하고서도 왕 노릇하지 못한 자는 있지 않습니다."

항산(恒産)의 생업은 기본적인 의식주에 필요한 농업과 잠업과 축산업 등이 될 수밖에 없다. 가구별 생산량은 의식주의 모든 면에서 산 자를 봉양하고 죽은 자를 장사지내는 데에 유감이 없을 정도는 되어야한다. 이것이 왕도의 시작이라고 맹자는 말하고 있다. 나아가 효제의 도리를 가르친다면 왕도가 실현될 수 있다고 한다. 인용에서 보면, 한 가구의 식구는 8명이 기준이고, 가구별로 100무(百畝)의 땅을 할양받아 농사를 짓고 있다. 이는 땅의 고른 분배는 물론 조세법과도 관련되는 정전제(井田制)에 따른 것이다.

(2) 분배와 조세정의를 달성하라

정전제(井田制)란 900무의 밭을 '우물 정(井)'자처럼 구획하여 가운데는 공전(公田)으로 삼고, 나머지는 8가구가 한 팀이 되어 각각 100무씩 할양받는다. 먼저, 공동으로 공전을 일구어 세금으로 내고, 나머지는 가구별로 각자 농사를 지어 가족을 부양한다. 뿐만 아니라 8가구의 한 팀은 좋은 일과 궂은일을 함께 나누는 상호부조의 관계를 이룬다. 인용을 보자.

【滕文公 上 3-4】使畢戰問井地。孟子曰 子之君將行仁政, 選擇而使子, 子必勉之。夫仁政, 必自經界始。經界不正, 井地不鈞, 穀祿不平。是故暴君汙吏必慢其經界。經界既正, 分田制祿可坐而定也。

> (등문공이) 필전에게 정전제에 대해 물어보도록 하였다. 맹자가 대답했다: "당신네 군주께서 장차 인정을 행하고자 당신을 선택하여 일을 시킨 것이니, 당신께선 반드시 힘써야할 것입니다. 무릇 인정이란 반드시 땅의 경계를 정하는 것으로부터 시작합니다. 땅의 경계가 바르지 않으면 정전이 고르지 않고 세금도 공평하지 못합니다. 그러므로 폭군과 탐관오리들은 땅의 경계를 정하는 데 게을리 합니다. 땅의 경계가 바르게 되면 밭을 나누고 세금을 정하는 것은 가만히 앉아서도 정할 수 있습니다."

【滕文公 上 3-5】夫滕壤地褊小, 將為君子焉, 將為野人焉。無君子莫治野人, 無野人莫養君子。請野九一而助, 國中什一使自賦。卿以下必有圭田, 圭田五十畝。餘夫二十五畝。死徙無出鄉, 鄉田同井。出入相友, 守望相助, 疾病相扶持, 則百姓親睦。方里而井, 井九百畝, 其中為公田。八家皆私百畝, 同養公田。公事畢, 然後敢治私事, 所以別野人也。此其大略也。若夫潤澤之, 則在君與子矣。

> (맹자가 계속 말했다) "무릇 등나라의 땅은 협소하지만, 장차 군자가 될 사람도 있고 야인이 될 사람도 있습니다. 군자가 없으면 야인도 없고 야인이 없으면 군자도 기를 수 없습니다. 청컨대, 들에는 9분의 1의 조법을 쓰고, 국중에는 10분의 1로 하여 스스로 세금을 납부토록 하십시오. 경 이하는 반드시 규전을 소유하도록 하는 바, 규전은 50무입니다. 나머지 지아비들에게는 25무를 소유토록 합니다. 죽거나 이사하여도 고을을 떠나지 않도록 하며, 고을사람들은 정전을 공유하여 출입함에 서로 벗이 되어 망을 지킴에 서로 돕고 질병에 걸리면 서로 부조하며 의지토록 한다면 백성들이 친애하고 화목하게 될 것입니다. 사방 1리가 정전이니, 정전은 900무이고, 그 가운데가 공전이 됩니다. 8가구가 모두 사적으로 100무씩 소유합니다. 같이 공전을 경작하고, 공전의 일을 마친 연후에 감히 사적인 일을 하도록 하니, 야인들

을 구별하는 방법입니다. 이것이 큰 대략의 방책입니다. 그것을 윤택하게 가꿀 것인지의 여부라면 군주와 당신께 달렸습니다."

왕도의 인정이란 반드시 땅의 경계를 정하는 것으로부터 시작한다. 땅의 경계가 바르지 않으면 정전이 고르지 않고 세금도 공평하지 못한다. 땅의 경계가 바르게 되면 공정하게 땅을 나누고 세금을 부과하기도 쉬운 일이다. 땅을 나누고 세금을 매기는 방법으로 정전제가 가장 이상적이지만, 모든 땅을 그렇게 구획할 수 없는 노릇이다. 땅의 생김새도 다르고 비옥도도 다를 수 있기 때문이다. 그래서 맹자는 평야의 땅에 대해서는 정전제에 따라 9분1의 세금을 부과하고, 경계가 고르지 못한 서울인근의 땅에 대해서는 10분1의 세금을 내게 하라고 권고하고 있다. 땅의 분배도 경대부 등에게는 우대하여 50무를 더해주고, 일반백성에게는 식구(성인)가 1명씩 늘어남에 따라 25무를 더해주라고 한다.

맹자는 정전제에 따른 토지분배와 조세법이 가장 이상적이라고 보았다. 그러나 땅의 분배와 조세법은 다른 방식도 있었다. 하나라는 50무를 주고 공법(貢法)을 실시하였고, 은나라는 70무를 주고 조법(助法)을 실시하였으며, 주나라는 100무를 주고 철법(撤法)을 실시하였다. 가구별 땅의 분배량은 나라마다 달랐지만, 조세법은 공법이든 조법이든 철법이든 대략 10분1의 세금을 부과하는 점에서 같았다. 맹자도 10분1의 조세법을 이상으로 여겼지만, 공법은 공전 없이 사전을 주어 풍년과 흉년에 상관없이 여러 해 동안 평균치를 잡아서 조세하는 것이었고, 조법은 공전을 두고 세금을 부과하는 것이어서 실제는 9분1의 조세법이었다.[6] 그래

6) "하나라는 50무에 공법을, 은나라는 70무에 조법을, 주나라는 100무에 철법의 조세법을 썼는데, 그 실질은 모두 십분의 일을 걷는 것입니다. 철은 통한다는 뜻이고, 조는 돕는다는 뜻입니다. 용자가 말하길 '토지를 다스림에는 조법보다 좋은 것이 없고, 공법보다 좋지 않은 것이 없다, 공법은 여러 해를 비교하여 평균치를 일정한 세금으로 삼는 것이다. 풍년에는 곡식이 넘치기에 많이 세금을 거두어도 학정이라 여기지 않을 텐데도 적게 취하고, 흉년에는 밭은 정비하기에도 부족한데도 반드시 가득 세금을 걷는다. 백성의 부모가 되어, 백성들이 서로 흘겨보면서 1년 내내 부지런히 노동해도 자기 부모를 봉양할 수 없고, 또 빚을 얻어 세금을 내게 하고, 노인과 어린아이들로 하여금 구렁텅이에서 구르도록 한다면, 어찌 그를 백성들의 부모라 하겠는가?'하였습니다. 무릇 세록은 등나라가 진실로 시행하고 있습니다. 『시』에 이르길 '우리 공전에 비가 내려 드디어 우리 사전에까지 미친다.'고 했는데, 오직 조법에만 공전이 있습니다. 이로 보건대, 비록 주나라 또한 조법이었습니다." 夏后氏五十而貢, 殷人七十而助, 周人百畝而徹, 其實皆什一也。徹者, 徹也。助者, 藉也。龍子曰 '治

서 맹자는 경계가 고르지 못한 서울인근의 땅에 대해서는 10분1의 철법을 쓰고, 경계가 고른 평야에 대해서는 9분1의 조법을 사용하자는 것이었다. 한편, 맹자는 세금을 대폭 내려 20분1로 하자는 주장에 대해서도 반대하고 있다. 인용을 보자.

【告子 下 10】白圭曰 吾欲二十而取一, 何如。孟子曰 子之道, 貉道也。萬室之國, 一人陶, 則可乎。曰 不可, 器不足用也。曰 夫貉, 五穀不生, 惟黍生之。無城郭、宮室、宗廟、祭祀之禮, 無諸侯幣帛饔飧, 無百官有司, 故二十取一而足也。今居中國, 去人倫, 無君子, 如之何其可也。陶以寡, 且不可以為國, 況無君子乎。欲輕之於堯舜之道者, 大貉小貉也, 欲重之於堯舜之道者, 大桀小桀也。

백규가 말했다: "나는 20분의 1을 세금으로 받고자 하는데 어떻습니까?" 맹자가 말했다: "당신의 도는 오랑캐의 도이다. 만실의 나라에서 한 사람이 질그릇을 굽는다면 가능하겠는가? 불가능하다고 말 할 수 있다. 그릇을 족히 사용할 수 없기 때문이다. 말하자면 무릇 맥나라에서는 오곡이 생산되지 않고 오직 기장만이 생산된다. 성곽과 궁실과 종묘와 제사의 의례가 없고, 제후들이 폐백과 음식을 교환하는 것이 없고, 백관과 유사가 없다. 그러므로 20분의 1만 취해도 충분하다. 지금 중국에 거처함에 인륜을 없애고 군자를 없앤다면 어찌 그것이 가능하겠는가? 질그릇이 적은 것으로도 나라를 다스릴 수 없는데 하물며 군자가 없어서야 되겠는가? 요순의 도보다 더 가볍게 하려는 자가 큰 맥국에 작은 맥국이고, 요순의 도보다 더 무겁게 하려는 자는 큰 걸왕에 작은 걸왕이다."

*白圭(백규): 주나라 사람이고 이름은 단(丹). *貉(맥): 북방 오랑캐인 맥족의 나라. *饔飧(옹손): 아침밥과 저녁밥.

地莫善於助，莫不善於貢。貢者校數歲之中以為常。樂歲，粒米狼戾，多取之而不為虐，則寡取之。凶年，糞其田而不足，則必取盈焉。為民父母，使民盻盻然，將終歲勤動，不得以養其父母，又稱貸而益之。使老稚轉乎溝壑，惡在其為民父母也'。夫世祿，滕固行之矣。詩云 '雨我公田，遂及我私'。惟助為有公田。由此觀之，雖周亦助也。【滕文公 上 3-2】

세금은 적게 낼수록 백성의 입장에선 좋은 것이 아닐까? 가능하면 그렇게 하는 것이 좋겠지만, 과도하게 줄이는 것도 곤란하다. 20분의 1의 조세법은 오랑캐(맥나라)의 법이다. 맥나라에서는 기장만이 생산되고 국가적 의례도 모르는 오랑캐들이기 때문에 그 정도로도 가능할지 모르지만, 품격이 있는 천자의 나라에서는 성곽과 궁실도 관리되고 종묘와 사직의례도 지내야 한다. 이외에도 나라의 공동선을 위해 재용이 필요하고, 사회적 약자나 흉년을 대비해 구휼에 필요한 재용도 필요한 법이다. 세금은 오랑캐 나라처럼 너무 적어도 안 되고, 걸주(桀朱)처럼 너무 과도하게 거둬도 안 되는 것이다. 이것이 맹자의 관점이다.

한편, 앞서【공손추公孫丑 上 5】의 인용에서 보았지만, 맹자는 시장과 관문에서는 징세하지 않는 것도 좋다고 여겼다. 옛날 시장에서 사람들이 자유롭게 물물을 교환하면 관리인 유사(有司)는 공정한 거래가 이루어지는지만 감독할 뿐이었다. 그런데 공정거래를 문란케 하고 이익을 독점하는 장사꾼이 생기면서 징세하기 시작했다.[7] 그러나 시장에서 가게세만 받고 따로 세금을 걷지 말고, 시장의 규율만 따르도록 하고 가게세도 받지 않는다면 천하의 상인들이 모두 기뻐하며 시장에서 장사하기를 원할 것이다. 그리고 관문은 원래 포악한 자들의 통행을 제어하기 위해 설치한 것인데, 오히려 오늘날엔 관문을 지키는 자들이 징세를 하며 포악한 짓을 저지르고 있다고 비판하면서,[8] 맹자는 관문에서도 예전처럼 기찰만하고 통행세를 걷지 않는다면 천하의 여행객들이 모두 기뻐하며 관문을 출입하기 원할 것이라고 주장하고 있다.[9]

세금은 무엇으로 받는가? 인용으로 대신한다.

---

7) "옛날 시장에서 가지고 있는 물건으로 가지지 못한 자와 교역하면, 유사는 공정한 거래를 다스릴 뿐이었다. 천한 장부가 있었는데 반드시 농단을 점유하여 올라가서 좌우를 돌아보며 시장의 이익을 독점하고자 하자, 사람들이 모두 그를 천하게 여겼다. 그래서 쫓아가 그를 징세하였다. 장사에서 징세하는 것은 이 천한 장부로부터 시작되었다."古之為市也，以其所有， 易其所無者，有司者治之耳。有賤丈夫焉，必求龍斷而登之，以左右望而罔市利。人皆以為賤，故從而征之。征商，自此賤丈夫始矣。【公孫丑 下 10-2】

8) "옛날의 관문을 둔 것은 장차 포악한 것을 제어하고자 한 것인데, 오늘날 관문을 둔 것은 장차 포악한 짓을 하려고 한다." 孟子曰 古之為關也，將以禦暴。今之為關也，將以為暴。【盡心 下 8】

9) 앞에서 인용한 【公孫丑 上 5】참조.

【盡心 下 27】孟子曰 有布縷之征，粟米之征，力役之征。君子用其一，緩其二。用其二而民有殍，用其三而父子離。

> 맹자가 말했다: "삼베와 실로 거두는 징세가 있고, 곡식과 쌀로 거두는 징세가 있으며, 힘으로 부역하는 징세가 있다. 군자는 그 중 하나를 사용하고 두 가지를 완화해준다. 두 가지를 사용하면 백성들이 굶주려 죽고, 세 가지를 사용하면 아버지와 자식이 떠난다."

*殍(표): 굶주려죽다.

(3) 교육에 나서라

백성들에게 항산의 대책을 마련해 주고 분배와 조세정의를 실현했다면 그들로 하여금 항심을 갖도록 하는 최소 조건은 갖추어졌다. 그러나 이것은 왕도의 시작일 뿐이다. 왕도가 완성되려면 백성들의 교화가 중요하다. 한가한 농한기에는 장성한 자들이 효제충신의 덕을 익혀야 들어가서는 부형(父兄)을 섬기고, 나아가서는 어른들을 섬길 것이며, 나라에 충성을 다할 수 있다.[10] 나라에 인륜이 서지 않고는 왕도를 실현할 수 없는 법이다. 옛날에는 상•서•학•교(庠•序•學•校)가 설치되어 백성들을 교육하였다. 그리고 가르침의 내용은 오륜(五倫)이었다.

【滕文公 上 3-3】設為庠序學校，以教之。庠者，養也。校者，教也。序者，射也。夏曰校，殷曰序，周曰庠，學則三代共之，皆所以明人倫也。人倫明於上，小民親於下。有王者起，必來取法，是為王者師也。詩云'周雖舊邦，其命惟新'，文王之謂也。子力行之，亦以新子之國。

> (맹자가 계속 말했다) "상•서•학•교를 설치하여 교육하였습니다. 상(庠)은 봉양한다는 것이고, 교(校)는 가르친다는 뜻이며, 서(序)는 활쏘기를 배우는 것입니다. 하나라는 교라 하였고, 은나라는 서라 하였고, 주나라는 상이라

10) 앞에서 인용한 【梁惠王 上 5】참조.

하였는데, 학(學)은 삼대가 공유하였고 모두 인륜을 밝히는 방법이었습니다. 인륜이 위에서부터 밝아지면 백성들이 아래에서 친애합니다. 왕 노릇하는 자가 일어나면 반드시 와서 법을 취할 것입니다. 이 법들은 왕 노릇하려는 자의 스승입니다. 『시』에 이르길 '주나라가 비록 오랜 나라이나, 그 정령은 오직 새롭다.'고 했는데, 문왕을 지칭한 것입니다. 당신께서도 힘써 행한다면 또한 당신의 나라를 새롭게 할 것입니다."

【滕文公　上　4-5】后稷教民稼穡。樹藝五穀，五穀熟而民人育。人之有道也，飽食、煖衣、逸居而無教，則近於禽獸。聖人有憂之，使契為司徒，教以人倫　父子有親，君臣有義，夫婦有別，長幼有序，朋友有信。放勳曰'勞之來之，匡之直之，輔之翼之，使自得之，又從而振德之。'聖人之憂民如此，而暇耕乎

(맹자가 말했다) "후직께서는 백성들에게 농사짓는 법을 가르쳐서 오곡을 기르도록 하였습니다. 오곡이 익어서 백성들이 양육되었습니다. 사람이 살아가는 길에는 배부르게 먹고 따듯하게 입고 편안하게 거처하면서 교육이 없으면 금수에 가깝게 됩니다. 성인께서는 이것을 걱정하여 계를 사도로 삼아서 인륜을 가르치게 하였으니, 부자유친, 군신유의, 부부유별, 장유유서, 붕우유신이 그것입니다. 방훈이 말하길 '위로 하고 오게 하며, 바로 잡아 주고 곧게 하며, 도와주고 북돋아주면서, 스스로 얻은 바가 있게 하고, 또한 좇아서 덕을 진작해 준다.'고 했는데, 성인이 백성을 걱정함이 이와 같은데 경작할 여가가 있겠습니까?"

착한 정치와 착한 가르침의 공효는 다음과 같다. 착한 정치 못지않게 착한 가르침이 더욱 중요하다.

【盡心　上　14】孟子曰　仁言，不如仁聲之入人深也。善政，不如善教之得民也。善政民畏之，善教民愛之，善政得民財，善教得民心。

맹자가 말했다: "어진 말은 어진 목소리가 사람에게 깊이 들어감만 같지 못

하다. 착한 정치는 착한 가르침이 백성을 얻는 것만 같지 못하다. 착한 정치는 백성을 두렵게 하고, 착한 가르침은 백성들이 사랑한다. 착한 정치는 백성들의 재물을 얻고, 착한 가르침은 백성들의 마음을 얻는다."

(4) 부당한 전쟁을 거부하라

전국시대는 전쟁의 시대였다. 제후들은 기회만 된다면 부국강병을 이루고 패제후가 되고자 정벌전쟁을 벌였다. 앞서 맹자는 오패의 정치를 힘으로 인을 빌린 자들이라고 비판한 바 있다. 그들은 명분을 앞세우긴 했지만 정벌전쟁을 벌여 패제후가 된 자들이기 때문이다. 예나 지금이나 전쟁은 승자에게나 패자에게나 막대한 손해를 가져온다. 오패가 벌였던 정벌전쟁은 문란한 정치를 하는 주변 제후국을 천자를 대신하여 징벌한다는 명분이라도 있었다. 그러나 전국시대의 전쟁은 명분도 없거니와 전쟁의 규모도 이전과 대비될 수 없을 정도로 커서 엄청난 생명의 살상과 막대한 물질적 손실을 가져왔다. 이들이 벌이는 정벌전쟁은 부당한 전쟁일 뿐이다. 패제후가 되고자하는 제후들의 욕망에 부합하여 병법과 전쟁외교술을 제공하는 자들이 있었다. 손빈, 오기, 소진과 장의 등이 그들이다. 이들의 행태와 부당한 전쟁에 대하여 맹자는 강력히 반대하고 비판하고 있다. 인용을 보자.

【離婁 上 14】孟子曰 求也為季氏宰, 無能改於其德, 而賦粟倍他日。孔子曰 '求非我徒也, 小子鳴鼓而攻之可也'。由此觀之, 君不行仁政而富之, 皆棄於孔子者也。況於為之強戰, 爭地以戰, 殺人盈野。爭城以戰, 殺人盈城。此所謂率土地而食人肉, 罪不容於死。故善戰者服上刑, 連諸侯者次之, 辟草萊、任土地者次之。

맹자가 말했다: "염구가 계씨의 가신이 되어 그의 덕을 고칠 수가 없어 세금을 걷어 곡식이 다른 날보다 배가 되었다. 공자가 말하길 '염구는 나의 무리가 아니다. 제자들아 북을 울려서 그를 공격해도 좋다.'하였다. 이로 보건대, 군자가 인정을 베풀지 않으면서 부유해진다면 모두 공자에게 버림받을 자이

다. 하물며 임금을 위해 억지로 전쟁을 벌여, 전쟁으로 땅을 다투어 죽은 사람이 들에 가득하고, 전쟁으로 성을 다투어 죽은 사람이 성에 가득하다면, 이것은 이른바 토지를 따라 사람고기를 먹는 것이라 할 수 있느니, 죄가 죽음에 이르더라도 용납되지 않을 것이다. 그러므로 전쟁을 잘하는 자는 극형을 받아야 하고, 제후를 합종하고 연횡하는 자가 다음의 형을 받아야 하고, 풀밭과 쑥밭을 개간하여 토지를 맡기는 자가 다음 형을 받아야 할 것이다.

*善戰者(선전자): 병술에 능한 자(손빈, 오기 등). *連諸侯者(연제후자): 제후국간에 合縱連橫(합종연행)하는 외교를 잘 하는 자(소진, 장의 등). *辟草萊、任土地者(벽초래, 임토지자): 거친 밭을 개간하여 백성에게 맡기며 부국을 주장하는 자(이리, 상앙 등).

전국시대에는 부당한 전쟁으로 땅을 다투어 죽은 사람이 들에 가득하고, 전쟁으로 성을 다투어 죽은 사람이 성에 가득했다. 이것은 이른바 토지를 얻기 위해 사람고기를 먹는 것과 다르지 않다. 과연 춘추시대 이래 의로운 전쟁이 있었던가? 『춘추』에서 공자는 의로운 전쟁은 없다고 하였다. 제후국끼리는 정벌전쟁을 할 수 없는 것이 천하의 법칙이었다. 오로지 정벌은 위(천자)가 아래(제후)를 벌하는 주벌전쟁이 있을 뿐이었다.[11] 지극한 인(仁)으로 지극한 불인(不仁)을 징벌할 수 있을 뿐이다.[12] 인을 소유한 천자만이 징벌권을 가진 하늘의 관리였다.[13] 사례를 보자.

【梁惠王 下 8】齊宣王問曰 湯放桀, 武王伐紂, 有諸。孟子對曰 於傳有之。曰 臣弑其君可乎。曰 賊仁者謂之賊, 賊義者謂之殘, 殘賊之人謂之一夫。聞誅一夫紂矣, 未聞弑君也。

---

11) "『춘추』에 의로운 전쟁은 없다고 하였다. 저가 이보다 선한 것이라면 있다. 정벌은 위가 아래를 벌하는 것이다. 대적하는 나라끼리는 서로 정벌하지 않는다." 孟子曰 春秋無義戰。彼善於此，則有之矣。征者上伐下也，敵國不相征也。【盡心 下 2】

12) "『서』를 다 믿는다면 『서』가 없는 것만 같지 못하다. 나는 「무성」편에서 2~3쪽만 취할 뿐이다. 인한 사람은 천하에 적이 없다. 지극한 인으로써 지극한 불인을 징벌한다면 어찌 그 피가 흘러 절구공이를 표류하게 하겠는가?" 孟子曰 盡信書，則不如無書。吾於武成，取二三策而已矣。仁人無敵於天下。以至仁伐至不仁，而何其血之流杵也。【盡心 下 3】

13) "하늘의 관리라면 징벌할 수 있다." '孰可以伐之' 則將應之曰 '為天吏，則可以伐之'。【公孫丑 下 8-2】

제선왕이 물었다: "탕왕이 걸왕을 유치(留置)하고 무왕이 주왕을 주벌했다는데 그런 일이 있었습니까?" 맹자가 대답했다: "전하는 바에 있습니다." 왕이 물었다: "신하가 군주를 시해하는 것이 가한 일입니까?" 맹자가 대답했다: "인(仁)을 해치는 자를 '적(賊)'이라 부르고 의(義)를 해치는 자를 '잔(殘)'이라 부릅니다. 잔적(殘賊)의 사람을 필부라 일컫습니다. 한 필부인 주(紂)를 주벌했다는 것을 들었지만 군주를 시해했다는 말을 듣지 못하였습니다.

*걸(桀)은 하나라의 마지막 군주이고, 주(紂)는 은(상)나라의 마지막 군주인데, 모두 폭군이었다. 걸과 주가 천자인 왕이었다면, 탕(湯)은 하나라의 제후였고 무(武)는 은나라의 제후였다.

【滕文公 下 5-1】萬章問曰 宋, 小國也。今將行王政, 齊楚惡而伐之, 則如之何。孟子曰 湯居亳, 與葛為鄰, 葛伯放而不祀。湯使人問之曰 '何為不祀', 曰 '無以供犧牲也'。湯使遺之牛羊。葛伯食之, 又不以祀。湯又使人問之曰 '何為不祀', 曰 '無以供粢盛也'。湯使亳眾往為之耕, 老弱饋食。葛伯率其民, 要其有酒食黍稻者奪之, 不授者殺之。

만장이 물었다: "송나라는 작은 나라입니다. 지금 왕정을 행하고자 하는데 제나라와 초나라가 미워하여 정벌하고자 한다면 어떡해야 합니까?" 맹자가 대답했다: "탕임금이 박 땅에 기거할 때 갈나라와 더불어 이웃이었다. 갈백이 방탕하여 제사하지 않으니, 탕임금이 사람을 시켜 이유를 물어 말하길 '어찌하여 제사를 하지 않는가?'하자, 대답하길 '희생으로 쓸 것이 없습니다.'하였다. 탕임금이 소와 양을 보내주었는데, 갈백이 잡아먹고는 다시 제사를 지내지 않았다. 탕임금 다시 사람을 시켜 묻기를 '왜 제사를 지내지 않는가?'하자, 대답하길 '기장밥의 성찬이 없습니다.'하였다. 탕임금이 박 땅으로 백성들을 보내 경작하게 하면서, 노약자를 먹여주었다. 갈백이 백성을 이끌고 술과 기장과 쌀을 가진 자들에게 강요하여 빼앗고, 내놓지 않는 자를 죽였다."

*萬章(만장): 맹자 제자. *亳(박): 땅이름.

【滕文公 下 5-2】有童子以黍肉餉, 殺而奪之。書曰 '葛伯仇餉'。此之謂也。為其殺是童子而征之, 四海之內皆曰 '非富天下也, 為匹夫匹婦復讎也'。湯始征, 自葛載, 十一征而無敵於天下。東面而征, 西夷怨, 南面而征, 北狄怨, 曰 '奚為後我' 民之望之, 若大旱之望雨也。歸市者弗止, 芸者不變, 誅其君, 弔其民, 如時雨降。民大悅。書曰 '徯我后, 后來其無罰。'

(맹자가 말했다) "어떤 동자가 기장밥과 고기를 가져와서 먹이려 하자 (갈백이) 죽이고 빼앗았다. 『서』에 이르길 '갈백이 밥을 먹이는 자를 원수로 삼았다.'고 했는데, 이를 두고 한 말이다. 갈백이 이 동자를 죽인 것 때문에 (탕임금이) 징벌하자, 사해 안의 모든 사람들이 말하길 '천하를 부유하게 한 것이 아니라 필부들을 위하여 복수한 것이다.'고 하였다. 탕임금이 징벌을 시작함에 갈나라로부터 시작하여 11개 나라를 징벌하니 천하에 적이 없었다. 동쪽 방면으로 징벌하면 서쪽 오랑캐들이 원망하고, 남쪽 방면으로 징벌하면 북쪽 오랑캐들이 원망하면서 말하길 '어찌 우리를 나중으로 합니까?'라고 하였다. 백성들이 그를 우러러 보길 마치 큰 가뭄에 비를 바라듯 하였다. 시장으로 돌아오는 자가 그치질 않았고, 김매는 자들이 동요하지 않았다. 그들의 임금을 주살하고 그 백성을 위로하면 마치 때에 맞춰 비가 내린 듯이 백성들이 크게 기뻐하였다. 『서』에 이르길 '우리 임금을 기다린다. 임금이 오시면 형벌이 없을진저!'하였다."

*讎(수): 짝, 원수. *載(재)=시작의 뜻. *徯(해): 샛길, 기다리다.

【滕文公 下 5-3】有攸不爲臣, 東征, 綏厥士女, 匪厥玄黃, '紹我周王見休, 惟臣附于大邑周'。其君子實玄黃于匪以迎其君子, 其小人簞食壺漿以迎其小人, 救民於水火之中, 取其殘而已矣。太誓曰 '我武惟揚, 侵于之疆, 則取于殘, 殺伐用張, 于湯有光'。不行王政云爾, 苟行王政, 四海之內皆舉首而望之, 欲以為君。齊楚雖大, 何畏焉

(맹자가 말했다) "신하되지 않으려는 곳이 있자, 동쪽으로 징벌하여 백성들

을 편안하게 하니, 큰 상자에 검은 비단과 황색 비단을 담고 와서는 '우리 주왕을 도와서 쉬시게 하고 오직 신하로 큰 읍인 주나라에 부속되고자 한다.'고 하였다. 그 나라 군자들은 큰 상자에 실로 검은 비단과 황색 비단을 담고 와서 군자들을 환영했고, 그 나라 소인들을 표주박의 밥과 호리병의 장을 가지고 와서 소인들을 환영하였으니, 도탄에 빠진 백성을 구제하고 잔학한 무리들을 취한 것일 뿐이다. 『태서』에 이르길 '오직 우리의 위엄을 떨쳐 저들의 국경으로 침략하여 잔학한 무리를 취하여 죽이고 벌함을 크게 펼치니 탕왕에게 영광이 있도다.'고 하였다. (송나라가) 왕정을 행한다고 말할 수 없을 뿐이지만, 진실로 왕정을 행한다면 사해 안의 모든 백성들이 머리를 바라보면서 군주로 삼고자 할 것이다. 제나라와 초나라가 크다고 한들 무엇이 두렵겠는가?"

*綏(수): 편안하다. *匪(비): 큰 상자, 아니다.

인(仁)을 해치는 자를 '적(賊)'이라 부르고 의(義)를 해치는 자를 '잔(殘)'이라 한다. 잔적(殘賊)의 사람은 필부일 뿐이다. 탕왕과 무왕은 군주가 아니라 필부인 걸(桀)과 주(朱)를 주벌했을 뿐이다. 천자가 잔적인 천자를 주벌도 하는데, 잔적인 제후를 주벌하는 것은 하늘이 내린 징벌권을 행사하는 것일 뿐이다. 또한 오패가 그랬던 것처럼, 백성들의 삶을 도탄에 빠뜨리는 잔적의 제후라면 도를 행하는 제후가 그를 정벌할 수도 있다. 한편,【등문공滕文公 下 5】의 인용에서 만장(萬章)은 예컨대 소국인 송나라가 왕정을 하고 싶은데 제와 초나라가 공격해온다면 어찌해야 하는지 묻고 있다. 이처럼, 나는 전쟁을 하고 싶지 않은데 의지와 상관없이 다른 나라로부터 공격을 받을 수 있다. 이때는 불가피하게 방어전쟁에 나설 수밖에 없다. 만약 왕도를 행하고 있는 나라라면 온 백성이 죽음을 무릅쓰고 주변 제후국의 도움이 있을 것이라고 맹자는 말한다. 인용을 보자.

【公孫丑 下 1】孟子曰 天時不如地利, 地利不如人和。三里之城, 七里之郭, 環而攻之而不勝。夫環而攻之, 必有得天時者矣 然而不勝者, 是天時不如地利也。城非不高也, 池非不深也, 兵革非不堅利也, 米粟非不多也 委而去之, 是地利不如人和也。故曰 '域民不以封疆之界, 固國不以山谿之險，威天下不以兵革之利'。得道者多助，失道者寡助。寡助之至，親戚畔之 多助之至，天下順之。以天下之所順，攻親戚之所畔 故君子有不戰，戰必勝矣。

> 맹자가 말했다: "하늘의 시절은 땅의 이로움만 같지 못하고, 땅의 이로움은 사람의 화합만 같지 못하다. 3리의 성과 7리의 곽을 포위하여 공격하여도 이기지 못할 수 있다. 무릇 포위하여 공격함에 반드시 하늘의 시절을 얻을 수 있다. 그러나 이기지 못한다면, 이것이 하늘의 시절이 땅의 이로움만 같지 못하다는 것이다. 성이 높지 않은 것이 아니고, 못이 깊지 않은 것이 아니며, 병장기가 견고하고 예리하지 않은 것이 아니고, 군량미가 많지 않은 것이 아니지만, 버리고 떠난다면 이것은 땅의 이로움이 사람의 화합만 같지 못하다는 것이다. 그러므로 말하길 '백성을 구획하기를 봉해진 땅의 경계로 하지 않고, 나라를 견고하게 하기를 산과 계곡의 험지로 하지 않으며, 천하를 위협하기를 병장기의 예리함으로 하지 않는다.'고 한 것이다. 도를 얻으면 도와주는 이가 많고, 도를 잃으면 도와주는 이가 적다. 도와주는 이가 적음의 극치에는 친척이 배반하고, 도와주는 이가 많음의 극치에는 천하가 순종한다. 천하가 순종하는 바로써 친척이 배반하는 곳을 공격한다. 그러므로 군자가 싸우지 않지만, 싸우면 반드시 이긴다."

방어전쟁에서 이기는 데는 하늘의 시절도, 땅의 이로움도 중요하지만 사람의 화합이 무엇보다 중요하다. 3리의 성과 7리의 곽에 불과한데도 이겼다면 이것은 하늘의 도움이다. 졌다면 성과 곽을 길고 높게 쌓을 수 있는 땅의 이로움을 활용하지 못한 탓이다. 그러나 성곽도 견고하고 병장기도 예리한데도 졌다면 이것은 사람의 화합에 문제가 있는 것이다. 사람의 화합을 얻는 길은 왕도를 행하는 것이다. 왕도를 하고 있는 나라라면 적군이 침입해 와도 백성들이 죽음으로 막을 것이고, 주변국들도 도움의 손길을 내밀 것이다.

4. 역성(易姓)혁명과 선거

전국시대는 맹자의 언표로 "정치가 사람을 죽음으로 모는" 전쟁의 시대였다. 주왕실의 권위가 완전히 유명무실해진 가운데 제후들이 천하의 패권을 차지하기 위해 부국강병과 정벌전쟁을 일삼고 있었다. 전쟁으로 땅을 다투어 죽은 사람이 들에 가득하고, 전쟁으로 성을 다투어 죽은 사람이 성에 가득했다. 한마디로 악의 시대였고, 정치가 실종된 시대였다.

정치란 공동선과 가치의 권위적 배분에 관한 것이다. 전국시대에 정치가 실종되었다는 것은 제후들이 공동선과 가치의 권위적 배분에 관심을 두지 않고 패제후가 되고자 하는 사적인 욕망으로 정치를 하였다는 뜻이다. 춘추시대의 오패(五覇)는 패제후의 전형들이지만 정치를 하였다. 그들은 현자를 등용하여 부국강병과 백성들의 복리를 추구하는 정치를 펼쳤다. 또한 문란한 정치로 백성들의 삶을 도탄에 빠트리는 주변 제후국들에 대해 천자를 대신하여 정벌전쟁을 벌이면서 패제후가 될 수 있었다. 이러한 점에서, 오패의 정치는 전국시대에 정치 없는 정치를 자행하는 제후들보다 나았다. 그러나 맹자는 오패의 정치가 힘으로 인(仁)을 빌린 패도정치(覇道政治)일 뿐이라고 평가한다. 그들은 위력과 법령으로 백성들을 복종시켰고, 강병으로 주변국을 제압했기 때문이다.

천하의 평화와 지치(至治)의 공동체는 위력으로 달성될 수 없다. 오직 인의에 따른 왕도정치만이 그것을 실현하고 보장할 수 있다. 왕도정치는 '차마하지 못하는 정치'를 미루어 '차마하는 정치'로 나아가는 인의(仁義)의 정치, 여민동락(與民同樂)하는 민본주의정치, 군주와 현자가 더불어 다스리는 군신공치주의를 이상(理想)으로 삼는다. 맹자는 이러한 왕도정치의 이상을 실현하기 위한 정책적 방안으로 바른 인재의 등용, 항산(恒産)의 대책 수립, 분배와 조세정의의 달성, 백성들의 교화, 부당한 전쟁의 거부 등을 주장하였다. 그는 이러한 이상과 방안을 가지고 열국을 주유하면서 제후들을 설득하고 실천하는 삶을 살았다.

맹자는 왕도정치를 실현하는 제후가 천하의 주인이 될 것이라고 예상하였다.

【梁惠王 上 6】孟子見梁襄王。出, 語人曰 望之不似人君, 就之而不見所畏焉。卒然問曰 '天下惡乎定', 吾對曰 '定于一'。 '孰能一之 ', 對曰 '不嗜殺人者能一之'。'孰能與之', 對曰 '天下莫不與也, 王知夫苗乎, 七八月之間旱, 則苗槁矣。天油然作雲, 沛然下雨, 則苗浡然興之矣。其如是, 孰能禦之。今夫天下之人牧, 未有不嗜殺人者也, 如有不嗜殺人者, 則天下之民皆引領而望之矣。誠如是也, 民歸之, 由水之就下, 沛然誰能禦之'。

맹자가 양양왕을 만나 뵙고 나와서 사람들에게 말했다: "바라보아도 임금 같지 않고, 가까이 나아가도 두려워할 바가 없어 보였습니다. 그런데 (그가) 갑자기 '천하는 어떻게 정해지겠습니까?'고 묻기에, 나는 '하나로 통일될 것입니다.'고 대답했습니다. 또 (그가) '누가 하나로 통일하겠습니까?' 묻기에, 나는 '사람 죽이기를 좋아하는 않는 자가 하나로 통일할 것입니다.'고 대답했습니다. 또 묻기를 '누가 더불어 하겠습니까?'하기에, 나는 '천하가 더불어 하지 않을 수 없을 것입니다. 왕께서 저 벼의 새싹을 아십니까? 7~8월 사이에 가뭄이 들면 싹들이 마릅니다. 하늘에서 성기게 구름이 만들어져서 줄기차게 비가 내리면, 싹들은 생기 있게 일어납니다. 이와 같으면 누가 그것(싹들이 생기 있게 일어남)을 제어할 수 있겠습니까? 지금 무릇 천하의 임금된 자들 중에는 사람 죽이기를 좋아하지 않는 자가 있지 않습니다. 만약 사람 죽이기를 좋아하지 않는 자가 있다면 천하의 백성들이 모두 목을 빼고 그를 우러러 볼 것입니다. 진실로 이와 같다면 백성들이 돌아올 것입니다. 물은 아래로 흐르는 법입니다. 줄기차게 흐른다면 누가 그것을 제어할 수 있겠습니까?"

*梁襄王(양양왕): 양혜왕의 아들이고, 이름은 혁(赫). *卒然(졸연): 갑자기. *油然(유연): 구름이 성한 모양. *沛然(패연): 비가 성한 모양. *浡然(발연): 흥기하는 모양.

그러나 맹자의 예상과는 달리 세상은 여전히 돌아가고 있었다. 천자의 징벌권이 사라지고 패자의 정벌전쟁도 바람직하지 않다고 한다면, 문란한 정치를 펼치는 제후를 어떻게 할 것인가? 설득과 간언과 여론으로도 제후의 실정을 돌일 수 없다면 결국 그를 교체하는 방법밖에 없다. 맹자가 그렇게 생각했다. 인용을 보자.

【梁惠王 下 6】孟子謂齊宣王曰 王之臣有託其妻子於其友，而之楚遊者。比其反也，則凍餒其妻子，則如之何。王曰 棄之。曰 士師不能治士，則如之何。王曰 已之。曰 四境之內不治，則如之何。王顧左右而言他。

맹자가 제선왕에게 말했다: "왕의 신하 중에 자기 처자를 친구에게 맡겨두고 초나라에 놀러간 자가 있다고 하십시다. 초나라에서 돌아와 보니 처자가 추위에 떨고 굶주렸다면 어떡하시겠습니까?" 왕이 대답했다: "친구를 끊어버리겠습니다." 맹자가 다시 물었다: "옥관이 송사를 다스릴 수 없다면 어떡하시겠습니까?" 왕이 대답했다: "그만두게 하겠습니다." 맹자가 다시 물었다: "사방 경계의 안이 다스려지지 않는다면 어떡하시겠습니까?" 왕이 좌우를 돌아보며 다른 말을 했다.

*士師(사사): 송사를 다루는 옥관(獄官).

신하인 관리가 제 역할을 못하거나 부당한 짓을 한다면 임면권을 가진 왕이 그의 관직을 박탈하면 된다. 그렇다면 실정을 저지르는 왕은 누가 교체하는가? 하늘이 바꾸고 백성들이 바꾼다. 백성들이 왕을 바꾸는 데는 두 경우가 있다. 인용을 보자.

【盡心 下 14】孟子曰 民為貴，社稷次之，君為輕。是故得乎丘民而為天子，得乎天子為諸侯，得乎諸侯為大夫。諸侯危社稷，則變置。犧牲既成，粢盛既潔，祭祀以時，然而旱乾水溢，則變置社稷。

맹자가 말했다: "백성이 귀하고, 사직은 다음이고, 임금은 가볍다. 이러므로 들판의 백성들의 마음을 얻은 자는 천자가 되고, 천자의 마음을 얻은 자는 제후가 되고, 제후의 마음을 얻은 자는 대부가 된다. 제후가 사직을 위태롭게 하면 바꾼다. 희생이 이미 이루어지고 제물성찬이 이미 정결하게 하여 제사를 때에 맞춰한다. 그럼에도 가뭄이 오고 홍수가 넘치면 사직을 바꾸는 것이다."

백성이 귀하고 사직은 다음이고 임금은 가볍다. 그러니까 백성이 사직을 바꿀 수도 있고 임금을 바꿀 수도 있다. '임금을 바꾸는 경우'와 '사직을 바꾸는 경우'가 어떻게 다른가? 현대적으로 해석하여, 전자가 '정부교체'라면, 후자는 '정권교체'에 해당됨직하다. 결코 자의적인 해석이 아니다. 인용을 보자.

【萬章 下 9】齊宣王問卿。孟子曰 王何卿之問也。王曰 卿不同乎。曰 不同。有貴戚之卿, 有異姓之卿。王曰 請問貴戚之卿。曰 君有大過則諫, 反覆之而不聽, 則易位。王勃然變乎色。曰 王勿異也。王問臣, 臣不敢不以正對。王色定, 然後請問異姓之卿。曰 君有過則諫, 反覆之而不聽, 則去。

제선왕이 경에 대해 물었다. 맹자가 말했다: "왕께서는 어떤 경에 대한 질문입니까?" 왕이 말했다: "경은 다 같지 않습니까?" 맹자가 대답했다: "같지 않습니다. 존귀한 친척인 경이 있고, 다른 성을 가진 경이 있습니다." 왕이 말했다: "청컨대 존귀한 친척인 경에 대해 묻습니다." 맹자가 대답했다: "임금에게 큰 과오가 있으면 간언하고, 그것을 반복하여도 듣지 않으면 임금을 바꿉니다." 왕이 발끈 안색을 바꾸었다. 맹자가 말했다: "왕께서는 이상하게 여기지 마십시오. 왕께서 신하에게 질문하면 신하는 감히 바르게 대답하지 않을 수 없습니다." 왕의 안색이 안정되었다. 그런 연후에 청하여 다른 성의 경에 대해 물었다. 맹자가 대답했다: "임금에게 과오가 있으면 간언하고, 그것을 반복하여 듣지 않으면 떠나 버립니다."

【盡心 上 31】公孫丑曰 伊尹曰 '予不狎于不順'。放太甲于桐, 民大悅。太甲賢。又反之, 民大悅。賢者之為人臣也, 其君不賢, 則固可放與。孟子曰 有伊尹之志, 則可, 無伊尹之志, 則簒也。

공손추가 말했다: "이윤이 말하길 '나는 불순한 이에게 친압할 수 없다.'고 하고, 태갑을 동 땅에 추방하자 백성들이 크게 기뻐하였다. 태갑이 어질어짐에 다시 돌아오게 하자 백성들이 크게 기뻐하였다. 어진 자가 남의 신하가

되어 그 임금이 어질지 않으면 진실로 추방해도 됩니까?" 맹자가 말했다: "이윤의 뜻이 있다면 가능하고, 이윤의 뜻이 없다면 찬탈인 것이다."

이때는 선거의 시대가 아니다. 백성들의 신망을 얻은 신하들에 의하여 정부교체든 정권교체든 이루어질 수밖에 없다. 【만장萬章 下 9】의 인용에서 경(卿)에는 친척인 '동성(同姓)의 경'이 있고, 친척이 아닌 '이성(異姓)의 경'이 있다고 한다. 이를 현대적으로 해석하면, '동성의 경'은 여당이고 '이성의 경'은 야당이라 할 수 있다. 여당인 '동성의 경'은 문란한 정치를 펼치는 왕에 대하여 간언하고 설득하다가 안 되면 왕의 교체를 시도한다. 이것이 여당 내에서의 정부교체이다. 그러나 야당인 '이성의 경'은 간언과 설득이 먹혀들지 않으면 떠나버린다. 그래서 그들은 사직을 바꾸는 정권교체를 도모한다. 이것이 이른바 '역성혁명'(易姓革命)이다. 【진심盡心 上 31】의 인용에서 이윤이 태갑을 추방한 것은 바로 사직을 바꾸는 '역성혁명'의 시도라 할 것이다. 그러나 역성혁명은 이윤의 뜻이 있다면 가능하고, 이윤의 뜻이 없다면 그것은 정권찬탈이고 한갓 쿠데타일 뿐이다.

오늘날은 주권재민의 시대이고 선거를 통하여 정부교체도 정권교체도 이루어진다. 선거와 조직된 시민들의 힘만이 세상을 바꿀 수 있다. 참여적 민주시민이 더욱 많아져야할 이유이다.

제 7 장

왕 노릇보다 즐거운 교육

제7장 왕 노릇보다 즐거운 교육

인간은 도덕적 본성을 가지고 태어났지만 누구나 도덕적인 삶을 살진 않는다. 식색지성의 욕망에 대한 유혹 때문이다. 그래서 이익의 대립이나 도덕적 갈등도 생겨나고, 이를 제도적으로 통제하기 위하여 정치도 등장했다. 그러나 모든 가치갈등을 정치적으로 해결하는 것이 불가능할 뿐만 아니라 바람직한 것도 아니다. 맹자적인 뜻에서, 그것은 세계에서 차지하는 인간의 존재론적 위상을 떨어뜨리는 처사이기 때문이다. 인간은 자율적으로 가치를 선택하고 갈등을 해결할 수 있는 이성적이고 도덕적인 존재이다. 그러니까 문제에 대한 정치적 해결에 앞서 개인적이고 자율적인 해결이 우선이다. 자기수양과 교육이 중요한 이유이다.

공맹유학(孔孟儒學)이 수기치인(修己治人)의 학문임을 표방하는 것도 이러한 뜻이다.[1] 공자는 '수기안인'(修己安人)이라 했고,[2] 맹자는 '정기물정'(正己物正)이라 했다.[3] 두 사상가의 용어는 비슷하면서도 조금 다른 함의를 가진 것 같다. 공자의 '수기'(修己)나 맹자의 '정기'(正己)나 모두 자기수양의 공부를 뜻한다. 자기수양을 바탕으로, '안인'(安人)은 '타인들을 편안하게 한다.'는 뜻이지만, '물정'(物正)은 '물자정'(物自正)의 뜻으로 '타인들이 스스로 바르게 된다.'는 것이다. 공자

---

1) 수기치인(修己治人)이란 용어의 출처는 본래 공자가 "修己以安人", "修己以安百姓"이라 하였고, 『中庸』에서는 "成己成物"이라 했으며, 『大學』에서는 "修齊而治平"이라 하다가, 주자가 비로소 "功於修己治人之實也"라 한 데서 비롯된 것이다. 李乙浩, "茶山實學의 洙泗學的 構造", 『實學思想의 探究』(서울: 현암사, 1974), 282~284쪽.

2) "子路問君子。子曰: "修己以敬。" 曰: "如斯而已乎?" 曰: "修己以安人。" 曰: "如斯而已乎?" 曰: "修己以安百姓。修己以安百姓 , 堯、舜其猶病諸?" 『論語』「憲問: 45」.

3) "대인이 있는데, 자기를 바르게 하고 있으면 사물들이 스스로 바르게 된다." 有大人者 , 正己而物正者也。【盡心 上 19】. 『孟子集註』에서 朱子는 龜山楊氏의 견해를 빌어 "物正, 物自正也."라고 주해하고 있다.

에게 있어 '안인'의 방법은 정치와 교육을 통해서이다. 그러니까 '수기안인'이란 자기수양을 이룬 사람들이 정치를 맡고 교육을 담당하여 피지배층이나 학생들을 이끌어서 편안한데 처하도록 한다는 뜻이겠다. 그러나 '정기물정'이란 자기수양을 이룬 사람들이 정치와 교육을 담당한다는 점에서 같지만, 그들이 피지배층이나 학생들을 이끈다기보다는 학생들이 모범을 따라 자율적으로 자기수양에 나선다는 뜻이 담겨있는 것으로 해석할 수 있다. 앞으로 보겠지만, 그만큼 맹자의 관점은 인간의 자치능력과 학습에 대한 능동성을 인정하는 철학으로 볼 수 있다.

앞의 6장에서, 맹자는 왕도를 실현하는 정책적 대안으로 정치와 함께 교육에 대해 매우 중요시 여겼음을 보았다. 항산의 대책을 마련하는 것이 백성들로 하여금 비도덕적 행위를 하지 않도록 하면서 왕도실현에 다가서는 필요조건이라면, 교육은 도덕적 선을 적극적으로 실천하는 덕 있는 인간을 기르는 일이며 왕도실현의 충분조건에 해당하기 때문이다. 자기수양을 먼저 이루고 교육을 담당하는 자들이 누구인가? 앞의 5장에서 보았듯이, 그들은 군자(君子)이고 대인(大人)들이다. 교육은 군자들의 세 가지 즐거움 중의 하나이다. 인용을 보자.

【盡心 上 20】孟子曰 君子有三樂，而王天下不與存焉。父母俱存，兄弟無故，一樂也。仰不愧於天，俯不怍於人，二樂也。得天下英才而教育之，三樂也。君子有三樂，而王天下不與存焉。

> 맹자가 말했다: "군자에게 세 가지 즐거움이 있는데, 천하에 왕 노릇함은 여기에 들어있지 않다. 부모가 모두 생존하고 형제가 무고한 것이 첫 번째 즐거움이다. 위로 하늘에 부끄러움이 없고, 아래로 남에게 부끄러움이 없는 것이 두 번째 즐거움이다. 천하의 영재를 얻어 교육하는 것이 세 번째 즐거움이다. 군자에게 세 가지 즐거움이 있는데 천하에 왕 노릇하는 것은 여기에 들어있지 않다."

군자의 세 가지 즐거움은 첫째, 부모형제가 무고한 것, 둘째, 하늘과 인간에게 부끄러움이 없는 것, 셋째, 천하의 영재를 얻어 교육하는 것이다. 이 세 가지가 왕 노릇하는 것보다 즐거운 일이다. 부모가 생존하고 형제가 무고하도록 하는 것은 군자 자신의 수양으로만 전적으로 해결 가능한 일이 아닐 것이다. 하늘과 인간에게 부끄러움이 없도록 하는 것은 대체로 자기수양에 달렸다. 군자나 대인은 누구보다 자기수양에 철저하여 둘째의 즐거움을 얻은 자들이다. 이러한 그들이 세 번째 즐거움인 교육에 나선다면 백성과 학생들 또한 그들을 모범삼아 스스로 자기수양의 공부에 매진할 것이다.

그렇다면 공부와 교육의 목적과 목표, 내용과 방법은 무엇인가? 군자와 대인이 걸었던 자기수양의 공부론은 무엇이고, 백성과 학생들로 하여금 스스로 자기수양에 나서도록 안내하는 그들의 교육론은 무엇인가? 맹자의 교육철학을 탐색해 보자.4)

1. 존심양성(存心養性)과 사단확충(四端擴充)

인간은 도의지성과 식색지성을 동시에 가지고 태어난 존재이다. 어린 시절에는 도의지성의 '본성'(性)과 식색지성의 '본능'(命)이 분리되지 않은 하나의 마음이었다. 그것이 이른바 어린아이의 마음인 '적자지심'(赤子之心)이다. 적자지심은 '욕구와 선(善)의 일치'를 지향하는 무위적 마음이다. 식색지성을 추구하든 도의지성을 추구하든 욕구가 실현되고 선이 실현될 수 있었다. 또한 그것은 배우지 않아도 실현될 수 있는 '양지양능'(良知良能)의 능력이었다. 그러나 이러한 적자지심은 어른의 세계로 진입하게 되는 순간부터 천진난만한 자발성을 상실하고 주객분리의 판단과 이욕의 때가 묻기 시작한다. 어른은 본성의 '양지양능'에 때가 끼기에 더 이상 세상을 있는 그대로 보질 못한다. 그래서 생명의 자연성을 넘어서는 욕심을 부리고 사심으로 세상을 재단하려 한다. 도의지성과 식색지성의 분리이다. 도의지성은 미약하고 식색지성은 강력하다. 이제 인간은 욕망하는 존재가 되었고, 군자나 대인처럼 반성적 능력으로 도의지성을 길러 적자지심을 회복해야 하는 존

4) 이하의 맹자의 교육철학 관련 논의는 강봉수, "맹자의 당위윤리와 자율적 도덕발달론", 『동양 도덕교육론』, 앞의 책, 180~209쪽에서 가져와 대폭 수정 보완한 것이다.

재로 되었다.[5] 공부나 교육이 필요한 이유가 여기에 있다.

이론적으로 처음부터 적자지심을 잃지 않고 보존하면서 본성대로 살아가는 사람이 있을 수 있다. 맹자도 “요와 순 임금은 본성대로 살았고, 탕과 무 임금은 수양을 통해서 본성을 회복하였다.”[6]고 언표하였다. 물론 맹자는 대인도 적자지심을 잃지 않는 자라고 하였다.[7] 그러나 이러한 맹자의 언표를 그대로 믿어서는 안 된다. 요순이든 탕무이든 대인이든, 그들 또한 어른이었다는 점에서 도의지성과 식색지성의 분리를 경험하는 것은 불가피한 것이었다. 다만 요순이 자기수양의 큰 노고 없이 도의지성과 식색지성의 일치에 도달하였다면, 탕무나 대인은 지난한 자기수양을 통하여 적자지심을 회복한 자들이라고 보아야 한다.

그래서 회복된 적자지심은 원래의 적자지심과는 다르다. 회복된 적자지심은 원래의 적자지심처럼 도의지성과 식색지성의 완벽한 일치를 이루기가 불가능하다. 그것은 이론적으로나 가능한 일이다. 그렇다면 회복된 적자지심은 도덕률에 따라 욕망을 합리적으로 조절하는 마음이거나, 식색지성과 무관하게 도의지성에 따라 도덕적 행동을 하려는 마음이다. 제3장에서 보았듯이, 성무선무악설(性無善無惡說)을 포기하는 대신 성선설(性善說)을 주장하는 맹자적 관점의 함의는 욕망의 합리적 조절을 넘어 식색지성과 무관하게 도의지성에 따라 행동할 수 있는 존재가 인간이라는 것이었다. 여하튼 자기수양을 통하여 적자지심을 회복하는 길은 식색지성을 줄이는 대신 도의지성을 기르는 것이다.

인간의 마음은 도의지성과 식색지성의 격전장이다. 인간은 도의지성에 따라 행동할 수도 있고 식색지성에 따라 행동할 수도 있는 자유의지의 존재이지만, 수양하지 않으면 늘 후자의 마음으로 휘둘릴 가능성이 크다. 이익의 이전투구가 벌어지는 욕망의 세계에서 도의지성의 힘은 너무나도 미약하기 때문이다. 인용을 보자.

【告子 上 7-1】孟子曰 富歲, 子弟多賴, 凶歲, 子弟多暴, 非天之降才爾殊

---

5) 이상에 대한 자세한 논의는 제3장 참조.
6) 孟子曰, 堯舜, 性者也. 湯武, 反之也.【盡心 下 33】
　孟子曰 大人者, 不失其赤子之心者也.【離婁 下 12】

也，其所以陷溺其心者然也。今夫麰麥，播種而耰之，其地同，樹之時又同，浡然而生，至於日至之時，皆熟矣。雖有不同，則地有肥磽，雨露之養，人事之不齊也。故凡同類者，舉相似也，何獨至於人而疑之。聖人與我同類者。故龍子曰 '不知足而為屨，我知其不為蕢也'。屨之相似，天下之足同也。

맹자가 말했다: "풍년에는 자제들이 의뢰함이 많고, 흉년에는 자제들이 포악함이 많은 것은 하늘이 재질을 내림이 이처럼 다른 것이 아니라, 그 마음을 함정에 빠뜨린 까닭으로 그러한 것이다. 지금 보리씨를 파종하여 덮음에, 그 땅이 같고 심는 시기도 같으면 성기게 자라나 날이 지극한 때에 이르러 모두 숙성한다. 비록 같지 아니함이 있다면 땅에 비옥함과 메마름이 있고, 비와 이슬의 양육함과 사람의 일이 가지런하지 않음이 있는 것이다. 그러므로 무릇 같은 종류라면 거의 서로 비슷하다. 어찌 유독 사람에 대해서만 의심하겠는가? 성인과 나는 같은 종류이다. 그러므로 용자가 말하길 '발을 알지 못하고 신을 삼더라도 나는 그것이 삼태기가 되지 않을 것을 안다.'고 하였다. 신이 서로 비슷한 것은 천하의 발은 동류인 것이기 때문이다.

*麰麥(모맥): 보리. *耰(우): 씨를 덮다. *磽(교): 메마른 땅. *屨(구): 신. *蕢(궤): 삼태기.

【告子 上 8-1】孟子曰 牛山之木嘗美矣，以其郊於大國也，斧斤伐之，可以為美乎。是其日夜之所息，雨露之所潤，非無萌蘖之生焉，牛羊又從而牧之，是以若彼濯濯也。人見其濯濯也，以為未嘗有材焉，此豈山之性也哉

맹자가 말했다: "우산의 나무가 일찍이 아름다웠는데, 그것이 대국의 교외에 있어서 도끼와 자귀가 그것을 베어가니 아름다울 수 있겠는가? 이 매일 밤의 휴식과 비이슬의 적셔줌에 새싹이 자라남이 없지 않지만, 소와 양이 또한 좇아서 방목하니, 이로써 저처럼 빛나고 깨끗하게 되었다. 사람들이 그 빛나고 깨끗한 모양을 보고 일찍이 재목이 있지 않다고 여긴다. 이것이 어찌 원래 산의 본성이겠는가?"

*蘖(얼): 그루터기, 싹. *濯濯(탁탁): 빛나고 깨끗한 모양.

【告子 上 8-2】雖存乎人者，豈無仁義之心哉。其所以放其良心者，亦猶斧斤之於木也，旦旦而伐之，可以為美乎。其日夜之所息，平旦之氣，其好惡與人相近也者幾希，則其旦晝之所為，有梏亡之矣。梏之反覆，則其夜氣不足以存，夜氣不足以存，則其違禽獸不遠矣。人見其禽獸也，而以為未嘗有才焉者，是豈人之情也哉。故苟得其養，無物不長，苟失其養，無物不消。孔子曰 '操則存，舍則亡 出入無時，莫知其鄉'。惟心之謂與。

(맹자가 말했다) "비록 사람에 있어서라면 어찌 인의의 마음이 없겠는가? 그 양심이 흐트러지는 까닭은 또한 도끼와 자귀가 나무에 대하여 아침마다 베어가는 것과 같은 것이니, 아름다울 수 있겠는가? 그 매일 밤의 휴식과 평온한 아침의 기운으로, 그 좋아함과 싫어함이 사람들과 더불어 서로 가까운 것이 거의 없는 데, 그 낮에 행동하는 것이 쇠고랑을 채우고 망하게 하는 것이다. 쇠고랑을 채우고 망하게 함이 반복되면 그 밤의 기운을 보존할 수 없고, 밤의 기운이 보존되지 않으면 금수와 다름이 멀지 않게 된다. 사람들이 그 금수가 된 것을 보고 일찍이 재질이 있지 않았다고 여긴다면, 이것이 어찌 사람의 감정이겠는가? 그러므로 진실로 그 양육됨을 얻으면 사물이 자라지 않음이 없고, 진실로 그 양육됨을 잃으면 사물이 소진되지 않음이 없는 것이다. 공자께서 말하길 '붙잡으면 보존되고, 내려놓으면 사라진다. 출입함에 때가 없고, 그 방향을 알지 못한다.'고 했는데, 오직 마음을 두고 한 말이다."

*梏(곡): 쇠고랑을 채우다. 형틀을 채우다.

콩 심은 데 콩 나고 팥 심은 데 팥 난다. 그러나 콩이라고 다 같은 콩으로 자라지 않고 팥이라고 다 같은 팥으로 자라지 않는다. 땅의 비옥도, 일기의 차이, 사람의 정성에 따라 다양한 콩과 팥이 열리게 된다. 하늘이 사람에게 내린 재질, 즉 도덕적 본성은 성인이나 나나 모두 같다. 그런데 흉년에는 사람들이 포악해지고 풍년에는 착해진다. 흉년과 풍년이라는 외부적 환경이 사람들을 그렇게 만들기 때문이다. 콩이든 팥이든 사람이든 원래의 재질(본성)은 그대로다. 그러나 외부적 환경의 영향으로 그 본성의 발현은 다양하게 전개된다.

우산은 울창한 산림으로 아름다웠던 것이 본성이었다. 그런데 사람들이 도끼와 자귀로 매일 산림을 베어내니 우산의 본성이 망가져 간다. 밤의 휴식과 이슬을 맞아 베어진 나무의 밑 둥으로 새싹을 띄우지만 이번엔 소와 말을 방목하니 새싹마저 사라져 민둥산이 되고 만다. 민둥산을 보고 사람들은 우산이 원래부터 그런 산으로 여겨버린다. 우산이 민둥산이 된 것은 사람들이 우산의 본성을 보존하여 양육하지 않고 훼손해버린 까닭이며, 그래놓고선 원래의 우산은 잊어버리고 민둥산을 우산의 본성으로 착각한다.

인간은 인의(仁義)의 마음인 양심(良心)을 본성으로 가졌다. 그런데 양심(도의지성)을 잃어버리게 되는 것은 사람들이 도끼와 자귀로 우산의 산림을 베어내듯 식색지성에 따라 이익의 욕망을 추구하기 때문이다. 외물을 접하지 않는 밤의 휴식과 평온한 아침의 기운으로 잠시 양심의 싹이 돋는듯하지만 외물을 접하는 낮이 되면 다시 식색지성의 욕망이 양심의 싹을 짓밟아버린다. 이러한 일이 반복되다 보면 밤의 기운으로 싹트던 양심조차 아주 사라지고 오직 식색지성의 노예가 되어 금수처럼 되어버린다. 그래서 결국에는 처음부터 양심이 없었던 것으로 잊어버린다.

이처럼, 외부적 환경과 외물을 쫒는 식색지성의 추구가 도덕적 본성인 양심의 발현을 막아버린다. 그만큼 도의지성의 양심은 미약하다. 양심을 잃어버리고, 잃어버림이 오래되면 양심의 존재자체를 잊어버린다. 그럼에도 불구하고, 인간이 다른 존재와 다른 점은 외적 환경의 힘에 맹목적으로 휘둘리거나 금수처럼 식색지성의 노예로만 살아가지 않는다는 점이다. 마음속에 내재한 양심을 부여잡고 양육할 수만 있다면 인간은 본성대로 살아갈 수 있는 존재이다. 그러니까 인간은 식색지성의 노예로 살아갈 수도 있지만 식색지성의 욕망과 무관하게 순수한 도의지성에 따라 살아갈 수도 있는 자유의지의 존재이다. 모든 것은 마음먹기에 달렸다. 인용에서 '잡으면 보존되고 놓으면 잃어버린다.'는 공자 언표의 인용은 이를 두고 한 말이다. 그런데 사람들은 잃어버린 마음을 다시 찾는 노력에 게으르다는 것이 맹자의 진단이다. 인용을 보자.

【告子 上 11】孟子曰 仁, 人心也。義, 人路也。舍其路而弗由, 放其心而不知求，哀哉。人有雞犬放，則知求之，有放心，而不知求。學問之道無他，求其放心而已矣。

> 맹자가 말했다: "인은 사람의 마음이고, 의는 사람의 길이다. 그 길을 버리고 말미암지 않고, 그 마음을 잃어버리고 구할 줄 모르면 슬픈 일이다. 사람들은 닭과 개를 잃어버리면 그것을 구할 줄 알면서, 마음을 잃어버림이 있어도 구할 줄을 모른다. 학문을 하는 도는 다른 게 아니라 그 잃어버린 마음을 구하는 것일 뿐이다."

【告子 上 12】孟子曰 今有無名之指，屈而不信，非疾痛害事也，如有能信之者，則不遠秦楚之路，為指之不若人也。指不若人，則知惡之，心不若人，則不知惡，此之謂不知類也。

> 맹자가 말했다: "지금 무명손가락이 굽혀서 펴지지 않는 것이 아프고 일을 해치지 않는다. 만일 그것을 펼 수 있는 자가 있다면 진과 초나라의 길을 멀다 여기지 않고 가니, 손가락이 남과 같지 않기 때문이다. 손가락이 남과 같지 않은 것에 대해서는 싫어할 줄 알면서, 마음이 남과 같지 않은 것에 대해서는 싫어할 줄 모르니, 이것을 종류를 알지 못한다고 이르는 것이다."

【告子 上 13】孟子曰 拱把之桐梓，人苟欲生之，皆知所以養之者。至於身，而不知所以養之者，豈愛身不若桐梓哉。弗思甚也。

> 맹자가 말했다: "두 손으로 껴안을 수 있는 오동나무와 한 손으로 잡을 수 있는 가래나무를 사람들이 진실로 자라나게 하고자 한다면 모두 그것을 양육하는 방법을 안다. 그러나 자신의 몸에 대해서는 그것을 기르는 방법을 알지 못한다. 어찌 자기 몸을 사랑함이 오동나무와 가래나무만도 같지 못하단 말인가? 생각하지 않음이 깊은 것이다."

*拱(공): 두 손으로 맞잡다, 껴안다. *把(파): 한 손으로 잡다. *桐(동): 오동나무. *梓(재): 가래나무.

사람들은 닭이나 개를 잃어버리면 그것을 다시 찾으려하고, 무명손가락이 펴지지 않으면 그것을 치유하기 위해 용한 의사가 있는 곳이라면 먼 길도 마다하지 않는다. 그러나 정작 인의의 마음을 잃어버린 것에 대해서는 다시 찾으려하지 않으니 슬픈 일이다. 오동나무나 가래나무를 기르는 방법은 잘 알면서도 정작 몸과 마음을 수양하는 방법에 대해서는 잘 모른다. 생각이 깊지 못한 탓이고 학문할 줄을 모르는 처사이다. 몸과 마음을 수양함에도 중요한 순서가 있고 차례가 있다. 소인이 되고 대인이 되는 갈림길도 여기에 있다. 인용을 보자.

【告子 上 14】孟子曰 人之於身也，兼所愛。兼所愛，則兼所養也。無尺寸之膚不愛焉，則無尺寸之膚不養也。所以考其善不善者，豈有他哉。於己取之而已矣。體有貴賤，有小大。無以小害大，無以賤害貴。養其小者為小人，養其大者為大人。今有場師，舍其梧檟，養其樲棘，則為賤場師焉。養其一指而失其肩背，而不知也，則為狼疾人也。飲食之人，則人賤之矣，為其養小以失大也。飲食之人無有失也，則口腹豈適為尺寸之膚哉。

맹자가 말했다: "사람이 자기 몸에 대해서 사랑하는 바를 겸해야 한다. 사랑하는 바를 겸하면 기르는 바를 겸하게 된다. 한 자와 한 치의 피부라도 사랑하지 아니함이 없으면 한 자와 한 치의 피부라도 기르지 아니함이 없게 된다. 그것을 잘하고 잘못하는 방법이 어찌 다른 데에 있겠는가? 자기에게서 취할 뿐이다. 몸에는 귀천이 있고, 대소가 있다. 작은 것으로 큰 것을 해치지 말고, 천한 것으로 귀한 것을 해치지 말라. 그 작은 것을 기르는 자는 소인이 되고, 그 큰 것을 기르는 자는 대인이 된다. 지금 원예사가 오동나무를 버리고 가시나무를 기른다면 천한 원예사가 될 것이다. 그 손가락 하나를 기르면서 어깨와 배는 잃어버리는 것을 알지 못한다면 승냥이처럼 병든 사람이 될 것이다. 밥만 축내는 사람을 사람들은 천하게 여기는 바, 그가 작은 것을 기르고 큰 것을 잃어버리기 때문이다. 밥만 축내는 사람에게 잃어버림이 없다면 입과 배가 어찌 한 자와 한 치의 피부만을 위하겠는가?"

*場師(장사): 원예사. *梧檟(오가): 벽오동나무와 개오동나무. *樲棘(이극): 멧대추나무와 가시나무. *肩(견): 어깨.

【告子 上 15】公都子問曰 鈞是人也，或為大人，或為小人，何也。孟子曰 從其大體為大人，從其小體為小人。曰 鈞是人也，或從其大體，或從其小體，何也。曰 耳目之官不思，而蔽於物，物交物，則引之而已矣。心之官則思，思則得之，不思則不得也。此天之所與我者，先立乎其大者，則其小者弗能奪也。此為大人而已矣。

공도자가 물었다: "똑 같은 사람인데, 어떤 이는 대인이 되고 어떤 이는 소인이 되는 것은 무슨 까닭입니까?" 맹자가 말했다: "그 대체를 따르는 이는 대인이 되고, 그 소체를 따르는 이는 소인이 된다." 공도자가 물었다: "똑 같은 사람인데, 어떤 이는 그 대체를 따르고, 어떤 이는 소체를 따르는 것은 무슨 까닭입니까?" 맹자가 말했다: "귀와 눈의 기능은 생각하지 않고 물건에 가려져서 물건과 물건이 사귀면 당겨질 뿐이다. 마음의 기능은 생각하는 것이고, 생각하면 얻게 되고 생각하지 않으면 얻지 못한다. 이것은 하늘이 나에게 주어진 것이다. 먼저 그 대체에 서고자 하면 그 소체가 능히 빼앗을 수가 없다. 이것이 대인이 되는 까닭일 뿐이다."

사람의 몸에도 귀천이 있고 대소가 있다. 무명손가락보다 어깨와 등이 더 중요하고, 어깨나 등의 몸보다 마음이 더 중요하다. 작은 것으로 큰 것을 해치지 말고, 천한 것으로 귀한 것을 해치지 말아야 한다. 몸은 소체(小體)이고 마음은 대체(大體)이다. 몸의 소체는 생각 없이 외물의 욕망에 예민하다. 마음의 대체는 생각작용을 통하여 도덕적 본성을 발현하는 기능을 수행한다. 소체를 따르고 기르면 소인이 되고, 대체를 따르고 기르면 대인이 된다. 따라서 몸을 사랑하고 소체를 길러야 하겠지만, 이보다 마음을 더 소중히 하고 대체를 길러야 한다.[8)]

결국 맹자가 말한 성선(性善)이란 선한 가치를 실현하는 능력이 인간의 마음

8) 맹자는 몸의 소체를 기르는 수신(修身)도 마음의 대체를 기르는 수양과 무관하지 않다고 여긴다. 대표적인 언표를 보자. "맹자가 말했다: 사람이 가진 것 중에 눈동자보다 좋은 것이 없다. 눈동자는 악을 가릴 수가 없다. 가슴 속이 바르면 눈동자가 밝고, 가슴 속이 바르지 않으면 눈동자는 흐리다. 말을 듣고 눈동자를 보면 사람이 어찌 속일 수 있으리오?" 孟子曰 存乎人者，莫良於眸子。眸子不能掩其惡。胸中正，則眸子瞭焉。胸中不正，則眸子眊焉。聽其言也，觀其眸子，人焉廋哉。【離婁 上 15】

안에 내재해 있다는 것이지, 개인의 신상에 완전하게 표현되어 나오는 것이 아니다. 마음 안에 내재해 있는 도덕적 본성이란 말 그대로 사덕(四德)의 실마리(四端)일 뿐이다. 따라서 그것을 보존하고 길러내야 한다. 이른바 '존심양성'(存心養性)이 그것이다. 방법은 이미 경험적으로 확인된 사단의 마음을 확충하는 데에 있다. 인용을 보자.

【公孫丑 上 6-2】惻隱之心, 仁之端也 羞惡之心, 義之端也 辭讓之心, 禮之端也 是非之心, 智之端也。人之有是四端也, 猶其有四體也。有是四端而自謂不能者, 自賊者也 謂其君不能者, 賊其君者也。凡有四端於我者, 知皆擴而充之矣, 若火之始然, 泉之始達。苟能充之, 足以保四海 苟不充之, 不足以事父母。

(맹자가 말했다) "측은한 마음은 인의 단서요, 부끄러워하는 마음은 의의 단서요, 사양하는 마음은 예의 단서요, 옳고 그름을 아는 마음은 지의 단서이다. 사람이 이 4가지 단서를 가지고 있다는 것은 마치 4체(손발)를 가지고 있는 것과 같다. 이 4가지 단서를 가지고 있으면서 스스로 불가능하다고 하는 것은 자신을 해치는 것이고, 임금이 불가능하다고 말하는 것은 임금을 해치는 것이다. 무릇 나에게 4가지 단서가 있다는 것, 그것을 알고 모두 넓히고 채울 수 있다는 것은 마치 불이 처음으로 타오른 것과 같고 물이 처음으로 나오는 것과 같다. 진실로 확충하면 족히 사해를 보존할 수 있고, 진실로 확충하지 못하면 족히 부모도 섬길 수 없다."

사단의 마음을 확충하고 발휘되지 못할 경우 인간의 본성은 외부의 세력, 동물적 본능과 물욕에 의해 악의 방향으로 나아가게 된다. 따라서 맹자의 수양공부와 교육은 본심(本心; 양심)을 보존하여 물욕을 조절하고, 나아가 사단을 어떻게 확충할 것이냐에 모아진다. 사단을 확충하는 공부를 통하여 비로소 사덕이 완성되고 덕 있는 사람이 되는 것이다. 하지 않을 뿐이지, 누구나 이렇게만 하면 요순처럼 될 수 있다는 것이 맹자의 관점이다. 또 어떤 이들은 자기수양 그 자체를 목적으로 삼지 않고 사람이 내린 작위인 벼슬을 얻는 수단으로 활용하고, 벼슬을 얻으면 하늘이 내린 작위인 인의의 도덕성을 잃어버린다고 지적한다. 인용을 보자.

【告子 下 2-1】曹交問曰 人皆可以為堯舜, 有諸。孟子曰 然。交聞文王十尺, 湯九尺, 今交九尺四寸以長, 食粟而已, 如何則可。曰 奚有於是, 亦為之而已矣。有人於此, 力不能勝一匹雛, 則為無力人矣。今曰舉百鈞, 則為有力人矣。然則舉烏獲之任, 是亦為烏獲而已矣。夫人豈以不勝為患哉。弗為耳。

> 조나라 교가 물었다: "사람은 누구나 요순이 될 수 있다고 했는데 그렇습니까?" 맹자가 대답했다: "그렇습니다." 교가 말했다: "내가 듣기를 문왕은 10척이고 탕왕은 9척인데, 지금 나는 9척 4촌의 신장이지만 곡식을 먹을 뿐이니 어떡해야 합니까?" 맹자가 말했다: "여기에 무엇이 있으리오? 또한 그것을 할 뿐이다. 여기에 어떤 사람이 있는데, 힘이 한 마리 병아리도 이길 수 없다면 힘이 없는 사람이 된다. 지금 100균을 든다고 말하면 힘이 있는 사람이 된다. 그렇다면 오확이 들던 힘이라면 이 또한 오확이 될 뿐이다. 무릇 사람이 어찌 이기지 못할 것을 걱정하오리까? 하지 않을 뿐이다."

*雛(추): 병아리.

【告子 上 16】孟子曰 有天爵者, 有人爵者。仁義忠信, 樂善不倦, 此天爵也　公卿大夫, 此人爵也。古之人修其天爵, 而人爵從之。今之人修其天爵, 以要人爵 既得人爵, 而棄其天爵, 則惑之甚者也, 終亦必亡而已矣。

> 맹자가 말했다: "하늘이 내린 작위가 있고 사람이 내린 작위가 있다. 인의와 충신을 행하고 선을 즐겨 게으르지 않으면 이것이 하늘이 내린 작위이다. 공경대부는 사람이 내린 작위이다. 옛날 사람들은 그 하늘이 내린 작위를 수양함에, 사람이 내린 작위가 따랐다. 오늘날 사람들은 하늘이 내린 작위를 수양하여 사람이 내린 작위를 요구하고, 사람이 내린 작위를 이미 얻으면 하늘이 내린 작위를 버린다. 그런즉 미혹됨이 깊은 것이니, 끝내 또한 잃게 될 뿐이다."

2. 부동심(不動心)과 호연지기(浩然之氣)

마음을 보존하려면 식색지성으로 인해 흐트러지고 방만해진 마음을 부여잡으면서(구방심求放心), 물욕을 줄여가야 한다(과욕寡欲). 물욕을 줄이는 만큼 본성이 드러난다.

【告子 上 11】孟子曰 仁，人心也。義，人路也。舍其路而弗由，放其心而不知求，哀哉。人有雞犬放，則知求之， 有放心，而不知求。學問之道無他，求其放心而已矣。

> 맹자가 말했다: "인은 사람의 마음이고, 의는 사람의 길이다. 그 길을 버리고 말미암지 않고, 그 마음을 잃어버리고 구할 줄 모르면 슬픈 일이다. 사람들은 닭과 개를 잃어버리면 그것을 구할 줄 알면서, 마음을 잃어버림이 있어도 구할 줄을 모른다. 학문을 하는 도는 다른 게 아니라 그 잃어버린 마음을 구하는 것일 뿐이다."

【盡心 下 35】孟子曰 養心莫善於寡欲。其為人也寡欲，雖有不存焉者，寡矣。其為人也多欲，雖有存焉者，寡矣。

> 맹자가 말했다: "마음을 수양함은 욕심을 줄이는 것보다 좋은 것이 없다. 그 사람됨이 과욕하면 비록 보존되지 못함이 있더라도 (보존되지 못한 것이) 적을 것이고, 그 사람됨이 욕심이 많으면 비록 보존함이 있더라도 (보존한 것이) 적을 것이다."

'구방심'과 '과욕'을 통하여 일단 어떤 물욕이나 유혹에도 흔들리지 않는 마음, 즉 부동심(不動心)의 경지에 도달하는 것이 중요하다. 이 경지를 넘어서야 본성의 빛이 물욕의 가림을 온전히 물리칠 수 있기 때문이다. 공자가 40세에 불혹(不惑)했듯이, 맹자 자신도 똑같이 40세에 부동심의 경지에 도달했다고 피력한다.

그런데 그는 앞의 3장에서 인성론을 두고 논쟁을 벌였던 고자(告子)가 자신보다 더 먼저 그 경지에 올랐다고 평가한다.[9] 문제는 부동심의 경지에 이르는 수양방법에 있다. 앞의 인성론 논쟁에 이어 비판의 초점은 고자가 도덕성[義]을 외재적인 것으로 여긴다는 점에 있다. 인용을 보자.

【公孫丑 上 2-4】曰 敢問夫子之不動心，與告子之不動心，可得聞與。告子曰 '不得於言，勿求於心 不得於心，勿求於氣'。不得於心，勿求於氣，可。不得於言，勿求於心，不可。夫志，氣之帥也 氣，體之充也。夫志至焉，氣次焉。故曰 '持其志，無暴其氣'。既曰 '志至焉，氣次焉'，又曰 '持其志 無暴其氣'者，何也。曰 志壹則動氣，氣壹則動志也。今夫蹶者趨者，是氣也，而反動其心。

> 공손추가 물었다: "감히 선생님의 부동심(不動心)과 고자(告子)의 부동심에 대해 얻어 들을 수 있겠습니까?" 맹자가 대답했다: "고자가 말하기를 '말에서 얻지 못하면 마음에서 구하지 말라. 마음에서 얻지 못하면 기(氣)에서 구하지 말라.'고 했는데, '마음에서 얻지 못하면 기(氣)에서 구하지 말라'는 것은 가능하지만, '말에서 얻지 못하면 마음에서 구하지 말라'는 것은 불가하다. 무릇 '의지'(志)란 기(氣)의 장수요, 기란 몸을 채우고 있다. 무릇 의지가 지극하고 기(氣)는 그 다음이다. 그러므로 말하길 '그 의지를 부여잡고 그 기를 해치지 말라.'했다. 말한 바처럼 '의지가 지극하고 기는 그 다음'이고, '의지를 부여잡고 기를 해치지 말라'한 것은 무슨 뜻인가? 말하면 의지를 오로지 하면 기를 움직이고, 기를 오로지 하면 의지를 움직인다는 것이다. 지금 무릇 넘어지고 달리는 것은 기이고, 도리어 마음을 움직이게 한다."

9) "공손추가 물었다: '선생님께서 제나라 경상이 되어 도를 행할 기회를 얻어 비록 패도를 하든 왕도를 하든 이상할 것이 없을 것입니다. 만약 기회가 주어진다면 마음이 움직이겠습니까?' 맹자가 대답했다: '아니다. 나는 40세에 부동심하였다.' 공손추가 다시 말했다: '그렇다면 선생님은 맹분의 용맹보다 경지가 훨씬 높습니다.' 맹자가 말했다: '그것은 어렵지 않은 일이고, 고자가 나보다 먼저 부동심의 경지를 얻은 사람이다.' 공손추가 물었다: '부동심을 얻는 데에도 도가 있습니까?' 맹자가 대답했다: '그렇다.' 公孫丑問曰 夫子加齊之卿相，得行道焉，雖由此霸王不異矣。如此，則動心否乎。孟子曰 否。我四十不動心。曰 若是，則夫子過孟賁遠矣。曰 是不難，告子先我不動心。曰 不動心有道乎。曰 有。【公孫丑 上 2】

【公孫丑 上 2-5】敢問夫子惡乎長。曰 我知言，我善養吾浩然之氣。敢問何謂浩然之氣。曰 難言也。其為氣也，至大至剛，以直養而無害，則塞于天地之閒。其為氣也，配義與道 無是，餒也。是集義所生者，非義襲而取之也。行有不慊於心，則餒矣。我故曰，告子未嘗知義，以其外之也。

공손추가 말했다: "감히 선생님은 무슨 장점이 있는지 묻습니다." 맹자가 대답했다: "나는 말을 알고, 나는 나의 호연지기(浩然之氣)를 잘 기른다." 공손추가 말했다: "감히 호연지기가 무엇인지를 묻습니다." 맹자가 대답했다: "말하기 어렵다. 그 기됨은 매우 크고 매우 강해서 정직으로서 기르고 해침이 없으면 천지 사이를 꽉 채우게 된다. 그 기됨은 의로움과 도와 짝하며, 이것이 없으면 굶주리게 된다. 이것은 의로움이 모아져서 생겨나는 것이지 의로움이 불현 듯 엄습하여 얻어지는 것이 아니다. 행동하여 마음에 흡족하지 아니하면 굶주리게 된다. 그래서 나는 일찍이 고자(告子)가 의로움을 알지 못한다고 말한 것이다. 그것이 밖에 있다고 여기기 때문이다."

*塞(색): 막다. 막히다. *閒(한): 틈새. *慊(겸): 부족하다.

일단 인용에서, 고자가 '말에서 얻지 못하면 마음에서 구하지 말라. 마음에서 얻지 못하면 기(氣)에서 구하지 말라.'고 했는데, 이에 대해 맹자는 '마음에서 얻지 못하면 기(氣)에서 구하지 말라'는 것은 가능하지만, '말에서 얻지 못하면 마음에서 구하지 말라'는 것은 불가하다고 말하고 있다. 이러한 두 사람의 견해 차이는 무엇인가? 여기서 <말>과 <마음>과 <기>의 관계가 무엇인가? <말>은 <마음> 상태가 밖으로 표현된 행위이고, <기>는 <마음>을 밖으로 표현해주는 추동력이라 볼 수 있다. <마음>은 식색으로 향할 수도 있고, 도리로 향할 수도 있다. 그래서 우리의 마음은 늘 식색지성과 도의지성의 격전장이다. <마음>이 어디로 향할 것인가를 결정하면 <기>는 <마음>의 결정을 <말>의 행위로 표현되도록 동력을 제공한다. <마음>의 결정이 없으면 <기>는 동력을 발휘하지 않는다. 이것이 '마음에서 얻지 못하면 기에서 구하지 말라'는 뜻이겠다. 그러나 <말>은 이미 <마음>의 결정을 <기>가 실현해 준 행위이기에 '말에서 얻지 못하면 마음에서 구하지 말라'는 것은 불가한 것이 된다. 이것이 맹자의 관점이다.

그런데 고자는 '말에서 얻지 못하면 마음에서 구하지 말라.'고 한다. 이것은 밖의 행위(말)가 마음 상태를 좌우한다는 뜻이다. 식색을 따르는 행동을 하다보면 마음 또한 그런 성격이 되고, 도리를 추구하는 행위를 하다보면 마음 또한 그런 성격이 된다는 것이다. 고자가 이러한 주장을 하는 것은 식색지성만이 본성이고 도덕성[義]은 밖으로부터 주어지는 것으로 보기 때문이다. 그래서 그는 도덕성은 밖으로부터 주입되고 사회화되어야 한다고 여긴다. 맹자는 이러한 고자의 관점이 잘못이라 여긴다. 이제 곧 보겠지만 교육학적으로 고자의 관점이 도덕적 사회화론이라면, 맹자의 관점은 자율적 도덕발달론이라 할 수 있다.

다음으로, <의지[志]>와 <기(氣)>의 관계는 무엇인가? <기>는 몸을 채우고 있으면서 혈맥을 추동하고 마음을 표현해주는 동력이다. 그런데 인용에서 맹자는 '의지란 기의 장수'이고, '의지가 지극하고 기는 그 다음'이라 한다. 이것이 무슨 뜻인가? <마음>은 식색으로 향할 수도, 도리를 향할 수도 있다. 바로 이 <마음>의 향방을 결정해주는 것이 <의지>인 것 같다. 그렇기 때문에 '의지가 기의 장수'인 것이다. 그런데 인용은 '의지를 오로지 하면 기를 움직이고, 기를 오로지 하면 의지를 움직인다.'고 한다. 이는 무슨 뜻인가? 전자의 뜻이 <의지>가 식색과 도리 간에 갈등하는 <마음>을 결정하고 선택하는 '자유의지'(free will)임을 선언하는 것이라면, 후자는 뒤따르는 인용의 '호연지기'(浩然之氣)와 관련되는 듯하다. 그러니까 '호연지기'를 잘 기르면 '자유의지'가 <마음>으로 하여금 늘 도리를 향하도록 결정할 수 있다는 뜻이다.

'호연지기'가 무엇인가? 호연(浩然)이란 물이 광대하게 흐르는 모습을 형용하는 것으로 마음이 활짝 열려서 모든 것이 명확해진 상태를 묘사한다. 인용에 의하면, 이 기(氣)는 지극히 크고 지극히 굳세며 '의로움'(義)의 도(道)와 짝함으로써만 키워진다. 그리고 의로움의 도와 짝하여 길러진 '호연지기'는 '의지'를 움직일 수 있다. 이것이 '기를 오로지 하면 의지를 움직인다.'는 뜻이다. 그러니까 '호연지기'를 잘 기르면 '자유의지'가 <마음>으로 하여금 식색이 아니라 도리를 향하도록 결정할 뿐만 아니라 <말>의 행위로 실천하게 하는 강한 내적 동력이 되는 것이다. 그리고 이 '호연지기'는 처음부터 내부에 함장하고 있었던 '의로움'이 축적되어 길러지는 내적 동력이고 자율적 도덕성이지, 밖으로부터 '의로움'이 엄습하여 길러내는 타율적 도덕성이 아니다. 그런데 고자는 '의로움'이 밖에 있다고 여기며 타율적으로 조장하여 길러지는 것이라 여긴다. 다음의 인용을 보자.

【公孫丑 上 2-6】必有事焉而勿正, 心勿忘, 勿助長也。無若宋人然。宋人有閔其苗之不長而揠之者, 芒芒然歸。謂其人曰 '今日病矣, 予助苗長矣'。其子趨而往視之, 苗則槁矣。天下之不助苗長者寡矣。以為無益而舍之者, 不耘苗者也 助之長者, 揠苗者也。非徒無益, 而又害之。

(맹자가 말했다) "반드시 (호연지기를 기르는) 일을 해야 하지만 효과를 미리 기약하지 말라. 마음에서 잊지도 말고 조장하지도 말아서 송나라처럼 해서는 안 될 것이다. 송나라 사람 중에 그 벼 싹이 자라지 않는 것을 민망히 여겨 그것을 뽑아 올린 자가 있었다. 아무 생각 없이 집으로 돌아와서 사람들에게 말하기를 '오늘 피곤하구나, 내가 벼 싹이 자라는 것을 도왔다.'하였다. 그 자식이 뛰어가서 보니 벼 싹이 시들어버렸다. 천하에 벼 싹이 자라는 것을 돕지 않으려는 자는 드물다. 무익하다고 내버려 두는 자는 김매지 않는 자이고, 억지로 자라도록 하는 자는 싹을 뽑아 올리는 자이니, 한갓 무익할 뿐만 아니라 해치는 것이다.

싹이 빨리 자라도록 돕는 조장(助長)의 개념은 훈련, 강제, 촉구의 개념과 같이 개인의 밖에서 이끌고 자극하는 의미와 상통한다. 조장, 훈련, 강제, 촉구의 개념은 인간의 자발성이나 의도를 거의 허용하지 않는다. 이것이 바로 고자의 도덕적 사회화론이고 주입식 교육이다. 맹자는 바로 이처럼 자발성이나 의도를 존중하지 않는 타율적이고 주입식의 교육을 반대한다. 외부에서 조장하는 것은 싹을 뽑아버리는 것과 같다. 그래서 맹자는 '호연지기'를 기르기 위해서는 마음에서 잊지도 말고 조장하지도 말 것을 종용하고 있다. 마음에서 잊어 그냥 내버려두는 것은 싹을 김매지 않는 방임적 처사와 같다. 그러나 싹을 뽑아 올리는 조장은 오히려 마음을 굶주리게 만들고 '선의지'(good will)로 향하고자 하는 내적 추동력을 약화시킬 뿐이다. 고자의 관점을 반대한 이유가 여기에 있었다.

3. 정기이물정(正己而物正)의 교육학

맹자의 수양론을 교육학적으로 재구성해 보자. 인간은 도덕적 본성을 함장하고 태어났다. 그러나 덕 있는 사람이 되기 위해서는 천성의 마음을 보존하고 본성을 길러내야 한다(存心養性). 본성을 보존하고 기르기 위해서는 그것의 실마리인 사단(四端)을 확충해야 한다. 사단을 확충하기 위해서는 우선 식색지성으로 흐트러지고 방만해지기 쉬운 마음을 부여잡고(求放心), 욕망을 줄여야 한다(寡慾). 더 나아가 어떠한 욕망에도 흔들리지 않는 마음인 부동심(不動心)의 경지에 도달해야 한다. 부동심의 경지에 도달하여 항상 마음이 도리를 향하여 선의지를 발휘하게 하기 위해서는 '호연지기'를 길러야 한다. '호연지기'를 기르기 위해서는 방임(放任)해서도 안 되고 밖으로부터 조장(助長)해서도 안 된다. 방임도 조장도 하지 않으면서 '호연지기'를 기르는 길에 맹자적인 교육의 역할과 방법이 있다. 일단 교육의 역할은 이러한 수양공부의 과정에 교사가 간접적으로 관여하는 것이겠다. 이것이 이른바 '정기이물정'(正己而物正)의 교육론이다. '정기물정'의 교육을 이끌어가는 교사가 누구인가? 서두에서 언급했듯이, 누구보다 먼저 자기수양을 마친 군자이고 대인이다. 인용을 보자.

【盡心 上 19】孟子曰 有事君人者, 事是君則為容悅者也。有安社稷臣者, 以安社稷為悅者也。有天民者, 達可行於天下而後行之者也。有大人者, 正己而物正者也。

> 맹자가 말했다: "임금을 섬기는 자가 있는데, 이 임금을 섬기면 용납되고 기뻐하게 하는 자이다. 사직은 편안히 하는 신하가 있는데, 사직을 편안히 하는 것을 기쁨으로 여기는 자이다. 하늘의 백성이 있는데, 천하에 행동할 만한 것에 통달한 이후에 행동하는 자이다. 대인이 있는데, 자기를 바르게 하자 사물이 바르게 되는 자이다."

사회지도층 인사라고 누구나 교사는 아니다. 세상에 아첨하여 임금을 섬기며 영달을 추구하는 자도 있고, 사직을 보존하는 데 힘쓰지만 그것으로 자족하는 자도 있다. 세상을 광정할만한 도에 통달했지만 때가 아니면 나아가지 않고 처사적 삶을 고집하는 은자도 있다. 그러나 이들은 교사가 될 수 없다. 오직 대인(大人)만이 교사일 수 있다. 그는 바로 정기(正已)하고 물정(物正)하는 자이기 때문이다.

'정기이물정(正已而物正)'!! (교사)자신의 덕(德)을 닦고 나서 그 방법을 사물(事物; 학생)에 옮겨 행하는 것, 이것이 '정기(正已)하고 물정(物正)'하는 것이다. (교사)자신의 덕은 닦지 않고 단지 사물(학생)에만 선(善)하라고 하는 것은 정기(正已)도 않으면서 사물에만 선(善)을 강요하는 '정물(正物)'의 개념이다. 여기서 '물정(物正)'과 '정물(正物)'은 개념상 엄청난 차이가 있다. 주자(朱子)의 해석에 의할 때 '물정(物正)'은 '물자정(物自正)'으로써, 물(物)이 스스로 혹은 자연적으로 바르게 됨이다. 그러나 '정물(正物)'은 교사가 인위적으로 사물(학생)에 간섭하여 조작하는 개념이다. 자신의 덕을 닦지 않은 채 학생들에게만 일방적으로 정물(正物)하려는 교육이 '인독트리네이션'(indoctrination)이다. 그러나 꽃이 꽃되게 하고 사물(事物)이 사물되게 자연적 율동에 맡겨두는 태도가 '물정(物正)'의 개념이다. 그래서 조선의 유학자인 조광조도 '자신의 덕을 닦고 그 방법을 사물에 옮겨 행하면 사람들이 모두 '감화하여 자연스럽게 덕을 닦을 것이지만'(物正), '인위적으로 정물(正物)을 하려 한다면 아무리 실시한들 무슨 이익이 있겠는가.'라고 반문하고 있다.[10)]

정물(正物)의 '인독트리네이션'과 물정(物正)의 '교육'는 교육학적으로 큰 차이가 있다. 정물(正物)은 교사가 자신의 덕은 닦지 않은 채 학생들에게 일방적으로 선(善)을 행하라고 강요하는 인위적 간섭과 조작의 개념이다. 그러나 물정(物正)은 선생이 먼저 덕을 닦고(正已) 모범을 보임으로써 학생들이 자율적•자발적으로 학습에 나서는 '침묵의 가르침'(묵화黙化)과도 같은 것이다. 물론 물정이 묵화라고 해서 그것이 학생들을 자유방임의 상태로 방치해 두는 것으로 생각해서는 안 된다. 어디까지나 그것은 간섭과 조작의 인독트리네이션은 하지 않으면서, 간

10) 『중종실록』, 권31, 중종 13년 1월 정묘. "三代之治, 今可復致者, 雖不可易言, 豈全無致之之道乎. 自上先養已德, 推之行事, 則人皆誠服, 不期化而自化矣. 若吾德不修, 而修飾於事爲之間, 則亦何益乎. 須敦厚其德, 使萬化自明德中流出, 則下民自然觀瞻所感, 有不能已者矣."

접적인 방법으로 학생들의 학습을 돕는 방식이라 읽어야 한다. 그런데 기성세대나 부모들은 자신의 정기를 하지 않으면서 남의 스승되기를 즐겨하는 병통이 있다고 맹자는 지적한다. 인용을 보자.

【離婁 上 23】孟子曰 人之患在好為人師。

> 맹자가 말했다: "사람의 병통은 남의 스승되기를 좋아함에 있다."

【離婁 上 18】公孫丑曰 君子之不教子, 何也。孟子曰 勢不行也。教者必以正 以正不行, 繼之以怒 繼之以怒, 則反夷矣。'夫子教我以正, 夫子未出於正也'。則是父子相夷也。父子相夷, 則惡矣。古者易子而教之。父子之間不責善。責善則離, 離則不祥莫大焉。

> 공손추가 물었다: "군자가 자식을 가르치지 않은 것은 무엇입니까?" 맹자가 대답했다: "힘이 행해지지 않기 때문이다. 가르침이란 반드시 올바름으로써 하고, 올바름으로 하여 행해지지 않으면 노함이 뒤따르고, 노함이 뒤따르면 아프게(평온함에 반대)된다. '아버지께서는 나를 올바름으로 가르치는데, 아버지는 올바름을 실천하지 않는다.'고 한다면, 이것은 아버지와 자식이 서로 상처 주는 것이다. 아버지와 자식이 서로 상처 준다면 나쁜 것이다. 옛날에 자식을 바꿔서 가르쳤다. 아버지와 자식 간에는 선을 책망하지 않으니, 선을 책망하면 사이가 멀어진다. 멀어지면 상서롭지 않음이 막대한 것이다."

진정한 스승인 군자는 남의 스승되기를 자처하지 않으려했고, 자기자식을 가르치려고도 하지 않았다. 군자들은 서로 자식을 바꿔서 가르쳤다. 부자지간은 너무 친애하는 사이이기에 정에 이끌려 올바른 도로써 엄격히 대하지 못하고 자칫 실수할 수 있기 때문이다. 그러면 자신의 실수는 잊고 자식에게만 선을 책망하는 정물의 교육을 시도할 수도 있다. 그러한 교육은 부자지간의 사이를 멀어지게 할 뿐 교육적 효과를 얻을 수 없다. 여하튼 교육은 정기하여 학생들이 스스로 물정의 학습에 나서도록 안내할 수 있는 자가 맡아야 한다.

‘정기물정’의 교육이라 해서 교육과정이 없을 수는 없다. 교육의 목표가 설정되고, 목표를 달성하기 위해 교육내용도 선정되어야 한다. 그리고 선정된 교육내용을 어떻게 교수-학습할 것이냐 하는 방법도 필요하다. 군자와 대인도 앞선 스승들로부터 이러한 교육과정을 거치고 자기수양을 이룬 자들일 것임은 말할 필요도 없다. 먼저, 교육의 목표는 덕 있는 사람이 되는 것이다. 그것은 사단을 확충하면 된다고 하였다. 인용을 보자.

【公孫丑 上 7】孟子曰 矢人豈不仁於函人哉 矢人唯恐不傷人，函人唯恐傷人。巫匠亦然，故術不可不愼也。孔子曰　‘里仁為美。擇不處仁，焉得智’。夫仁，天之尊爵也，人之安宅也。莫之禦而不仁，是不智也。不仁、不智、無禮、無義，人役也。人役而恥為役，由(猶)弓人而恥為弓，矢人而恥為矢也。如恥之，莫如為仁。仁者如射，射者正己而後發。發而不中，不怨勝己者，反求諸己而已矣。

맹자가 말했다: “화살을 만드는 사람이 어찌 갑옷을 만드는 사람보다 인하지 않겠는가? 화살을 만드는 사람은 오직 사람을 해치지 못할까 걱정하고, 갑옷을 만드는 사람은 오직 사람을 해칠까 걱정한다. 무당과 장인 또한 그렇다. 그러므로 기술은 진실하지 않으면 안 되는 것이다. 공자가 말하길 ‘인이 넘치는 마을은 아름답다. 택하여 인에 거처하지 않는다면 어찌 지혜롭다고 하리오?’했는데, 무릇 인이란 하늘의 높은 벼슬이요, 사람의 편안한 집이다. 이것을 제어하는 이가 없는데도 인하지 않다면 이것은 지혜롭지 못한 것이다. 인하지 못하고 지혜롭지 못하며 예가 없고 의로움도 없다면 남의 부역꾼이다. 남의 부역꾼이면서 부역하는 것을 부끄러워한다면, 활을 만드는 사람이 활을 만드는 것을 부끄러워하고 화살을 만드는 사람이 화살을 만드는 것을 부끄러워하는 것과 같다. 그것이 부끄럽다면 인을 하는 것만 같지 않다. 인이란 활을 쏘는 것과 같다. 활을 쏘는 자는 자신을 바르게 한 후에 발사하고, 발사하여 적중하지 못하면 자기를 이긴 자를 원망하지 않고 도리어 자신의 잘못을 돌아볼 뿐이다.”

화살을 만드는 사람은 어떠한 갑옷도 뚫을 수 있는 화살을 만드는 것이다. 그것이 화살 만드는 사람의 덕이다. 갑옷을 만드는 사람은 어떠한 화살도 막아낼 수 있는 갑옷을 만드는 것이다. 그것이 갑옷을 만드는 사람의 덕이다. 무당과 장인도 그들만의 덕이 있다. 그러니까 덕이란 각자의 재능이고 탁월성(arte)이다. 그러나 이것들은 기능적 탁월성일 뿐이다. 인간 일반이 갖추어야할 탁월성으로서의 덕은 무엇인가? 말할 것도 없이 그것은 요약하여 인(仁)이고 풀어서 인의예지의 사덕(四德)을 갖추는 것이다. 사덕의 실마리인 도덕적 본성을 가지고 태어났지만, 그것을 확충하지 않으면 덕 있는 사람이 될 수 없다. 반구제기(反求諸己; 자기에게서 돌이켜 구하는)하는 수양공부가 필요하고 그것을 도울 수 있는 교육이 이루어져야 한다.

사단을 확충하여 덕을 터득한 사람은 전덕인 인(仁)에 토대하여, 도덕적 문제사태를 파악하고[智], 직분과 관계에 걸맞는 덕목이나 합리적인 기준[義]을 설정하고, 나아가 그 기준에 따라 세부적인 규칙인 예(禮)를 입법하여 도덕적 실천을 할 수 있다. 따라서 덕 있는 사람이 되려면 4장에서 고찰한 바의 인의의 윤리학으로 무장되어야 한다. 인의의 윤리학은 인의 사랑을 분배하는 의로움의 기준으로 친친(親親)의 원리를 중시 여겼다. 그러나 한편으로, 친친의 원리가 혈연과 사적인 이익에 갇히지 않도록 개체성과 공동체성 간의 긴장과 조화를 늘 저울질 하는 이성적 노력과 중용의 도를 강조하였다. 이러한 인의의 윤리학이 교육내용을 구성한다. 아직 학생들은 마음 안에 내재한 도덕적 본성의 실체를 잘 모른다. 그들은 교사가 안내하는 인의의 윤리학을 이해함으로써 비로소 도덕적 본성의 실체를 자각하고 그것을 함양해 나갈 수 있다. 인용을 보자.

【告子 上 20】孟子曰 羿之教人射，必志於彀，學者亦必志於彀。大匠誨人，必以規矩 學者亦必以規矩。

> 맹자가 말했다: 예(羿)가 사람에게 활쏘기를 가르침에 반드시 활을 가득히 당기는 것에 뜻을 두자, 배우는 자도 또한 반드시 활을 가득히 당기는 것에 뜻을 두었다. 큰 목수가 사람을 가르침에 반드시 규구로써 하니, 배우는 자

도 또한 반드시 규구로써 한다.

*彀(구): 활을 가득히 당기는 것.

【離婁 上 1-1】孟子曰 離婁之明, 公輸子之巧, 不以規矩, 不能成方員。師曠之聰, 不以六律, 不能正五音。堯舜之道, 不以仁政, 不能平治天下。今有仁心仁聞而民不被其澤, 不可法於後世者, 不行先王之道也。

맹자가 말했다: "이루의 눈밝음과 공유자의 기교로도 규구(콤파스와 직각자)를 사용하지 않으면 네모와 원을 그릴 수가 없다. 사광의 총명함이라도 육률을 사용하지 않으면 오음을 바르게 할 수 없다. 요순의 도라도 인정을 사용하지 않으면 천하를 평안히 다스릴 수가 없다. 지금 어진 마음과 인자하다는 소문이 있으면서 백성들이 그 혜택을 입지 못하여 후세에 본받을 것이 없는 것은 선왕의 도를 행하지 않기 때문이다."

*離婁(이루): 옛날의 시력이 높았던 사람. *公輸子(공유자): 이름은 반(班)이고 기교가 많았던 노나라 사람. *師曠(사광): 음악에 뛰어났던 진(晉)나라의 악사(樂師).

교사가 선정하여 제공하는 교육내용은 학생들에게 중요한 가르침의 길잡이가 될 수밖에 없다. 교사는 규구(規矩)나 육률처럼, 인의의 윤리학을 학생들에게 가르쳐야 한다. 그러나 그것은 어디까지나 직접적이기보다는 간접적인 방법에 의해서이다. 정물(正物)의 교육은 인독트리네이션이 될 가능성이 있고, 오히려 사덕의 실마리인 싹을 말라죽게 조장해버린다. 또한 학생들에게 인의의 윤리를 가르친다고 해서 그들이 수동적으로 그대로 받아들이는 것도 아니다. 학생들은 스스로 지식을 구성해 가는 능동적 존재이기 때문이다. 그래서 학생들로 하여금 스스로 자득(自得)하는 것이 중요하다. 인용을 보자.

【盡心 下 5】孟子曰 梓匠輪輿能與人規矩, 不能使人巧。

맹자가 말했다: "목수와 수레 만드는 이가 남에게 규구는 줄 수 있지만 남을 기교롭게 할 수는 없다."

【離婁 下 14】孟子曰 君子深造之以道, 欲其自得之也。自得之, 則居之安, 居之安, 則資之深, 資之深, 則取之左右逢其原, 故君子欲其自得之也。

> 맹자가 말했다: "군자가 깊이 나아가기를 도로써 하는 것은 스스로 얻고자 하는 것이다. 스스로 얻으면 거처함이 편안하고, 거처함이 편안하면 이용함이 깊고, 이용함이 깊으면 좌우에서 취하여 씀에 그 근원을 만나게 된다. 그러므로 군자는 스스로 자득하고자 하는 것이다.

군자인 교사는 도덕적 본성에 토대한 인의의 윤리를 이미 자득한 자이고, 더 넓은 윤리의 지평을 자득해 나갈 수 있을 것이다. 그러나 이러한 자득의 학습 원리는 학생들에게도 중요한 것이다. 학생들이 이러한 원리에 따라 자득해 나가도록 이끌기 위해서 교사는 적절한 학습 환경을 제공해 주어야 하고, 학생들이 학습에 임하는 자세에 대해 조언할 수 있다. 인용을 보자.

【滕文公 下 6】孟子謂戴不勝曰 子欲子之王之善與, 我明告子。有楚大夫於此, 欲其子之齊語也, 則使齊人傅諸, 使楚人傅諸。曰 使齊人傅之。曰 一齊人傅之, 衆楚人咻之, 雖日撻而求其齊也, 不可得矣。引而置之莊嶽之間數年, 雖日撻而求其楚, 亦不可得矣。子謂薛居州, 善士也。使之居於王所。在於王所者, 長幼卑尊, 皆薛居州也, 王誰與為不善。在王所者, 長幼卑尊, 皆非薛居州也, 王誰與為善。一薛居州, 獨如宋王何。

> 맹자가 대불승에게 말했다: "당신은 당신의 왕께서 선해지기를 바랍니까? 내가 명확히 당신에게 말해주겠습니다. 여기에 어떤 초나라 대부가 있는데, 자식에게 제나라 말을 할 수 있도록 하려면 제나라 사람에게 가르치게 할 것입니까, 초나라 사람에게 가르치게 할 것입니까?" 대불승이 대답했다: "제나라 사람에게 가르치게 할 것입니다." 맹자가 말했다: "한 제나라 사람이 그를 가르치는데, 많은 초나라 사람이 그에게 떠들어대면 비록 매일 몽둥이 질하면서 제나라 말을 하라고 하더라도 익힐 수가 없습니다. 그를 데려다가

제나라 저자거리에 수년 간 놓아두면 비록 매일 몽둥이질하면서 초나라 말을 하라고 하더라도 역시 할 수가 없을 것입니다. 당신께서는 설거주를 선한 선비라고 여겨 그를 왕의 처소에 머물게 하고 있습니다. 왕의 처소에 있는 자가 어른이든 어린이든 비천하든 존귀하든 모두가 설거주 같은 이라면, 왕이 누구와 더불어 불선한 짓을 하겠습니까? 왕의 처소에 있는 자가 어른이든 어린이든 비천하든 존귀하든 모두가 설거주 같은 이가 아니라면, 왕이 누구와 더불어 선한 일을 하겠습니까? 한 명의 설거주가 홀로 송왕을 어찌 할 수 있겠습니까?"

【告子 上 9】孟子曰 無或乎王之不智也, 雖有天下易生之物也, 一日暴之、十日寒之, 未有能生者也。吾見亦罕矣, 吾退而寒之者至矣, 吾如有萌焉何哉。今夫弈之為數, 小數也, 不專心致志, 則不得也。弈秋, 通國之善弈者也。使弈秋誨二人弈, 其一人專心致志, 惟弈秋之為聽。一人雖聽之, 一心以為有鴻鵠將至, 思援弓繳而射之, 雖與之俱學, 弗若之矣。為是其智弗若與, 曰非然也。

맹자가 말했다: "왕께서 지혜롭지 아니함에 의혹이 없구나. 비록 천하에 쉽게 자라나는 생물이라도 하루 동안 햇빛을 쬐고 열흘 동안 추위에 시달리면 능히 자라날 수가 없다. 내가 뵈온지 또한 드물고, 내가 물어나 추위에 시달림에 이르니, 내가 어찌 싹트게 할 수 있겠는가? 지금 무릇 바둑의 수를 둠에 작은 수라도 마음을 전일하고 뜻을 다하지 않으면 얻을 수가 없다. 혁추는 나라를 통틀어 바둑을 잘 두는 자이다. 혁추로 하여금 두 사람에게 바둑을 가르치되, 한 사람은 마음을 전일하고 뜻을 다하여 오직 혁추의 소리를 듣고, 한 사람은 비록 듣더라도 마음 한 편으로 기러기와 고니가 장차 이르면 활과 주살을 당겨 그것을 쏠 생각을 한다면 비록 더불어 배운다고 해도 같을 수가 없는 것이다. 이것은 그 지혜가 같지 않아서였겠는가? 그렇지 않다고 말할 수 있다."

*弈(혁): 바둑. *鴻鵠(홍곡): 기러기와 고니. *繳(격): 주살.

초나라 학생들에게 제나라 말을 익히도록 하는 가장 좋은 방법은 그들을 제나라로 보내는 것이다. 아니면 그러한 학습 환경을 조성해 주어야 한다. 이러한 환경이 갖추어지지 않은 채 초나라에서 제나라 말을 몽둥이질을 해가며 가르치더라도 교육적 효과를 얻을 수 없다. 그리고 교사가 적절한 환경을 조성하고 가르치더라도 학생들이 학습에 임함에 있어 마음을 전일하게 하고 뜻을 다하지 않으면 또한 교육적 효과가 떨어질 수밖에 없다. 마치 이것은 훗날 주자학자들이 경(敬)의 원리를 말하는 것 같다. 경이란 각성된 의식으로써 주일무적(主一無適)하고 정제엄숙(整齊嚴肅)하는 것이기 때문이다. 물론 맹자는 이러한 의미의 경에 대해서 말한 적은 없다.[11)]

한편, 교사가 학습 환경을 조성하고 학생들이 학습에 임하는 자세가 갖추어져 있더라도 학생들은 학습에서 곤란을 겪는 경우가 있을 수밖에 없다. 그런 경우 교사는 다양한 방법으로 적절한 교수전략을 발휘할 수 있어야 한다. 인용을 보자.

【盡心 上 40】孟子曰 君子之所以教者五 有如時雨化之者, 有成德者, 有達財者, 有答問者, 有私淑艾者。此五者, 君子之所以教也。

> 맹자가 말했다: "군자가 가르치는 방법은 다섯 가지이다. 때에 맞춰 비가 내려 변화시키듯 교화하는 경우가 있고, 덕을 이루게 하는 경우가 있고, 재질을 통달하게 하는 경우가 있고, 질문에 답하는 경우가 있고, 사사로이 선으로 다스리는 경우가 있다. 이 다섯 가지는 군자가 가르치는 방법이다."

*財(재): 材(재질)의 뜻. *淑(숙): 善의 뜻. *艾(예): 治 의 뜻.

---

11) 공자나 맹자 등의 원시유학에서 대체로 경(敬)은 종교적 제례에서 경건한 자세를 갖추거나 인간관계에서 올바른 도리를 다한다는 의미로 사용했다. 이에 대한 자세한 고찰은 장승희, 『유교사상의 현재성과 윤리교육』(서울: 경인문화사, 2014), 266~274쪽 참조. 주자학적 의미의 경(敬)에 대한 고찰은 강봉수, 『성학십도와 한국철학 경연』(서울: 강현출판사, 2016) 참조.

【告子 下 16】孟子曰 教亦多術矣, 予不屑之教誨也者, 是亦教誨之而已矣。

> 맹자가 말했다: "가르침에는 또한 방법이 많은데, 나는 달갑게 여기지 않는 가르침, 이것 또한 그를 가르치는 것일 뿐이다."

*屑(설): 달갑게 여기다, 가루가 되게 부수다.

교사가 가르치는 방법에는 5가지가 있다. 첫째, 제 때에 비를 내려 감화시키는 방법(有如時雨化之者), 둘째, 덕을 이루게 하는 방법(有成德者), 셋째, 재질에 통달하도록 하는 방법(有達財者), 넷째, 질문에 응답하는 방법(有答問者), 다섯째, 사사로이 선으로 다스리는 방법(有私淑艾者)이 그것이다. 한마디로, 학생들의 흥미, 소질, 재능에 따라 가르침의 방법을 달리하는 것으로 볼 수 있다. 특히 '제 때에 비를 내려 감화시키는 가르침'은 학생들이 배움에 대한 갈망과 곤란을 강하게 느낄 때 마치 가뭄에 단비가 내리듯 정곡을 찌르는 가르침으로 교육적 효과를 거두는 것이다. '덕을 이루게 하고 재질에 통달하게 하는 가르침'은 학생들의 소질과 재능을 발견하고 북돋아주는 개별화 교수방법이다.[12)] '질문에 응답하는 가르침'은 한마디로 대화와 토론식 수업을 뜻한다. 『논어』나 『맹자』라는 책은 그 자체가 대화와 토론식으로 편성된 교재라고 볼 수 있다. 【만장萬章】편에서 만장이 묻고 맹자가 대답하는 사제지간의 질의응답은 전형적 대화와 토론식 교수-학습의 실례를 보여주고 있다. '사사로이 선으로 이끄는 가르침'은 직접적이 아니라 간접적인 방식으로 학생들에게 생각거리를 던져주고 자득하게 하는 교수방법이라 할 수 있다.

이처럼, 교사의 가르침은 학생이 이미 갖추고 있는 덕의 단서, 내적 재능에 바탕을 두고 다양한 방법으로 시의적절한 교수-학습전략을 구사하는 것이다. 학생들의 자발성, 의도, 흥미와 같은 내적 조건을 고려하지 않은 가르침은 교육적 효과도 의미도 없다. 이것이 맹자의 관점이다. 때로 교사는 학생의 가르침에 대한 요구를 거절하는 극단적인 처방으로 가르침을 행할 수도 있다. 이것이 이른바 달

12) 주자는 덕을 이루게 했던 가르침의 예로 공자가 염백우와 민자건에게 했던 가르침을, 재질에 통달하게 했던 가르침의 예로 공자가 자로와 자공에게 했던 가르침을 들고 있다.

갑지 않게 여기는 가르침, 즉 '불설교회'(不屑教誨)라는 것이다. '불설교회'는 '가르침 없는 가르침'으로써, 학생으로 하여금 교사가 왜 나를 가르쳐주기를 거부하는지 반성해보도록 촉구하는 것이다. 아래의 인용은 그러한 대표적인 예이다.

【告子 下 2-1】曹交問曰 人皆可以為堯舜, 有諸。孟子曰 然。交聞文王十尺, 湯九尺, 今交九尺四寸以長, 食粟而已, 如何則可。曰 奚有於是, 亦為之而已矣。有人於此, 力不能勝一匹雛, 則為無力人矣。今曰舉百鈞, 則為有力人矣。然則舉烏獲之任, 是亦為烏獲而已矣。夫人豈以不勝為患哉。弗為耳。

> 조교가 물었다: "사람은 누구나 요순이 될 수 있다고 했는데 그렇습니까?" 맹자가 대답했다: "그렇다." 조교가 말했다: "내가 듣기를 문왕은 10척이고 탕왕은 9척인데, 지금 나는 9척 4촌의 신장이지만 곡식을 먹을 뿐이니 어떡해야 합니까?" 맹자가 말했다: "여기에 무엇이 있으리오? 또한 그것을 할 뿐이다. 여기에 어떤 사람이 있는데, 힘이 한 마리 병아리도 이길 수 없다면 힘이 없는 사람이 된다. 지금 100균을 든다고 말하면 힘이 있는 사람이 된다. 그렇다면 오획이 들던 힘이라면 이 또한 오획이 될 뿐이다. 무릇 사람이 어찌 이기지 못할 것을 걱정하오리까? 하지 않을 뿐이다."

*曹交(조교): 조나라 임금의 아우. *雛(추): 병아리. *烏獲(오획): 힘이 장사였던 사람.

【告子 下 2-2】徐行後長者謂之弟, 疾行先長者謂之不弟。夫徐行者, 豈人所不能哉。所不為也。堯舜之道, 孝弟而已矣。子服堯之服, 誦堯之言, 行堯之行, 是堯而已矣。子服桀之服, 誦桀之言, 行桀之行, 是桀而已矣。曰 交得見於鄒君, 可以假館, 願留而受業於門。曰 夫道, 若大路然, 豈難知哉。人病不求耳。子歸而求之, 有餘師。

> (맹자가 말했다) "천천히 걸어서 어른보다 뒤에 가는 것을 공경이라 일컫고, 빨리 걸어서 어른보다 앞서 가는 것을 불경하다고 일컫는다. 무릇 천천히 가는 것이 어찌 사람이 할 수 없는 것이겠는가? 하지 않은 것이다. 요순의

> 도는 효제일 뿐이다. 자네가 요가 입었던 것을 입고, 요가 말했던 것을 읊고, 요가 행했던 것을 행동하면 이것은 요임금이 될 뿐이다. 자네가 걸이 입던 것을 입고, 걸이 말했던 것을 읊고, 걸이 행했던 것을 행동하면 이것은 걸임금이 될 뿐이다." 조교가 말했다: "내가 추나라 임금을 뵐 수 있다면 관사를 빌릴 수 있고, 유학하여 문하에서 수업받기를 원합니다." 맹자가 말했다: "무릇 도는 큰 길과 같으니, 어찌 알기 어렵겠는가? 사람들이 구하지 않음이 병통일 뿐이다. 자네가 돌아가서 구한다면 남은 스승이 있을 것이다."

조교라는 사람은 도덕적이지도 못하고 수양하고자 하는 마음도 게을렀던 모양이다. 이에 맹자는 그를 질타하며 요순의 도와 효제의 윤리를 배울 것을 종용하면서도, 정작 조교가 본격적으로 가르침을 받기위해 문하에 들어와서 스승으로 삼겠다고 하자 맹자는 그의 요구를 거절하고 있다. 주자는 이 문장을 전형적인 '불설교회'의 사례라고 주를 달고 있다.

4. 물정(物正)의 인격교육과 한국의 인성교육

맹자는 도덕성이 개인 내재적이라 보기 때문에 이 선함의 단서를 확충하면 된다(存心養性). 이 선의 단서를 확충하면 덕이 되는 것이다. 전덕으로서 인(仁)은 도덕의 제일원리로써 그것을 소유한 개인의 내적안목이다. 이 내적안목을 터득한 사람은 도덕원리에 입각하여 규범을 입법하고 집행할 수 있는 도덕주체가 될 수 있다. 그런데 이 내적안목의 성숙은 전적으로 자신에게 달린 것이지 남이 가르쳐 준다고 해서 달성될 수 있는 것이 아니다. 이것을 가르칠 수 있다고 생각하는 것 자체가 지적 오만이고 자율성의 침해라고 생각된다. 굳이 가르칠 수 있다는 표현을 쓴다면 그것은 '전덕'이 있음을 이해시킬 수 있을 뿐이다. 따라서 교육의 객체인 학생들의 자율성을 존중하는 이러한 교육은 직접적이기 보다 간접적인 방법이다. 지적토론이 중시되고 비판적 사고능력의 함양을 위한 교수기법 등이 중시된다. 교과와 교사의 역할도 간접적이다. 교과는 지식을 전달하는 매체라기보다는 지적토론을 위한 자료일 뿐이다. 그리고 교사는 그 지적토론을 이끌어 가는 보조자의 역할에 국한된다. 이것이 이른바 맹자가 주장하는 '정기물정'의 교육학이다.

맹자의 교육학은 현대적 의미의 자율적 도덕발달론과 다르지 않다고 본다. 그러나 맹자의 도덕교육론을 시공을 달리하는 콜버그류의 자율적 도덕발달론과 등치시켜 이해하는 것은 지나친 단순화의 오류를 가져올 수 있다. 콜버그류의 자율적 도덕발달론은 원리중심의 윤리에 토대하여 도덕적 이성의 계발을 중시한다. 맹자의 관점도 도덕적 이성의 계발을 중시하지만, 그가 말하는 이성은 엄격히 말해 감정과 분리된 이성이 아니라 감성에 토대한 이성 혹은 인지적 감성의 계발이다. 분열된 인격과 그에 토대한 교육은 근대 이후의 산물일 뿐이다. 따라서 맹자의 교육론은 발달지향의 인격교육 혹은 덕성교육론이라 해야 할 것이다.

이러한 물정의 교육학은 오늘날 한국의 인성교육에 대한 접근을 돌아보게 한다. 대체 인성이란 무엇인가? 아직도 우리학계나 교육현장에서는 '인성' 혹은 '인성교육'의 개념에 대해 정확히 합의되지 못하고 혼란스러운 상황이다. 가장 비근한 예로 우리가 쓰고 있는 '인성'이 'Personality'를 뜻하는지 'Character'를 말하는지 오락가락이다. 이에 터하여, 우리는 '인성교육'이란 용어를 스스럼없이 사용하고 있는데, 동양철학적 전통에 따라 어떤 이는 '도덕적 인성'을 길러주는 교육으로 이해하고, 어떤 이는 심리학적 관점에서 도덕(성)을 포함하여 개인적 성품과 자질을 함양하는 교육으로 사용하기도 한다. 왜 이런 혼란이 생기는가?

동양철학적 전통에서 '인성(人性)'은 항상 인간의 본성(本性)을 논구할 때 사용하였다. 인간의 본성을 선(善)으로 보든, 악(惡)으로 보든, 혹은 또 다른 관점으로 보든 그것은 항상 '도덕성'의 개념과 결부되어 논의되어 왔다. 이러한 전통 때문에 오늘날 우리 학계와 교육현장에서는 대체로 '인성'은 곧 '도덕성'이고, '인성교육'은 곧 '도덕(성)교육'으로 이해되고 있다. 이러한 관점은 교육심리학적으로 보면 인격교육(Character Education)을 의미한다.

그러나 서양의 심리학적 전통에 익숙해 있는 학자들은 '인성'의 개념을 주로 '개인의 다양한 심리적 특성'을 의미하는 Personality로 이해한다. Personality의 어원은 라틴어인 persona에서 유래한다. 그것은 고대 그리스의 드라마에서 연극배우들이 자신의 배역에 따라 얼굴에 썼던 가면을 뜻하는데, 즉 '행위자의 역할'을 의미한다. 그러니까 여기서는 인간이 이중적 존재임을 함축하고 있다.

<가면 뒤에 숨어 있는 본래적 자기>와 <가면적 자기>[13]가 그것이다. 심리학적으로 Personality의 개념적 구성요소를 표로 제시해 보면 아래와 같다.

〈표 6〉 Personality의 개념적 구성요소

<table>
<tr><th colspan="2">본래적 자기</th><th>가면으로서의 자기</th></tr>
<tr><th>temperament(기질)</th><th>individuality(개성)</th><th>character(인격)</th></tr>
<tr>
<td>○ 유전적 경향성에 기초한 생리적 구조 혹은 체질
○ 체질에 바탕을 둔 정서적 반응의 양식으로서 비교적 불변적인 특성을 지님
○ 인성의 심층적이고 기초적인 부분</td>
<td>○ 유전과 환경의 상호작용의 결과
○ 다른 사람들과 구분할 수 있는 개인만이 지닌 고유한 특성(소질, 자질, 능력, 적성, 흥미, 지능, 성격특성 등)
○ 개성의 신장을 위해 노력해야 함 - "자아 실현"의 개념</td>
<td>○ 어원: karacter(희랍어) - 동전에 각 인하는 마크 → "어떤 것이 다른 것들과 구별되는 독특한 특성" → 타인들에 의해 평가된 자기.
○ arte(아리스토텔레스): "탁월성" - 인 간, 동물 등 모든 것에 적용, 인간에 한정할 때 "인간으로서 탁월성", 즉 덕(德)을 의미했음. 이후 arte는 윤리적 의미로 한정되어 "excellence of character"(도덕적 탁월성 혹은 성품)의 뜻으로 정착됨.
○ virtus(라틴어) - 용기, 충성, 절제, 정 의와 같은 주로 남성다움, 남성다움의 기능을 잘 발휘하는 것 → moral virtue(도덕적 덕) 개념으로 발전</td>
</tr>
<tr>
<td colspan="2">○ 가치 판단의 대상이 될 수 없음.
○ 오늘날 주로 개인적 특질과 인성을 뜻하는 것으로 이해하고 있음</td>
<td>○ 가치판단의 대상
○ 오늘날 주로 도덕적 인성 혹은 인격의 개념으로 이해하고 있음.</td>
</tr>
</table>

13) 사회적 관계에서 얻은 자신의 역할에 따라 공적 이미지로서의 자기, 타인들에 의해 평가된 자기를 뜻한다.

인성의 개념을 Personality로 이해한다면, <표 6>에서 보는 것처럼 인성교육은 도덕(성)교육만을 의미하지 않는다. 기질은 교육의 대상이 아니다. 따라서 인성교육은 개성(Individuality)과 인격(Character)을 길러주는 교육이어야 한다. 전자가 개성의 발견과 자아실현을 돕는 교육이라면, 후자는 반드시 도덕성에 국한되지 않지만 넓은 뜻에서 인간으로서 마땅히 갖추어야할 품격을 기르는 교육이다. 학계와 교육계의 혼란상과 관계없이, 이상의 두 가지 인성(교육) 개념 중 우리나라가 법적으로 규정하는 개념은 어느 쪽인가? 「인성교육진흥법」(법률 제13004호 신규제정 2015. 01. 20.)의 제2조 (정의)에서는 인성교육의 개념과 내용을 다음과 같이 규정하고 있다.

1. "인성교육"이란 자신의 내면을 바르고 건전하게 가꾸고 타인·공동체·자연과 더불어 살아가는 데 필요한 인간다운 성품과 역량을 기르는 것을 목적으로 하는 교육을 말한다.[14)]
2. "핵심 가치·덕목"이란 인성교육의 목표가 되는 것으로 예(禮), 효(孝), 정직, 책임, 존중, 배려, 소통, 협동 등의 마음가짐이나 사람됨과 관련되는 핵심적인 가치 또는 덕목을 말한다.
3. "핵심 역량"이란 핵심 가치·덕목을 적극적이고 능동적으로 실천 또는 실행하는 데 필요한 지식과 공감·소통하는 의사소통능력이나 갈등해결능력 등이 통합된 능력을 말한다.

그렇다면, 우리나라가 법적으로 규정하고 있는 인성교육의 개념은 도덕적 인성을 기르는 Character Education(인격교육)이다. 현대 인격교육에 접근하는 이론적 관점에도 크게 보면 세 가지가 있어왔다.

첫째, 길러주어야 할 도덕적 인성의 구성요소로써 가치나 덕목은 사회적으로 합의가능하다는 전제하에, 명시적•묵시적으로 합의하는 특정의 가치나 덕목을 자라나는 세대들에게 사회화시켜 주어야 한다는 관점이다. 이러한 접근은 주로 사

14) 인성교육에 관한 정의는 「제주특별자치도교육청 인성교육 진흥 조례」(제주특별자치도조례 제 1494호, 2015. 11. 24)에서도 똑 같다.

회적 이념이나 가치체계를 구성원들이 공유할 수 있었던 중세까지의 전통시대에서 유효했던 이론이다. 교육방법적으로 이러한 접근을 도덕적 사회화론이라 부른다. 학생들은 기성의 규범문화에 입문시켜 주어야 할 대상이고, 교사는 전통의 대변자이고 권위자이다.

둘째, 가치 다원화된 민주사회에서 사회적으로 합의된 가치나 덕목은 있을 수 없다는 전제하에, 도덕적 인성은 비지시적이고 가치가 배제된 방식으로 가치나 덕목을 가르쳐야 한다는 관점이다. 교사는 가치나 덕목을 다루는 절차와 방법을 가르칠 수 있을 뿐, 가치를 직접 전수하려고 해서는 안 된다. 학생들은 나름의 도덕철학자들이다. 그들 스스로 도덕적으로 사고하고 판단하며, 그러한 판단에 따라 행동할 수 있도록 이끌어 주어야 한다. 교육방법적으로 이러한 접근을 자율적 도덕발달론이라 부른다.

셋째, 중도적 접근 혹은 통합적 접근론이 있다. 가치 다원화된 민주사회에서도 합의 가능한 핵심 가치나 덕목들은 있을 수 있다는 전제하에, '논란거리가 아닌 덕들'(non-controversial virtues) 혹은 '공통적인 덕들'(common virtues)은 직접 학생들에게 사회화시킬 필요가 있으며, 그 외의 가치나 덕목은 학생들이 스스로 탐색해 볼 수 있도록 해야 한다는 관점이다.

이상의 세 가지 접근론 중에서 우리나라 인성교육진흥법이 채택하고 있는 이론은 첫째의 도덕적 사회화론에 가깝다. 그러나 민주사회에서 이러한 접근법은 학생들의 자율성을 침해하고, 교화(indoctrination) 가능성이 농후한 것이라고 비판받는다. 미국에서도 1950년대 중반까지 미국적 전통과 가치를 가르치는 인격교육이 실천되었던 바 있다. 그러나 1950년대 중반이후에 미국사회는 급격하게 가치 다원화된 사회로 진입했고, 기존의 인격교육은 학생들의 자율성을 위협하는 교화라고 지탄받으면서 폐기되었다. 그 대신 학생들이 자율적으로 가치를 탐색하고 자신이 선호하는 가치를 명료할 수 있는 능력을 기르는 가치교육(Value Education), 가치갈등 상황에서 일반화 가능한 도덕원리에 근거하여 가치판단 능력을 기르는 도덕교육(Moral Education)이 설득력을 얻게 되었다.[15] 우리나라는 1990년대까지 이른바 '국민윤리교육' 혹은 '국민정신교육'이라는 명칭으로 사회

15) 래스 등의 가치명료화 이론과 콜버그류의 인지발달심리학적 도덕교육론이 그것이다.

화론적 인격교육 혹은 정치교육을 했다. 특히 그것은 권위주의정권들이 특정한 가치나 덕목을 시민과 학생들에게 주입하려는 측면이 강했다는 점에서 교화에 가까웠다. 현재의 인성교육진흥법에도 특정한 가치나 덕목을 나열하고 있다. 비판적 관점에 있는 학자들이 이 법의 폐기를 주장하는 근거가 되고 있는 것도 이러한 측면이다.[16)]

나는 인성교육진흥법이 제정된 배경과 세월호 참사(2014. 4. 16)가 무관하지 않다고 여긴다. 세월호 참사의 책임을 학교 인성교육의 부재로 돌린 것이다. 정말 그렇다면 인성교육은 접근방법을 달리해야 한다. 이 법에서 나열된 가치들이 아무리 바람직한 덕들이라 하더라도 국가가 나서 특정한 가치를 주입하려는 시도는 잘못된 접근이다. 돌이켜보면, 세월호 참사의 책임은 세월호와 대한민국호의 선장에게만 있지 않다. 오로지 자본과 경쟁과 효율만을 중요한 가치로 여겨온 국가체제시스템과 그것을 만들고 용인해온 어른들 모두에게 그 책임이 있다고 여긴다. 국가체제시스템은 교육의 장에서 재생산되어 왔다. 가정교육도 학교교육도 모두 자본과 경쟁과 효율을 최우선 가치로 가르치고 있다. 창의와 비판적 안목을 키우기보다는 점수 따기에 유리한 문제풀이식 교육을 중시한다. 사랑과 나눔과 배려보다는 미움과 질시와 탐욕만을 배우는 경쟁교육을 당연히 여긴다. 개성의 신장과 자아의 실현을 돕기보다는 획일적 교육과정을 더 중시 여긴다. 지역과 빈부를 떠나 공정한 교육의 기회를 주기보다는 돈 많은 집안의 아이들이 학벌을 키우는데 유리할 수밖에 없는 교육현실을 체험으로 학습하도록 하고 있다. 그래서 우리 아이들이 교육의 장에서 형성되는 인성은 개인들 간의 삶의 경쟁에서 이기는 경쟁심이다.

삶의 경쟁에서 이기기 위하여 형성하는 또 하나의 인성이 있다. 이른바 '착한 아이' 컴플렉스이다. 나로 하여금 세월호 참사 때 울분을 참지 못하게 한 것이 "가만히 있으라"는 어른들의 말에 순종한 착한 아이들이 최대의 희생자가 되었다는 점이다. 대한민국의 아이들은 어른들과 국가가 만들어온 규범과 제도에 순응하도록 하는 교육만을 받아왔다. 교육의 본질실현을 위한 근본적 개혁은 하지 않

16) 김용택, "국제사회에서 망신당한 인성교육진흥법 폐기해야", 「김용택의 참교육 이야기」 (http://chamstory.tistory.com/2451) 참조.

은 채 정권의 입맛에 따라 바뀌는 대입제도에 불평 한마디 못하고 따라야만 했고, 교육청과 학교가 일방적으로 정하는 규칙에 따라 학교생활을 하도록 강요받았다. 학교에서 이루어지는 모든 인성교육은 어른들과 국가가 정한 가치와 규범에 순응하는 아이를 길러내는 것이었다. 한마디로, 어른들이 보는 착한아이란 기성의 가치와 규범에 순응하는 아이인 셈이다. 생명의 화급을 다투는 절체절명의 순간에 아이들은 비판적 사고를 발휘하지 못하였고 어른들의 말에 순응할 줄만 알았다. 그것이 살아남는 길이라고 여겼다. 획일적 경쟁교육이 비판적 사고를 봉쇄했고 착한아이 컴플렉스가 아이들을 죽음으로 내몰았다. 아마도 침몰하는 배에서 겨우 탈출하여 구조되고 살아남은 아이들도 교육의 결과이기보다는 생명의 본능에 충실했기 때문일 것이다. 그것이 훨씬 나았고, 희생당한 아이들도 마땅히 그렇게 행동했어야 한다. 불행히도 길들여진 본성이 본능을 가로막아버렸다. 아이들을 잘못 가르친 어른들의 탓이다. 세월호 참사는 모든 어른들의 책임이고 교사들의 책임이다.

그렇다면 이제 도덕적 인성을 기르는 교육은 아이들이 스스로 가치를 탐색하고 비판적 사고와 가치판단 능력을 길러주는 자율적 발달론의 관점으로 전환해야 한다. 물론 민주사회에도 '논란거리가 아닌 덕들' 혹은 '공통된 덕들'이 있을 수 있고, 그것은 직접 전수해 주어야 할 것이다. 여전히 아이들을 공동체로 입문시켜주는 것은 필요하기 때문이다. 그러나 이미 '논란거리가 아닌 덕'들은 정규 교육과정(도덕교과 등)에 충분히 반영되어 있다고 여긴다. 따라서 더 이상 국가가 나서 법으로 정하면서 특정한 가치나 덕목을 주입하려는 시도는 이제 그만두어야 한다.

그리고 인성교육의 개념을 도덕적 인성 즉 Character Education에 국한하지 말고, 개인들이 다양한 심리적 특성뿐만 아니라 저마다의 소질과 적성의 계발을 돕는 Personality Education으로 확장하여 규정했으면 한다. 이렇게 규정할 때, 인성교육은 특정 교과만의 전유물이 아니라 모든 교과는 물론 명시적•잠재적 교육과정 그 자체가 마땅히 책임져야할 교육영역이 된다. 도덕교과는 도덕적 인성 즉 인격교육을 책임지는 교과이고, 사회교과는 민주시민의식을 함양하는 교과이다. 수학과 과학은 합리적 사고와 과학적 사고를 길러주는 교과이고, 국어 교과는 문학적 상상력과 시적 감수성, 논리적 사고를 길러주는 교과이다. 예체능교과는 예술적 감수성과 심미적 능력 등을 길러주는 교과이다. 이처럼 모든 교과가 자기만의 인성교육의 한 축을 담당할 수 있다. 그러한 가운데, 우리는 아이들로 하여금 저마다의 소질과 재능을 발견하고 함양할 수 있도록 도와야 한다. 이러한 인성교육을 하려면 기존처럼 교사중심의 사회화론적 접근으로는 안 된다. 학생들이 스스로 자신의 소질을 계발하고 인성을 함양할 수 있도록 학생중심의 자율적 발달론으로 접근해야 한다. 이에 걸맞게 가르침이 아니라 배움 중심의 교수-학습 전략도 모색해야 한다. 이러한 점에서 맹자의 교육학은 다시 주목된다.

제8장

현대적 의의와 한계

제8장 현대적 의의와 한계

1. 논의의 요약

철학이나 사상은 시대적 아픔의 산물이다. 맹자가 살았던 전국시대는 온갖 고통과 질병이 난무하는 병든 시대였다. 인간들은 동물적 야수성을 드러내며 존재의 나락으로 떨어졌고, 세상은 온통 이익의 이전투구를 벌였다. 제가의 사상가들이 등장하여 나름대로 병든 시대의 아픔을 치유하고자 하였다. 맹자는 이들과 사상적 논쟁과 대결을 벌이면서 자기철학을 구축해갔다.

세상에 하늘의 명령 아닌 것이 없다. 따라서 인간은 하늘의 명령에 따라 살아야 한다. 그런데 문제는 하늘의 명령을 모두 알 수 있고 그것을 실천할 수 있느냐에 있다. 알 수 있는 명령이 있고, 알 수 없는 명령도 있다. 알 수 있는 명령이라 하더라도 그것을 인간의 의지대로 탈바꿈할 수 있는 명령도 있고, 질곡에 빠진 것처럼 인간의 의지대로 할 수 없는 명령도 있다. 인간의 의지대로 탈바꿈할 수 있는 명령이라도 실제 행동으로 옮길 수 있는 명령도 있고, 행동으로 옮길 수 없는 명령도 있을 수 있다. 결국, 천명을 대하는 인간의 자세에는 피동적 객체성으로 머물 수밖에 없는 영역이 있고, 능동적 주체성으로 맞설 수 있는 영역이 있다고 할 수 있다. 전자의 경우에는 우리가 할 수 있는 일에 최선을 다한 다음에 하늘의 명령을 기다릴 수밖에 없다(진인사대천명盡人事待天命). 후자의 경우에는 능동적이고 주체적으로 천명을 개척해 나가야 한다. 천성으로서 도덕성의 영역이 그것이다.

인간은 선천적으로 선한 도덕성을 가지고 태어났다. 그러나 처음부터 맹자가 그렇게 본 것은 아니었다. 양자는 귀생(貴生)주의에 토대한 정치적 불간섭주의를 표방하였다. 귀생은 말 그대로 생명을 소중히 여기는 사상이다. 모든 생명은 그것의 유지를 위해 필요수준의 욕구를 추구한다. 필요 이상도 필요 이하도 생명을 해친다. 생명의 필요를 욕구하는 것은 도덕적으로 선도 악도 아니고(性無善無惡) 자연적 본성일 뿐이다. 양자는 자기생명을 소중히 여기는 귀기(貴己)에 충실하고 정치적 불간섭주의를 추구할 때 세상이 자연스럽게 다스려질 것이라는 무위적 사유를 전개하였다. 고자는 공자가 아니라 양자로부터 성무선무악설을 배웠는지 모르겠다. 그러나 그는 양자의 자연적 본성에 따른 무위적 삶이 불가능한 시대라고 진단했다. 이미 인간들은 필요수준의 욕구를 넘어 욕망을 추구하는 존재가 되었다. 문명의 세계에서 자연적 본성은 동물적 본능으로 추락하였다. 이제 그것은 외부의 힘으로 통제되고 조절되어야만 한다. 그래서 그는 밖의 규범을 내면화하는 조장(助長)의 교육학을 주장하였다.

스승인 공자가 그랬듯, 맹자도 잠시 성무선무악설을 고민했다. 그러나 곧 자연적 본성의 동물적 본능화라는 고자의 진단에 동의했다. 그렇다면 양자의 관점은 너무 이상적이고 소박한 발상이다. 그의 관점은 자칫 인간의 동물적 야수성을 조장하고, 이기주의와 종욕주의를 추구하는 인간을 허여하게 만들 뿐이라고 여겼다. 외부의 힘으로 동물적 야수성을 통제하려는 고자의 관점도 인간의 존재를 나락으로 추락시킴에는 매 한가지다. 고작해야 고자의 관점은 인간이 이익을 합리적으로 추구할 줄 아는 존재라는 것이다. 맹자는 이 정도의 인간의 위상에 수긍할 수 없었다. 인간은 동물적 본능을 가지지만 동시에 도덕적 본성을 가진 존재이다. 그래서 인간은 이익과 무관하게 순수한 도덕적 동기에 따라 삶을 살아갈 줄 아는 유일한 존재이다. '차마하지 못하는 마음'이 없다면 그것은 인간이 아니다. 이것이 맹자가 유학의 정통으로 정립한 성선설이다.

그러나 맹자의 성선설을 정당화하는 데는 한계가 있다. 그의 성선설은 경험적 사실이기보다는 형이상학적(초월적) 사실이었고, 인간이 그런 존재이어야 한다는 규범적 명제였다. 그의 성선설을 정당화한다면 그것은 실존적이고 실천적 차원에서이다. 인간은 누구나 내 삶에 대한 책임을 스스로 결정해야 하는 실존적 선택을 요구받는 존재이다. 이것은 바로 인간다움을 자신의 실천적 행동을 통해서 만들어가야 한다는 것을 의미한다. 맹자는 말한다. '차마하지 못하는 마음'이 없으면 인간이 아니고, '부끄러워하는 마음'이 없으면 인간이 아니라고 말이다. 이것이 인간됨 혹은 인간다움의 최소한의 품격이다. 최대한의 품격은 각자의 실존적 선택과 실천적 행동을 통하여 확보될 수밖에 없다. 이를 위해 인간은 자기수양과 교육에 나서야 한다.

인간은 도덕적 본성을 함장하고 태어났다. 그러나 덕 있는 사람이 되기 위해서는 천성의 마음을 보존하고 본성을 길러내야 한다(존심양성存心養性). 본성을 보존하고 기르기 위해서는 그것의 실마리인 사단(四端)을 확충해야 한다. 사단을 확충하기 위해서는 우선 식색지성으로 흐트러지고 방만해지기 쉬운 마음을 부여잡고(구방심求放心), 욕망을 줄여야 한다(과욕寡慾). 더 나아가 어떠한 욕망에도 흔들리지 않는 마음인 부동심(不動心)의 경지에 도달해야 한다. 부동심의 경지에 도달하여 항상 마음이 도리를 향하여 선의지를 발휘하게 하기 위해서는 '호연지기'(浩然之氣)를 길러야 한다. '호연지기'를 기르기 위해서는 방임(放任)해서도 안 되고 밖으로부터 조장(助長)해서도 안 된다. 방임도 조장도 하지 않으면서 '호연지기'를 기르는 길에 맹자적인 교육의 역할과 방법이 있다. 교육의 역할은 이러한 수양공부의 과정에 교사가 간접적으로 관여하는 것이다. 이것이 이른바 '정기이물정'(正己而物正)의 교육학이다.

사단을 확충하여 덕을 터득한 사람은 전덕인 인(仁)에 토대하여, 도덕적 문제사태를 파악하고[智], 직분과 관계에 걸맞는 덕목이나 합리적인 기준[義]을 설정하고, 나아가 그 기준에 따라 세부적인 규칙인 예(禮)를 입법하여 도덕적 실천을 할 수 있다. 따라서 덕 있는 사람이 되려면 인의의 윤리학으로 무장되어야 한다. 인의의 윤리학은 인의 사랑을 분배하는 의로움의 기준으로 친친(親親)의 원리를 중시 여겼다. 그러나 한편으로, 친친의 원리가 혈연과 사적인 이익에 갇히지 않도록 개체성과 공동체성 간의 긴장과 조화를 늘 저울질 하는 이성적 노력과 중용의 도를 강조하였다. 이러한 인의의 윤리학이 교육내용을 구성한다. 아직 학생들은 마음 안에 내재한 도덕적 본성의 실체를 잘 모른다. 그들은 교사가 안내하는 인의의 윤리학을 이해함으로써 비로소 도덕적 본성의 실체를 자각하고 그것을 함양해 나갈 수 있다.

맹자의 인의(仁義)의 윤리학은 '차마하지 못하는 마음'을 바탕으로 입론된 것이다. '차마하지 못하는 마음'을 미루어 '차마하지 못하는 정치'로 이어져야 한다. '차마하지 못하는 마음'은 부자(父子)간에서 시작된다. 친친(親親)의 원리에 따라 화가위국(化家爲國)으로 나아가야 한다. 이것이 왕도정치의 이상이기도 하다. 그런데 묵자는 이러한 유가의 도덕원리와 사회철학을 걸고넘어진다. 유가는 사적인 가문과 혈연적 유대만을 중시하는 별애(別愛)주의자들이라는 것이다. 그래서 그는 가문과 혈연을 넘어선 차별 없는 사랑을 주장하고, 그 사랑은 이익을 서로 나누는 사랑이어야 한다고 말한다. 묵가는 종법(宗法)에 바탕을 둔 예제(禮制)까지도 부정하고자 하였다. 이러한 점에서, 신분을 막론하고 농업을 경작하고 생산에 종사해야 한다는 허행에게도 묵자적 혐의가 없지 않다. 그러나 맹자는 묵자의 겸애주의도 허행의 신농주의도 용납할 수 없었다.

농업종사자가 있고, 생활도구제작자가 있어, 그들 간에 서로 상품의 거래와 교환을 통하여 살아가야 하듯이, 천하를 이끌어가는 노심자(勞心者)도 있어야 한다. 이러한 맹자의 관점에서 차라리 양자의 사고는 순박한 것이지만, 묵자나 허행의 관점은 비현실적이고 더욱 위험한 사상이다. 맹자가 양자에게는 임금이 없고, 묵자에게는 아버지가 없다고 비판한 것은 이러한 뜻에서다. 그는 양자적 개체주의와 정치적 불간섭주의보다는 묵자적 공동체주의를 더욱 경계하였다. 묵자적 사고는 자칫 전체주의적 독단의 사고를 잉태할 수도 있다고 여겼다. 이익을 똑같이 나누는 사랑은 독재자를 전제하지 않으면 실현 불가능할 것이기 때문이다. 맹자는 힘으로 이익을 나누는 관중의 패도정치사상도 못마땅하게 여겼다.

맹자는 양자의 개체주의와 묵자의 공동체주의 간의 긴장된 조화를 자기관점으로 정립하고자 하였다. 그래야 사적인 혈연에만 묶이지 않고 공적인 국가만을 중시하지도 않으면서 화가위국의 왕도정치를 구현할 수 있다고 보았다. 그래서 '차마하지 못하는 마음'을 미루어 '차마하지 못하는 정치'를 구현할 수 있는 덕(德)을 지닌 정치적 리더가 중요한 것이다. 그들이 진정한 노심자들이다. 패도를 실현했던 패제후(오패)들은 그들이 백성을 위하는 정치를 했다고 하더라도 가짜로 인(仁)을 빌린 자들일 뿐이고, 군신간의 의리[義]를 저버린 자들이다. 마음만 먹으면 할 수 있는 왕도를 하지 않고 패도의 길을 선택했던 그들은 인간의 본질을 외면하면서 존재의 나락으로 이끌었던 자들일 뿐이다. 맹자가 관중의 패도와 대결할 수밖에 없었던 이유이다.

왕도정치는 '차마하지 못하는 정치'를 미루어 '차마하는 정치'로 나아가는 인의(仁義)의 정치, 여민동락(與民同樂)하는 민본주의정치, 군주와 현자가 더불어 다스리는 군신공치주의를 이상(理想)으로 삼는다. 맹자는 이러한 왕도정치의 이상을 실현하기 위한 정책적 방안으로 바른 인재의 등용, 항산(恒産)의 대책 수립, 분배와 조세정의의 달성, 백성들의 교육, 부당한 전쟁의 거부 등을 주장하였다. 그는 이러한 이상과 방안을 가지고 열국을 주유하면서 제후들을 설득하고 실천하는 삶을 살았다. 맹자는 왕도정치를 실현하는 제후가 천하의 주인이 될 것이라고 예상하였다. 그러나 맹자의 예상과는 달리 세상은 여전히 돌아가고 있었다. 천자의 징벌권이 사라지고 패자의 정벌전쟁도 바람직하지 않다고 한다면, 문란한 정치를 펼치는 제후를 어떻게 할 것인가? 설득과 간언과 여론으로도 제후의 실정을 돌릴 수 없다면 결국 그를 교체하는 방법밖에 없다. 그래서 그는 역성혁명(易姓革命)을 주장했다.

맹자는 제가와의 사상적 논쟁과 대결을 벌이면서 자기철학을 구축하였다. 그는 고자와의 철학적 논쟁을 벌이면서 성선론을 입론하고, 자기수양과 교육학의 이론을 정립하였다. 또한 양•묵의 학설과 대결하면서 당위적 인의(仁義)의 윤리학과 친친(親親)의 원리를 구축하였다. 그리고 허행의 신농(神農)주의와 논쟁하면서 사회적 분업과 역할윤리를 정립하고자 하였고, 관중의 패도정치에 맞서 인정(仁政)에 토대한 왕도정치의 이상을 실현하고자 하였다. 이것이 요순으로부터 공자로 이어져온 유학의 정통사상이라고 여겼다.

2. 순자(荀子)의 맹자 비판과 맹자유학의 정통성

맹자는 제가의 학설과 대결을 벌이면서 유학의 정통사상을 수립하고자 했지만, 정작 맹자철학은 유학의 동지였던 순자(荀子, BC 298?~BC 238?)로부터 혹독한 비판을 받아야 했다. 물론 맹자와 순자가 서로 만나 토론을 벌인 적은 없다. 순자가 50~60년 후배였기 때문이다. 사실 맹자가 그러했듯, 순자도 앞선 제가의 학설을 비판하면서 자기철학을 구축한 사상가였다. 그는 '요즘 혼란한 세상을 틈타 사악한 학설로 세상을 진단하고 헛된 처방을 내리는 학자들이 있다.'고 했는데,[1] 제가에 대한 그의 논평을 간략히 보고, 맹자에 대한 비판을 검토해 보자.

먼저, 순자는 법가(法家)에 대하여 "법에 눈이 어두워서 현자의 가치를 모르고, 권세만을 고집하면서 (현자의) 지혜를 활용할 줄 모른다."[2]고 비판한다. 그러니까 법가는 법령과 형벌에 의한 권력정치만을 알 뿐 인의와 예의에 입각한 덕치(德治)의 효용성을 모른다는 것이다. 법가적 처방은 위로부터의 강압을 통한 정치이기에 백성을 두려움에 떨게 만들뿐 밑으로부터의 자발적 동의를 얻을 수 없다. 한편, 법가적 처방의 반대 항에 도가(道家)가 있는데, 이를테면 노자는 "유약하게 굽히는 것만을 알고 강하게 펴나가는 것을 몰랐다."[3]고 순자는 비판한다. 그가 보기에 노자의 처방은 자유방임의 정치이거나 무정부주의일 뿐이라는 것이다. 이기적 존재인 인간의 본성을 선(善)하다고 여기고 인정(仁政)과 왕도(王道)만 부르짖는 맹자적 처방도 비현실적이다. 인간의 이기심을 인정한 묵자의 사상이 순자의 관점에 부합하지만, 불행히도 묵자는 실용에 눈이 어두워서 문화의 중요성을 알지 못했다.[4] 묵자가 절용과 과욕을 주장하였지만, 정작 이기심을 자기규제에 의해 스스로 규율할 수 있는 규범을 제공해주지 못하였다는 것이다.

순자는 제가를 비판적으로 수용하면서 자기철학을 정초하였다. 그는 묵자를 따라 인간을 이기적 존재로 인정한다. 법가를 따라 문화와 규범의 필요성을 인식하였다. 그러나 그는 법가의 외적인 강제규범에 반대하여 내적인 자율규범이 바람직하다고 여겼다. 묵자의 '무차별적 사랑'(兼愛)의 비현실성에 반대하여 공자와 맹자의 '차서(次序)적 사랑'(仁義)을 따랐다. 위정자의 덕치의 효용성에 대해서도 인식하였다. 이러한 점에서 순자는 공자와 유교의 사상적 후계자이다. 그러나 인간본성의 선함에 토대한 맹자적인 당위윤리와 왕도정치는 너무 이상적(理想的)이다. 이상이 너무 높으면 오히려 위선(僞善)을 낳을 수 있다. 인간의 현실적 이기심

1) 『荀子』, 「非十二子」, "假今之世, 飾邪說, 文姦言, 以梟亂天下, 矞宇嵬瑣, 使天下混然, 不知是非治亂之所存者, 有人矣." 이하에서 『荀子』의 인용은 편명만을 밝히겠다.
2) "愼子蔽於法而不知賢, 申子蔽於勢而不知知."(解蔽篇; 21-22).
3) "有見於詘, 無見於信." (天論篇: 51).
4) "墨子蔽於用而不知文." (解蔽篇: 21).

을 인정하면서 그 이기심을 자율적으로 규제할 수 있는 문화의 건설이 바람직한 처방이다. 이것이 순자가 겨냥한 철학이었다. 순자의 맹자 비판을 좀 더 자세히 보기로 하자. 순자의 맹자비판의 초점은 인성론과 예(禮)의 효용성에 맞춰져 있지만, 사실 전방위적이다. 맹자와 대비적 관점에서 순자철학을 간략히 보자.[5)]

1) 천인분리(天人分離)의 세계관

공자에서 맹자로 이어지는 천(天)이 인간의 치란에 관여(上帝天)하거나 인간의 도덕적 본성을 보증하는 형이상학적 실체(義理天)였다면, 순자에게 있어서 천(天)이란 물리적 자연현상에 지나지 않는다(창창유형蒼蒼有形의 천天).[6)] 그는 자연 현상을 하늘의 작용 그 자체로 보고 있다. 그 작용은 만물의 생장소멸을 이끌어가는 법칙이고 원리일 뿐이다. 물론 법칙은 겉으로 드러나지 않고 법칙의 작용한 결과물만 보이기에 그것의 작용은 신비롭다. 하늘이 만물을 생성하고 양육을 돕는다. 인간 또한 하늘로부터 생명을 획득했지만, 하늘의 작용은 여기까지이다.[7)] 그러기에 하늘은 인간 삶의 고락(苦樂: 기쁨과 슬픔)이나 길흉화복(吉凶禍福)에 관여하지 않는다. 하늘은 인간의 주재자가 아니라 그냥 본래부터 자연일 뿐이다.[8)]

하늘과 땅의 운행 원리나 법칙은 사람의 감정이나 행위와 무관하다. 자연의 길과 인간의 길은 서로 다르다(천인분리天人分離). "하늘에 있는 것 중에는 해와 달보다 밝은 것이 없고, 땅에 있는 것 중에는 물과 불보다 밝은 것이 없고, 물건 중에는 진주와 옥보다 밝은 것이 없으며, 사람에게는 예의보다 더 밝은 것이 없다."[9)] 이처럼, 하늘에는 영원불변하는 도가 있고, 땅에는 영원불변의 원리가 있는 것처럼, 사람은 인간의 법칙으로 다스려져야 한다. 그 인간의 법칙을 순자는 예의(禮)라고 여긴다. 순자는 인간을 하늘의 권위로부터 해방시켰다. 하늘은 더 이상

---

5) 이하의 순자 관련 논의는 강봉수, "순자의 유위윤리와 도덕적 사회화론", 『동양 도덕교육론』, 앞의 책, 210~232에서 가져와 깁고 보탠 것이다.

6) "天行有常. 不爲堯存.; 不爲桀亡. 不爲而成, 不求而得, 夫是之謂天職.; 列星隨旋, 日月遞炤, 四時代御, 陰陽大化, 風雨博施. 萬物各得其和以生, 各得其養以成, 不見其事而見其功, 夫是之謂神. 皆知其所以成, 莫知其無形. 夫是之謂天" (天論篇: 1-2)

7) "天地者, 生之始也; 禮義者, 治之始也." (王制篇)

8) "天不爲人之惡寒也而輟冬, 地不爲人之惡遼遠也而輟廣." (天論篇: 6).

9) "在天者莫明於日月, 在地者莫明於水火, 在物者莫明於珠玉, 在人者莫明於禮義."(天論篇: 10).

신격으로 존중하고 사모해야할 대상이 아니다. 여기에서 더 나아가 그는 오히려 하늘을 이용의 대상으로 삼고자 하였다.[10]

자연에는 자연의 길이 있고, 인간에게는 인간의 길이 따로 있기에, 이제 더 이상 하늘은 인간이 따라야할 도덕적 가치기준의 근원도 아니다. 인간의 길인 도덕적 기준은 인간 스스로 만들어내야 한다. 하늘은 인간에게 선험적으로 도덕성을 부여한 것도 아니기에 인간본질에 대한 고찰 또한 인간들이 보여주는 현실적 삶에 바탕을 두고 탐구되어야 한다.

2) 인성론적 기반: 성악설(性惡說)

맹자에게 있어서 인간은 하늘이 부여한 도덕성을 처음부터 함장하여 태어났다는 점에서 다른 동식물과는 그 존재론적 위상이 달랐다. 그러나 순자에게 있어 하늘은 만물을 낳을 뿐 그 이상의 적극적 역할을 하지 않는다. 이 점에 착안할 때 결국 인간도 다른 동식물들과 존재론적 연장선상에 있을 뿐인 것이다. 따라서 인간의 자연적 본성은 이기적 욕망의 존재에 가깝다. 그래서 순자는 단도직입적으로 "인간의 본성이란 악(惡)한 것이며, 그것이 선(善)하게 되는 것은 작위적 노력(인위:僞)"라고 말한다.[11] 이러한 관점에서, 순자는 "맹자가 인간의 본성은 선한데, 모두 그 본성을 잃기 때문에 악한 것이다"라고 했는데, 나는 그것이 잘못된 말이라고 생각한다."[12]고 비판한다. 맹자가 잘못된 관점을 가진 이유는 본성의 의미를 잘 모르기 때문이라고 순자는 말하고 있는데, 인용을 보자.

> 맹자는 "사람이 배우는 것은 그의 본성이 선하기 때문이다." 라고 말하였다. 내 생각은 그렇지 않다. 그것은 사람의 본성을 제대로 알지 못해

---

10) "大天而思之, 孰與物畜而制之. 從天而頌之, 孰與制天命而用之. 思物而物之, 孰與理物而勿失之也. 故錯人而思天, 則失萬物之情." (天論篇: 11).

11) "人之性惡, 其善者僞也. 今人之性, 生而有好利焉. 順是, 故爭奪生, 而辭讓亡焉, 生而有疾惡焉, 順是故殘賊生, 而忠信亡焉. 生而有耳目之欲, 有好聲色焉. 順是, 故淫亂生, 而禮義文理亡焉. 然則, 從人之性, 順人之情, 必出於爭奪, 合於犯分亂理, 而歸於暴. 用此觀之, 然則, 人之性惡明矣. 其善者僞也." (性惡篇: 1).

12) 『荀子』, 「性惡」, "孟子曰, 今人之性善, 將皆失喪其性, 故惡也, 曰, 若是則過矣"

> 본성과 작위의 구분을 잘 살피지 못한 때문이다. 본성이란 하늘로부터 타고난 것이어서 배워서 행하게 될 수 없는 것이며, 노력으로 이루어질 수 없는 것이다. 예의란 성인이 만들어 낸 것이어서 배우면 행할 수 있는 것이며, 노력하면 이루어질 수 있는 것이다. 배워서 행할 수 없고 노력해 이루어질 수 없는데도 사람에게 있는 것을 본성이라 하고, 배우면 행할 수 있고 노력하면 이루어 질 수 있는 사람에게 있는 것을 작위라 한다. 이것이 본성과 작위의 구분이다.[13)]

본성은 선천적으로 타고나는 것이고 작위는 후천적으로 배우는 것이다. 그런데 순자는 타고나는 인간의 본성이 악하다고 한다. 인간의 본성이 선천적으로 악(惡) 그 자체라면 어떻게 인위적인 노력을 했다고 해서 선(善)하게 될 수 있는 것인가? 맹자는 인간을 식색지성(食色之性)과 도의지성(道義之性)을 동시에 가진 존재로 보면서 이 중 도덕성을 인간의 <본질>로 간주하였다. 그러면 순자가 성(性)을 악(惡)이라고 주장하는 것은 식색지성과 도의지성 중에 식색지성을 인간의 <본성>으로 여긴 것이 아닌가? 여기서 <본질>과 <본성>에 강조점을 둔 것에 주목하기 바란다. <본성>이 인간에게 선천적으로 주어진 자연적 성향에 주의하고 있다면, <본질>은 그것이 없으면 인간이랄 수 없는 바로 그 요소를 의미한다. 맹자는 바로 후자의 측면에 주목하고 그것을 성선(性善)이라 주장했던 것이다. 반면 순자는 말의 뜻 그대로의 본성에 주목하여 성악(性惡)을 주장한 것으로 읽을 수 있지 않을까. 말하자면 맹자나 순자가 성(性)이란 용어를 똑같이 쓰고 있지만 그 의미는 달랐던 것이다. 그렇다면 순자에게 맹자적 의미의 도덕성은 없는 것일까? 있어야 한다. 그래야 악(惡)을 교정할 수 있는 교육적 근거가 마련될 수 있기 때문이다.

> 물과 불은 기(氣)는 있어도 생명[生]이 없고, 풀과 나무는 생명은 있어

---

13) 『荀子』, 「性惡」, "孟子曰人之學者, 其性善. 曰是不然. 是不及知人之性而不察乎人之性僞之分者也. 凡性者, 天之就也. 不可學, 不可事. 禮義者, 聖人之所生也. 人之所學而能, 所事而成者也. 不可學, 不可事之在天者, 謂之性. 可學而能,可事而成之在人者, 謂之僞. 是性僞之分也."

> 도 인식기능[知]이 없으며, 동물(금수禽獸)은 인식기능은 있어도 도덕성[義]이 없다. 그런데 인간에게는 기(氣)와 생(生)과 지(知)를 가지고 있고 의(義) 역시 갖추고 있어, 세상에서 가장 존귀한 존재이다.[14)]

인용은 순자가 우주만물 안에서 인간의 위치가 어디인가를 보여주는 대표적인 구절이다. 순자는 인간 안에 생(生)과 지(知)와 의(義), 즉 첫째로 육체를 키우고 보존하려는 욕망과 감정적인 면이 있고, 둘째로 경험을 종합하여 사리를 분별할 수 있는 지성적인 면을 가지고 있으며, 셋째로 사리에 맞다고 판단된 것을 행함으로써 의로움(義)에 이를 수 있는 능력이 있다고 보고 있다. 즉, 욕(欲)•지(知)•의(義)를 동시에 가지고 태어난 존재가 인간이고, 이것들은 인간의 자연적 본성인 셈이다. 그렇다면 순자의 인간관이 맹자와 어떤 차이도 없는 것이 아닌가? 맹자도 인간의 자연적 본성은 식색지성과 도의지성을 동시에 가지고 태어났다고 하였기 때문이다. 오히려 순자가 맹자보다 더 철저하고 구체적으로 인간을 분석하고 있다고 하겠다.

그러나 인간이 이 세상에 올 때 가지고 오는 욕(欲)•지(知)•의(義)는 완제품이라기보다는 소박한 재질에 불과하다. 그리고 이 소박한 재질은 가만히 두어도 저절로 자라나는 비옥한 씨앗이 아니다. 이른바 본성이 선(善)하다고 보는 관점은 씨앗이 싹트기 전의 소박한 재질을 지칭한 것일 뿐이고, 그것이 자라남에 인위적 가공이 제공되지 않으면 너무나도 쉽게 악(惡)으로 빠져들 가능성이 있다. 말하자면, 우리는 이 세상을 살려는 순간부터 악(惡)의 유혹에 빠질 수밖에 없다. 순자의 성악설(性惡說)은 이러한 관점에서 이해되어야 한다.[15)] 가능태로서의 인성은 인위적으로 가공하지 않으면 너무나도 쉽게 악으로 빠져들 가능성이 많기에 문화(文化)에 의해서 교화(敎化)되어야 한다. 이렇게 보는 순자가 생각하는 인간이란 한마디로 사회적 동물이라 하겠다. 이른바 '무리를 이룰 수 있는 능력'(羣)이 그것

---

14) "水火有氣而無生, 草木有生而無知, 禽獸有知而無義, 人有氣有生有知, 亦且有義, 故最爲天下貴也."(王制篇: 14).

15) ① "今人之性, 生而離其朴, 離其資, 必失而喪之. 用此觀之, 然則, 人之性惡明矣. 所謂性善者, 不離其朴而美之, 不離其資而利之也." (性惡篇: 4). ② "性者本始材朴也, 僞者文理隆盛也. 無性則僞之無所加, 無僞則性不能自美. 性僞合, 然後成聖人之名, 一天下之功, 於是就也." (禮論篇: 10).

이다.[16)]

'무리를 이룰 수 있는 능력'은 인간의 본질적인 특징으로써, 말하자면 인간은 사회적 존재이지 개인적 존재가 아니다. 그리고 무리를 이룰 수 있는 까닭은 분의(分義)에 의해서인데, 이 분의(分義)란 사회적 관계를 규율하는 규범으로서의 예(禮)에 다름 아니다. 따라서 도덕의 근원은 맹자처럼 인간 안에 있는 것(내재적)이 아니라 인간 밖(외재적)에 있다. 그리고 인간에게는 경험을 종합하여 사리를 분별할 수 있는 지성이 있기에 예(禮)를 인식하여 사리에 맞다고 판단된 것을 행할 수 있다.

3) 유위적 예의(禮義)의 윤리

순자에게 있어 인간의 자연적 본성은 소박한 재질로써 욕(欲)•지(知)•의(義)를 가지고 있지만, 그것은 인위적으로 가공하지 않으면 너무나도 쉽게 악(惡)으로 빠져들 수 있다. 말하자면, 이 세상을 살려는 순간부터 우리는 악의 유혹에 빠지도록 프로그램화되어 있다. 그러나 그것 자체가 나쁜 것이 아니라, 각자의 비합리적 욕망추구에서 오는 사회혼란이 문제다. 전국시대적 악의 상황도 여기에서 비롯되었다. 따라서 사회혼란을 방지할 인위적 장치가 필요하다. 그것이 바로 문화이고 예의(禮義)의 윤리이다.[17)]

인간은 이기적 욕망의 존재이다. 그래서 인간들을 자연 상태로 그냥두면 서로 욕망을 다투는 이전투구의 마당이 된다. 욕망은 합리적으로 관리되고 조절되어야 한다. 방법은 두 가지가 있다. 하나는 외적인 강제규범으로 규율하는 타율적 접근이고, 다른 하나는 인간들의 자연적 본성을 교정하여 내부에 규범이 자리 잡게 함으로써 자기규제가 가능하도록 하는 자율적 접근이다. 전자가 법가(法家)적 처방이라면, 후자가 순자의 처방이다. 욕망은 자율적이고 합리적으로 조절되어야

---

16) "力不若牛, 走不若馬, 而牛馬爲用, 何也. 曰人能羣, 彼不能羣也. 人何以能羣. 曰分. 分何以能行. 曰以義." (王制篇: 14).

17) "人生而有欲, 欲而不得, 則不能無求, 求而無度量分界, 則不能不, 爭則亂, 亂則窮, 先王惡其亂也, 故制禮義以分之, 以養人之欲, 給人之求. 使欲必不窮乎物, 物必不屈於欲, 兩者相持而長. 是禮之所起也."(禮論篇: 1).

한다. 그래서 순자는 예(禮)를 '도덕의 극치'[18]요, 인간이 따라야할 길인 인도(人道)의 극치라고 말한다.[19]

순자가 예(禮)를 인도(人道)의 극치라 보는 점에서 그는 욕망규율의 합리적 근거로서의 예를 절대화하고 있다. 예가 객관적으로 실재하는 도덕적 진리라는 것이다. 이러한 점에서 그의 예 개념은 공자의 관점과 대비된다. 공자에게 있어 예는 어디까지나 특정질서로서의 도덕이었고, 그것은 시대적 상황에 따라 전덕인 인(仁)의 원리에 따라 재입법되고 수정될 수 있는 것이었다. 그러나 순자의 예 개념은 상도(常道)로서 일정불변하다는 규범성 때문에 법가처럼 공권력의 힘을 빌려 법제화되어 강제규범화될 수도 있다. 순자 밑에서 법가사상의 체계자인 한비자(韓非子; BC. ? ~ BC. 233)가 나온 것도 이러한 맥락과 관련된다. 그러나 순자는 예가 법제화되어 강제규범화되는 것을 바라지 않았다. 그는 제도화된 법(法) 자체보다 법의 본뜻을 이해하여 환경에 따라 이를 적응시킬 수 있는 군자의 존재가 더 중요하다는 사실을 강조하였다.[20] 법제도보다 인격자의 존재와 자율적 규범의 효용성을 중요시하였다는 점에서 순자는 법가와 다르다. 그러나 그는 법가에서 만민에게 적용될 수 있다고 제시한 것에 대등할 만한 보편적인 예법(禮法)의 확립에 관심을 두었다.

순자는 무엇을 근거로 예를 객관적으로 실재하는 도덕적 진리로 규정했는가? 그것은 선왕(先王)으로 지칭되는 성인(聖人)들이 만든 것이기 때문이다. 물론 성인도 인간이기에 처음부터 선한 자이기보다는 이기적 본능을 교정하고 선을 쌓음으로써(적선積善) 된 것"(儒效篇: 9)이다. 인간은 선천적인 지각(知)능력을 바탕으로 하는 경험적 지성을 발휘할 수 있다. 그러니까 성인은 천도(天道)와 인도(人道)의 구별을 명백히 알아[21], 인간의 도(道)를 누구보다 먼저 한 몸에 내재화한 자일뿐

18) "書者政事之紀也. 詩者中聲之所止也. 禮者法之大分, 羣類之紀綱也. 人不可不學之, 而學止於禮, 此道德之極也." (勸學篇: 4).

19) "禮豈不至矣哉, 立隆以爲極, 而天下莫之能損益也. 本末相順, 終始相應, 至文以有別, 至察以有說. 天下從之者治, 不從者亂. 從之者安, 不從者危. 從之者存, 不從者亡. 故繩者直之至, 衡者平之至, 規矩者方圓之至, 禮者人道之極也." (禮論篇: 5).

20) "法者, 治之端也, 君子者, 法之原也. 不知法之義, 而正法之數者, 雖博臨事必亂." (禮論篇).

21) "道者非天之道, 非地之道, 人之所以道也." (儒效篇: 3). 이러한 관점에서, 순자는 상도(常道)인 예에 따라 사회 전체에 위계적 틀을 제공하고자 하였다. 순자가 제시하는 예의 표준들은 성인들이 일구어온 보편적 문화유산을 체계적으로 정리하여 제시하는 것이겠다. 무엇보다

만 아니라 인간의 지능과 작위적 노력을 가해 문화(文化)를 일으켜온 자들이다. 도덕적 문화전통을 수립하는 데도 누대에 걸친 여러 성인들이 관여해왔다. 이러한 점에서 문화란 인간의 지능과 인위적 노력의 산물이므로 일조일석에 이루어진 것이 아니라 누적되어 온 문화에 첨삭을 가하여 갈고 닦은 집약적 총체이다. 그러므로 순자에 있어서 예(禮)란 오랜 세월을 거친 인간들의 사유양식과 행위규준의 산물이자 보편적 문화유산인 셈이다.[22] 그런데 맹자는 이러한 객관적 규범으로서의 예를 모르고, 마치 규범의 기원이 개인내부에 있고, 이것이 발현하여 '오상'(五常; 仁義禮智信)[23]의 덕이 생기는 것처럼 주장해왔다고 비판한다.

> 대략 옛 임금들을 법도로 삼기는 하지만 그 정통을 알지 못하며, 점잖은 체하지만 성질은 격하고 뜻은 크며 듣고 보는 것이 잡되고도 넓다. 옛날 일을 참고해 자기의 학설을 만들고 그것을 오행(五行)이라 부르고 있다. 매우 편벽되고 어긋나 규범이 없으며, 그윽이 숨겨져 있어 설명되지 않으며, 닫히고 맺혀져 있어 해설할 수 없다. 그래도 그의 말을 꾸며 가지고 공경하면서 말하기를 이것이야말로 참된 군자의 말이라고 한다. 자사가 이것을 주창했고, 맹자가 이에 따랐다. 세상의 어리석고 미련한 선비들은 왁자지껄하고 있으나 그것의 그릇된 바를 알지 못하고 있다. 마침내는

도 예(禮)란 우선 사람으로서 마땅히 지켜야 할 도덕규범이다. 예(禮)란 존귀한 사람에게는 공경[敬]하고, 노인에게는 효도[孝]하고, 윗사람에게는 경애[悌]하고, 어린 사람에게는 자애[慈]롭고, 천한 사람에게는 은혜[惠]로운 것이다(예론편). 뿐만 아니라, 예는 궁정에서의 儀式절차요, 신분적 차등에 따라서 가옥, 거마, 의복, 장식에 이르기까지 모든 것을 규정하는 예법이고, 생사(生死)에 따르는 다양한 의례적 제도(성인식, 혼례 및 상제례 등)이기도 하다. 더 나아가 예는 사회제도와 법률의 기능까지 포함하는 객관적 사회규범이다. 특히, 순자가 예 개념을 사회적인 틀 또는 제도적 표현으로까지 확대시키고 있다는 점에서 그것은 사회윤리이다. 그리고 이러한 의미의 예란 현실적인 차원에서 당시의 등급 내지 계급제도 및 그 전체 윤리관계로서 이것은 사람이 사람되는 것을 결정하는 사회적인 근원이다.

22) "僞起而生禮義, 禮義生而制法度." (性惡篇).

23) 아래 인용에서 '오행'(五行)이 '오상'(五常; 仁義禮智信)을 뜻하는지에 대해서는 논란이 있다. 왜냐하면 『맹자』에는 훗날 오행을 뜻하는 陰陽五行이나 木火土金水에 대한 언급이 전혀 없을 뿐만 아니라, 仁義禮智라는 네 가지 덕을 말하였지 훗날 信의 덕목이 추가된 오상(五常)을 말한 적도 없기 때문이다. 그래서 이 때 오행은 오륜(五倫; 父子有親, 君臣有義, 夫婦有別, 長幼有序, 朋友有信)을 뜻하는 것으로 읽기도 한다. 여기서는 김상래의 주장을 따랐다. 김상래, "순자의 맹자비판, 그 윤리적 의의", 『동양철학연구』제84집(동양철학연구회, 2015. 11), 142쪽.

그것을 배워 받아 전하면서, 공자와 자유(子游)가 이들 때문에 후세에 존경을 받는다고 생각하게 되었다. 이것이 곧 자사와 맹자의 죄이다.[24)]

4) 예치(禮治)의 정치학

순자가 예는 개인윤리이면서 사회윤리이다. 모든 국가체제의 구성이나 제도의 운영도 예에 따르도록 하고 있기 때문이다. 순자는 인간에게 이기적 욕망이 있다는 사실 그 자체를 긍정적으로 받아들이고, 모든 구성원들이 가진 욕망을 예(禮)에 걸맞게 추구할 수 있도록 국가 경제를 적극적으로 발전시키고 생산을 권장하는 정치를 펼쳐나가야 한다고 보았다. 따라서 나라가 다스려지고 부유해지기 위해서는 사회구성원들이 각기 자기역할에 충실하여야 한다. 서민인 농공상인은 농사일 등 나라를 먹여 살리는 일에 최선을 다해야 하고, 관리는 백성들의 일을 돕고 화목을 도모하고 치안을 담당하고, 군주와 재상들은 전체적인 측면에서 예의를 바탕으로 나라를 잘 다스려야 한다(「富國篇」). 이러한 순자의 관점은 정명론(正名論)적 정치관이고, 분사상(分思想: 분업론)에 기초한 경제관으로 읽을 수 있다.

누구보다 군주의 바른 정치가 중요하다. 순자는 군주의 유형으로 세 가지를 제시한다. 왕자(王者), 패자(霸者), 망자(亡者)가 그것이다.[25)] 왕자(王者)란 군주의 덕(德)과 예(禮)로 나라를 다스리는 임금을 지칭하고, 패자(霸者)는 부국강병을 위해 법(法)으로 나라를 다스리는 임금을 말하고, 망자(亡者)는 자신의 이득과 쾌락만을 추구하며 민심을 잃고 국가를 멸망으로 이끄는 군주를 가리킨다. 왕자는 유가적 왕도정치를 펼치고, 패자는 법가적 패도정치를 이끈다. 순자는 법가적 패도정치가 상벌을 정확하게 적용하여 천하에 신용을 얻는 측면이 있음을 인정하였지만, 그의 정치관은 왕도정치를 추구하는 것이었다. 그러나 순자가 말하는 왕도정치는 맹자적인 왕도론과는 구분된다. 맹자의 왕도정치는 자신 안에 내재하는 '차

---

24) 『荀子』, 「非十二子」, "略法先王而不知其統, 猶然而材劇志大, 聞見雜博. 案往舊造說, 謂之五行, 甚僻違而無類, 幽隱而無說, 閉約而無解, 案飾其辭而柢敬之曰, 此眞先君子之言也. 子思唱之. 孟子和之, 世俗之溝猶瞀儒, 嚾嚾然不知其所非也. 遂受而傳之以爲仲尼子游爲茲厚於後世, 是則子思孟軻之罪也."

25) "故用國者, 義立而王, 信立而霸, 權謀立而亡, 三者明王之所謹擇也." (王霸篇: 4).

마하지 못하는 마음'(불인지심不忍之心)을 미루어 '차마하지 못하는 정치'(불인지정不忍之政)을 펼치는 인정(仁政)의 정치였다. 그러나 순자의 왕도론은 선왕으로부터 전승된 예의를 배우고 매일 실천하여 사회제도를 통해 그것을 구현하는 예치(禮治)의 정치를 말한다.[26)]

순자는 예치적 왕도정치를 실현하기 위해서는 군주가 먼저 욕심을 버리고 덕과 예로 나라를 다스려야함을 물론, 어질고 능력 있는 재상을 등용하고 관리들이 주어진 역할을 다할 수 있도록 예로서 그들을 대해야 한다고 강조한다. 순자는 신하의 유형에도 네 가지가 있다고 여긴다. 아첨으로 총애를 받는 태신(態臣), 군주의 권리를 찬탈하는 찬신(簒臣), 충절을 지키며 백성을 아끼는 공신(功臣), 선왕의 예의를 융성케 하고 덕으로 백성을 교화하는 성신(聖臣)이 그것이다. 순자는 덕에 뛰어나고 유능한 사람을 순번을 기다리지 않고 채용하고, 덕이 없고 무능한 사람은 지체 없이 파면시켜야 한다고 하였다(「王制篇: 2-3」). 따라서 군주는 신하들의 현우지분(賢愚之分)을 판단하는 능력을 가지고 있어야 한다.

순자는 배움에 따른 신분사회의 형성을 주장하였다. 그는 인간 됨됨이에 따라 네 부류로 사람을 분류하였는데, 속인(俗人), 속유(俗儒), 아유(雅儒), 대유(大儒)가 그것이다. 속인과 속유는 외견상 학문의 유무(有無)차이가 있지만 내용상 모두 자신의 이익만을 추구하는 자들로 그들은 농공상인의 서민이 된다. 이기심을 억제하는 것을 배워서 공평해진 아유(雅儒) 혹은 소유(小儒)는 사대부(士大夫)가 되며, 마음이 관대해지고 지식이 예에 조화되어 있는 대유는 천자(天子)와 삼공(三公)이 될 수 있다고 주장한다(「儒效篇」). 그러나 이러한 부류의 사람들은 처음부터 정해지고 태어난 것이 아니다. 오로지 배움과 예의의 수양 정도에 달렸다.[27)] 순자의 이러한 신분관은 확실히 새로운 관점이다. 그것은 혈통과 종법(宗法)에 따른 신분사회가 아니라 자신의 학문적 노력과 수양의 정도에 따라 새롭게 형성될 수 있는 신분사회를 주장하는 것이기 때문이다. 그만큼 배움과 교육의 중요성이 부각될 수밖에 없다.

---

26) "國無禮則不正, 禮之所以正國也. (王覇篇: 42).

27) "雖王公士大夫之子孫也, 不能屬於禮義, 則歸之庶人, 雖庶人之子孫也, 積文學, 正身行, 能屬於禮義, 則歸之卿相士大夫." (王制篇: 2-3).

5) 교육받은 사람의 개념

무리를 같이하여 살아갈 사회구성원들은 마땅히 선왕으로부터 내려온 예(禮)를 습득하고 실천해야 한다. 순자에게 있어서 도덕교육을 받은 사람이란 일단 사회의 규범과 도덕적 문화전통을 내면화하여 실천할 수 있는 사람을 뜻한다. 순자의 관점에서 교육은 본질적으로 사회화 과정에 다름 아니기 때문이다. 이기심을 교정하고, 예의 이해와 습득 정도에 따라 인격완성의 정도가 결정된다.[28] 순자는 "성인(聖人)조차도 인간이 선(善)을 쌓아 올려서(적선積善) 된 것"(儒效篇: 9)이라고 말한다. 그러나 진정한 성인(聖人)이란 천도(天道)와 인도(人道)의 구별을 명백히 알아[29], 인간의 도(道)를 한 몸에 내재화한 자일뿐만 아니라 인간의 지능과 인위적 노력을 가해 문화(文化)를 일으키는 자이다. 즉, 전통의 내면화와 실천을 넘어 규범의 창조자가 될 때 비로소 성인(聖人)이 된다. 그는 바로 인의(仁義)의 도(道)를 터득한 인자(仁者)이기도 하다. 성인은 인정(人情)에 토대하여 시대적 상황에 걸맞게 문리(修飾: 형식)와 성정(性情: 내용)이 중용적 표리를 이루도록 자유자재로 규범을 입법하고 집행할 수 있는 능력의 소유자이다.[30] 이 성인(聖人)됨이 교육의 궁극적 목표이다.

그러나 성인이 되는 길은 모두에게 열려져 있는 길이지만 결코 만만한 길은 아니다. 맹자의 경우, 사람은 내재적인 인의(仁義)의 도덕성을 가지고 태어나기에 누구나 성인이 될 수 있는 가능성을 가지고 있었다. 그러나 순자의 경우, 성인은 부단한 자기수양과 배움을 통하여 실현될 수 있는 것이다.[31]

인간은 누구나 성인이 될 수 있는 소질을 타고났는데, 왜 우임금은 성인이 되고 보통사람은 성인되기가 어려운가? 공자의 대답처럼, 성인됨은 너무나 고원(高

---

28) "人有是(=禮)士君子也, 外是民也, 於是其中焉, 方皇周挾, 曲得其次序, 是聖人也. 故厚者禮之積也, 大者禮之廣也, 高者禮之隆也, 明者禮之盡也." (禮論篇: 6).

29) "道者非天之道, 非地之道, 人之所以道也." (儒效篇: 3).

30) "先王之道, 仁之隆也, 比中而行之. 曷謂中. 曰 禮義是也.(儒效篇:3); 聖人, 縱其欲, 兼其情, 而制焉者理矣. 夫何彊何忍何危. 故仁者之行道也, 無爲也, 聖人之行道也, 無彊也. 仁者之思也恭, 聖人之思也樂." (解蔽篇: 2).

31) "凡禹之所以爲禹者, 以其爲仁義法正也. 然則仁義法正, 有可知可能之理. 然而塗之人也, 皆有可以知仁義法正之質. 皆有可以能仁義法正之具, 然則, 其可以爲禹明矣.(中略). 塗之人, 可以爲禹則然, 塗之人能爲禹, 未必然也. 雖不能爲禹, 無害可以爲禹. 足可以徧行天下, 然而未嘗有能徧行天下者也." (性惡篇: 10).

遠)한 이상(理想)이기 때문이다. "도의에 힘써 학문에 노력을 전심 집중하여 사색하고 숙고하고 오래오래 '선(善)을 쌓아'(積善) 쉬지 아니하면 신명(神明)에 통하고 천지(天地)에 참여할 수 있을 것이다. 성인이란 이처럼 학습을 쌓고 쌓은 결과로 된 것이다."[32] 그런데 보통사람들도 가능성은 있지만 말처럼 장기간 동안의 적선(積善)과 신명(神明)에 통하기가 쉽지 않은 일이다. 그래서 순자도 공자처럼 고원한 이상으로서의 성인보다는 수양하는 군자(君子)를 더 선호하는 것 같다(勸學 및 修身篇 등을 참조). 군자는 예를 내면화하고 실천하는 사람이기 때문이다.

6) 교육방법론

성인만이 예(禮)를 입법해 낼 수 있다. 그러나 맹자의 견해처럼 예는 성인의 본성에서 나온 것이라기보다는, 오히려 자신의 본성을 변화시키는 각고의 노력을 통해 얻은 인위(人爲)의 소산이다.[33] 따라서 수양하는 군자의 공부와 교육은 문화유산인 예(禮)를 몸소 체득한 성인을 따라 배움에 다름 아니다. 거듭 말하지만, 순자의 관점에서 교육은 본질적으로 사회화 과정이다. 교육은 인간의 자연적 본성을 사회화시켜 사회에 적응할 수 있는 인간, 사회가 요구하는 인간을 길러내는 것이다. 이러한 의미의 교육에서는 교육과정으로서의 문화유산과 문화의 전달자로서의 교사의 역할이 매우 강조되게 마련이다. 그래서 순자는 "기(氣)를 다스리고 심(心)을 수양하는 방법은 예(禮)에 의거하는 만큼 빠른 길이 없고, 훌륭한 스승을 얻어 교훈을 받는 것만큼 요긴한 일이 없고, 호학(好學)하는 것만큼 신통한 것이 없다"(修身篇: 4)고 말한다.[34]

순자는 유교전통 속에 오경(五經)의 개념을 처음으로 확립한 사람이기도 하다. 그만큼 그는 교육과정으로써 교과서를 중시했음을 알려주는 반증이다. 먼저 그는 배움의 순서로『시경(詩經)』,『서경(書經)』등의 경전을 외우는 데서 비롯하

32) "今使塗之人, 伏術爲學, 專心一志, 思索孰察, 加日縣久, 積善而不息, 則通於神明, 參於天地矣. 故聖人者, 人之所積而致也." (性惡篇: 10).

33) "凡禮義者, 是生於聖人之僞, 非故生於人之性也.….告聖人化性而起僞, 僞起而生禮義, 禮義生而制法度. 然則禮義法度者, 是聖人之所生也." (性惡篇: 5).

34) 이러한 예는 또 있다. "禮者所以正身也, 師者所以正禮也. 無禮何以正身, 無師吾安知禮之爲是也." (修身篇: 11).

고, 『예(禮)』를 정독하는 데서 끝나는 것이라 하고 있다. 그리고 각 경전의 교육과 정상의 의의로, 『서경』은 정치의 기장이 되는 것으로 과거의 역사가 오늘을 사는 정치가들의 거울이라는 개념을 강조한다. 『시경』은 인간의 감정을 적중하게 표현하고 알맞는 데서 그칠 줄을 알았다는 데서 인간의 폭을 넓혀주는 것이라고 보았다. 『춘추(春秋)』는 인간 역사의 미묘함을 기록하여 천지(天地)의 이치를 알려준다고 하였다. 끝으로 『예』와 『악(樂)』은 사회규범을 밝혀주고 조화의 원리를 알려주기 때문에 배움의 극치를 이룬다고 평하였다(勸學篇: 4, 儒效篇: 6).

그러나 아무리 훌륭한 교재가 있다한들 그것을 해석하고 깨우쳐줄 스승이 없으면 학생들은 진의(眞意)를 깨닫고 실천하기 어렵다. 왜냐하면 교과서의 내용이란 추상적이거나 원칙적이거나 현실 적합성이 떨어질 가능성을 안고 있기 때문이다.[35] 그래서 순자는 "학문을 하는 데는 훌륭한 스승을 즐겨 따르는 것보다 빠른 길이 없으니, 예(禮)를 숭상하는 것은 그 다음의 일"[36]이라 말한다. 스승은 전통의 해석자이고 전통의 전달자이다. 나아가 스승은 단순히 지식과 가치를 전달하는데 그치는 것이 아니라 학습자의 학문과 도덕성의 발달이 보편적 가치에 부합하느냐 아니냐를 가늠해 주는 합리적인 교육적 권위를 갖는다.

그리고 구체적인 교수방법으로 순자는 인위적이고 반복적인 '습득'과 '쌓음'(積)을 통한 지속적 실천을 강조하고 있다.[37] 습득은 일회적인 노력의 결과가 아니라 지속적인 노력의 축적이다. 아무런 노력이 깃들지 않는다는 의미의 자연적 본성이 정교하고 세련된 문화적 인간으로 질적 변화를 하기 위해서는 끊임없는 노력이 필요한 것이다. 그래서 순자에게 있어 '쌓음'(積)은 자연에서 문화로 이행하는 가장 중요한 방법인 셈이다. 이와 같이 교육은 지속적인 노력을 쌓는 방법에 의해 후천적으로 획득된 자질을 제2의 본성으로 내면화시킨다. 이것이 이른바 적선화성(積善化性)이고 화성기위(化性起爲)의 덕성함양론이다.

순자는 교육에서 지배층의 모범적인 행동과 교육적 환경의 중요성에 대해서

---

35) "禮樂法而不說, 詩書故而不切, 春秋約而不速." (勸學篇: 4).

36) "學莫便乎近其人, 學之徑, 莫速乎好其人, 隆禮次之." (勸學篇: 4)

37) "性也者, 吾所不能爲也, 然而可化也. 情也者, 非吾所有也, 然而可爲也, 注錯習俗, 所以化性也, 幷一而不二, 所以成積也, 習俗移志, 安久移質, 幷一而不二, 則通於神明, 參於天地矣." (儒效篇: 9).

도 강조하고 있다. “군주가 몸을 닦는다는 말은 들었어도 몸을 닦지 않고서 나라를 다스린다는 말은 들은 적이 없다. 군주는 백성의 표준이요, 백성은 그 그림자이므로 그 표준이 바르면 그림자도 따라서 바르게 된다”(君道篇: 4)고하여 군주의 모범을 강조한다. 또한 “옆으로 벌려 자라는 다북쑥도 빽빽한 삼밭 속에 끼어나면 막대를 세워주지 않아도 쪽 곧게 자란다. 또 아무리 하얀 모래도 진흙 속에 섞여 두면 검게 물들기 마련”(勸學篇: 2)이라 하는 등 교육의 사회 문화적, 인적 환경의 중요성을 강조한다.

이렇게 볼 때, 순자의 교육은 외부(外部)의 힘으로 내부(內部)의 발전을 유도하는 자타교육(自他敎育)이라 할 수 있다. 맹자는 내재한 선(善)한 도덕성을 보존하고 배양할 것을 교육의 목적으로 삼았으므로, 학생의 의도와 개성을 존중하는 계발교육(啓發敎育)의 방법이었다. 그러므로 맹자의 교육은 내부로부터 밖으로 계발하는 교육(由內而外), 즉 학생의 자발적 능력에 근거하여 밖에서 교사가 조력하는 교육이다. 이와 달리, 순자는 깨달은 자인 교사가 학생을 밖에서 촉구하고 고무하는 것이다. 맹자에서의 ‘보존한다’ ‘배양한다’와는 달리 ‘쌓는다’ ‘훈련한다’ ‘가르친다’라는 용어가 더 적합하다. 이러한 순자의 교육방법은 외부로부터 안으로의 계발을 유도하는(由外而內) 교육인 것이다.[38] 그렇다고 하여, 순자의 교육론을 ‘정물(正物)’의 인독트리네이션(indoctrination)으로 읽어서는 곤란하다. 순자에게 있어 스승은 누구보다 먼저 ‘정기(正己)’한 모범자이다. 그리고 교육의 내용으로써 예(禮)란 긴 세월동안 성인들이 경험적으로 일구어낸 공동체의 위대한 문화적 전통이다. 공동체의 위대한 전통을 교육하는 것은 맹목적인 ‘주입’과는 다른 것이며, 그것은 전통에 기초한 합리성을 찾아서 교육하는 ‘도덕적 사회화’에 다름 아니다.

7) 맹자유학의 정통성

유학의 동지였지만, 맹자와 순자는 철학의 전방위적 측면에서 대척하고 있다. 맹자가 살아온다면 순자에 대해서 어떤 반론을 펼치지, 그가 고자, 묵자, 관중 등

---

38) 林永喜, 『孔孟荀敎育哲學思想比較分析硏究』 (文景書局, 民國 75), 127-130쪽, 159~162쪽.

을 상대하여 펼쳤던 논쟁과 대결을 생각해보면 대략 짐작할만하다. 아마도 이들과 펼쳤던 것보다 논쟁은 더 치열할 것 같다. 그러나 공자의 철학적 아들이고 형제였다는 점에서 종국에는 어느 정도 합의된 결론을 도출할 수도 있었을 것이다. 둘 간의 사상적 분화는 예고된 것이기도 하였다. 이미 공자의 직전제자들에서부터 도통(道統)의 분화는 시작되고 있었기 때문이다.

공자철학은 무위와 당위와 유위 중에 어느 하나만을 진리로 고집하지 않는 시중적(時中的)이고 미제적(未濟的)인 세상보기의 도를 간직하고 있었다. 그러나 이러한 공자의 관점은 이후의 사상가들에게 철학적 사유의 다양한 질료를 제공해주기는 했지만, 정합성을 갖춘 하나의 철학적 사유체계라는 관점에서 본다면 논리적 모순을 안고 있었다. 그가 사유했던 세 가지 철학의 패러다임은 각각 세계와 인간을 바라보는 철학적 가정과 전제를 달리하는 것이기 때문이다. 전혀 다른 가정과 전제들을 포괄할 수 있는 보다 높은 차원의 논리적 가정 내지 추상적 원리가 제시되지 못하는 한 공자철학은 하나의 정합된 철학적 사유체계라고 보기 어렵다. 사정이 이러하기에, 공자철학은 도통(道統)의 분화를 예고하고 있었다. 결국 맹자가 당위적 사유를 진리로 삼고 도통을 이었다면, 순자는 유위적 사유의 도통을 이었던 것이라 할 수 있다. 이들은 서로 상반된 철학을 사유했지만 자기만의 정합된 철학적 사유체계를 구축하였다.

그러나 유학철학사에서 순자는 유학의 별자(別子)로 취급되어 이단시되어왔다. 유학사상의 정통을 이은 것은 맹자였다. 그래서 오늘날도 보통 '유학'이라 지칭하면 맹자유학을 뜻한다. 정확히 말해 그것은 공맹유학, 즉 맹자에 의해 공자철학이 재해석된 유학을 의미한다고 하겠다. 유학사에서 맹자철학이 정통으로 인정된 이론적 배경에는 세계에서 차지하는 인간의 존재론적 위상에 대한 철학적 가정 때문이다. 철학의 전방위적 측면에서 맹자와 순자가 대결할 수밖에 없었던 출발지점도 바로 인성론에 대한 상반된 철학적 가정이었다. 적어도 유학은 인간의 본성은 선하다는 성선설의 가정을 포기할 수 없었다. 이러한 가정이 학문적으로 논증될 수 있느냐와 상관없이 인간은 마땅히 그런 존재여야 한다는 당위적 주장이었다. 유학사에서 맹자철학을 정통사상의 반석에 올려놓은 사상가가 바로 주자(朱子)였다.

인간의 본성은 선한가 악한가? 사람의 본성이 선하다면 왜 악이 발생하는가? 왜 선한 본성이 함정에 빠지고 마는가? 맹자는 이에 대해 물욕(物慾)때문이라고 했었다. 그렇다면 물욕(物慾)은 왜 생겨나는가? 바로 이 물욕의 근원지에 대해서 맹자는 잘 몰랐던 것이라고 주자는 생각했다. 그래서 결국 맹자는 성선(性善)을 말했지만 그것은 성(性)의 본원처(本源處)만을 말한 것으로 또 다른 성(性)인, 즉 물욕의 근원지로서의 기질지성(氣質之性)이 있음을 몰랐기 때문에 경험을 포괄적으로 설명할 수 있는 논리를 만들기에는 미진할 수밖에 없었다는 것이다.[39] 그러면 순자는 어떠한가? 순자는 단지 좋지 못한 사람의 성(性)만을 보고 사람의 본성을 악(惡)하다고 보았다.[40] 이는 본성을 선하다고 본 맹자보다도 더 경험을 설명할 수 없는 편협한 논리이다. 순자는 아예 성(性)을 모르는 자라는 게 주자의 판단이다. 그래서 성(性)이 뭔지도 모르는 순자보다는 차라리 성삼품설(性三品說)을 주장했던 한퇴지(韓退之)가 더 설득력 있다고 주자는 말한다.[41] 그의 주장을 보자.

> ① 맹자는 언제나 성선(性善)을 주장하면서, 선하지 않은 것은 함정에 빠진 것이라 했다. 이 말은 처음에는 선하지 않은 것이 없다가, 나중에야 비로소 선하지 않게 된다는 말이 된다. (이러한 맹자의 말은) 성(性)만 논의하고 기(氣)를 논의하지 않은 것이니, 조금 부족한 점이 있다. ② 순자나 양웅 같은 사람은 기(氣)만 논하고 성(性)은 논의하지 않았기 때문에 명확하지 못했다. 이미 성(性)을 논의하지 않았으니, 이치(理)도 어두워지게 되었다.[42]

맹자와 순자, 그리고 한퇴지를 포함하여 모두 성(性)을 설명하는 논리로 부족

39) 『朱子語類』, 卷4, 「性理:1」. "孟子說性善, 他只見得大本處, 未說得氣質之性細碎處."
40) 『朱子語類』, 卷4, 「性理:1」. "荀子只見得不好人底性, 便說做惡."
41) 『朱子語類』, 卷4, 「性理:1」. "如退之說三品等, 皆是論氣質之性, 說得儘好. 只是不合不說破箇氣質之性, 却只是做性說時, 便不可. 如三品之說, 便分將來, 何止三品? 數千百可也."
42) 『朱子語類』, 卷4, 「性理:1」. ① 孟子之論, 盡是說性善. 至有不善, 說是陷溺. 是說其初無不善, 後來方有不善耳. 若如此, 却似論性不論氣, 有些不備. ② 若荀揚則是論氣而不論性, 故不明. 旣不論性, 便却將此理來昏了.

하다면 어떡해야 하는가? 이에 대한 결론은 간단하다. 각각의 장점을 조합하는 것이다. 주자는 이것을 정이(程頤)의 말을 빌려서 주장하고 있다.

> 정자(程子)께서는 "성(性)을 논하면서 기(氣)를 논하지 않으면 갖추어지지 않고, 기(氣)를 논하면서 성(性)을 논하지 않으면 명확하지 않으니, 이 둘을 갈라놓는 것은 옳지 않다."고 말했다. 이것은 먼 옛날 성현들도 다하지 못한 뜻을 드러내어 밝힌 것이니, 그 공로가 매우 크다. 대체로 그 이치를 깨우치지 못한 채 전해오는 진한시대 이후의 기록들은 모두 헛소리다.[43)]

인용에서 성(性)은 리(理), 즉 본연지성(本然之性)을 가리키고, 기(氣)는 기질지성(氣質之性)을 가리킨다. 성(性)을 논하면서 기(氣)를 논하지 않으면 갖추어지지 않고, 기(氣)를 논하면서 성(性)을 논하지 않으면 명확하지 않다. 그것도 성(性)과 기(氣)를 동시에 말해야지 따로따로 구분해서는 안 된다. 그렇게 해야 경험을 두루 망라하는 설명력을 가질 수 있다. 그러나 이것만으로는 아직 부족하다. 성(性)과 기(氣)를 동시에 말하면 경험을 설명하는 틀은 될지언정 진리를 담은 이론틀은 될 수 없다. 왜 이 둘을 동시에 말해야만 하는지에 대한 정당화가 이루어져야 하는 것이다. 둘을 동시에 말해도 전혀 논리적 모순이 없는 보다 차원 높은 논리적 가정 내지 추상적 원리가 수립될 수 있어야 한다. 주자가 형이상학적 개념들을 동원할 수밖에 없었던 이유가 바로 여기에 있다.

리와 기의 만남을 통하여 세상은 탄생하였다. 그러나 이제 리와 기의 만남은 존재들의 본성(性)까지 결정하게 마련이었다. 리가 기와 만나 존재를 이룰 때 성(性)이 된다. '성이 곧 리이다'(性卽理). 이렇게 하여 인간과 동식물은 탄생과 함께 각자 부여받은 리를 건순오상(健順五常; 인의예지신仁義禮智信)의 덕(德)으로 삼게 되는데 이것이 곧 본성이다.[44)] 그러나 존재들의 본성에 대한 자각능력은 역시 어

43) 『朱子語類』, 卷4, 「性理:1」. "程子云, 論性不論氣, 不備. 論氣不論性, 不明. 二之則不是. 所以發明千古聖賢未盡之意, 甚爲有功. 大抵此理有未分曉處, 秦漢以來傳記所載, 只是說夢."

44) 『中庸章句』. "性卽理也. 天以陰陽五行化生萬物, 氣以成形而理亦賦焉, 猶命令也. 於是人物之生, 因各得所賦之理, 以爲健順五常之德, 所謂性也."

떤 속성의 기와 만나느냐에 달렸다. 치우치고 막힌 기로 탄생한 동식물에는 도덕적 자각능력이 거의 없거나 있어도 미미하다. 바르고 뚫린 기로 탄생한 인간은 도덕적 자각능력이 뛰어나 지각하지 못하는 것이 없고 해나가지 못하는 것이 없다.[45] 이처럼 동식물과 인간 사이의 도덕적 자각능력에 관한 가치론적 위상의 차이는 엄청나기에 더 이상 인간 외의 본성(性)에 대해서는 거론할 필요가 없다.[46] 어쨌든 인간의 본성(性)은 비록 기(氣)와 같이 있지만 독자적 속성을 결코 잊지 않고 내재된 도덕성으로서의 역할을 수행한다.[47] 이것이 맹자의 성선(性善)에 대한 주자의 해석이다.

주자학에 대한 더 이상의 설명은 논의범위를 넘어선다. 이렇게 이론적 재무장을 거친 성선설을 바탕으로 인의윤리학과 왕도정치론 등 맹자철학의 핵심내용들은 주자학적 사유체계에서 정통유학사상으로 정립될 수 있었다. 특히, 조선유학사에서는 더욱 그러했다.

3. 현대적 의의와 한계

맹자철학을 포함하여 유학사상이 인류에게 주는 영원한 진리는 인간의 존엄성이다. 인간존엄성의 근거를 그들은 인간자신에게서 찾고자 하였다. 특히 맹자는 인간의 존엄성이 가장 말살되었던 전국시대의 아픈 현실에서 오히려 인간에 대한 깊은 신뢰를 바탕으로 인류미래의 희망을 탐색하려고 하였다. 물론 그의 모든 노력과 수고는 실패하였다. 그것은 시대적 한계 때문이기도 하였고, 학문적 한계 때문이기도 하였다.

---

45) 『朱子語類』, 권4, 「性理1」. “物之間有知者, 不過只通得一路, 如鳥之知孝, 獺之知祭, 犬但能守禦, 牛但能耕而已. 人則無不知, 無不能.” 인용에서 보듯, 주자가 동물들의 도덕적 자각능력을 인정하고 있는 것은 흥미로운 일이다.

46) 주희도 제자가 생명이 없는 붓에도 仁義가 있느냐는 질문에 대해 극히 미소하니 굳이 찾으려 애쓸 필요가 없다고 답하고 있다. 『朱子語類』, 권4, 「性理1」. “又問, 筆上如何分仁義. 曰, 小小底. 不消恁地分仁義.”

47) 『朱子大全』, 卷46. 「答劉叔文 第2書」. “未有此氣, 已有此性. 氣有不存, 性卻常在. 雖其方在氣中, 然氣自氣, 性自性, 亦自不相夾雜.”

맹자는 전국시대적 악의 원인을 개인에게 돌렸다. 그가 왕도정치를 주장하며 정치의 개선을 말했지만, 이 역시 사회구조나 제도의 문제이기보다는 제왕의 덕이나 정치행위의 탓으로 돌린 것이었다. 물론 그도 풍년에는 사람의 성품이 착해지고, 흉년에는 사람의 성품이 악해진다고 보면서 환경의 영향을 주목한 바 있다. 그렇다면 맹자는 사회구조나 제도의 문제에도 더욱 천착했어야 했다. 그러나 불행하게도 그는 환경의 문제가 아니라 궁극적으로 수양하지 않는 개인이나 제왕에게 더 큰 원인이 있다고 보았다. 그래서 맹자가 역성혁명을 외쳤지만 그것은 사회구조와 제도를 근본적으로 바꾸는 정치혁명으로 이어지지 못하고 왕조의 교체에 그쳤던 것이다. 나는 이것이 맹자철학의 가장 큰 학문적 결점이라고 여긴다.

물론 맹자적인 뜻에서 도덕적 본성을 회복한 사람은 환경이나 기존규범에 얽매이지 않고 자율적인 도덕생활을 영위할 수 있다. 새로운 규칙을 입법할 수 있고, 인간의 존엄성을 해치는 부당한 사회구조를 바꾸는 데 나설 수 있다. 성인이나 군자나 대인은 그런 사람들이다. 그러나 모든 사람에게 군자나 대인이 될 것을 기대하기는 쉽지 않다. 이보다 더 큰 문제는 그들처럼 도덕적으로 성숙한 개인들에 앞서 사회구조가 선재하고, 그것이 개인에게 미치는 영향이 지대하다는 점이다. 맹자는 아무래도 이 점에 대한 관심이 부족했다. 맹자의 시대는 봉건적 왕조체제였다. 처음부터 이것은 모든 구성원들에게 공정한 사회구조가 아니었다. 그렇다면 맹자는 군자나 대인들에게 단도직입적으로 부당한 체제를 혁파하는 혁명의 길에 나서라고 했어야 한다. 부분적으로 그가 사회구조의 문제에 주목했다고 하더라도 그것은 기존체제의 큰 틀 내에서 부조리한 제도를 수정하라는 것에 불과했다. 이러한 맹자유학을 정통유학으로 수용한 조선의 유자들과 체제운용에도 영향을 미쳤다.

맹자와는 달리 개인보다 사회구조에 더 주목하여 철학적 사유를 전개했던 묵자, 순자, 한비자 등의 사상가들이 있었지만, 이들 역시 시대적•사상적 한계를 넘어서지 못했다. 사회구조의 문제에 주목했던 것은 다행이었지만 한편으로 그들은 인간의 위상을 너무 떨어뜨렸다. 인간의 본성을 악하다고 가정하면서 타율적 규범이나 법적인 강제력으로 세상을 다스려야 한다는 그들의 관점에 나는 동의하기 어렵다. 인간은 여전히 자율적이고 도덕적인 존재이며, 인간의 존엄성은 이를 바탕으로 고양되어야 한다. 인간의 존엄성을 제도적으로 보장하는 인권의 역사를 돌아보아도 그것은 자율적이고 이성적인 윤리적 주체들이 정치적 투쟁을 통하여 확보한 것이었다. 그래서 여전히 맹자철학은 유효하다. 인간본성에 관한 맹자적 가정을 포기하면 인간존엄성의 철학적 기반을 정립할 수 없기 때문이다.

인간의 본성은 악하고 욕망의 존재라고 가정하는 철학자들에게 인간이란 고작해야 후천적 지성의 힘으로 욕망을 조절하며 추구할 줄 아는 존재일 뿐이다. 그러나 이것은 훈련받은 일부 고등동물들도 가능한 일이다. 물론 진화론적으로 인간은 이들과 비교할 수 없을 정도로 지성을 계발하였고 문화와 문명을 일구었다. 이 자체로도 인간은 상대적으로 더욱 존중받아야 할 존재일 것이다. 그러나 인간이 계발하고 개발한 지성과 문화와 문명은 인간의 이기심과 끝없는 욕망을 자기 정당화하는 도구가 되고 있다. 문명이 발달할수록 인간의 존엄성이 오히려 더 위협받는 방향으로 흐르고 있다. 욕망을 합리적으로 계산하는 도구적 이성이 가져온 결과이다. 비판적 이성을 회복해야 한다. 그것은 인간이 선험적으로 가지고 있던 것이다. 인간은 욕망의 합리적 추구를 넘어 순수한 도덕적 동기에 따라 판단하고 느끼고 행동할 수 있는 도덕적 존재이다. 이것이 맹자의 가르침이다.

그러나 맹자의 도덕이성은 반구제기(反求諸己)의 수양론의 차원을 넘어서야 한다. 여기에 머무른다면 모든 도덕적 책임을 개인자신에게 돌리고 사회구조의 비윤리성에 무감각해질 수 있기 때문이다. 개인적 차원에서 비도덕적 행위의 책임을 자신에게 묻고 다시 그런 행위를 반복하지 않겠다고 반성하는 것은 도덕행위자로서 반드시 갖추어야 할 자세이다. 그러나 사회적 차원에서 나타나는 윤리적 문제들까지 그 모든 원인과 책임을 개인들에게 부과하는 것은 부당하다. 사회는 개인들의 집합체 이상의 독자적인 논리에 따라 작동하는 자율적 영역이기 때문이다.

예컨대, 우리사회의 구성원들이 법을 잘 지키지 않는다면 그 원인은 어디에 있을까? 이 경우 세 가지 관점에서 그 원인이 분석되어야 한다. 첫째, 국가의 법은 구성원들에게 지킬 것을 요구한다. 구성원들의 준법의식이 떨어져서 안 지킨다면 구성원들에게 책임을 물을 수 있다. 이것은 개인의 사회에 대한 도덕적 의무이고 개인윤리적 차원이다. 둘째, 법을 집행하고 감독하는 책임자들에게는 법을 평등하고 일관성 있게 적용할 도덕적 의무를 부여받았다. 그들이 이러한 의무를 저버린다면 구성원들이 법을 지킬 마음이 사라질 것이고, 이로 인해 사회는 혼란스러워질 것이다. 이 경우에는 법의 집행자들에게 역할책임을 물을 수 있다. 셋째, 구성원들이 법을 잘 안 지키고 있다면 법 자체가 공정하고 정의로운가를 돌아보아야 한다. 처음부터 입법된 법 자체가 특정한 계급이나 계층에게 유리하게 짜여있다면 불공정하다고 여기는 사람들은 법을 지키려 하지 않을 것이다. 이것이 사회구조의 도덕성이다.

우리의 도덕이성이 첫째나 둘째 수준에서 머무른다면 사회의 윤리문제들에 대한 책임을 개인이나 대통령 혹은 장관들에게 부과하는 것으로 그칠 수밖에 없다. 맹자의 한계도 여기에 있었다. 이론적으로 맹자는 분명히 군자나 대인들에게 셋째 수준의 도덕이성을 요구하였다. 또한 그는 위정자들에게도 "차마하지 못하는 마음"으로 "차마하지 못하는 정치", 더 나아가 "차마하는 마음"으로 "차마하는 정치"를 요구하였다. "차마하지 못하는 정치"가 위정자들에게 최소한의 역할윤리를 수행해 줄 것을 요구한 것이라면, "차마하는 정치"는 보다 적극적으로 사회구조의 정의를 위해 헌신해 줄 것을 요구한 것이다. 이것이 궁극적으로 맹자가 노심자들에게 요구했던 도덕이성이고, 위정자들에게 요구했던 왕도정치의 이상이었다. 그러나 맹자 자신부터도 실천의 차원에서 시대적 한계를 극복하지 못했다.

오히려 맹자철학은 민주공화국인 오늘날에 더욱 주목되는 사상이라고 여겨진다. 이제 도덕이성은 시민들이 갖추어야할 능력이다. 불행하게도 우리는 지난 몇 년 동안 세월호 참사와 가습기 살균제 참사, 구의역 참사, 삼성 백혈병 사태 등 인간의 존엄성이 한낱 돈벌이의 도구로 전락하는 참혹함을 지켜봐야 했다. 그야말로 우리는 "차마하지 못하는 마음"을 잃어버린 시대를 살고 있는 듯하다. 오로지 경쟁만능의 이전투구가 삶의 법칙이 된지 오래다. 아이들은 시험성적과 대입으로 평가되고, 청년들은 직장을 구하느라 치열한 경쟁을 벌인다. 아르바이트직과 일용직과 계약직만 양산되고 있다. 직장구하기를 포기하고 결혼을 포기하고 아이 낳기를 포기하는 등 이른바 삼포세대니 오포세대니 하는 말이 유행한 지 오래다. 경쟁에서 뒤쳐진 사회적 약자들은 살아남기 어려운 사회 환경이 되고 있다. 사회 곳곳에서 오직 '나만 아니면 돼'라는 위아적 사고가 팽배하다. 그야말로

‘헬’(hell)조선의 시대이다.

‘차마하지 못하는 정치’가 실종된 사회구조의 탓이다. 무지하고 무능하고 무치한 대통령이 역할윤리의 의무를 다하지 않고 사적인 이익을 챙기니 비선실세가 득세하여 국정을 농단하였다. 시민들의 도덕이성이 촛불로 대통령을 탄핵하였다. 그러나 여기서 멈춰서는 안 된다. 제왕적 대통령제가 타당한지 역할 자체의 도덕성을 따져봐야 한다. 승자독식 선거제도도 바꿔야 한다. 경제민주화와 노동인권의 보장, 복지제도 등 불공정한 사회구조를 혁신하는 데 나서야 한다. 이러한 제도의 개선보다 더 중요한 것은 국민들의 권리를 확장하는 것이다. 이러한 새로운 사회의 건설에 나서도록 하는 요구가 맹자철학이 우리에게 주는 의미이다. 대통령이 바뀌었다고 정권이 교체되었다고 모든 게 끝난 것이 아니다. 여전히 시민들의 도덕이성과 연대의 힘이 필요한 이유이다.

(2017년 3월 30일 오후 8시 40분에 초고를 탈고하다.)

참고 문헌

1. 원전 및 국역자료

『老子翼・莊子翼』. 漢文大系 九卷 (東京: 富山房, 昭和 59).

『大學・論語・孟子・中庸』(成均館大學校 大東文化研究院, 1985).

『大學說・中庸說・論語集說・孟子定本』. 漢文大系 一卷 (東京: 富山房, 昭和 59).

『墨子閒詁』. 漢文大系 一四卷 (東京: 富山房, 昭和 59).

『史記列傳』. 漢文大系 六・七卷 (東京: 富山房, 昭和 59).

『荀子集解』. 漢文大系 一五卷 (東京: 富山房, 昭和 59).

『禮記鄭注』. 漢文大系 一七卷 (東京: 富山房, 昭和 59).

『朱子語類』黎靖德(宋) 編 (北京 : 中華書局, 1983).

『韓非子翼毳』. 漢文大系 八卷 (東京: 富山房, 昭和 59).

『列子』,『淮南子』,『呂氏春秋』,『詩經』,『書經』,『春秋左氏傳』,『中宗實錄』

기세춘 역저, 『묵자墨子』(서울: 바이북스, 2009).

김학주 옮김, 『列子』(경기: 연암서가, 2011).

서울대학교 철학사상연구소, 『맹자』(2004)

성백효 역주, 『맹자집주』(서울: 전통문화연구회, 1991),

성백효 역주, 『맹자집주』(서울: 전통문화연구회, 1991)

成百曉 譯註, 『論語集註』(서울: 傳統文化研究會, 1991).

成百曉 譯註, 『大學・中庸集註』(서울: 傳統文化研究會, 1991).

成百曉 譯註, 『孟子集註』(서울: 傳統文化研究會, 1991).

成百曉 譯註, 『小學集註』(서울: 傳統文化研究會, 1993).

이민수 역해, 『禮記』(서울: 혜원출판사, 1992).

정장철 역해, 『荀子』(서울: 혜원출판사, 1992).

허탁・이요성 역주, 『朱子語類』(서울: 청계, 1998).

2. 저서 및 역서

강봉수, 『노자에게 길을 묻다』(제주: 도서출판 누리, 2014).

강봉수, 『논어와 세상보기의 도』(서울: 원미사, 2012).

강봉수, 『동양도덕교육론』(제주대학교출판부, 2014).

강봉수, 『묵자의 철학사상 - 밥을 나눈 사랑』(서울: 강현출판사, 2016).

강봉수, 『성학십도와 한국철학 경연』(서울: 강현출판사, 2016).

강봉수, 『유교 도덕교육론』(서울: 원미사, 2001).

김승혜, 『원시유교』(서울: 민음사, 1990).

김영문 옮김, 『동주 열국지』권5 (서울: 글항아리, 2015).

김형효, 『맹자와 순자의 철학사상; 철학적 사유의 두 원천』(서울: 삼지원, 1990).

김형효, 『철학적 사유와 진리에 대하여, 1』(서울: 청계, 2004).

미우라 도우사꾸(강봉수 외 옮김), 『중국윤리사상사』(서울: 원미사, 2007 개정판).

박병기 편저, 『포스트모던 시대의 사회윤리학』(서울: 인간사랑, 1993).

朴異汶, 『慈悲의 倫理學』(서울: 철학과현실사, 1990).

박찬구, 『우리들의 윤리학』(서울: 서광사, 2006).

안건훈, 『자유의지와 결정론』(서울: 집문당, 2006).

이정우, 『개념 - 뿌리들(1)』(서울: 철학아카데미, 2004).

이주행, 『무위유학: 왕기의 양명학』(서울: 소나무, 2005).

장승희, 『유교사상의 현재성과 윤리교육』(서울: 경인문화사, 2014).

제임스 레이첼즈(김기순 옮김), 『도덕철학』(서울: 서광사, 1989).

추홍희, 『한국의 특권층 & 노블레스 오블리주: 영미국의 평등 사회와 대륙국가의 특권 사회 비교』(세계법제연구원, 2015. 12. 2).

B. I. 찻잔 • J. F. 솔티스 편저(이병승 옮김), 『도덕교육의 철학』(서울: 서광사, 2005).

B. S. 라즈니쉬(변지현 옮김), 『죽음의 예술』(서울: 청하, 1985).

R. J. 앤더슨 외(양성만 역), 『철학과 인문과학』(서울: 문예출판사, 1988).

Roger Trigg 지음(최용철 옮김), 『인간 본성에 관한 10가지 철학적 성찰』(서울: 자작나무, 1997).

3. 논문 및 기타

강봉수, “맹자윤리학에서 도덕적 가치갈등의 해결”, 『윤리연구』 제115호(한국윤리학회, 2017. 9).

강봉수, “맹자의 노심자(勞心者)의 도덕적 책무에 관한 연구”, 『도덕윤리과교육』 제56호(한국도덕윤리과교육학회, 2017. 8).

강봉수, “맹자의 사상적 대결과 유학의 정통성 확립」『윤리교육연구』 제42집(한국윤리교육학회, 2016. 10).

강봉수, “묵자의 도덕교육론 연구”, 『윤리교육연구』 제38집(한국윤리교육학회, 2015. 10).

김동수, “양주의 정치윤리사상”, 한국정신문화연구원, 『중국 선진 정치윤리사상의 현대적 조명』 (서울: 고려원, 1992).

김상래, “순자의 맹자비판, 그 윤리적 의의”, 『동양철학연구』 제84집(동양철학연구회, 2015. 11).

김영건, “맹자의 성선설은 타당한 논변인가”, 『오늘의 동양사상』제4호(예문동양사상연구원, 2001).

김용택, “국제사회에서 망신당한 인성교육진흥법 폐기해야”, 「김용택의 참교육 이야기」(http://chamstory.tistory.com/2451).

배종호, “동양 인성론의 의의,” 『동양철학의 본체론과 인성론』 (연세대학교 출판부, 1996).

이경무, “맹자의 성선과 감성 지능”, 『철학연구』 제129집(2014. 11).

李乙浩, “茶山實學의 洙泗學的 構造”, 『實學思想의 探究』 (서울: 현암사, 1974).

장승구, 「퇴계의 향내적 철학과 다산의 향외적 철학 비교」 (한국정신문화연구원 한국학대학원 박사학위 논문, 1995).

정재현, “맹자의 도덕 내재주의는 어떻게 정당화될 수 있나?”, 『유교사상문화연구』 제33집(한국유교학회, 2008).

프랭크 미엘, “진화심리학에 대한 빠르고 간편한 안내서”, 『SKEPTIC, Korea』 VOL 4 (2015. 12).

「만화가백과」 http://100.daum.net/encyclopedia/view/64XXXXXXX262

「위키백과」 https://ko.wikipedia.org/wiki 샤우트(@187centi).

강봉수(姜奉秀)

저자는 제주시(애월읍 어음리)에서 태어나 제주대학교 사범대학을 졸업하고, 한국학중앙연구원 한국학대학원에서 동양철학과 도덕교육학을 전공하여 문학석사와 철학박사 학위를 취득하였다. 현재 제주대학교 사범대학 윤리교육과 교수로 재직하면서, 재야연구단체인 사단법인 제주대안연구공동체의 연구원장직을 맡고 있다. 학생들을 가르치면서 때로 일반시민을 대상으로 인문학 강좌를 열고, 한국(제주) 사회와 교육의 민주화를 위해 시민운동진영에도 기웃거리고 있다. 주요저서로는 아래가 있다.

『조선전기 도학적 덕교육론 연구』(한국학대학원 박사학위논문, 2000)
『중국윤리사상사』 공역서 (서울: 원미사, 1997; 2007)
『유교도덕교육론』 (서울: 원미사, 2001)
『한국전통도덕교육론』 (경기: 한국학술정보, 2006)
『한국유교도덕교육론』 (경기: 한국학술정보, 2008)
『제주의 윤리문화와 도덕교육』 (제주: 누리, 2009)
『주제별 키워드로 읽는 論語와 세상보기의 道』 (서울: 원미사, 2012)
『노자에게 길을 묻다!! - 무위적 세상보기의 道』 (제주: 누리, 2014)
『동양도덕교육론』 (제주대학교출판부, 2014)
『묵자의 철학사상 - 밥을 나눈 사랑』 (서울: 강현출판사, 2016)
『<성학십도>와 한국철학 경연 - 퇴계가 발제하고, 화담•남명•율곡이 토론하다』 (서울: 강현출판사, 2016)

인간의 품격과 제왕의 길

맹자의 철학사상

2018년 2월 9일 초판 인쇄
2018년 2월 19일 초판 발행

저 자 강 봉 수
발행자 오 동 석

발행처 강현출판사
서울 중랑구 숙선옹주로 3길 40 제1호
전화 : 02) 965-4955, 010-5712-9630
등록 : 2007년 5월 21일(제307-2007-29호)
E-mail : oods1205@hanmail.net

가격 18,000원

ISBN : 978-89-94320-88-5 (93370)